Manfred Fenzl

Vom Rhein zur Nord- und Ostsee

Edition Maritim

Inhalt

Vorwort

Viele meiner Fahrten im Binnenrevier der nord- und westdeutschen Wasserstraßen haben damit begonnen, daß ich die zur Vorbereitung und zur Durchführung einer Reise erforderlichen Unterlagen selbst zusammenstellen mußte. Was im Handel angeboten wurde, war entweder für die Berufsschiffahrt bestimmt oder erwies sich in der Praxis als so unvollständig und veraltet, daß es meinen Vorstellungen nicht entsprach.

Dieses Buch basiert auf eigenen Recherchen vor Ort, zu Lande und zu Wasser. Dabei wurden alle Institutionen befragt, die mit der Schiffahrt zu tun haben und die von ihnen überlassenen Unterlagen berücksichtigt, alle beschriebenen Gewässer mit dem eigenen Boot befahren und die gesammelten Daten unmittelbar vor dem Druck nochmals überprüft. Dieses Buch beschreibt darüber hinaus auch die im Bau befindlichen und für die Sportschiffahrt wichtigen Anlagen, Häfen und Schleusen so, wie man sie voraussichtlich im Sommer 1995 vorfinden wird. Es bietet am Anfang jeden Abschnitts die für eine gründliche Reiseplanung notwendigen Informationen, während die unterwegs erforderlichen Daten bei den betreffenden Beschreibungen zu finden sind.

Ohne die bereitwillige und sachkundige Unterstützung durch die Wasser- und Schiffahrtsdirektionen und der Wasser- und Schiffahrtsämter, der Staatlichen Ämter für Wasser und Abfall sowie der Wasserschutzpolizei, der Hafenkapitäne, Lotsen, Hafen- und Schleusenmeister wäre es nicht möglich gewesen, ein Buch in dieser Form zu schreiben und für diese 2. Auflage zu aktualisieren. Allen, die dabei behilflich waren, danke ich für ihre Mühe und hoffe, daß sie wie auch der interessierte Leser dabei helfen werden, es zukünftig zu aktualisieren.

Die stetige und geduldige Unterstützung meiner Frau Inge hat bei der Recherche und dem Verfassen dieses Buches entscheidend zum Gelingen beigetragen.

Ich wünsche Ihnen mit diesem Buch viele erholsame, erlebnisreiche Reisen und immer eine glückliche Heimkehr.

Hamburg, im März 1995
Manfred Fenzl

Einführung

Im Gebiet des nord- und westdeutschen Wasserstraßennetzes verlaufen alle schiffbaren Flüsse in Nord-Süd-Richtung, und es gibt keine natürlichen Querverbindungen. Bis zur Mitte des 19. Jahrhunderts beschränkte man sich auf Grund der damals noch begrenzten technischen Möglichkeiten und der politischen Verhältnisse – Deutschland war in viele kleine Staatsgebilde zerteilt – auf den Bau kleiner und überschaubarer Kanäle innerhalb des jeweiligen Residenzgebietes, die jedoch nur regionale Bedeutung erlangten. Dazu kam, daß die Binnenschiffe bis zum Anfang des 19. Jahrhunderts jeweils nur etwa 15 t tragen konnten, und da es noch keine Schiffsmaschinen gab, mußten sie auf Kanälen und auf Flüssen „zu Berg" getreidelt werden. Die ab 1812 aufkommende Dampfschiffahrt geriet in einen Konkurrenzkampf mit der leistungsfähigeren Eisenbahn und konnte sich zunächst nur auf den Flüssen durchsetzen, die den Einsatz großer Lastkähne erlaubten. Erst gegen Ende des 19. Jahrhunderts wurde mit dem Bau leistungsfähiger Binnenwasserstraßen sowie mit dem Ausbau bestehender Wasserwege begonnen, und es entstanden jeweils bis zum Jahre

1888 der Ems-Jade-Kanal (EJK),
1895 der Kaiser-Wilhelm-Kanal (NOK)
(heute Nord-Ostsee-Kanal),
1899 der Dortmund-Ems-Kanal (DEK),
1900 der Elbe-Lübeck-Kanal (ELK),
1914 der Rhein-Herne-Kanal (RHK),
1914 der Datteln-Hamm-Kanal (DHK),
1915 der Mittellandkanal bis Hannover (MLK),
1931 der Wesel-Datteln-Kanal (WDK),
1935 der Küstenkanal (KK),
1938 der östliche Mittellandkanal (MLK) und
1976 der Elbe-Seitenkanal (ESK).

Diese Wasserstraßen werden natürlich in erster Linie für die Berufsschiffahrt unterhalten und weiter ausgebaut. Doch Wasserstraßen sind keine Autobahnen und viel mehr als bloße Transportwege. Sie wurden im Laufe von wenigen Jahren zu einem natur- und menschenfreundlichen Bestandteil der Landschaft und bieten neben ihrer wirtschaftlichen Bedeutung den Anwohnern und der Sportschiffahrt Erholungs- und Freizeiträume. Man benutzt sie zur Regulierung des Wasserhaushaltes, und in den beim Kanalbau entstandenen Nischen und Altwassern haben sich unzählige, ökologisch wertvolle Refugien für Flora und Fauna entwickelt.

Berufsschiffahrt

Das moderne Binnenschiff ist eindeutig das wirtschaftlichste, umweltschonendste und sicherste Transportmittel für Massengüter aller Art. Mit einer Leistung von 1 PS bewegt der Lkw ein Fahrzeuggewicht von 150 kg, die Eisenbahn 500 kg und das Binnenschiff 4000 kg. Mit derselben Treibstoffmenge, die ein Lkw benötigt, um eine Gütertonne 100 km weit zu befördern, schafft die Eisenbahn 300 km und das Binnenschiff 390 km. Ein Schubverband mit 6 Leichtern kann die Gütermenge von 400 Eisenbahnwaggons oder 650 Fernlastzügen aufnehmen. Vor diesem Hintergrund ist eigentlich nicht zu begreifen, daß manche „Natur- und Umweltschützer" gegen den Ausbau von Wasserstraßen opponieren, zumal beim Aus- oder Neubau von Wasserstraßen sehr umfangreiche Ausgleichsmaßnahmen durch Renaturierung alter Fahrten, Anlage von Biotopen und Aufforstungen vorgenommen werden. In den kommenden Jahren wird die Zahl der Binnenschiffe und deren Größe weiter zunehmen, und die Wasserstraßen, insbesondere der Mittellandkanal und die Strecken bis nach Berlin, werden weiter ausgebaut, was auch der Sportschiffahrt zugute kommt.

Sportschiffahrt

Die Sportschiffahrt kann die in diesem Buch beschriebenen Wasserwege gebührenfrei benutzen, weil Sportverbände und Anrainer-Ge-

meinden dieses durch die Bezahlung von Pauschalbeiträgen ermöglichen.
Die für die Berufsschiffahrt eingerichteten Liegestellen dürfen grundsätzlich von allen Fahrzeugen genutzt werden, soweit die BinSchStrO (§§ 7.02–7.07) dem nicht entgegensteht. In der Regel sind diese Liegestellen mit Spundwänden und Pollern in Abständen versehen, die für die Berufsschiffahrt bemessen sind, so daß es schwierig werden kann, ein Sportboot so festzumachen, daß es trotz Sog und Schwell der vorbeifahrenden Schiffe auf seiner Position liegen bleibt. Mit zwei Brettfendern, Vor- und Achterleine sowie Vor- und Achterspring wird man dennoch sicher liegen.
Sportboote sollten grundsätzlich (in Fahrtrichtung gesehen) am Anfang einer Liegestelle festmachen. Auch einem Binnenschiffer kann ein An- oder Ablegemanöver mißlingen. Die für Sportboote markierten Liegestellen berücksichtigen diese Gefahr und sind auch mit zusätzlichen Pollern oder Ringen zum Festmachen versehen. Auf allen Strecken finden sich jedoch genügend schwellfreie Liegemöglichkeiten in Yachthäfen, Altwassern, alten Fahrten oder geschützt gelegenen Häfen der Berufsschiffahrt, so daß man bei sorgfältiger Planung auf die Liegestellen für die Berufsschiffahrt kaum angewiesen sein wird.

Ausrüstung von Sportbooten

Gesetzliche Ausrüstungsvorschriften gibt es im Bereich der BinSchStrO und der SeeSchStrO. Die entsprechenden Abschnitte beziehen sich insbesondere auf die Bezeichnung der Fahrzeuge mit Sichtzeichen (Lichter, Zylinder, Bälle und Kegel) und die Ausrüstung mit UKW-Sprechfunkanlagen und Radargeräten. Für den Bereich der Binnenwasserstraßen sind sie in der Binnenschiffahrtsstraßen-Ordnung aufgeführt (§§ 1.08, 3.01 ff, 4.05 und 4.06).

Elektronische Navigationsgeräte sind in der Binnenfahrt nicht notwendig und auch kaum von Nutzen. Viel wichtiger sind einfache Hilfsmittel, die zur Sicherheit beitragen, das Manövrieren erleichtern und die obendrein nicht teuer sind.

Leinen

Sie müssen in Material, Abmessungen und Anzahl auf das Revier abgestimmt sein. Perlonleinen sind nicht schwimmfähig und können in den Propeller geraten. Sie sind teuer und werden deshalb meist mit zu kleinem Durchmesser gekauft. Sie sind aus demselben Grund häufig nicht in ausreichender Zahl an Bord. Zu dünne Leinen kann man unter Last nur schwer halten, und sie werden deshalb oft um das Handgelenk geschlungen. Das kann fatale Folgen haben: Gerät eine um das Handgelenk geschlungene Leine in den laufenden Propeller, so wird sie blitzschnell aufgewickelt. Was dann folgt... es ist schon vorgekommen, und ich möchte Ihnen die Einzelheiten ersparen.
Polypropylen-Leinen sind billig und schwimmfähig, jedoch unhandlich, störrisch und strapazieren die Hände.
Ideal sind Leinen aus „Spleitex". Sie sehen aus wie Naturhanf-Tauwerk und sind sehr weich und lehnig. Dazu schwimmfähig, hautschonend, sehr elastisch, leicht zu spleißen, beständig gegen UV-Strahlung und Chemikalien sowie viel billiger als Perlonleinen, so daß sich jeder vernünftige Leinen-Durchmesser und Längen erlauben kann. Mit 4 Leinen zu je 15 m und 2 Leinen zu je 25 m Länge bei einem Durchmesser von 14-18 mm ist man gut gerüstet.

Schleppleine

Weil Motoren nur dann streiken, wenn schnelle Hilfe nicht erreichbar ist, muß eine Schleppleine an Bord sein. Auch dazu eignet sich „Spleitex" besser als Perlon, weil es eben schwimmfähig und elastisch ist. Viele Yachten haben auf dem Vorschiff mittschiffs keinen Poller, auf dem man eine Schleppleine belegen könnte. Für diesen Fall sollte eine Delta-Leine (ohne eingespleißte Augen) vorbereitet werden, deren Enden auf den Vorschiffspollern belegt werden und die man bei Gefahr schnell loswerfen kann.

Fender
Der § 6.28, Abs.10 c der BinSchStrO schreibt vor, daß in Schleusen nur schwimmfähige Fender verwendet werden dürfen. Ein untergegangener „Autoreifenfender" kann eine Schleuse außer Betrieb setzen, wenn er in ein Ventil oder zwischen die Tore gerät. Die auf Sportbooten meist üblichen Fender rutschen an Spundwänden fast immer in die Vertiefungen und sind dann wirkungslos, es sei denn, sie hätten einen Durchmesser von 30 cm oder größer. Abhilfe schaffen hier Brettfender, die man sich, passend zum Boot, selbst anfertigt. Dazu braucht man nur zwei Bretter, jeweils 4 cm dick, 10-15 cm breit und etwa 1,2 m lang. Sie werden mit geschlossenporigem Schaumstoff gepolstert und mit kräftigem Persenningtuch umkleidet, das mit Kupfernägeln im Abstand von je 2 cm an das Brett genagelt wird. Dazu kommen zwei Leinen (senkrecht) und zwei Leinen für die horizontale Abspannung, die dafür sorgen, daß die Fender auch an ihrem Platz bleiben, wenn man an der Schleusenmauer entlangrutscht. Die Leinen werden vor dem Beziehen zwischen Brett und Polster angebracht.

Treibstoffkanister
Für Boote mit Dieselmotoren wird man in ausreichenden Abständen Bootstankstellen oder Bunkerboote finden. Skipper, deren Boote mit Benzinmotoren ausgerüstet sind, werden meistens auf Landtankstellen angewiesen sein und müssen zwei gut zu tragende Kanister (einer läßt sich nur schwer tragen) mitführen. Ich würde einen breiten Schultergurt verwenden.

Handschuhe
Für jedes Mitglied der Crew sollten ein Paar der Arbeitshandschuhe an Bord sein, wie sie in der Berufsschiffahrt üblich sind. Sie sind billig und man kann mit Handschuhen viel fester zupacken!

Leine mit Haken
In den Schleusen stehen die Poller oft so weit auseinander, daß man gelegentlich auch an einer Leiter festmachen muß. Auf den kantigen Sprossen der Leitern bekneifen sich auf Slip gelegte Leinen sehr leicht und lassen sich dann kaum noch durchholen oder fieren. Für diesen Fall ist eine Leine mit einem eingespleißten *offenen* Haken besser. Der Haken wird einfach über eine Sprosse gehängt, und die Leine wird über den Poller an Bord geholt oder gefiert. Karabinerhaken sind dafür nicht geeignet!

Bootshaken
Bootshaken werden häufig benutzt, um das Boot weg- bzw. abzudrücken. Sie werden also auch auf Druck belastet, wobei Teleskop-Bootshaken sich plötzlich zusammenschieben können. Starre Bootshaken mit einem stumpfen Hakenbeschlag sind in der Handhabung sicherer.

Bordmesser
Es gibt Gefahrensituationen, aus denen man sich nur durch schnelles Kappen einer Leine befreien kann. Für diesen Fall sollte beim Niedergang ein rasiermesserscharf geschliffenes Messer mit feststehender Klinge und solidem Griff in einem festen Köcher angebracht sein.

Schleusenpraxis

Binnenschiffahrt wird auch in Zukunft nicht ohne Schleusen möglich sein. Die technische Entwicklung führt allerdings dazu, beim Neubau von Wasserwegen weniger Schleusen als bisher, aber dafür mit größeren Schleusenhüben vorzusehen (z.B. die Schleuse Uelzen im Elbe-

Seitenkanal mit einem Hub von 23 m). Bei Renovierungen werden mehrere kleine Schleusen mit geringen Schleusenhüben durch eine große Schleuse mit größerem Hub ersetzt (z.B. im Rhein-Herne-Kanal die Schleuse Herne-West mit 4,5 m Hub und die Schleuse Herne-Ost mit 8,3 m Hub durch die neue Schleuse Herne mit 12,8 m Hub) oder Schiffshebewerke gebaut (z.B. Lüneburg/Scharnebeck im Elbe-Seitenkanal mit einem Hub von 38 m).

Die modernen Schleusen funktionieren nach demselben Prinzip wie die alten, sind aber sehr viel „schneller", d.h. die Füll- oder Entleerungszeiten betragen nur wenige Minuten und können vom Schleusenmeister weder beschleunigt noch verzögert werden. Er hat nur eine Notstopp-Einrichtung. In der Praxis ergeben sich keine Schwierigkeiten, wenn man die technischen Unterschiede und die gängigen Betriebsverfahren beachtet.

Es fängt damit an, daß man sich bei allen Schleusen, ausgenommen Brunsbüttel und Kiel-Holtenau, anmelden muß. Der Schleusenmeister benötigt die Namen und Abmessungen der Fahrzeuge und bestimmt danach die Reihenfolge beim Schleusen. Die Anmeldung kann über UKW-Sprechfunk, Mobiltelefon (D1 oder D2) oder die bei einigen Schleusen vorhandenen Gegensprechanlagen erfolgen. Sollte Ihr Boot nicht mit UKW-Sprechfunk ausgerüstet sein, bitten Sie einen anderen Skipper, Ihr Boot mit anzumelden. Das geht meist kurz und bündig:

Boot: „Schleuse Herne, hier ist Taurus, over!"

Schleuse: „Schleuse Herne hört"

Boot: „Motoryacht Taurus, 11 x 3,5 m, wir möchten zu Berg"

Schleuse: „Nach dem Binnenschiff Rheingold".

Die Fahrtrichtung „zu Berg" ist in der BinSchStrO festgelegt und wird am Anfang der Streckenbeschreibung unter „Gesetzliche Bestimmungen" angegeben; daraus ergibt sich auch die Gegenrichtung „zu Tal". Nach der Anmeldung soll das UKW-Gerät auf dem Arbeitskanal der Schleuse nicht abgeschaltet werden, sondern auch während der Schleusung und bis zum Verlassen der Schleuse auf Empfang bleiben, denn der Schleusenmeister ruft die Schiffe über UKW zur Einfahrt auf, und im Notfall erreicht man ihn sofort. Sollten Sie während des Schleusens durch das Steigen oder Fallen des Wassers in ernste Gefahr geraten, rufen Sie über UKW ohne jede Formalität: „Notfall! Schleuse stoppen!". Der Schleusenmeister wird dann sofort einen Notstopp einleiten, nach dem aber das Wasser erst nach etwa einer Minute zum Stillstand kommt.

Sportboote geraten oft in Schwierigkeiten, wenn sie zu früh und mit zu wenig Fahrt einlaufen und die Propeller der grundsätzlich vor ihnen einlaufenden Binnenschiffe noch nicht stillstehen. Dann ist das Wasser noch in Bewegung und man hat kaum Ruder im Schiff. Oft werden auch ungeeignete Fender verwendet oder sie werden nicht richtig ausgebracht. Kugelfender und senkrecht hängende Langfender rutschen immer in die Vertiefungen der Spundwände oder rollen nach achtern/oben heraus, und der Rumpf stößt an die Schleusenwand. Waagerecht aufgehängte Fender (die vordere Leine schräg nach vorne/oben) bleiben auch dann auf Position, wenn man mal an der Schleusenwand entlangschrammt. Brettfender (siehe unter „Fender") sind auch in Schleusen optimal.

Beim Anlegen wird das Boot häufig zuerst mit der Vorleine festgemacht und dreht dann achtern zur Trogmitte ab. Besser geht es so: Zum Anlegen wird eine etwa 15–20 m lange Leine mit einem sehr eng gespleißten Auge über eine Mittschiffs-Springklampe gelegt und als lange Bucht nach achtern zum Cockpit (oder Poopdeck), von dort wieder nach vorne zur Springklampe, um diese herum (nicht belegen!) wieder nach achtern geführt. Beim Anlegen wird diese lange Bucht um einen Poller in der Schleusenmauer gelegt und mit der losen Part (die um

Drempel in der Schleuse Sülfeld (o.).
Stoßbalken in der Schleuse Friedrichsfeld (u.)

Schleuse Uelzen: Schwimmpoller bei gefüllter Kammer (o.) und abgesenkt (u.).

die Springklampe herumführt) das Boot aufgestoppt.
Durch die Reibung der Leine auf Poller und Klampe geht das ohne Kraftaufwand und ohne jede Gefahr. Sie fahren also in eine auf Slip gelegte Spring, und das Boot wird sich parallel zur Schleusenwand legen und dort liegenbleiben solange die Maschine voraus geht. Jetzt hat man Zeit, die Achterleine auszubringen und kann dann die Spring (die Maschine läuft immer noch mit kleiner Fahrt voraus) langsam fieren. Das Boot geht langsam voraus, bleibt dabei zuverlässig an der Wand und wird mit der Spring gestoppt, wenn vorne ein Poller erreichbar ist. Zum Schluß wird die Vorleine um einen Poller gelegt und die Maschine gestoppt.
Vor- und Achterleinen sollten nicht auf Slip „aus der Hand" bedient werden, sondern immer an Deck belegt (Auge auf der Klampe) um den Poller in der Schleusenwand herum, wieder zur Klampe und erst dann zur Hand geführt werden. Nur so können Sie das Boot auch halten, wenn auf dem Schiff vor Ihnen beim Auslaufen „der Hebel auf den Tisch gelegt" wird.
Bei Schleusenmanövern wird oft versucht, das Boot mit der Hand oder dem Fuß vom Nachbarboot oder von der Schleusenwand abzuhalten. Das ist so, als versuchte ein Autofahrer einen auf sein Auto langsam zurollenden Lkw mit der Hand abzuhalten. Für derartige Fälle sollte ein Langfender bereitliegen, der nur mit *einer* dicken, griffigen Leine versehen ist und dann einfach dazwischengehalten wird.

Schwimmpoller
Moderne Schleusen sind mit Schwimmpollern ausgerüstet. Das sind hohle, schwimmfähige Stahlzylinder mit einem Durchmesser von ca. 70 cm und einer Länge von ca. 4 m, auf die ein Poller (manchmal auch noch ein kleiner für Sportboote) aufgeschweißt ist. Diese Vorrichtung ist in einer senkrechten, in die Schleusenmauer eingelassenen Nische untergebracht, wird seitlich mit Rollen geführt und schwimmt mit dem Wasserstand in der Schleusenkammer auf und ab.
Man wird sie beim Einlaufen nicht gleich sehen, da sie ja in die Schleusenwand eingelassen sind. In den Streckenbeschreibungen wird jedoch bei den Daten der Schleusen auf deren Ausrüstung und die Lage der Schwimmpoller hingewiesen. Das Boot sollte an den Schwimmpollern nicht zu eng angebunden werden, die Leinen müssen etwas Lose haben und bleiben während des Schleusens fest belegt.

Drempel und Stoßbalken
Bei allen Schleusen ist am Oberhaupt, in der Schleusenkammer, gleich hinter dem Tor an der Schleusenwand, eine gelbe Farbmarkierung angebracht. Sie bezeichnet den Drempel, gegen den sich beim Schließen das Schleusentor setzt und sie muß hinter dem Boot bleiben. Sonst setzt sich das Heck bei fallendem Wasser auf den Drempel! Beim Unterhaupt liegt, ebenfalls in der Schleusenkammer gleich hinter dem Tor, ein Stoßbalken oder eine stählerne Fangvorrichtung. Sie sollen Schiffe, die nicht mehr rechtzeitig anhalten können, aufhalten. Auch dieser Bereich ist mit gelber Farbe markiert und muß hinter dem Heck des Bootes bleiben, damit das Boot nicht vom steigenden Wasser unter die Fangvorrichtung gedrückt wird.

Gesetzliche Vorschriften

Auf den in diesem Buch beschriebenen Gewässern gelten:
- die Kollisionsverhütungsregeln,
- die Seeschiffahrtsstraßen-Ordnung,
- die Binnenschiffahrtsstraßen-Ordnung,
- Landesverordnungen und kommunale Vorschriften
- sowie das niederländische Binnenvaartpolitiereglement (Staadskanal und Winschoterdiep).

Zusätzlich müssen die von den örtlich zuständigen Behörden (Wasser- und Schiffahrtsdirektionen, Wasser- und Schiffahrtsämter usw.) erlassenen Anordnungen befolgt und die Vorschriften über die Ausrüstung und den Betrieb mit UKW-Sprechfunkanlagen und Radargeräten beachtet werden. Kleinfahrzeuge müssen die Binnenschiffahrtsstraßen-Ordnung nicht mitführen. Es ist aber zu empfehlen, weil man damit nicht nur Fragen rasch klären, sondern auch besser beurteilen kann, was die Berufsschiffahrt „darf" und folglich auch tun wird. Fahrzeuge, die mit einem UKW-Sprechfunkgerät ausgerüstet sind, müssen das „Merkblatt für den Sprechfunk in der Rheinschiffahrt" ständig mitführen.
Diese Vorschriften dienen der Sicherheit des Schiffsverkehrs. Sie sind aber für den Sportschiffer nicht immer übersichtlich, gelten teilweise in vielen Fällen nur auf bestimmten Gewässern bzw. Abschnitten und richten sich oft nur an bestimmte Verkehrsteilnehmer. Die Vorschriften, die während der Fahrt für die Sportschiffahrt von Bedeutung sind, finden Sie jeweils am Anfang der betreffenden Streckenbeschreibung unter der Überschrift „Gesetzliche Vorschriften".

Kennzeichnungspflicht von Kleinfahrzeugen (KleinFzKennzV-BinnSch)

Auf Rhein, Mosel, Donau und im Geltungsbereich der BinnSchStrO müssen Kleinfahrzeuge (Wasserfahrzeuge, deren Schiffskörper ohne Ruder und Bugspriet eine Länge von weniger als 20 m aufweist) ein amtliches Kennzeichen führen. Als Nationalitätskennzeichen ist nur ein „D" zulässig. Davon ausgenommen sind Wasserfahrzeuge, die nur mit Muskelkraft fortbewegt werden können, die, bis 5,5 m Länge, nur unter Segel fortbewegt werden können, deren Antriebsmaschine eine effektive Nutzleistung von höchstens 2,1 kW (3 PS) aufweist sowie Beiboote. Der Eigner muß das Kennzeichen in mindestens 10 cm hohen lateinischen Buchstaben und arabischen Ziffern in heller Farbe auf dunklem Grund oder dunkler Farbe auf hellem Grund außen an beiden Bugseiten oder am Heck anbringen. Es muß jederzeit deutlich sichtbar und lesbar sein.
Das amtliche Kennzeichen besteht aus einem oder mehreren Buchstaben (Kennung des WSA, das das Kennzeichen zugeteilt hat) sowie Buchstaben und Ziffern als Unterscheidungszeichen, das mit einem Bindestrich geschlossen wird.
Amtliche (zulässige) Kennzeichen sind auch:

1. bei einem im Binnenschiffsregister eingetragenen Kleinfahrzeug die Nummer des Schiffsbriefes, gefolgt von dem Kennbuchstaben B, wenn es seinen Namen, Heimat- und Registerort führt,
2. bei einem im Seeschiffsregister eingetragenen Kleinfahrzeug seine IMO-Nummer oder sein Funkrufzeichen,
3. die Nummer des Flaggenzertifikates, gefolgt von dem Buchstaben F,
4. die Kennzeichen, die vom WSA Berlin aufgrund einer speziellen Verordnung erteilt worden sind,
5. die Nummer des Internationalen Bootsscheines für Wassersportfahrzeuge (Resolution Nr. 13 rev. ECE), gefolgt von dem Kennbuchstaben der zuteilenden Organisation (M = Deutscher Motoryachtverband e.V.; S = Deutscher Segler-Verband e.V.; A = ADAC),
6. die Nummer eines vor dem Inkrafttreten die ser Verordnung ausgestellten Bootsscheines in Verbindung mit den o.a. Kennbuchstaben.

Die entsprechenden Urkunden sind mitzuführen. Die amtlichen bzw. amtlich anerkannten Kennzeichen werden von den Wasser- und Schiffahrtsämtern und den anerkannten Wassersportverbänden (DMYV, DSV und ADAC) zugeteilt. Die nach den bisherigen Vorschriften zugeteilten amtlichen Kennzeichen gelten bis zum Ablauf ihrer Gültigkeit, in den übrigen Fällen bis zum 30. April 1998 weiter.

Persönliche Voraussetzungen

Zum Führen eines Sportbootes mit Maschinenleistung von mehr als 3,68 kW (5 PS) an der Propellerwelle und einer Wasserverdrängung bis zu 15 Kubikmetern ist der Sportbootführerschein Binnen des DMYV oder des DSV erforderlich. Für Sportfahrzeuge von 15 bis 60 Kubikmeter Wasserverdrängung wird das Sportschifferzeugnis gefordert, auf dem Rhein das Sportschifferpatent.

UKW-Sprechfunk auf Binnengewässern

Der UKW-Sprechfunk auf den Binnengewässern richtet sich nach den Regeln des „Internationalen Rheinfunk". Sie gelten auf allen Binnenrevieren in Belgien, Luxemburg, den Niederlanden, der Schweiz und der Bundesrepublik Deutschland. Er ist gegliedert in vier Verkehrskreise:
- Verkehrskreis Schiff–Schiff,
- Verkehrskreis Schiff–Hafenbehörden,
- Funkverkehr an Bord,
- Nautische Information.

Jedem dieser Verkehrskreise sind bestimmte Sprechfunkkanäle und Arbeitsgebiete zugewiesen.
In den Verkehrskreisen Schiff–Schiff, Schiff–Hafenbehörden und Nautische Information dürfen nur Nachrichten übermittelt werden, die sich auf die Fahrt oder die Sicherheit von Schiffen oder Personen beziehen. Nachrichten kommerzieller oder sozialer Art (z. B. Reiseabsprachen) sind untersagt und nur auf Kanal 77 zulässig. Die Sendeleistung ist auf 0,5 bis 1 Watt zu begrenzen.

Seit dem 1. Januar 1995 müssen auf allen Bundeswasserstraßen alle mit UKW-Sprechfunk ausgerüsteten Fahrzeuge während der Fahrt im Verkehrskreis Schiff–Schiff auf Kanal 10 ständig hörbereit sein. Jedes mit einer Sprechfunkanlage ausgerüstete Fahrzeug muß sich auf Kanal 10 vor der Einfahrt in unübersichtliche Strecken, Fahrwasserengen oder Brückenöffnungen melden.
Binnenschiffer empfehlen, z.B. das Überholen vorher über UKW-Kanal 10 abzusprechen. Man wird Ihnen sagen, ob das Überholen möglich ist und fast immer die Drehzahl zurücknehmen, so daß sich Sog und Schwell verringern und der Überholvorgang für beide Schiffe sicherer wird.

Schiff–Schiff

Dieser Verkehrsbereich dient der Schiffahrt zur Kommunikation im nautisch-technischen Bereich von Schiff zu Schiff. Gespräche zwischen den Schiffsfunkstellen sind nur auf den Kanälen 10, 13, 73 und 77 zulässig. Der Kanal 10 steht als 1. Kanal, der Kanal 13 als 2. Kanal für die Hörbereitschaft und für die Verkehrsabwicklung zur Verfügung. In der Praxis ist die Berufsschiffahrt auf Kanal 10 hörbereit und nutzt ihn auch zur gegenseitigen Manöverabsprache.

Schiff–Hafenbehörden

Im Funkverkehr zwischen der Schiffahrt und den zuständigen Hafenbehörden darf in Deutschland nur der Kanal 13 benutzt werden.

Funkverkehr an Bord

Dieser Verkehrskreis ist nicht für die Sportschiffahrt zugelassen. Er dient mit den Arbeitskanälen 15 und 17 der schiffsinternen Kommunikation mit zugelassenen Handfunksprechgeräten auf großen Schiffen, Schleppzügen und Schubverbänden.

Nautische Information
Für diesen Verkehrskreis sind die Kanäle 18, 20, 22, 78, 79, 80, 81 und 82 zugelassen. Er dient im Bereich der deutschen Binnenwasserstraßen vor allem der Verkehrsabwicklung an den Schleusen und Sperrwerken sowie der Kommunikation zwischen den für die betreffende Wasserstraße zuständigen Behörden und der Schifffahrt. Der „Nautische Informationsfunk" wird bundesweit streckendeckend eingerichtet. Soweit dies auf den in diesem Buch beschriebenen Wasserstraßen bereits der Fall ist, finden Sie die entsprechenden Daten vor den jeweiligen Streckenbeschreibungen.

Personelle Voraussetzungen
Zur Bedienung oder Beaufsichtigung der Sprech-Seefunkstellen für UKW ist mindestens das „Beschränkt Gültige Sprechfunkzeugnis für Ultrakurzwellen (UKW-Sprechfunkzeugnis)" erforderlich.

Technische Voraussetzungen
Das Funkgerät muß für den Rheinfunkdienst zugelassen sein. Die Gebühren betragen derzeit einmalig für die Genehmigung DM 10,– und dann monatlich DM 5,–. Die Genehmigung für Schiffsfunkstellen des „Internationalen Rheinfunkdienstes auf deutschen Schiffen" muß bundesweit beantragt werden beim
Bundesamt für Post- und Telekommunikation (BAPT)
Außenstelle Mülheim
Postfach10 03 51
Aktienstr. 1–7
45473 Mülheim a.d. Ruhr
Tel. 0208-4 50 70.
Normalerweise wird auf eine Abnahmeprüfung durch einen Sachverständigen verzichtet.

Mobiltelefone D1 und D2
Seit dem 1.1.1995 ist es nicht mehr möglich, über UKW-Rheinfunk in das öffentliche Telefonnetz zu gelangen. Mit einem Mobiltelefon (D1/D2) erreichen Sie europaweit jedes Telefon, alle Institutionen, die mit der Binnenschiffahrt zu tun haben, und über die Telefonnummer 112 automatisch die zuständige Polizei-Notrufzentrale, letztere auch ohne Telefonkarte!

Dienststellen der Wasserschutzpolizei

Die Dienstellen der Wasserschutzpolizei sind nicht mit UKW-Sprechfunkgeräten ausgerüstet (die Deutsche Bundespost sieht keinen Bedarf und verweigert deshalb die Genehmigungen) und deshalb von Sportbooten nicht direkt zu erreichen. Die Boote der Wasserschutzpolizei sind zwar mit UKW-Funkstellen ausgerüstet, jedoch aus Personalmangel häufig nicht besetzt. Die Polizei ist dann nur über das öffentliche Telefonnetz oder über die Funkstellen des Nautischen Informationsfunkes (Schleusen) zu erreichen.

Rhein-Herne-Kanal

WSP-Station Duisburg-Ruhrort	0203-8 20 07
WSP-Station Essen	0201-6 95 76

Wesel-Datteln-Kanal

WSP-Station Wesel	0281-2 40 60
WSP-Station Dorsten	02362-21 56
WSP-Station Datteln	02363-80 46

Datteln-Hamm-Kanal

WSP-Posten Hamm	02381-44 30 99

Dortmund-Ems-Kanal

WSP-Wache Dortmund	0231-82 38 52
WSP-Station Datteln	02363-80 46
WSP-Station Münster	0251-23 10 41
WSP-Station Bergeshövede	05459-60 51

WSP-Revier Meppen	05931-94 90
WSP-Außenstelle Lingen	0591-6 32 80
WSP-Station Dörpen	04963-89 30
WSP-Revier Emden	04921-89 15 58

Küstenkanal

WSP-Station Dörpen	04963-89 30
WSP-Revier Oldenburg	0441-7 90 25 58

Ems-Jade-Kanal

WSP-Revier Emden	04921-8 95 58
WSP-Revier Wilhelmshaven	04421-94 20

Weser

WSP-Station Brake	04401-77 35
WPS-Revier Bremerhaven	0471-9 46 65 00

Schiffahrtsweg Elbe-Weser

WSP-Revier Bremerhaven	0471-9 46 65 00

Elbe und Nord-Ostsee-Kanal

WSP-Revier Brunsbüttel	04852-10 12
WSP-Station Rendsburg	04331-5 56 03
WSP-Revier Kiel-Holtenau	0431–3 51 94

Mittellandkanal

WSP-Wache Bramsche	05461-31 10
WSP-Station Minden	05771-8 86 60
WSP-Revier Hannover	0511-6 70 58 28
WSP-Station Braunschweig	0531-31 16 40
WSP-Station Wolfsburg	05361-18 21

Stichkanal nach Osnabrück

WSP-Wache Bramsche	05461-31 10

Stichkanal nach Hildesheim

WSP-Außenstelle Hildesheim	05121-5 30 48

Stichkanal nach Salzgitter

WSP-Station Salzgitter	05341-2 51 51

Elbe-Seitenkanal

WSP-Revier Uelzen	0581-4 36 22
WSP-Station Lüneburg	04131-5 21 10

Elbe-Lübeck-Kanal und Trave

WSP-Revier Lauenburg	04153-22 91
WSP-Station Mölln	04542-70 01
WSP-Revier Lübeck	0451-3 34 40
WSP-Revier Travemünde	04502-7 41 41

Wasser- und Schiffahrtsverwaltung

Die Wasser- und Schiffahrtsdirektionen mit den Wasser- und Schiffahrtsämtern, in Niedersachsen auch die staatlichen Ämter für Wasser und Abfall, sind zuständig für den Bau und die Unterhaltung der Wasserstraßen. Sie sind auch der Ansprechpartner für Anregungen und Beschwerden.

Wasser- und Schiffahrtsdirektion West
Cheruskerring 11
48147 Münster
Tel. 0251-2 70 81
Zuständig für Rhein-Herne-Kanal, Wesel-Datteln-Kanal, Datteln-Hamm-Kanal, Dortmund-Ems-Kanal bis km 225,82, Ems und Küstenkanal mit den Wasser- und Schiffahrtsämtern

Duisburg-Meiderich, Emmericher Straße 201, 47138 Duisburg, Tel. 0203-4 50 40

Rheine, Münsterstraße 75,
48431 Rheine, Tel. 05971-5 02 75

Meppen, Herzog-Arensberg-Straße 66,
49716 Meppen, Tel. 05931-70 41

Wasser- und Schiffahrtsdirektion Mitte
Am Waterlooplatz 5
30169 Hannover
Tel. 0511-9 11 50
Zuständig für den Mittellandkanal mit den Stichkanälen Osnabrück, Hildesheim und Salzgitter sowie dem Elbe-Seitenkanal mit den Wasser- und Schiffahrtsämtern

Minden, Am Hohen Ufer 1,
32425 Minden, Tel. 0571-40 21

Braunschweig, Ludwig-Winter-Straße 5,
38120 Braunschweig, Tel.0531-86 00 21

Uelzen, Greyerstraße 12,
29525 Uelzen, Tel. 0581-9 07 90

Wasser- und Schiffahrtsdirektion Nordwest
Schloßplatz 9
26603 Aurich
Tel. 04941-60 20
Zuständig für die Ems ab Papenburg, Ems-Seitenkanal, Leda, Ems-Jade-Kanal, Unterweser und untere Hunte mit den Wasser- und Schiffahrtsämtern

Bremen, Franziuseck 5,
28199 Bremen, Tel. 0421-53 78 01

Bremerhaven, Am Alten Vorhafen 1,
27568 Bremerhaven, Tel. 0471-4 83 50

Für den Schiffahrtsweg Elbe-Weser ist zuständig das Staatliche Amt für Wasser und Abfall in 21662 Stade, Harsefelder Str. 2,
Tel. 04141-60 11

Emden, Am Eisenbahndock 3,
26725 Emden, Tel. 04921-80 21

Wilhelmshaven, Mozartstraße 32,
26328 Wilhelmshaven, Tel. 04421-18 60

Für den Ems-Jade-Kanal ist zuständig das Staatliche Amt für Wasser und Abfall in
26603 Aurich, Oldersumer Straße 48,
Tel. 04941-1 76 01

Wasser- und Schiffahrtsdirektion Nord
Hindenburgufer 247
24106 Kiel-Wik
Tel. 0431-3 39 40
Zuständig für die Oberelbe ab Schnackenburg, Unterelbe, Nord-Ostsee-Kanal, Elbe-Lübeck-Kanal und Trave, mit den Wasser- und Schiffahrtsämtern

Brunsbüttel, Alte Zentrale 4,
25541 Brunsbüttel, Tel. 04852-88 50

Kiel-Holtenau, Schleuseninsel,
24159 Kiel-Holtenau, Tel. 0431-3 60 30

Lübeck, Moltkeplatz 17,
23566 Lübeck, Tel. 0451-6 20 80

Lauenburg, Grünstraße 16,
21481 Lauenburg, Tel. 04153-59 40

Nautische Literatur

Vom Bundesamt für Seeschiffahrt und Hydrographie (BSH) werden u.a. herausgegeben:
- D 2006: Nordsee-Handbuch, östlicher Teil
- D 2102: Leuchtfeuerverzeichnis, Teil III A, Nordsee, S-licher Teil
- D 2117: Hoch- und Niedrigwasserzeiten für die Deutsche Bucht und deren Flußgebiete (Tidenkalender)
- D 2155: Jachtfunkdienst Nord- und Ostsee

Sportbootkarten
Vom Bundesamt für Seeschiffahrt und Hydrographie (BSH) werden u.a. herausgegeben:
- D 3004: Karten der Ostsee von Kiel bis Lübeck
- D 3005: Karten der Ostsee von Travemünde bis Stralsund
- D 3009: Nord-Ostsee-Kanal und die Eider
- D 3010: Karten der Elbe von Cuxhaven bis Hamburg
- D 3011: Karten der Weser von der Mündung bis Bremen
- D 3012: Karten der Ems von Borkum bis Dörpen

Binnenwasserstraßenkarten

Karte der Wasserstraßen in Deutschland und den Beneluxländern, 1:1.000.000, Düren
Mitteleuropäische Wasserstraßen, 1:1.000.000, Duisburg-Ruhrort
Wasserwanderkarte Weser-Ems, Weener

Führer für den Sportschiffer

Karin Brundiers/Gerd Fleischhauer, Die Weser, Edition Maritim, Hamburg
Manfred Fenzl, Der Rhein, Edition Maritim, Hamburg
Andrea Horn/Wyn Hoop, Nebenflüsse der Elbe, Edition Maritim, Hamburg
Jan Werner, Nordseeküste 1, Elbe bis Horns Rev, Delius Klasing, Bielefeld
Jan Werner/Helmut Jahn, Nordseehäfen aus der Luft, Delius Klasing, Bielefeld
Weska, Westeuropäischer Schiffahrts- und Hafenkalender, Duisburg-Ruhrort

Gesetze und Verordnungen

Binnenschiffahrtsstraßen-Ordnung, Bonn und Duisburg-Ruhrort
Seeschiffahrtsstraßen-Ordnung und andere Seeverkehrsvorschriften (enthält u.a. auch die Kollisionsverhütungsregeln), Herford
Merkblatt für den Sprechfunk in der Rheinschiffahrt, Duisburg-Ruhrort

Weitere Druckschriften

Karten, Broschüren, Statistiken und Übersichten stellten freundlicherweise die Mitarbeiter der folgend genannten Ämter und Behörden zur Verfügung:

- Wasser- und Schiffahrtsdirektion Nord,
- Wasser- und Schiffahrtsdirektion Mitte,
- Wasser- und Schiffahrtsdirektion West,
- Wasser- und Schiffahrtsamt Braunschweig,
- Wasser- und Schiffahrtsamt Uelzen,
- Wasser- und Schiffahrtsamt Meppen,
- Wasser- und Schiffahrtsamt Lauenburg,
- Wasser- und Schiffahrtsamt Minden,
- Staatl. Amt für Wasser und Abfall Aurich,
- Staatl. Amt für Wasser und Abfall Stade

(Anschriften s.S. 16/17).

Verzeichnis der Abkürzungen

Im Text und in den Zeichnungen werden folgende Abkürzungen und Symbole verwendet:

MThW	= Mittleres Tidenhochwasser
MTnW	= Mittleres Tidenniedrigwasser
HW	= Nicht definiertes Hochwasser, z.B. auf Kanälen oder Flüssen
NW	= Nicht definiertes Niedrigwasser, z.B.auf Kanälen oder Flüssen
H	= Durchfahrtshöhe (unter Brücken)
T	= Maximal möglicher Tiefgang
	= Brücke
BB	= Bewegliche Brücke
BB/SB	= Bewegliche Brücke, zur Selbstbedienung eingerichtet
	= Sicherheitstor
	= Sportboothafen, nähere Beschreibuung im Text
	= Ankerplatz

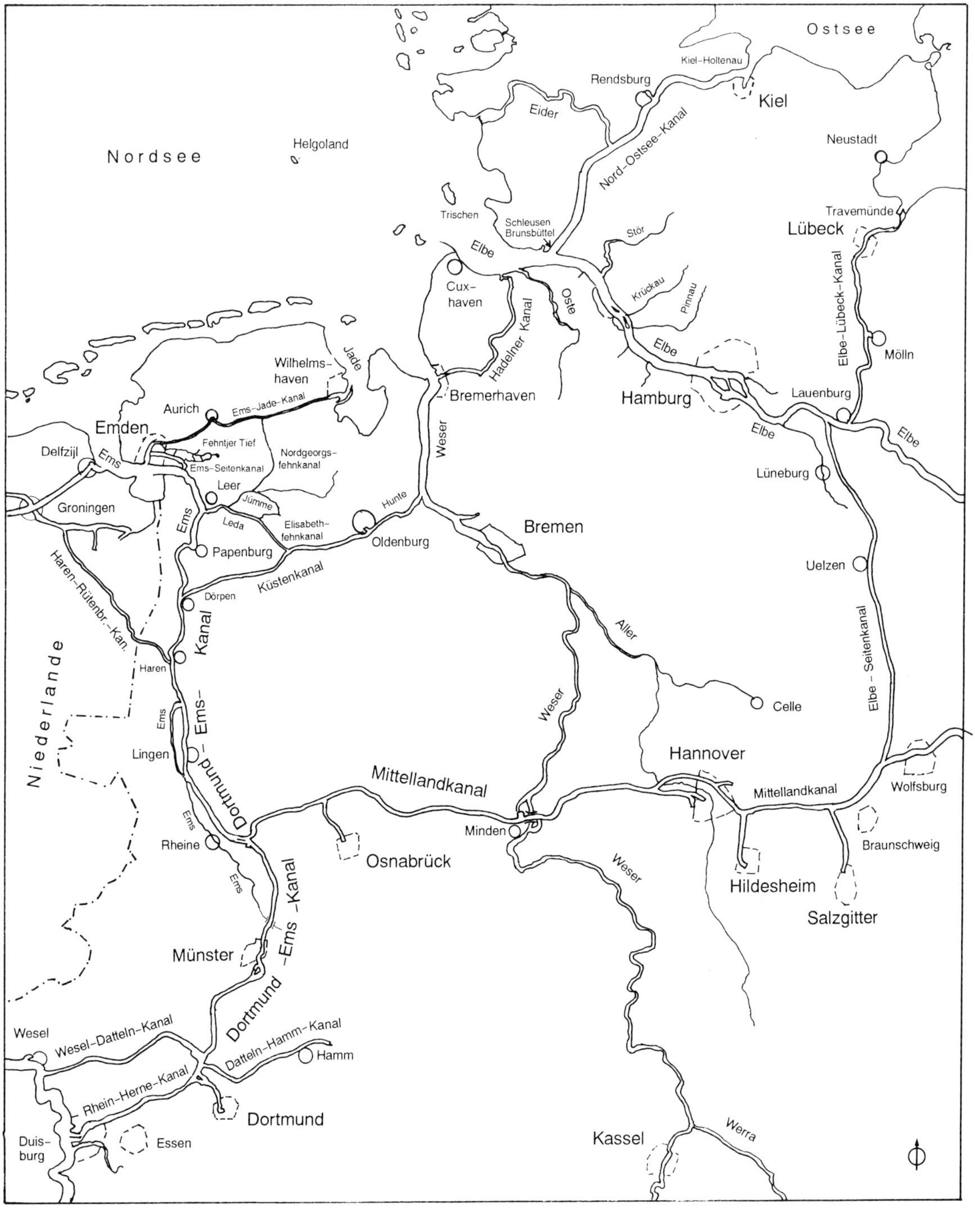
Nordsee
Ostsee
Helgoland
Kiel-Holtenau
Rendsburg
Kiel
Eider
Nord-Ostsee-Kanal
Neustadt
Trischen
Schleusen Brunsbüttel
Travemünde
Lübeck
Elbe
Stör
Cux-haven
Oste
Krückau
Pinnau
Hadelner Kanal
Elbe-Lübeck-Kanal
Mölln
Jade
Wilhelms-haven
Elbe
Bremerhaven
Hamburg
Lauenburg
Aurich
Ems-Jade-Kanal
Emden
Fehntjer Tief
Delfzijl
Ems
Ems-Seitenkanal
Nordgeorgs-fehnkanal
Weser
Elbe
Elbe
Leer
Lüneburg
Groningen
Jümme
Hunte
Leda
Elisabeth-fehnkanal
Bremen
Ems
Papenburg
Oldenburg
Haren-Rütenbr.-Kan.
Küstenkanal
Uelzen
Dörpen
Aller
Kanal
Niederlande
Haren
Elbe-Seitenkanal
Weser
Celle
Ems
Ems-
Hannover
Lingen
Dortmund-
Mittellandkanal
Mittellandkanal
Wolfsburg
Ems
Minden
Rheine
Braunschweig
Osnabrück
Weser
Ems
Hildesheim
Salzgitter
Münster
-Ems -Kanal
Dortmund
Wesel
Wesel-Datteln-Kanal
Datteln-Hamm-Kanal
Hamm
Rhein-Herne-Kanal
Dortmund
Werra
Kassel
Duis-burg
Essen

Vom Rhein zur Nordsee

Vom Rhein zur Nordsee, das scheint auf den ersten Blick eine sehr lange und eintönige Kanalreise zu sein: Von Duisburg, Rhein-km 780,4, über den Rhein-Herne-Kanal (RHK), den Dortmund-Ems-Kanal (DEK) und die Unterems bis nach Emden sind es 297 km, wobei insgesamt 19 Schleusen zu bewältigen sind. Bis zur Abzweigung des Küstenkanals bei Dörpen sind es immerhin noch 232 km und 17 Schleusen. Dazu kommt zunächst auf der Fahrt „zu Berg" ein Höhenunterschied von, je nach Rheinwasserstand, ca. 38 m bis zur Südstrecke des Dortmund-Ems-Kanales und danach, nördlich von Münster, „zu Tal", bis zum Unterwasser der Schleuse Herbrum (untere Ems), ein Abstieg von ca. 56 m.

Von Wesel, Rhein-km 813,20, über den Wesel-Datteln-Kanal (WDK) sind es 15 km und eine Schleuse mehr, wobei der Höhenunterschied „zu Berg" bis zur Südstrecke des Dortmund-Ems-Kanals je nach Rheinwasserstand ca. 41,6 m beträgt.

Ob man nun den Rhein-Herne-Kanal oder den Wesel-Datteln-Kanal befährt, wird davon abhängig sein, woher man kommt oder wohin man will: Vom Oberlauf des Rheines kommend, wird man in Duisburg den Rhein-Herne-Kanal wählen, vom Unterlauf des Rheines besser bei Wesel in den Wesel-Datteln-Kanal einfahren. Von Norden her, vom Dortmund-Ems-Kanal, bietet sich mit dem Ziel rheinaufwärts der Rhein-Herne-Kanal an, rheinabwärts ist dann der Wesel-Datteln-Kanal günstiger. Richtig geplant, erspart man sich auf dem Rhein 24,8 km Fahrt gegen den Strom!

Binnenmotorschiff im Rhein-Herne-Kanal.

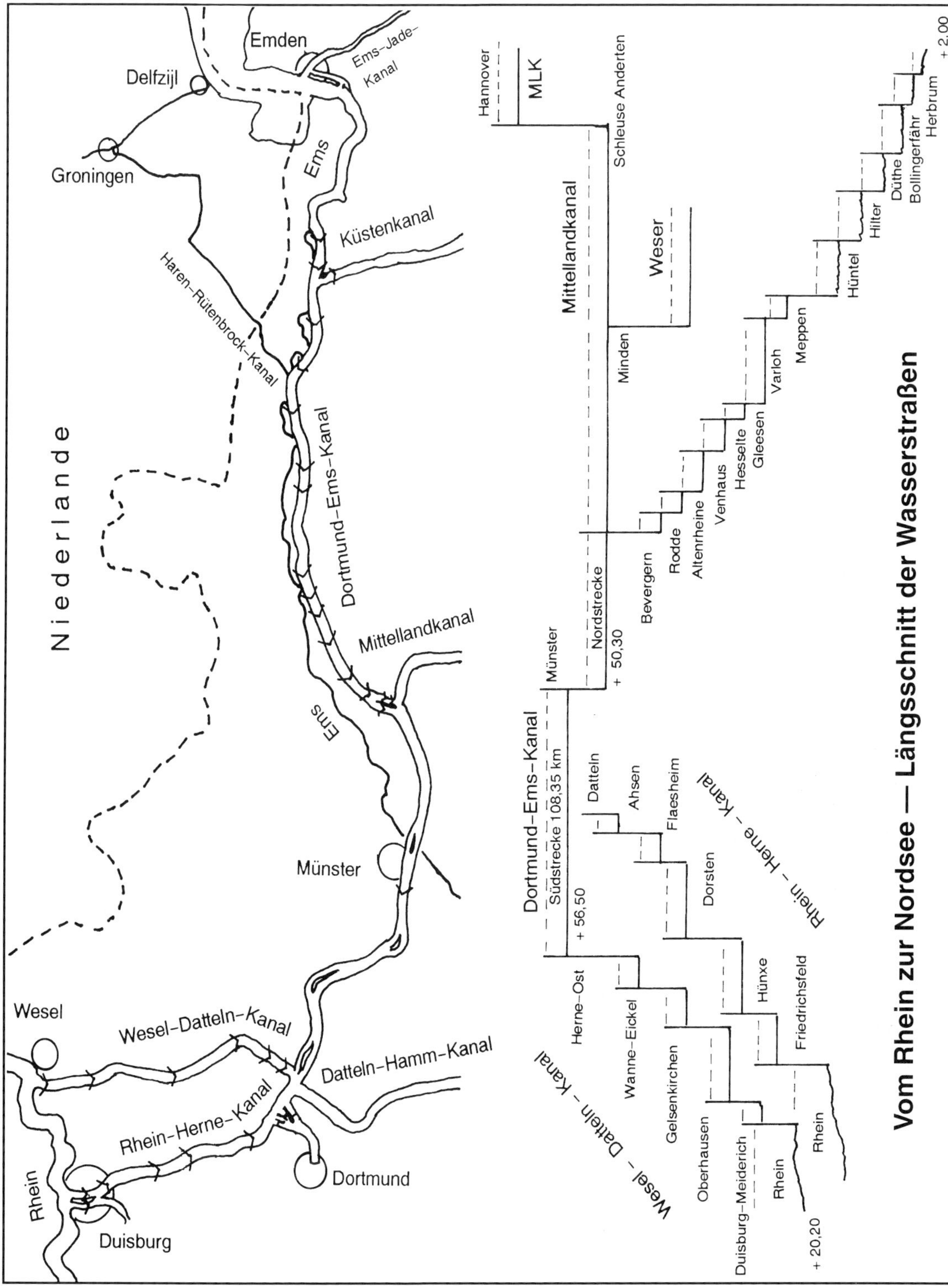
Emden
Delfzijl
Ems-Jade-Kanal
Groningen
Ems
Küstenkanal
Haren-Rütenbrock-Kanal
Niederlande
Dortmund-Ems-Kanal
Mittellandkanal
Ems
Münster
Wesel
Wesel-Datteln-Kanal
Datteln-Hamm-Kanal
Rhein-Herne-Kanal
Dortmund
Rhein
Duisburg
Hannover
MLK
Schleuse Anderten
Mittellandkanal
Weser
Minden
Nordstrecke
+ 50,30
Münster
Dortmund-Ems-Kanal
Südstrecke 108,35 km
+ 56,50
Bevergern
Rodde
Altenrheine
Venhaus
Hesselte
Gleesen
Varloh
Meppen
Hüntel
Hilter
Düthe
Bollingerfähr
Herbrum
+ 2,00
Datteln
Ahsen
Flaesheim
Dorsten
Hünxe
Friedrichsfeld
Rhein
Rhein – Herne – Kanal
Herne-Ost
Wanne-Eickel
Gelsenkirchen
Oberhausen
Duisburg-Meiderich
Rhein
+ 20,20
Wesel – Datteln – Kanal
Vom Rhein zur Nordsee — Längsschnitt der Wasserstraßen

Der Rhein-Herne-Kanal

Der Rhein-Herne-Kanal wurde in den Jahren 1906–1914 als Teil der Rhein-Weser-Elbe-Verbindung gebaut. Er ist 45,6 km lang und verbindet als Binnenschiffahrtskanal den Rhein mit dem Dortmund-Ems-Kanal. Er beginnt mit km 0 im Duisburger Hafen, am Ende des Hafenkanals, der bei km 780,4 aus dem Rhein abzweigt. Der Kanal folgt dem Tal der Emscher und endet mit km 45,6 bei Henrichenburg, wo er bei km 15,4 in den Dortmund-Ems-Kanal einmündet.
Ursprünglich wurde die Höhendifferenz zwischen dem Rhein und dem Dortmund-Ems-Kanal durch sieben Kanalstufen mit je 5 m Hub überwunden. Durch Bergsenkungen und den Neubau der Schleusen sind zwei Kanalstufen entfallen, so daß insgesamt nur noch fünf Schleusen, allerdings mit Schleusenhüben bis zu 12,8 m, zu überwinden sind. Die neuen Schleusen sind sportbootfreundlich, denn sie sind mit glatten Schleusenwänden und mit Schwimmpollern versehen. Es gibt keine Schwierigkeiten, wenn man sich darauf einstellt, daß die Schleusen sehr „schnell“ sind: Das Füllen und Entleeren der Schleusenkammer geschieht in wenigen Minuten und kann vom Schleusenmeister nicht beeinflußt werden.

Gesetzliche Bestimmungen
Vom Duisburg-Ruhrorter Vorhafen bis zur Einmündung in den Dortmund-Ems-Kanal gilt die Binnenschiffahrtsstraßen-Ordnung. Der Kanal ist zugelassen für Fahrzeuge bis 85 m Länge, 9,5 m Breite und einer Abladetiefe bis 2,50 m. Der Westteil bis zum Stadthafen Gelsenkirchen ist für Schubverbände bis 185 m Länge und 11,4 m Breite sowie für Motorgüterschiffe bis zu 110 m Länge und 11,4 m Breite freigegeben.
Die Fahrgeschwindigkeit ist für Fahrzeuge bis 1,3 m Abladetiefe auf 12 km/h, und für Fahrzeuge über 1,30 m Abladetiefe auf 10 km/h begrenzt.
Kleinfahrzeuge (bis 20 m Gesamtlänge) müssen mit mindestens 5 km/h und dürfen nicht schneller als 12 km/h fahren. Segeln und Wasserski sind verboten. Kleinfahrzeuge dürfen bei Tag und Nacht überholen und überholt werden. Die Durchfahrtshöhe unter Brücken, Freileitungen und festen Überbauten beträgt 4,5 m. Sie kann durch Windstau, Schleusungswellen und Wasserstandsschwankungen geringer sein.
Als Bergfahrt gilt die Fahrt in Richtung Henrichenburg. Von Sportbooten werden keine Gebühren erhoben.

Betriebszeiten der Schleusen
Mo 06.00–Sa 22.00, durchgehend. So u. gesetzl. Feiertage 06.00–14.00. Neujahr, Ostern, 1. Mai, Pfingsten sowie 24. und 31.12. kein Betrieb.

Berufsschiffahrt
1989 wurden auf dem Rhein-Herne-Kanal 33 Mio. t Massengüter befördert. Dabei gingen allein durch die Schleuse Meiderich 29 417 Binnenschiffe. Die Anzahl der Schiffe ist zwar geringer, die einzelnen Schiffe sind jedoch größer geworden. Die Tendenz ist zunehmend.

Sportschiffahrt
Der als wüste Industrie-Wasserstraße verrufene Rhein-Herne-Kanal ist durch das zunehmende Umweltbewußtsein von Behörden, Industrie und Schiffahrt zu einem sauberen, auch für Sportschiffer interessanten Wasserweg geworden. Im östlichen Teil sind die Ufer mit Bäumen und Büschen so dicht bepflanzt, daß man über lange Strecken durchs Grüne fährt. In diesem Bereich wird der Kanal als Naherholungsgebiet genutzt, wodurch sich auch für Sportschiffer Probleme ergeben, weil jugendliche Schwimmer oft versuchen, sich an fahrende Schiffe anzuhängen.

Häfen und Liegepätze

Die Häfen in Duisburg und im Rhein-Herne-Kanal sind für die Berufsschiffahrt angelegt worden. Sie sind in der Regel mit rostigen, eisernen Spundwänden versehen, für Sportboote nicht geeignet und häufig auch gesperrt. In diesen Häfen würde man auch Staub, Lärm und üblen Gerüchen ausgesetzt sein.

Die Liegestellen oberhalb und unterhalb der Schleusen dürfen auch von Sportbooten für eine Übernachtung bzw. zum Warten auf die Schleuse benutzt werden.

Für Sportboote bieten sich an: Duisburg, Rhein-km 781,1, im Eisenbahnhafen, Ruhrorter Yachtclub, Gastplätze, Restaurant, Tel. 0203-8 24 09. Km 5,85 Yachthafen Oberhausen. Rhein-Herne-Kanal, km 38,4, Yachthafen AMC Castrop-Rauxel, km 42,6, und 43,4 Ankerplätze im Altarm, km 45,4 Yachthäfen Henrichenburg.

Treibstoff

Nur in Duisburg-Eisenbahnhafen. Diesel, Gas, Schmieröl und Wasser von den Bunkerbooten „Shell 14“ und „Shell 27“, beide über UKW-Kanal 10 erreichbar. Benzin am Ende des Werfthafens (Treppe/TEXACO-Landtankstelle). Nächste Möglichkeit: Bunkerboote „Aral 8“ und „Shell-Falderntor“, beide über UKW-Kanal 10 erreichbar. Liegeplatz am Dattelner Meer/Dortmund-Ems-Kanal km 21,3 (nur Diesel, von Duisburg 53,77 km).

Proviant

Im Bereich der Schleuse Oberhausen hört das Proviantboot „Sirene“, ein schwimmender „Tante-Emma-Laden“, auf UKW-Kanal 10 und 77. Es kommt auf Anforderung, gut abgefendert, längsseits. Einkauf an Land: In Henrichenburg.

Yachthafen des AMC Castrop-Rauxel am Rhein-Herne-Kanal.

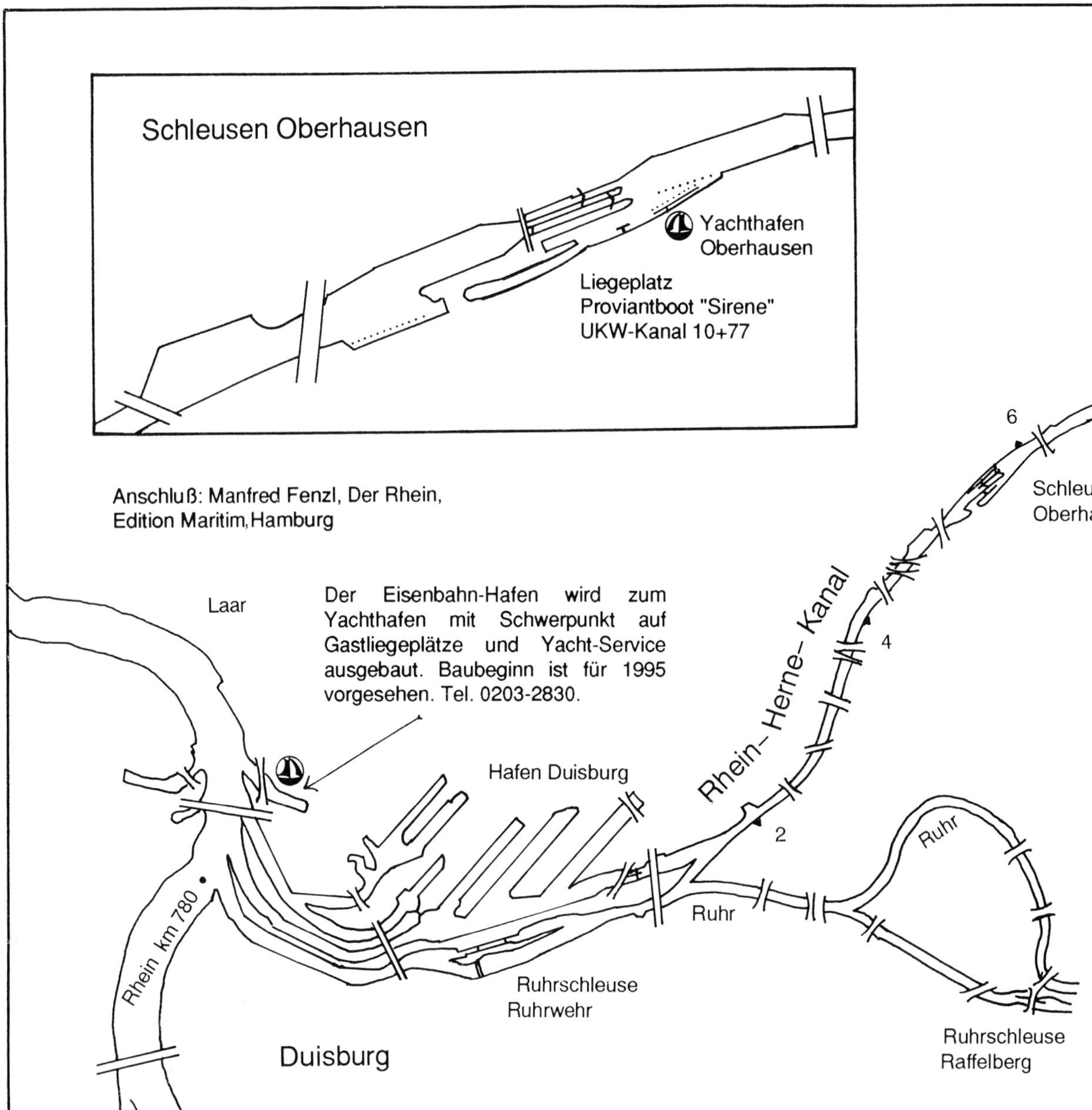

Rhein-km 780,4 Abzweigung aus dem Rhein in den Duisburger Hafenkanal, der bei km 3,58 endet = Beginn des RHK mit km 0,0. **Km 0,65** Schleusen Duisburg-Meiderich, 2 Kammern mit je 190 x 12 m, Hub 5,23 m bei Rhein-MW, UKW-Kanal 82, Tel. 0203-44 21 37; glatte Betonwände, Schwimmpoller an der Südmauer.

Km 1,73 Abzweigung des Verbindungskanals zur Ruhr. Von Rhein-km 780 kann man über die Ruhr zur Ruhrschleuse, Kammergröße 311 x 12 m, Hub 5,23 m, UKW-Kanal 20, glatte Klinkerwände, und durch den Verbindungskanal ebenfalls zum Rhein-Herne-Kanal fahren.

Km 5,55 Schleusen Oberhausen, 2 Kammern mit je 190 x 12 m, Hub 4,1 m, UKW-Kanal 81, Tel. 0208-2 16 11; glatte Betonwände, Schwimmpoller in

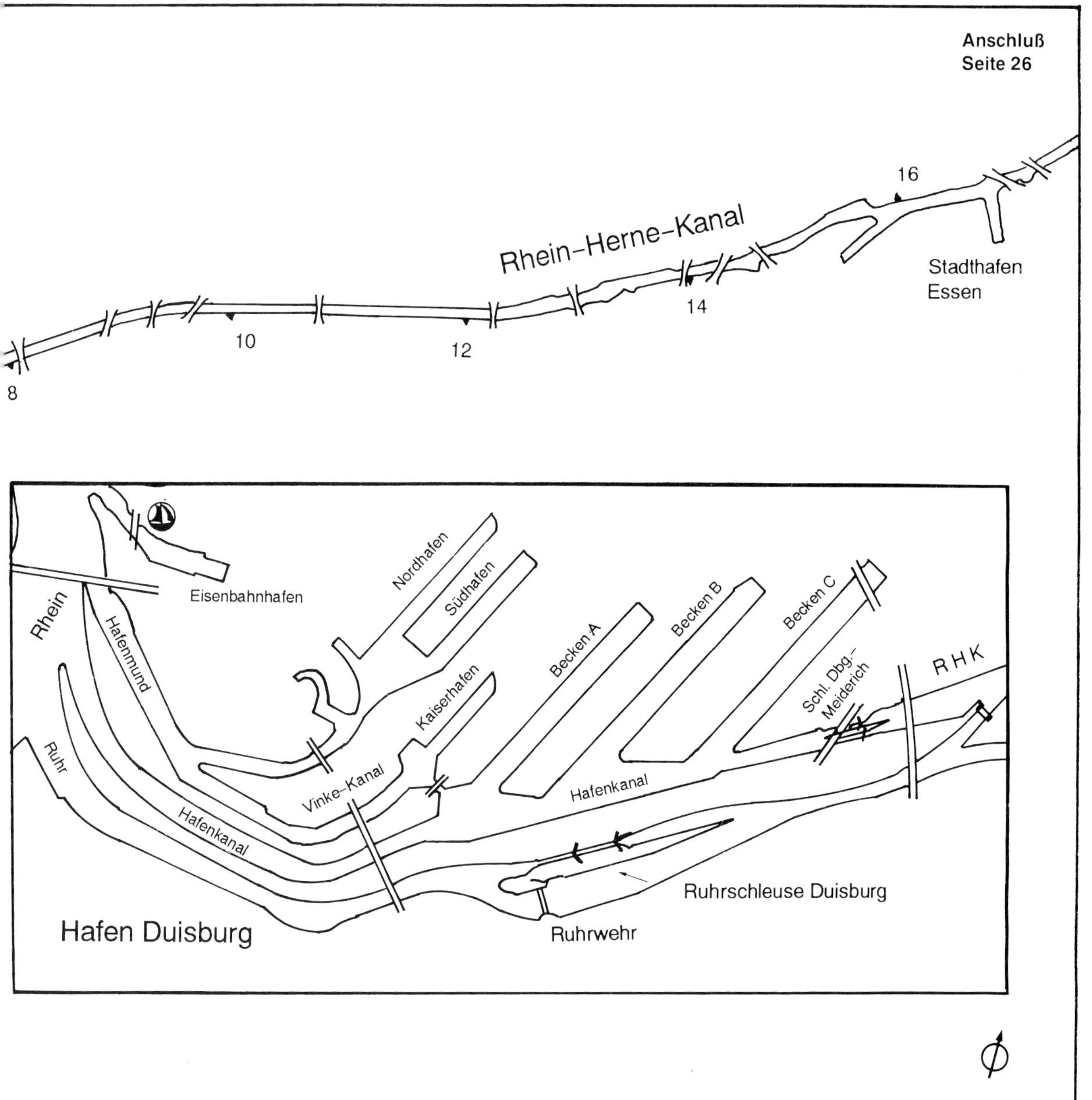

beiden Kammern an der Südmauer. Im Oberwasser, südlich der Schleusenkammer, Liegeplatz des Proviantbootes „Sirene" (UKW-Kanal 10 und 77). Ruhige Liegeplätze an der Pier. **Km 5,85** Südufer, Yachthafen Oberhausen, z. Zt. im Bau, Gastplätze, soweit Clubboote abwesend, Wasser, Strom, Clublokal mit sanitären Anlagen. **Km 8,3** Nord-Ufer, schönes Schwimmbad. Anlegen an der Spundwand möglich. **Km 12,4–12,9** Nord-Ufer, für Yachten geeignete Liegestelle, ganz im Grünen, jedoch ohne Landgang. **Km 13,1** Süd-Ufer, Stützpunkt der Wasserschutzpolizei. **Km 13,6** S-Ufer, Bootsanleger, S-Ufer, bis km 20,6 Stadtgebiet Essen. **Km 16,9** Einfahrt in den Stadthafen Essen (nur im Notfall akzeptabel). **Km 13, 5–17,9** Nord-Ufer, Stadtgebiet Bottrop.

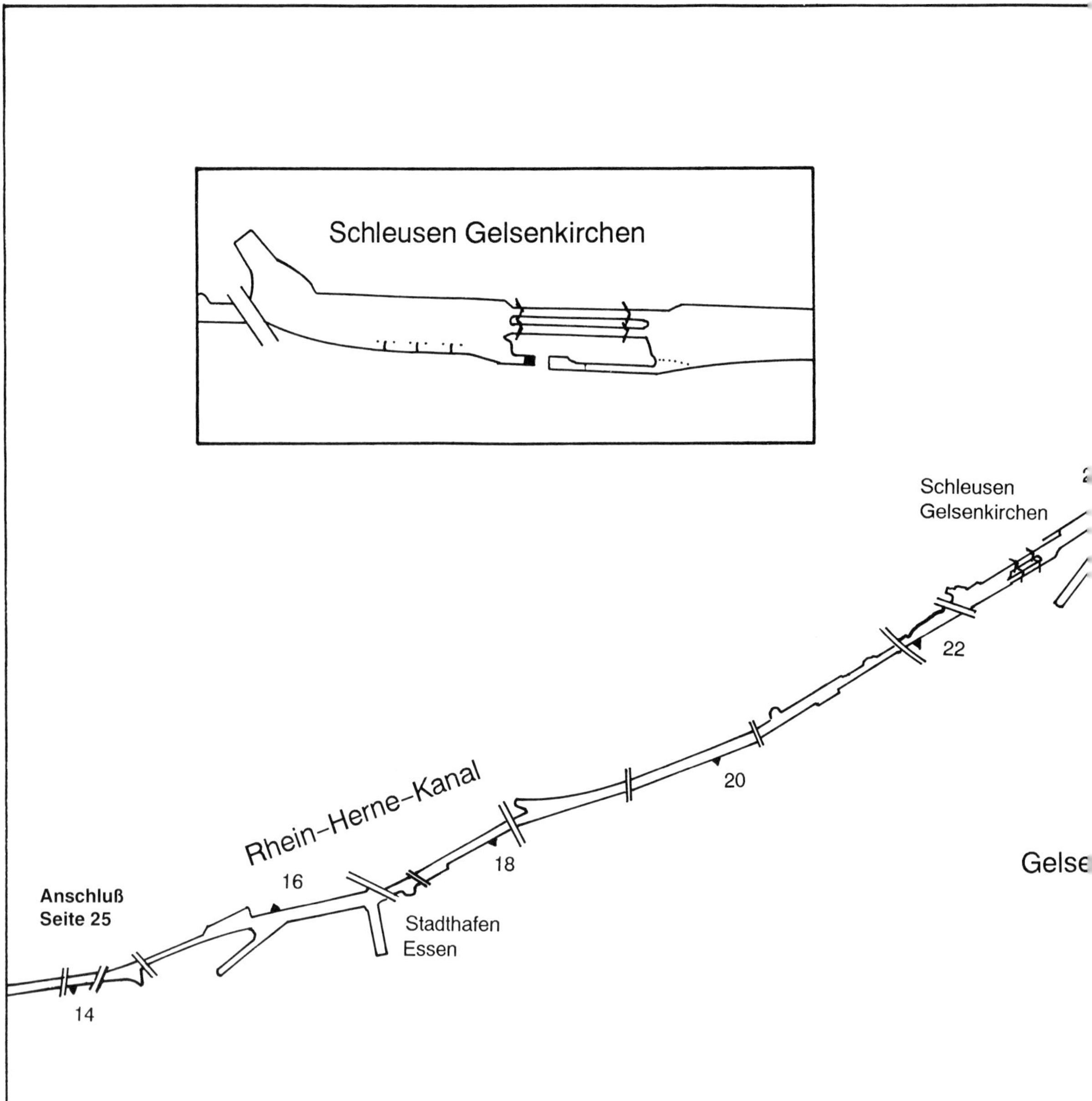

Die Häfen bis zur Schleuse Gelsenkirchen sind für Sportboote nicht geeignet. Diesen Teil des RHK sollte man schnell hinter sich bringen.

Km 23,18 Schleusen Gelsenkirchen, 2 Kammern mit je 190 x 12 m, Hub 6,5 m, glatte Betonwände, Schwimmpoller in beiden Kammern an der Südmauer, UKW-Kanal 79, Tel. 0209-4 31 94.

Km 24,05 Süd-Ufer, Einfahrt in den Stadthafen Gelsenkirchen, UKW-Kanal 79. **Km 29,40** Nord-Ufer, Bootsanleger. **Km 30,1** Schleusen Wanne-Eickel, 2 Kammern mit je 163 x 10 m, Hub 8,1 m, glatte Betonwände. UKW-Kanal 78, Tel. 02325-7 04 13.

Km 35,2 bis 35,4 Die Schleusen Herne-West wurden im Zusammenhang mit dem Neubau der Schleusen Herne-Ost vollständig abgetragen. Es gibt nur noch die Schleusen Herne-Ost.

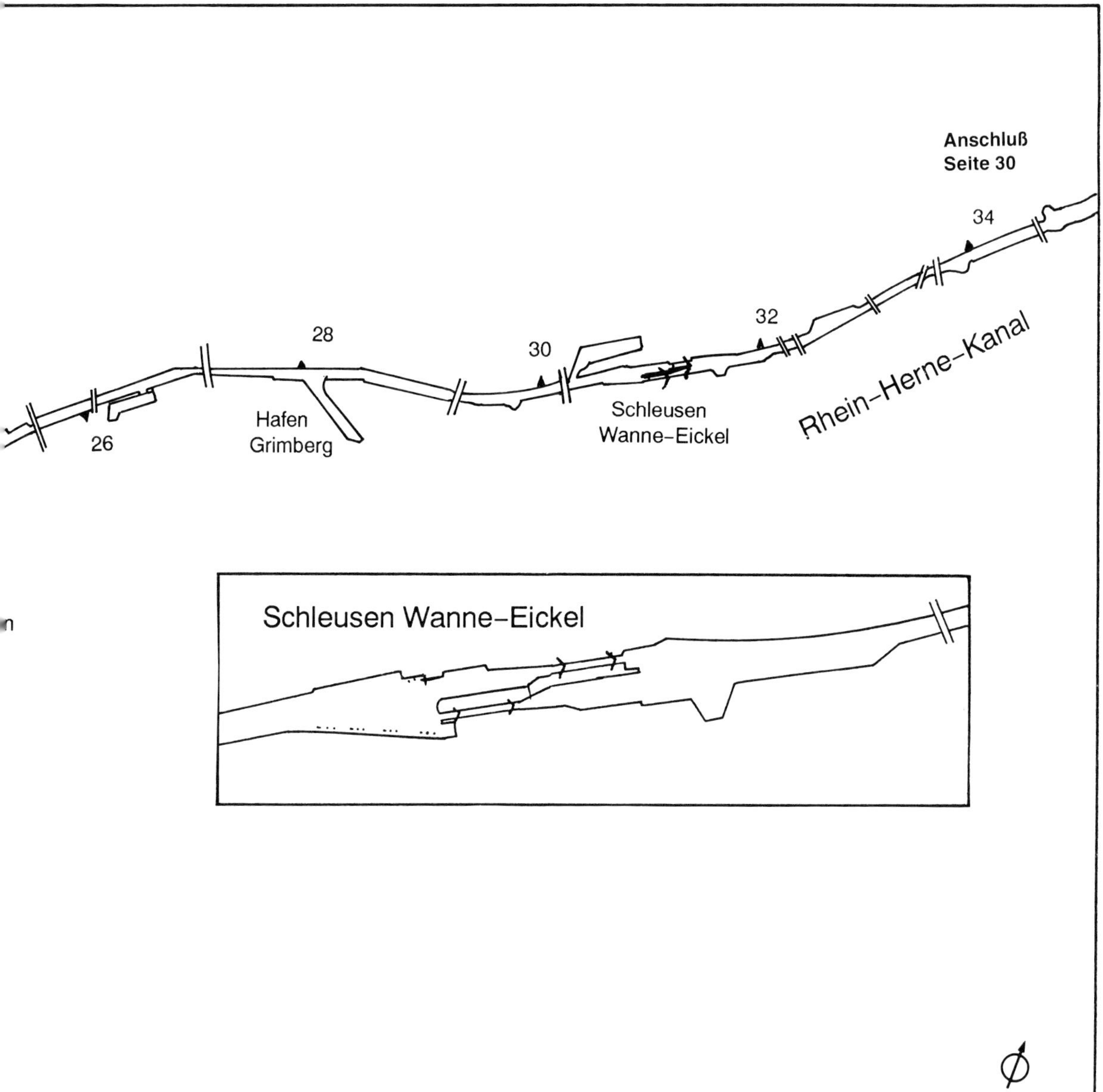
Anschluß
Seite 30
34
32
30
28
26
Hafen
Grimberg
Schleusen
Wanne-Eickel
Rhein-Herne-Kanal
Schleusen Wanne-Eickel

Schubschiff auf dem Rhein-Herne-Kanal (o.).
In der Schleuse Herne – Ausfahrt zu Tal (u.).

Am Rhein-Herne-Kanal: vor der Schleuse Oberhausen (o.).
Die Schleuse Duisburg-Meiderich (u.).

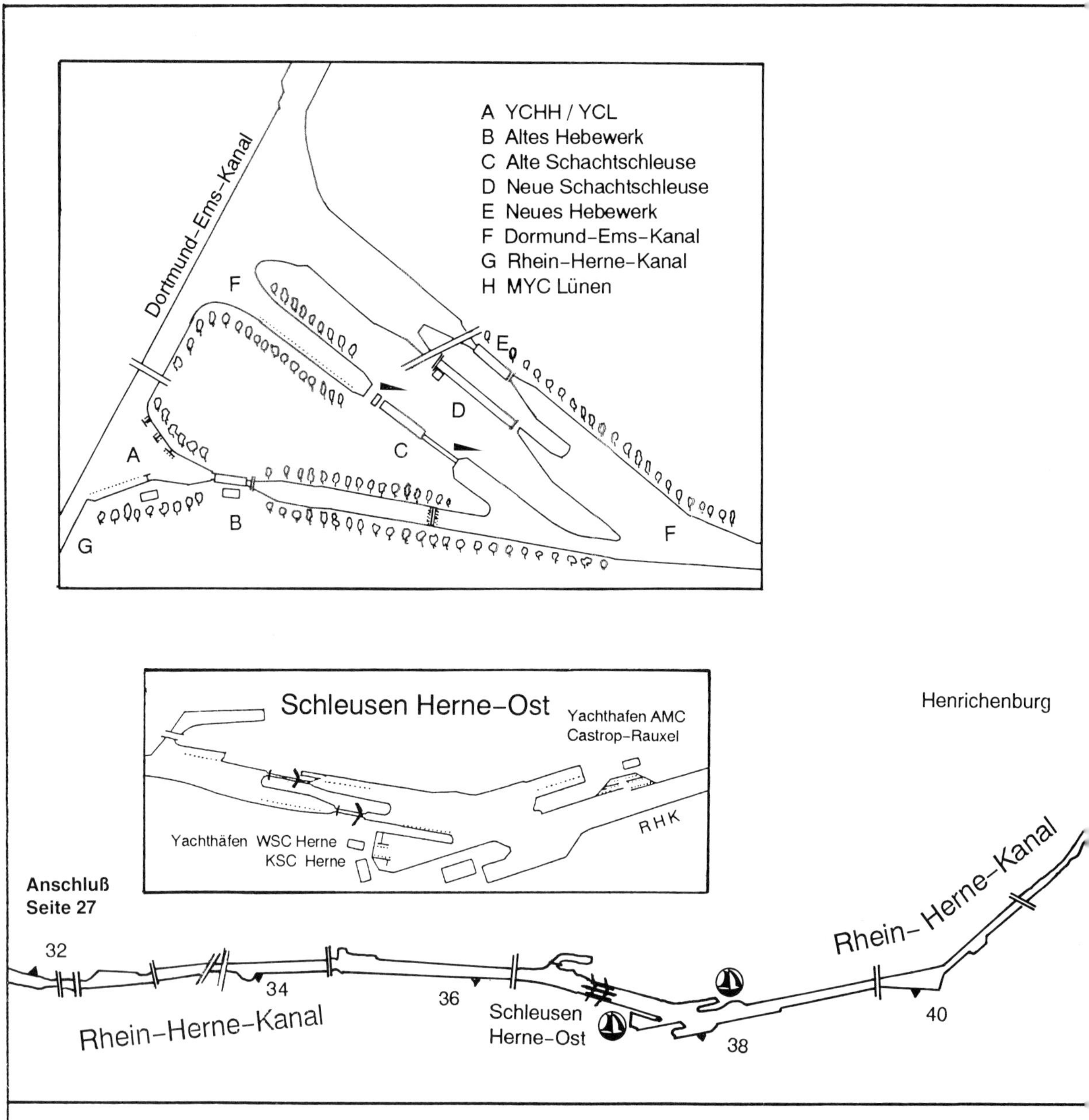

Km 37,1 Schleusen Herne-Ost. Die Südkammer ist fertiggestellt und wie die Nordkammer mit Schwimmpollern in der Nordmauer versehen. Kammergrößen je 190 x 12 m, Hub 12,8 m, glatte Betonwände, UKW-Kanal 22, Tel. 02323-87 23. **Km 37,7** Süd-Ufer, Liegehafen Herne. Im Westteil liegen die Anlagen des WSC Herne und des KSC Herne. In beiden Anlagen gibt es Clubhäuser, Wasser und Strom am Steg, doch nur wenige Gastplätze. **Km 37,8** Nord-Ufer, Hafen König Ludwig, der vom AMC Castrop-Rauxel betrieben wird und auch für größere Yachten geeignet ist. Er steht landseitig mit dem Clubhafen des AMC bei km 38,35 in Verbindung. **Km 38,35** Nord-Ufer, Clubhafen des AMC. Sehr schön angelegte und gepflegte Anlage, unmittelbar am Wald gelegen. Bewirtschaftetes

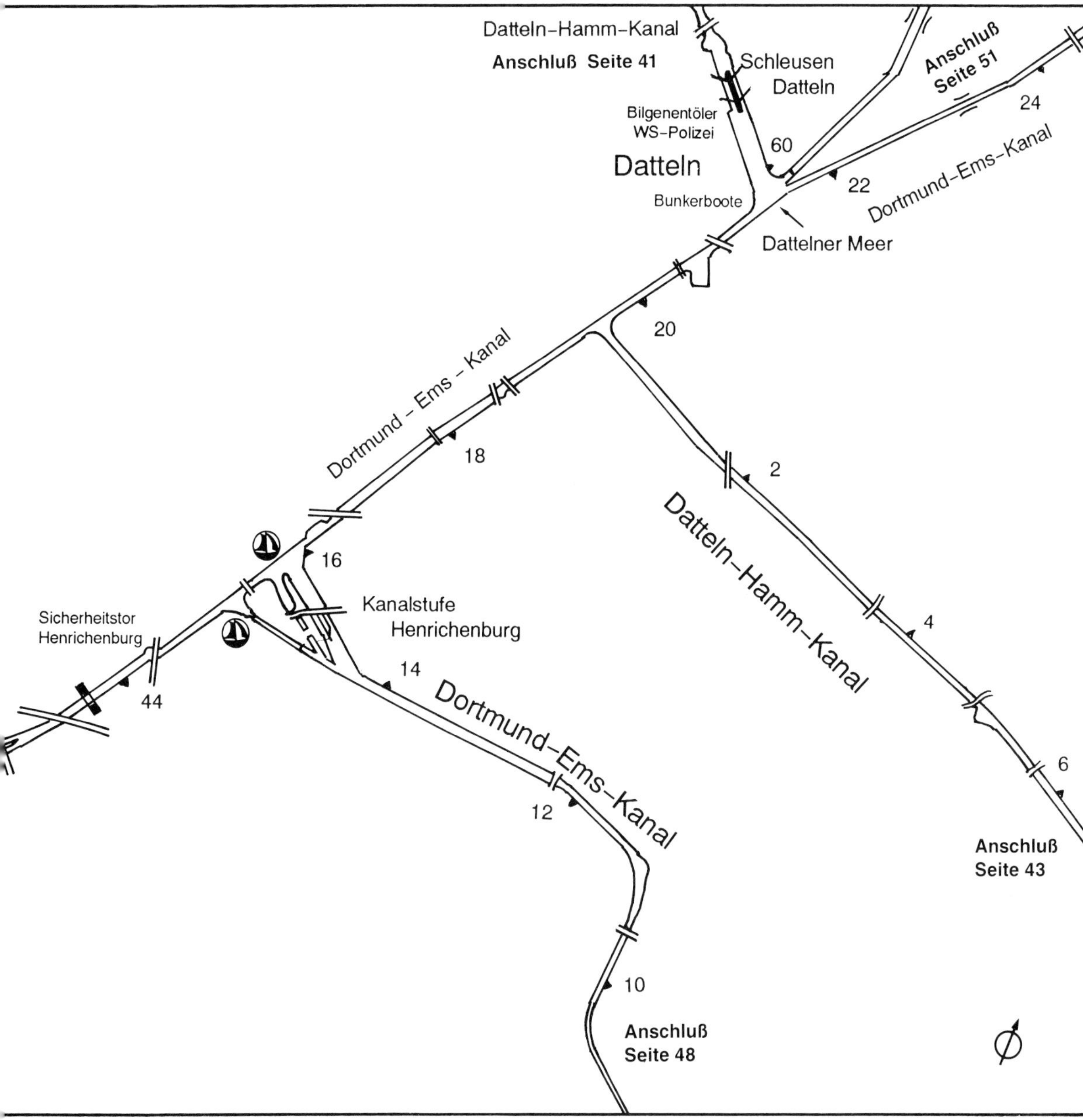

Clubhaus mit preiswerter und guter Küche (Di = Ruhetag). Strom und Wasser, WC, Duschen, Entsorgung für Altöl und Abfall, Slipbahn, Kran bis 5t. Tel. 02323-8 13 97. **Km 44,10** Sicherheitstor, steht normalerweise offen.

Km 45,6 Einmündung in den Dortmund-Ems-Kanal. Im Unterwasser des alten Schiffshebewerkes Henrichenburg liegen die Yachthäfen des YCHH (Südseite) und des MBC Lüdenscheid (Nordseite). Vor der alten Schachtschleuse liegen die Liegeplätze des MYC Lünen. Alle mit Strom, Wasser, WC, Duschen. Einkauf im Ort Henrichenburg. Die alte Schachtschleuse wurde zu einer großzügig angelegten Sliprampe umgebaut, auf der man Boote mit eigenem Trailer umsetzen kann.

Der Wesel-Datteln-Kanal

Der Wesel-Datteln-Kanal (WDK) wurde in den Jahren 1915 bis 1931 als „Lippe-Seitenkanal" erbaut und am 1.6.1931 in Betrieb genommen. Nachdem bereits 1953 die Grenze der Leistungsfähigkeit erreicht war, wurde 1960 mit dem Bau der zusätzlichen (kleinen) Schleusen und 1966 mit dem Ausbau des gesamten Kanals begonnen. Dieser Ausbau wurde 1989 abgeschlossen.
Der Wesel-Datteln-Kanal beginnt bei Rhein-km 813,2 mit km 0,0. Er verläuft im Tal der Lippe und endet nach 60,25 km im Dattelner Meer mit der Einmündung in den Dortmund-Ems-Kanal bei km 21,32. Streckenweise ist der nördliche Kanaldamm gleichzeitig Hochwasserschutzdamm der Lippe. Der Höhenunterschied von 41,6 m zwischen dem Rhein und dem Dortmund-Ems-Kanal wird durch sechs Kanalstufen überwunden. Die Schleusenkammern sind in Größe und Bauausführungen sehr unterschiedlich: Es sind sowohl glatte Betonwände als auch Stahl-Spundwände vorhanden. Es gibt keine Schwimmpoller. Dennoch gibt es beim Schleusen von Sportbooten keine Probleme, wenn die Hinweise im Abschnitt „Schleusenpraxis" beachtet werden.

Gesetzliche Bestimmungen
Von der Abzweigung aus dem Rhein bis zur Einmündung in den Dortmund-Ems-Kanal gilt die Binnenschiffahrtsstraßen-Ordnung.
Das Fahrwasser ist 36 m breit, 4 m tief und ist zugelassen für Fahrzeuge bis 85 m Länge, 11,4 m Breite und mit einer Abladetiefe bis 2,8 m sowie für Schubverbände mit 2 Leichtern. Die Fahrgeschwindigkeit ist für Fahrzeuge bis 1,3 m Abladetiefe auf 12 km/h und für Fahrzeuge über 1,3 m Abladetiefe auf 10 km/h begrenzt. Kleinfahrzeuge müssen mindestens 5 km/h und dürfen nicht schneller als 12 km/h fahren. Kleinfahrzeuge dürfen bei Tag und Nacht überholen und überholt werden. Für größere Fahrzeuge gibt es Einschränkungen (§ 15.07 BinSchStrO). Segeln und Wasserski sind verboten. Die Durchfahrtshöhe unter Brücken, Freileitungen und sonstigen festen Überbauten beträgt bei ruhigem Normalwasserstand 4,5 m. Sie kann durch Windstau, Schleusungswellen und Wasserstandsschwankungen geringer sein. Als Bergfahrt gilt die Fahrt in Richtung Datteln. Von Sportbooten werden keine Gebühren erhoben.

Betriebszeiten der Schleusen
Von Mo 06.00 durchgehend bis Sa 22.00. So und gesetzliche Feiertage, Ostern, 1. Mai, Pfingsten, Weihnachten und 31. 12. kein Betrieb. Vor diesen Tagen bis 14.00.

Berufsschiffahrt
Der Wesel-Datteln-Kanal wurde im Jahre 1990 von 29 400 Motorgüterschiffen und Schubverbänden befahren, die 18,1 Mio. t Güter beförderten und den Kanal vorwiegend als Durchgangswasserstraße und Verbindungsweg vom Niederrheingebiet zum Dortmund-Ems-Kanal benutzten.

Sportschiffahrt
Am Wesel-Datteln-Kanal gibt es keine ausgedehnten Industrie- und Hafenanlagen. Die Umgebung ist landschaftlich schöner und freier als z.B. am Rhein-Herne-Kanal. Der Wesel-Datteln-Kanal, von Kennern als „Europas längste Badewanne" bezeichnet, wird mit seinen grünen Ufern fast auf ganzer Länge als Naherholungsgebiet und Badegewässer benutzt. Noch mehr als auf dem RHK muß man hier auf Kinder und Jugendliche achten, die mit Luftmatratzen im Kanal baden und häufig versuchen, sich an Wasserfahrzeuge, auch an Sportboote, anzuhängen.
Für den Wesel-Datteln-Kanal benötigt man eine Reisezeit von mindestens neun Stunden.

Ansteuerung vom Rhein

Die Mole an der Einfahrt zum Wesel-Datteln-Kanal kann bei Rhein-Hochwasser überflutet werden. Sie ist deshalb mit Baken und einem Leuchtfeuer versehen. Man darf bei Hochwasser nicht zwischen den Baken hindurchfahren, sondern muß das Leuchtfeuer flußabwärts runden!

Häfen und Liegeplätze

In Wesel, Rhein-km 816,5, Yachthafen Wesel. Große Anlage mit allen notwendigen Einrichtungen. Keine Treibstoff-Versorgung!
Die Liegestellen oberhalb und unterhalb der Schleusen dürfen auch von Sportbooten für eine Übernachtung oder zum Warten auf die Schleuse benutzt werden. In Dorsten, km 27,7, gibt es eine Liegestelle für Sportboote und bei km 28,5 den Yachthafen des Dorstener Motor-Yachtclubs, der jedoch nur wenige Gastplätze hat und für Yachten bis 10 m Länge zu empfehlen ist.

Treibstoff

Im Sportboothafen Wesel und am gesamten WDK ist Treibstoff nur von Landtankstellen zu bekommen. In Dorsten kann man jedoch mit dem Pkw gut an die Pier fahren. Bunkerboote (nur Diesel) liegen im Dattelner Meer vor der Einmündung in den DEK.

Proviant

Direkt neben der Sportboot-Liegestelle Dorsten befindet sich ein modernes Einkaufszentrum, das alles bietet – Einkaufswagen stehen an der Pier. Diese Liegestelle wird auch von Binnenschiffern zum Einkauf genutzt. Deshalb sollten Sportboote nur am östlichen Ende der Liegestelle festmachen.

Die Einmündung des Wesel-Datteln-Kanals in den Rhein.

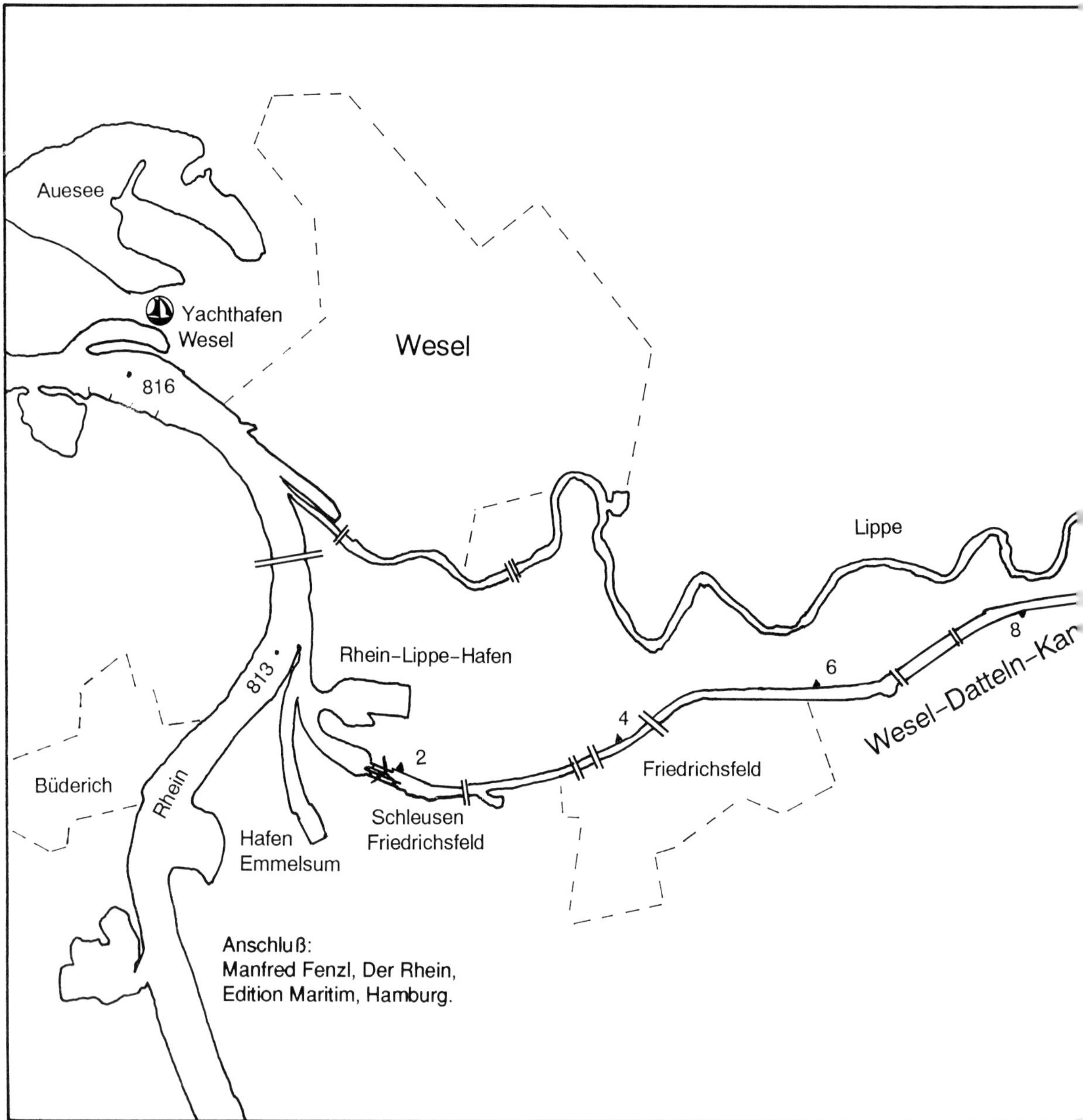

Rhein-km 816,5 N-Ufer, Sportboothafen Wesel. Großzügig angelegte und gut ausgebaute Anlage in sehr schöner und ruhiger Umgebung. WC, Duschen, Wasser und Strom am Steg, bewirtschaftetes Clubhaus. Tel. 0281-23922. Gastliegeplätze auch für große Yachten. Keine Treibstoff-Versorgung im Hafen. Einkauf in Wesel. Entfernung bis zur Stadt etwa 2 km.

Rhein-km 813,2 Einfahrt in den Wesel-Datteln-Kanal. Die Häfen Emmelsum, km 0,4, und der Rhein-Lippe-Hafen, km 0,7, sind für Yachten nicht zu empfehlen.

Km 1,72 Schleusen Friedrichsfeld. Südkammer 222 x 12 m, glatte Spundwand. Nordkammer 112 x 12 m, normale Spundwand. Die Hubhöhe ist vom Rheinwasserstand abhängig. Im Mittel etwa 8,1 m, UKW-

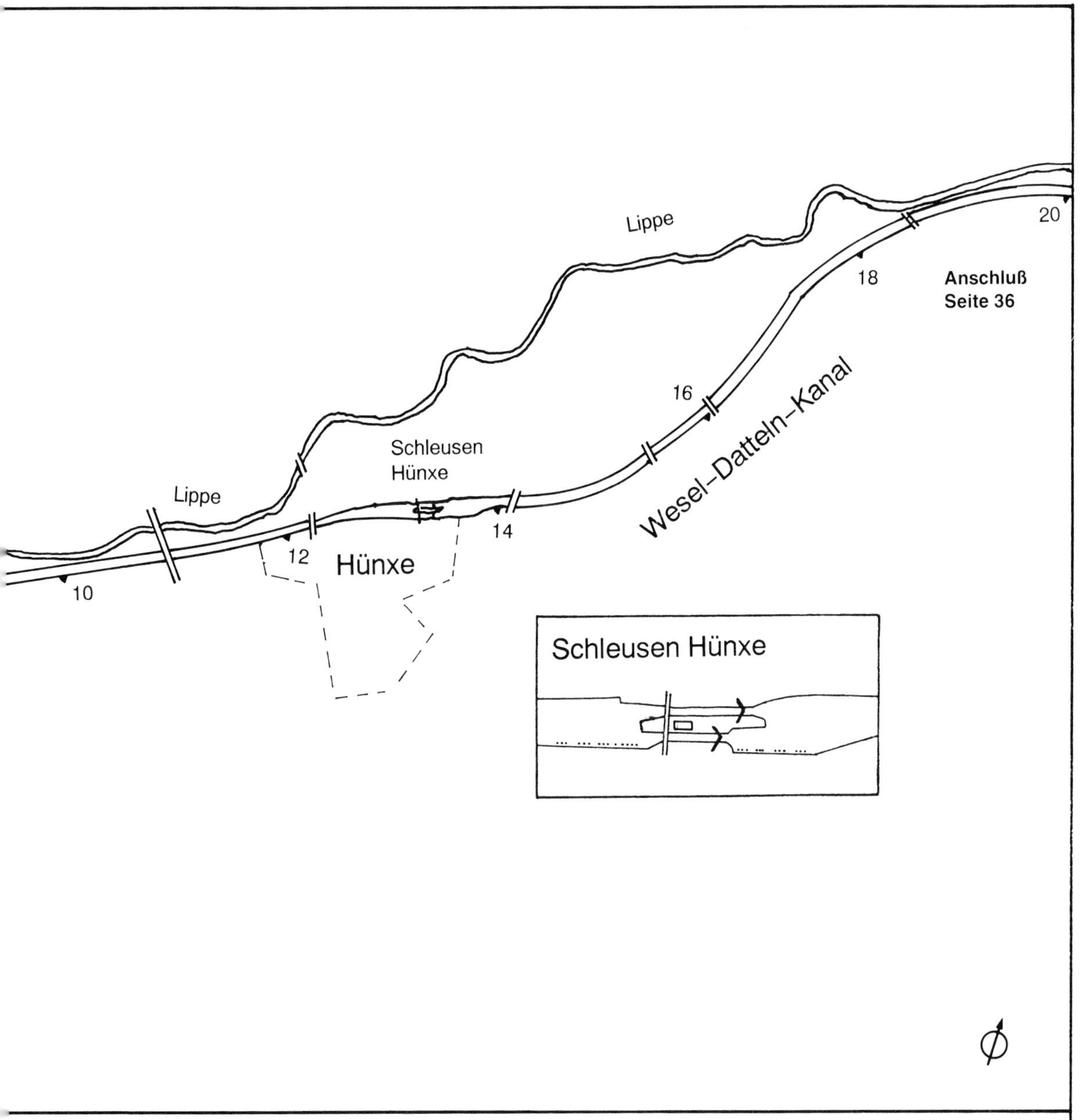

Kanal 20, Tel. 02681-48 55. **Km 2,89** Hafen des WSA/Abz. Friedrichsfeld. **Km 3,5** Bootsanleger des KC Friedrichsfeld. Bis km 5 erstreckt sich am Süd-Ufer die Ortschaft Friedrichsfeld.

Km 13,9 Schleusen Hünxe. Nordkammer 222 x 12 m, Südkammer 112 x 12 m, beide mit Stahl-Spundwänden, Hub 5,5 m, UKW-Kanal 78, Tel. 02858-20 53.

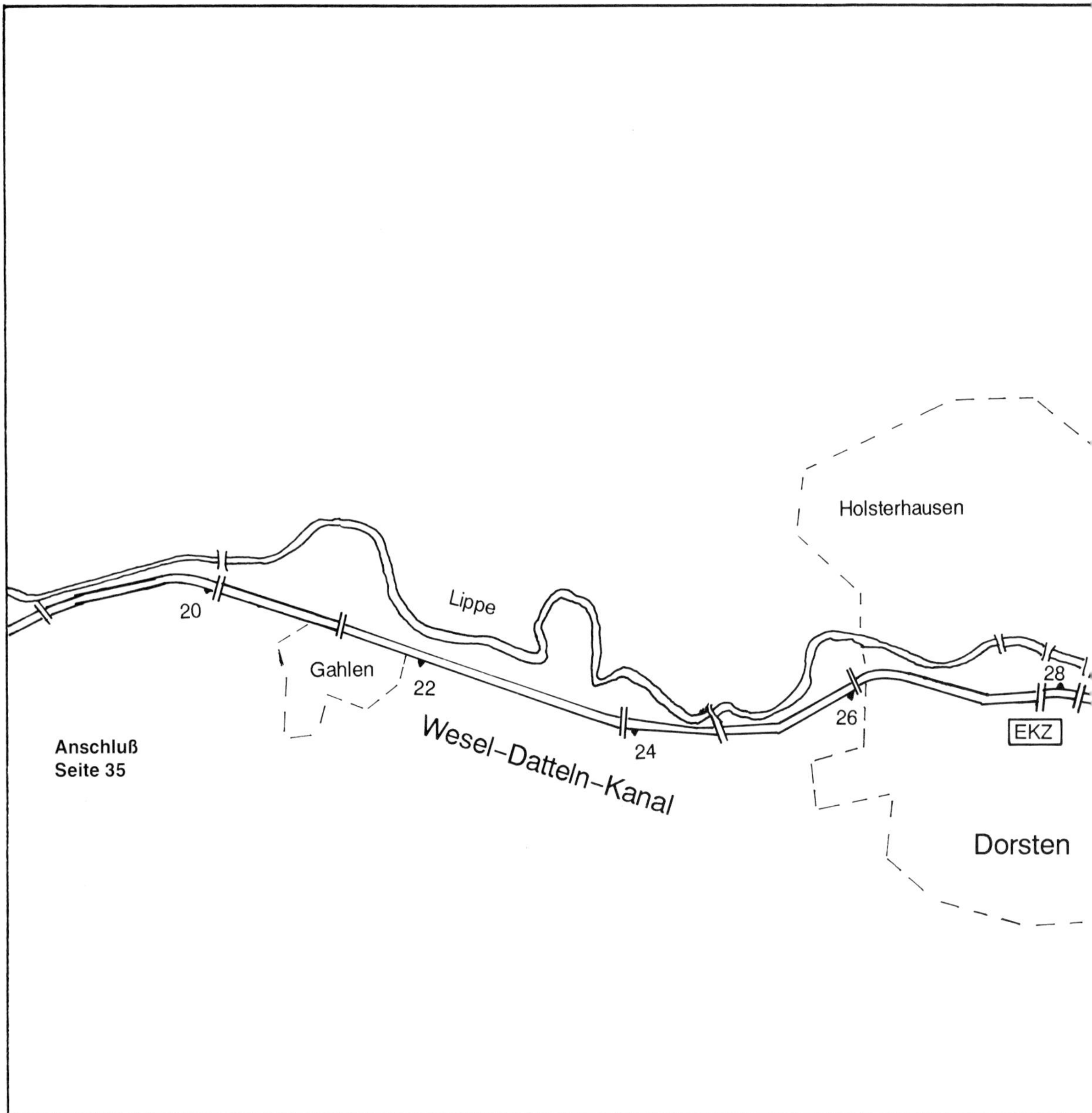

Km 21,44 Süd-Ufer, Bootsanleger des KC Wiking. **Km 24,80** Süd-Ufer, und **km 25,00** Nord-Ufer, Bootsanleger der Kanufreunde Gladbeck. **Km 27,9** Süd-Ufer, Liegestelle Dorsten-Altstadt, die von Binnenmotorschiffen stark frequentiert wird. Deshalb ist die Pier am östlichen Ende, zwischen den Brücken, als Liegestelle für Sportboote ausgewiesen. Sehr gute Einkaufsmöglichkeit. Einkaufswagen stehen an der Pier. Gleich hinter dem Einkaufszentrum liegt das Geschäftszentrum (Fußgängerzone) mit allen nur denkbaren Geschäften und Gaststätten. **Km 28,6** Nord-Ufer, Yachthafen des Dorstener Motor-Yacht-Clubs. Gastplätze bis 10 m Bootslänge, WC, Duschen, Wasser und Strom, Clubhaus (zeitweise bewirtschaftet), Slip bis 1,5 t. Tel. 02362-43400. **Km 30,35** Nord-Ufer, nördlich der

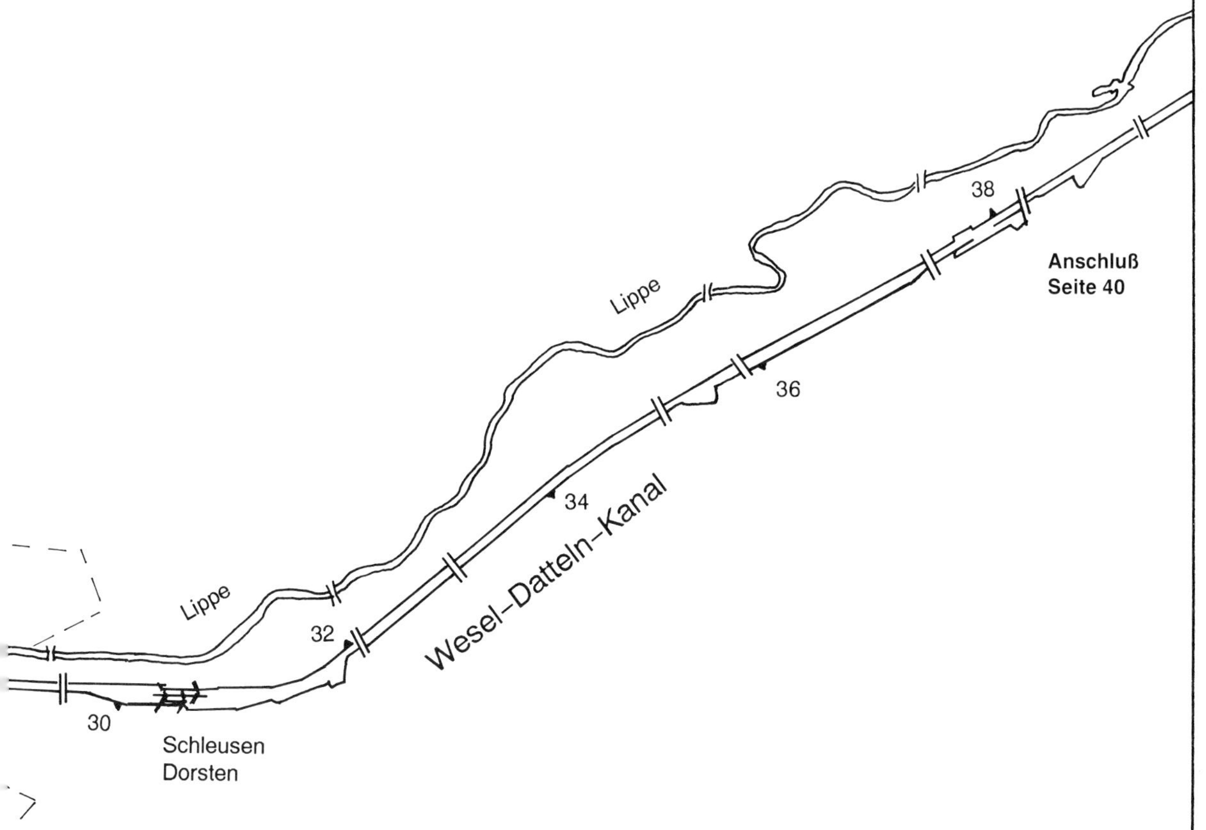

Das WSA Duisburg will den Yachthafen des MYC Dorsten bei km 28,6 schließen und die Wasserfläche der Binnenschiffahrt wieder als Wendebecken anbieten.
Auskunft: WSA Duisburg, Tel. 0203-45040.

Schleuse, Wasserschutzpolizei, Tel. 02362-21 56/57.
Km 30,3 Schleusen Dorsten. Nord-Kammer 110 x 12 m, Süd-Kammer 222 x 12 m, glatte Betonwände, Hub 9 m, UKW-Kanal 79, Tel. 02362-2 24 04.
Km 31,3 Süd-Ufer, Hafen Dorstener Hafengesellschaft. **Km 31,7** Süd-Ufer, Umschlagplatz der VEBA-Chemie.
Km 34,25 Süd-Ufer, Bootsanleger Freie Kanufahrer Marl. **Km 35,2** Süd-Ufer, Hafen Brassert. **Km 37,8** Hafen der Chemischen Werke Hüls. **Km 38,7** Süd-Ufer, Hafen Gewerkschaft Auguste Viktoria.

Die Ausfahrt aus der Schleuse Hünxe, hier das Oberhaupt (o.).
Dorsten, Liegestelle für Sportboote vor dem Einkaufszentrum (u.).

Der Yachthafen des Dorstener Motor-Yacht-Clubs (o.).
Schleuse Flaesheim, Unterhaupt (u.).

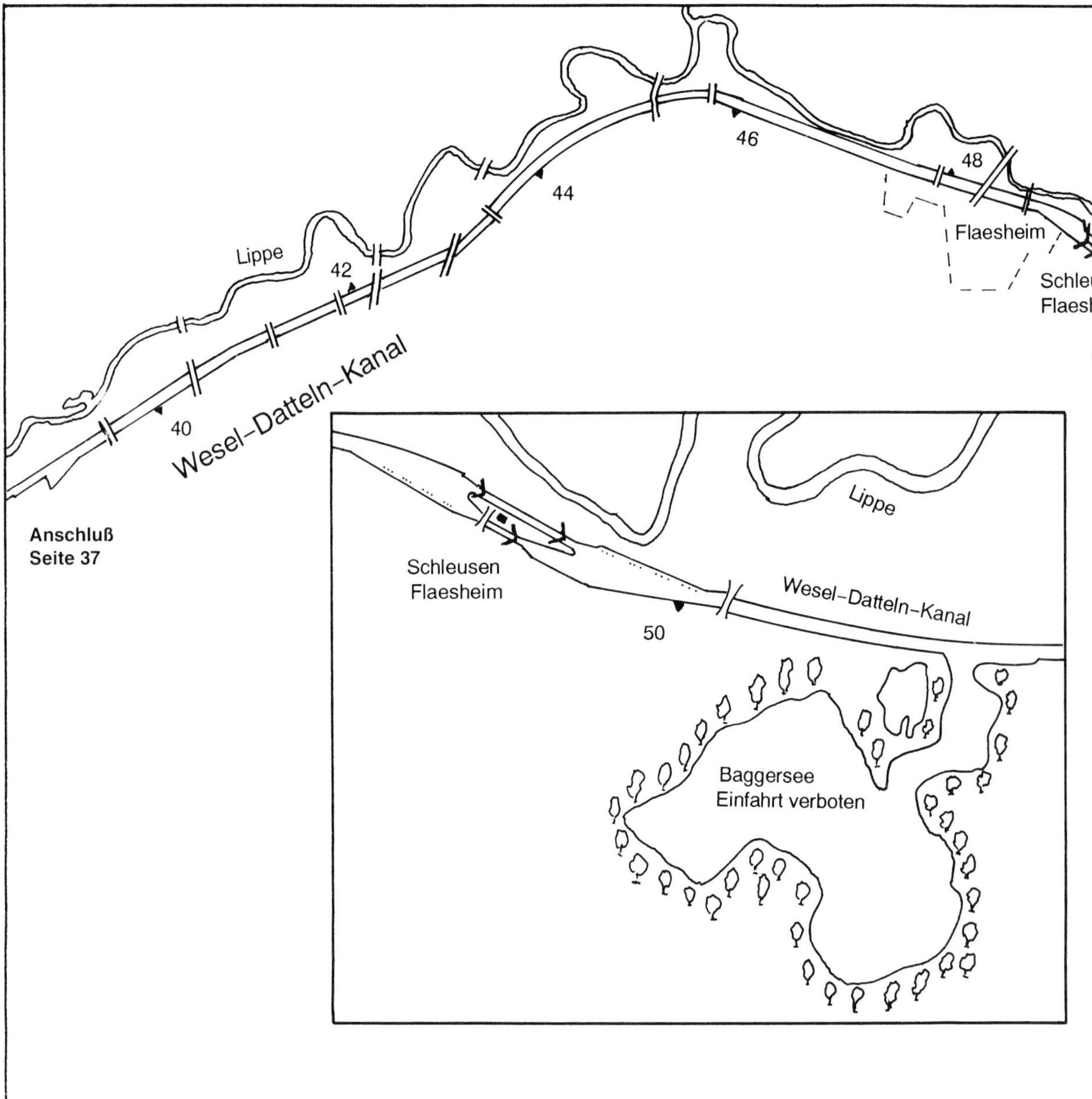

Km 39,6 Süd-Ufer, Anleger DLRG.
Km 49,3 Schleusen Flaesheim. Nord-Kammer 222 x 12 m, glatte Betonwände. Süd-Kammer 112 x 12 m, Spundwände, Hub 4 m. UKW-Kanal 81, Tel. 02364-35 42. **Km 50,7** Baggersee, Einfahrt verboten. Schöne Badegelegenheit, Anlegen bei km 51, Hafen Flaesheim.
Km 55,8 Schleusen Ahsen. Nord-Kammer 222 x 12 m, Süd-Kammer 112 x 12 m, Spundwände, Hub 7,5 m, UKW-Kanal 82, Tel. 02363-3 36 50. **Km 59,5** Schleusen Datteln. Nord-Kammer 222 x 12 m, Süd-Kammer 112 x 12 m, glatte Betonwände, Hub 7,5 m, UKW-Kanal 78, Tel. 02363-3 19 49. **Km 59,7** Beginn des „Dattelner Meeres“. Liegestellen für die Binnenschiffahrt an beiden Ufern (Dalben mit Landgang).

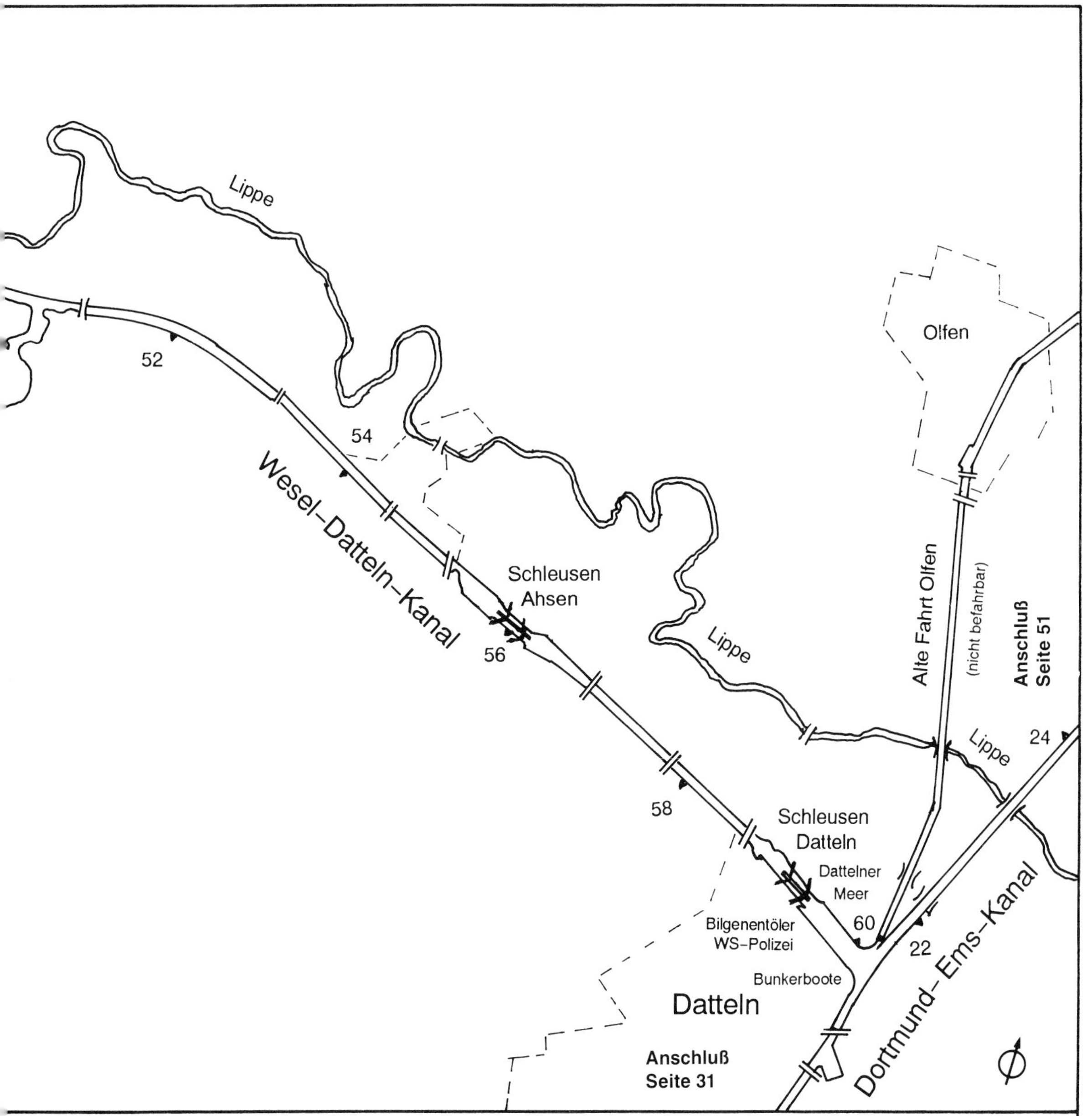

Km 60,15 Wasserschutzpolizei und Liegeplatz des Bilgenentöler-Bootes (Abgabe von Altöl und Sonderabfällen). **Km 60,2** Liegeplätze der Bunkerboote „Aral 8“ (auch kleinere Mengen, sehr guter Service, Diesel, Gas, Wasser, Schmieröl), UKW-Kanal 10. „Shell-Falderntor“ (Diesel und Schmieröl), UKW-Kanal 10.

Der Datteln-Hamm-Kanal

Der Datteln-Hamm-Kanal (DHK) wurde in den Jahren 1910 bis 1914 gebaut. Er war vorgesehen als Schiffahrtsstraße für Schiffe bis 600 t und sollte für die im 19. Jahrhundert eingestellte Lippe-Schiffahrt eine Alternative bieten, sowie gleichzeitig den Dortmund-Ems-Kanal (DEK) mit Wasser versorgen, das der Lippe entnommen wird. Die ursprüngliche Planung sah vor, den Kanal bis nach Lippstadt auszubauen. Fertiggestellt wurde jedoch nur die Strecke bis nach Uentrop-Schmehausen.

Der Kanal zweigt bei km 19,51 aus dem DEK ab, beginnt dort mit km 0,0 und verläuft in Verlängerung des Wesel-Datteln-Kanals im Tal der Lippe nach Osten, wo er mit km 47,19 bei Uentrop-Schmehausen endet.

Vom DEK bis km 36,9 (Hamm) gibt es keine Schleusen. Danach folgen zwei Kanalstufen mit je einer Schleuse und einem Gesamthub von 6,75 m.

Gesetzliche Bestimmungen

Von der Abzweigung aus dem DEK bis zum Kanalende gilt die BinSchStrO. Das Fahrwasser des 47,19 km langen Kanals ist nur 18 m breit, wird jedoch weiter ausgebaut und ist derzeit zugelassen für Schiffe bis 80 m Länge und 8,2 / 9,10 m Breite bei Abladetiefen bis 2,0 / 2,5 m.

Die Fahrgeschwindigkeit ist für Fahrzeuge bis 1,30 m Abladetiefe auf 10 km/h, über 1,30 m Abladetiefe auf 8 km/h begrenzt. Kleinfahrzeuge müssen mit mindestens 5 km/h und dürfen nicht schneller als 12 km/h fahren. Sie dürfen bei Tag und Nacht überholen und überholt werden. Segeln und Wasserskifahren sind verboten.

Die Durchfahrtshöhe unter Brücken, Freileitungen und sonstigen festen Überbauten beträgt bei ruhigem Wasserstand 4,00 m. Sie kann durch Windstau, Schleusungswellen und Wasserstandsschwankungen geringer sein. Als Bergfahrt gilt die Fahrt in Richtung Schmehausen. Von Sportbooten werden keine Gebühren erhoben.

Betriebszeiten der Schleusen

Von Mo 05.00 durchgehend bis Sa 21.00. An Sonn- und Feiertagen kein Betrieb.

Sportschiffahrt

Für die Sportschiffahrt ist der DHK derzeit noch nicht von großer Bedeutung. Dies kann sich jedoch bald ändern, da in Bergkamen zur Zeit ein Sportboothafen mit Freizeiteinrichtungen entsteht, der zu Saisonbeginn 1995 fertig sein soll. Auskunft: WFG Unna, Tel. 02303-27 15 12.

Häfen und Liegeplätze

Neben den Industriehäfen und den Liegestellen für die Berufsschiffahrt: bei km 1,87 Sportboothafen Ribbrock, km 23,3 Sportboothafen Bergkamen und beim MBC Bergkamen, km 27,3.

Häfen und Liegeplätze

Neben den Industriehäfen und den Liegestellen für die Berufsschiffahrt gibt es im DHK nur bei km 1,87 den Sportboothafen Ribbrock und eingeschränkte Liegemöglichkeiten bei km 23 und 27,3.

Versorgung am DHK

Treibstoff gibt es nur von Landtankstellen (Kanister). Nächste Bunkerboote: Dattelner Meer (siehe DEK). Einkauf: Sportboothafen Ribbrock und in der Nähe der Liegestelle vor der Schleuse Hamm.

Km 0,0 Abzweigung des Datteln-Hamm-Kanals aus dem Dortmund-Ems-Kanal bei km 19,5.
Km 1,87 Süd-Ufer, Sportboothafen Ribbrock. Sehr gut angelegter und gepflegter Yachthafen des WYC Waltrop e.V. und MYC Waltrop e.V. mit Restaurant. Tel. 02363-3172, WC, Duschen, Gastplätze, Wasser und Strom, Slipbahn, Propangas, Lebens mittel-Einkauf. Trailer-Stellplätze.
Km 3,4 Süd-Ufer, Liegehafen des WSA Rheine/Waltrop. Für Sportboote gesperrt.
Km 3,78 Sicherheitstor. Steht normalerweise offen.
Km 3,8-4,2 Nord-Ufer, Liegestelle.
Km 4,8 Süd-Ufer, Hafen Nierhoff, für Yachten kaum geeignet.
Km 6,49-7,00 Süd-Ufer, Liegestelle.

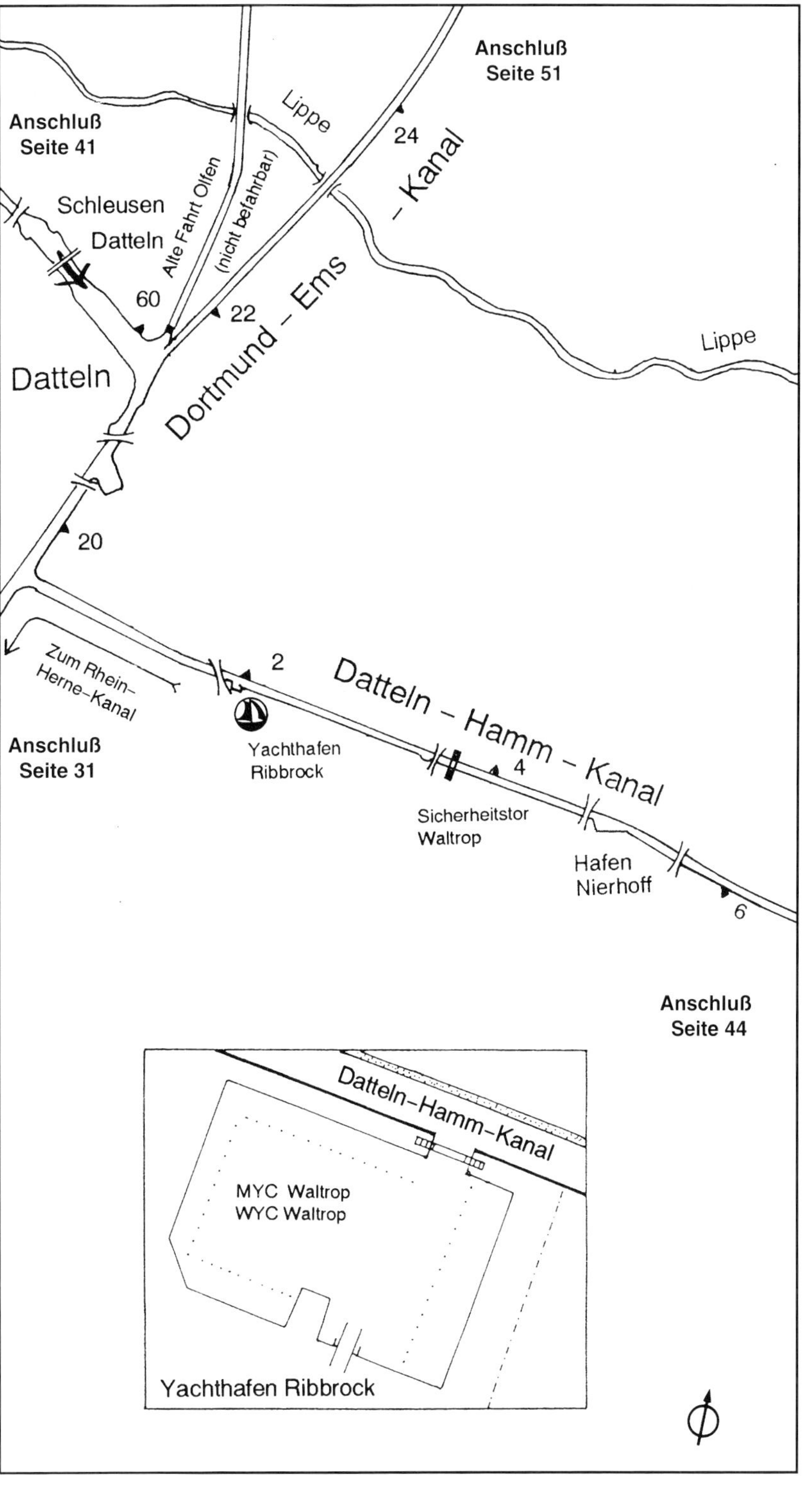

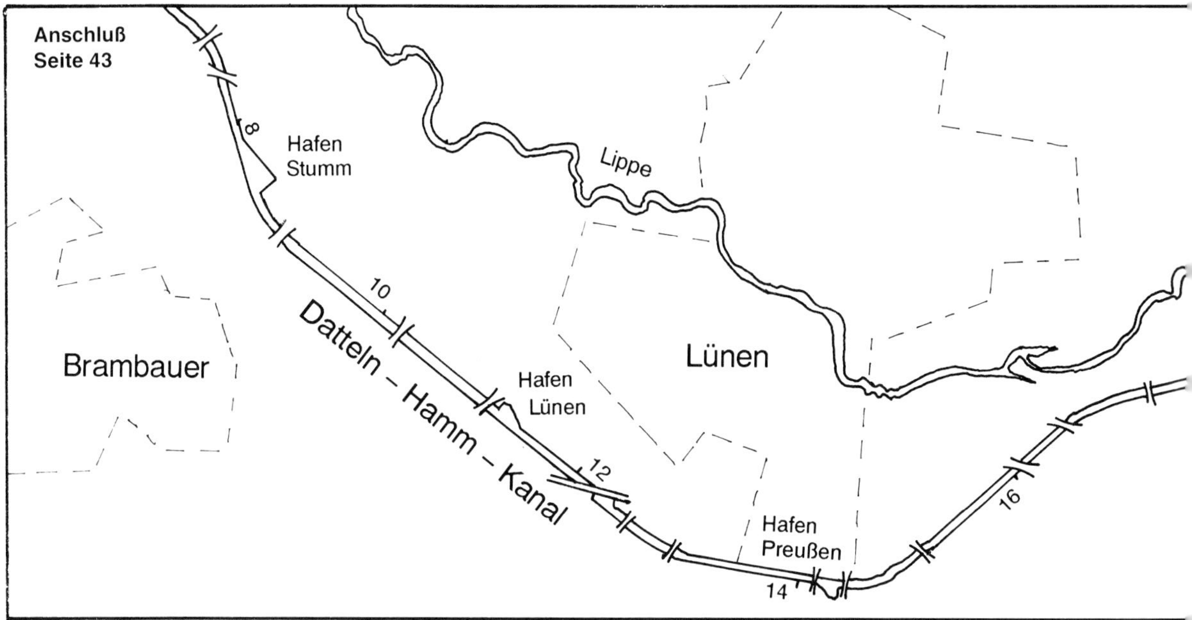

Km 8,3 Nord-Ufer, Hafen Stumm. **Km 11,1 bis 11,7** Süd-Ufer, Liegestelle. **Km 11,4** Nord-Ufer, Hafen der Stadt Lünen. Treibstoff von der Straßentankstelle an der B 54, ca. 200 m. Einkauf in der Stadt, etwa 1,2 km. **Km 12,2-12,4** Nord-Ufer, Hafen der Deutschen Shell AG Lünen. Anlegen nicht gestattet. **Km 14,2** Süd-Ufer, Hafen Preußen, Ruhrkohle AG .
Km 19,0 Süd-Ufer, Hafen Haus Aden. **Km 21,2** Hafen Steag. **Km 23,1-23,6** Sportboothafen Bergkamen ab Frühjahr 1995. Wasser, Strom, Gastplätze, 2 Sanitärgebäude mit WC und Duschen, Service-Steiger mit Fäkalien-Absauganlage, 5 m breite Sliprampe, auch für große Boote geeignet. Restaurant, Freizeitzentrum mit Fitneßraum, Badminton, Sauna etc., Clubgelände des MSC Bergkamen. Tel. vorab: 02303-27 15 12 oder 1 34 01, Fax 0203-

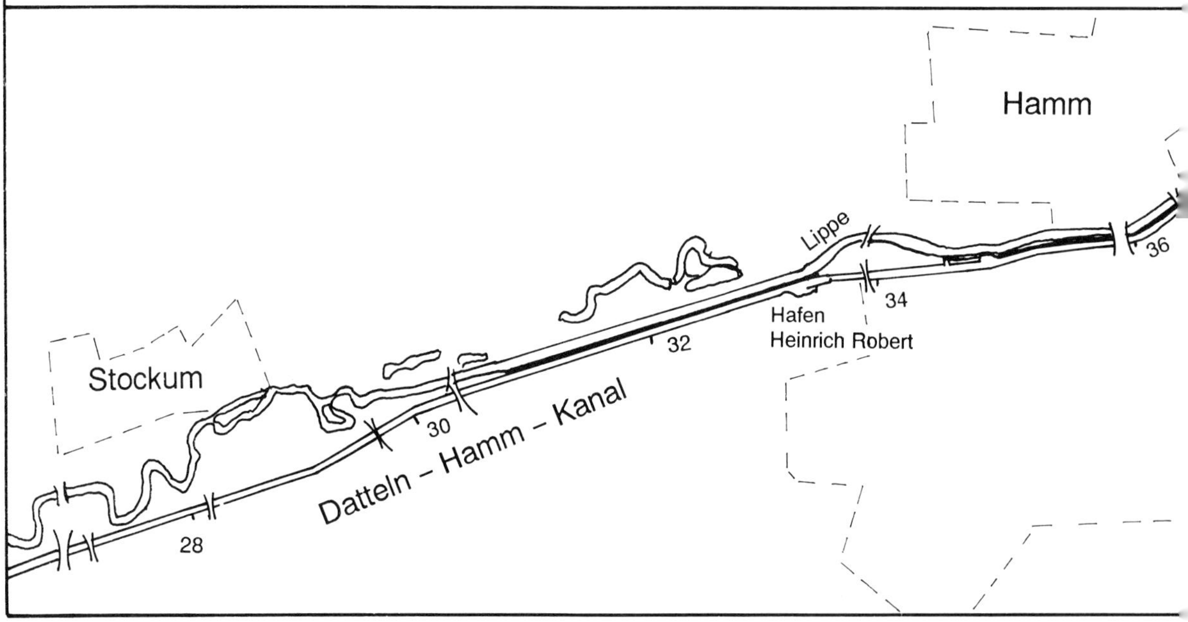

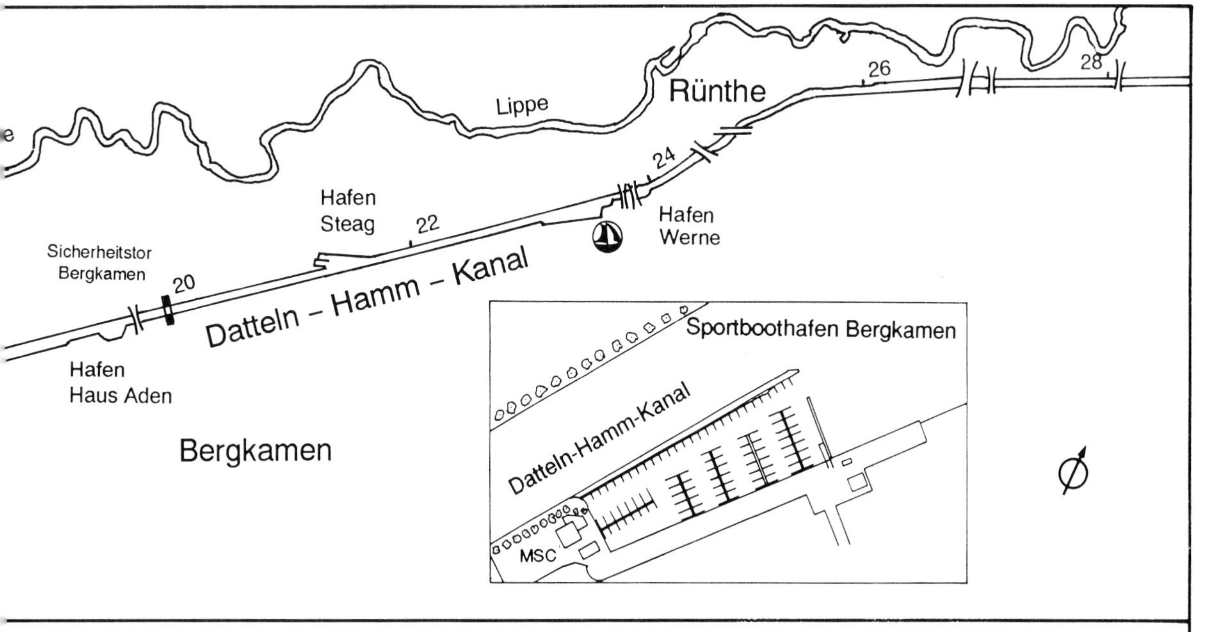

2 71 49. **Km 23,3-23,7** Nord-Ufer, Liegestelle. **Km 27,3** Clubgelände des MBC Bergkamen. 3 Gastplätze an der Spundwand. **Km 32,32** Süd-Ufer, Hafen Heinrich-Robert. **Km 34,4** Hafen Stadt Hamm. **Km 36,6** N-Seite, Liegestelle für Talfahrer. **Km 36,85** Anlegestelle vor der Schleuse Hamm (Dalben mit Landgang). Zur Stadt etwa 750 m. **Km 36,6** Nord-Ufer, WSA Rheine, Außenstelle Hamm. Tel. 0238-12 90 75. **Km 36,9** Schleuse Hamm. 1 Kammer, 82 x 9,9 m, Hub 1,65 m, UKW-Kanal 18. **Km 40,3** Schleuse Werries. 1 Kammer 102 x 11,6 m, Hub ca. 5,1 m, UKW-Kanal 20. **Km 45** Nord-Ufer, Hafen Balcke. **Km 45,5-45,9** Hafen Uentrop. **Km 45,9-46,6** Nord-Ufer, Liegestelle. **Km 47,19** Hafen VEW Schmehausen, Kanalende.

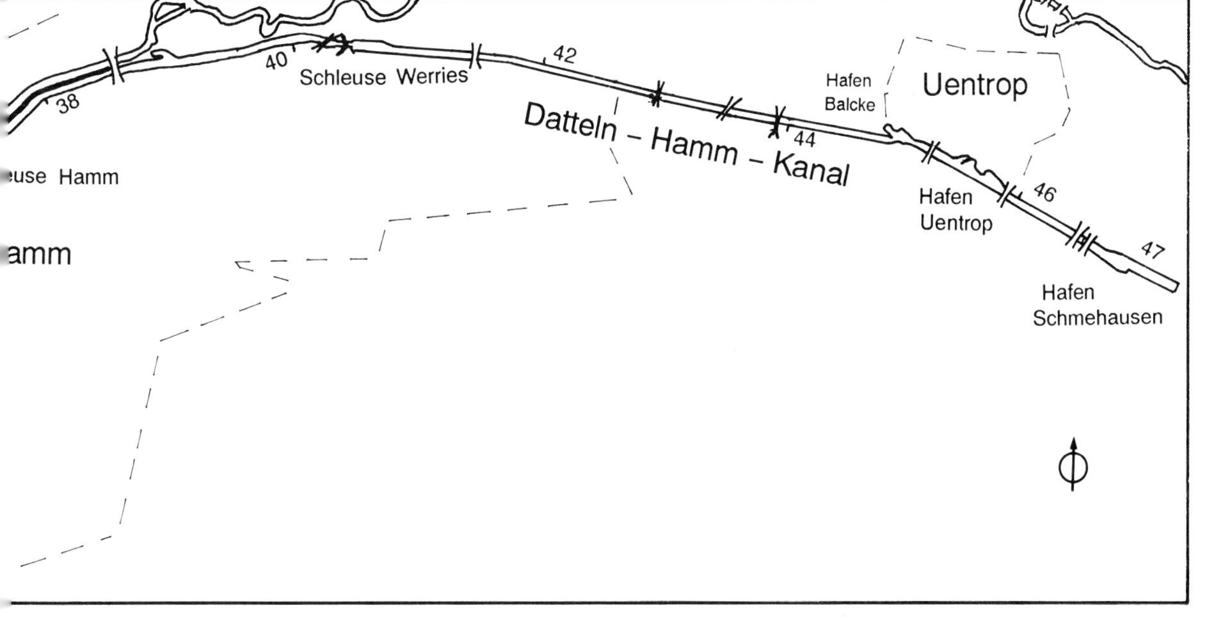

Der Dortmund-Ems-Kanal und die Ems

Der Dortmund-Ems-Kanal (DEK) wurde in den Jahren 1891 bis 1899 mit einem Kostenaufwand von 79,43 Mio. Reichsmark erbaut, um das östliche Ruhrgebiet mit den preußischen Seehäfen zu verbinden und die kaiserliche Flotte in den Stützpunkten Emden und Wilhelmshaven (über den Ems-Jade-Kanal) mit Kohle, Munition und Ersatzteilen aus dem Ruhrgebiet zu versorgen.
Der Kanal führt von Dortmund über 225,85 Kilometer, 15 Kanalstufen und mit einem Gefälle von 69,75 m nach Papenburg. Auf der 108 km langen „Südstrecke" verläuft der Kanal, oft auch als Dammstrecke, nach Norden, überquert dabei die Flüsse Lippe, Stever und Ems auf imposanten Kanalbrücken und verläuft dann ab Greven im Tal der Ems bis zur Abzweigung des Mittellandkanals bei Bergeshövede.
Die anschließende „Nordstrecke" verläuft als „staugeregelte Ems" weiter im Tal der Ems und nutzt dabei über lange Strecken das natürliche Flußbett. Durch eine automatische Stauregelung mit sechs Wehren wird auch im Sommer eine ausreichende Wassertiefe gehalten. Diese Wehre sind nicht befahrbar und liegen in großen Schleifen der alten Ems, die durch gerade Kanäle „abgeschnitten" werden.
Entsprechend dem damaligen technischen Stand der Binnenschiffahrt wurde neben den kleinen, 67 m langen Schleusen bei jeder Kanalstufe auch eine 165 m lange Schleppzugschleuse gebaut. Die großen Schleusen sind mit senkrechten Schleusenmauern aus gemauerten Klinkern, Beton oder Spundwänden versehen. Einige der kleinen Schleusen haben keine senkrechten Wände, sondern Böschungen, und zum Festmachen an beiden Seiten der Kammer je eine Reihe von stählernen Dalben. Normalerweise werden die großen Schleusen betrieben. In einigen Schleusen liegen die Poller so weit auseinander, daß von einem Sportboot aus oft nur ein Poller zu erreichen ist. Näheres siehe im Abschnitt „Schleusenpraxis".

Die Schleusen werden im Einmannbetrieb bedient. Gelegentlich ist der Schleusenmeister über UKW nicht erreichbar, weil er gerade am anderen Ende der Schleuse beschäftigt ist und ihm dort kein Sprechfunkgerät zur Verfügung steht.

Gesetzliche Bestimmungen

Von Dortmund bis nach Papenburg, km 225,85, gilt die Binnenschiffahrtsstraßen-Ordnung. Seewärts von Papenburg gilt die Seeschifffahrtsstraßen-Ordnung.
Das Fahrwasser ist auf den nichtausgebauten Strecken 20,0 m, auf den ausgebauten Strecken 30,0 m breit. Der Kanal darf von Fahrzeugen bis 85 m Länge und 9,5 m Breite, auf der Strecke von Datteln bis nach Dortmund auch von Schubverbänden bis 185 m Länge und 11,4 m Breite befahren werden. Die zulässige Tauchtiefe beträgt von Dortmund bis Datteln 2,8 m, von Datteln bis Herbrum 2,5 m.
Die Durchfahrtshöhe unter Brücken, Freileitungen und sonstigen festen Überbauten beträgt bei normalem Wasserstand 4,25 m, kann sich aber durch Wasserstandsschwankungen, natürliches Hochwasser, Schleusungswellen und Windstau verringern.
Die Fahrgeschwindigkeit ist bis 1,30 m Abladetiefe auf 12 km/h, über 1,30 m Abladetiefe auf 10 km/h, auf der Ems (oberhalb Gleesen bis Schöneflieth) auf 7 bzw. 5 km/h begrenzt. Kleinfahrzeuge müssen mit mindestens 5 km/h und dürfen nicht schneller als 12 km/h fahren.
Kleinfahrzeuge dürfen bei Tag und Nacht überholen und überholt werden. Als Bergfahrt gilt die Fahrtrichtung nach Dortmund. Von Sportbooten werden keine Gebühren erhoben.

Betriebszeiten der Schleusen

Von Mo 05.00–Sa 21.00. So u. Ftg. 09.00-13.00. Ostern, 1.Mai und Pfingsten kein Betrieb. An Sonnabenden vor diesen Tagen 05.00-13.00.

Berufsschiffahrt

Der Dortmund-Ems-Kanal ist der Verbindungsweg vom Rhein bzw. Ruhrgebiet durch das Münsterland und Emsland zur Nordsee. Die Südstrecke bis Bergeshövede ist Teil der Wasserstraßen-Verbindung vom Rhein über den Mittellandkanal, den Elbe-Havel-Kanal, der Unteren Havel-Wasserstraße bzw. Havel-Kanal nach Berlin und weiter zur Oder bzw. über den Elbe-Seitenkanal zur Elbe und zur Ostsee.

Auf der Südstrecke wurden 1989 14,9 Mio. t Güter befördert. 12,9 Mio. t kamen vom oder gingen zum Mittellandkanal, 5,2 Mio. t kamen von oder gingen zur Nordstrecke.

Sportschiffahrt

Der Dortmund-Ems-Kanal ist von Dortmund bis zur Kanalstufe Henrichenburg für die Sportschiffahrt kaum von Bedeutung. Dennoch sollte man ein Stück in diesen Teil des Dortmund-Ems-Kanals hineinfahren – die sehr interessante Fahrt durch das neue Hebewerk Henrichenburg lohnt sich.

Auf der Südstrecke bieten sich von den hochgelegenen Dammstrecken und von den Kanalbrücken immer wieder interessante Ausblicke in die Täler und über das weite Land. Die Ufer sind mit Bäumen und Büschen dicht bepflanzt. Man fährt über freie Strecken, manchmal durch regelrechte Waldschluchten, vorbei an Dörfern und vielen kleineren Hafenanlagen. Dies alles, zusammen mit der vielfältigen Berufsschiffahrt, macht die Fahrt auf dem Dortmund-Ems-Kanal zu einem abwechslungsreichen Erlebnis.

Auf der Nordstrecke führt der Kanal durch eine ländlich-friedliche und von der modernen Technik nur wenig beeinträchtigte Landschaft. In diesem Bereich sind besonders die zahlreichen, durch die Stauregelung entstandenen Altwasser der Ems und die alte Ems von Hanekenfähr aufwärts bis über Rheine hinaus ein wahres Eldorado für den Wassersport. Das ist nicht nur eine Wasserstraße, es ist genaugenommen schon ein Urlaubs-Revier für sich.

Häfen und Liegeplätze

Auf dem Dortmund-Ems-Kanal wird man auf die zahlreichen Häfen der Berufsschiffahrt nicht angewiesen sein. Sie werden deshalb auch nicht beschrieben, zumal sie häufig nur aus Spundwänden am Kanalufer bestehen und auch in der Regel keine Versorgungsmöglichkeiten bieten.

Es gibt zahlreiche Yachthäfen in den „Alten Fahrten" und den Altwassern, die zwar nicht die Perfektion einer modernen Marina, dafür aber, meist in idyllischer Lage, eine freundliche Atmosphäre, Gastfreundschaft und liebevoll gepflegte Anlagen bieten.

In den Altwassern finden sich Ankerplätze im Grünen, die auch zum Baden einladen, denn das Wasser ist sauber und klar. Weil jeweils nur eine Schleuse betrieben wird, ergeben sich auch an den Liegestellen vor den geschlossenen Schleusen Möglichkeiten für eine Übernachtung an Dalben mit Landgang.

Treibstoff

Km 19,51 Dattelner Meer, Bunkerboote „Aral 8" und „Shell-Falderntor" (Diesel). Km 77,5 Yachtcentrum Münster (Bootstankstelle, alle Sorten). Km 108,5 Bergeshövede (Bootstankstelle alle Sorten. Km 169,2 Yachthafen Meppen (alle Sorten). Km 179 Haaren, ESSO-Bunkerboot (Diesel).

Proviant

Die Einkaufsmöglichkeiten sind so zahlreich, daß sich auch hier keine Probleme ergeben werden.

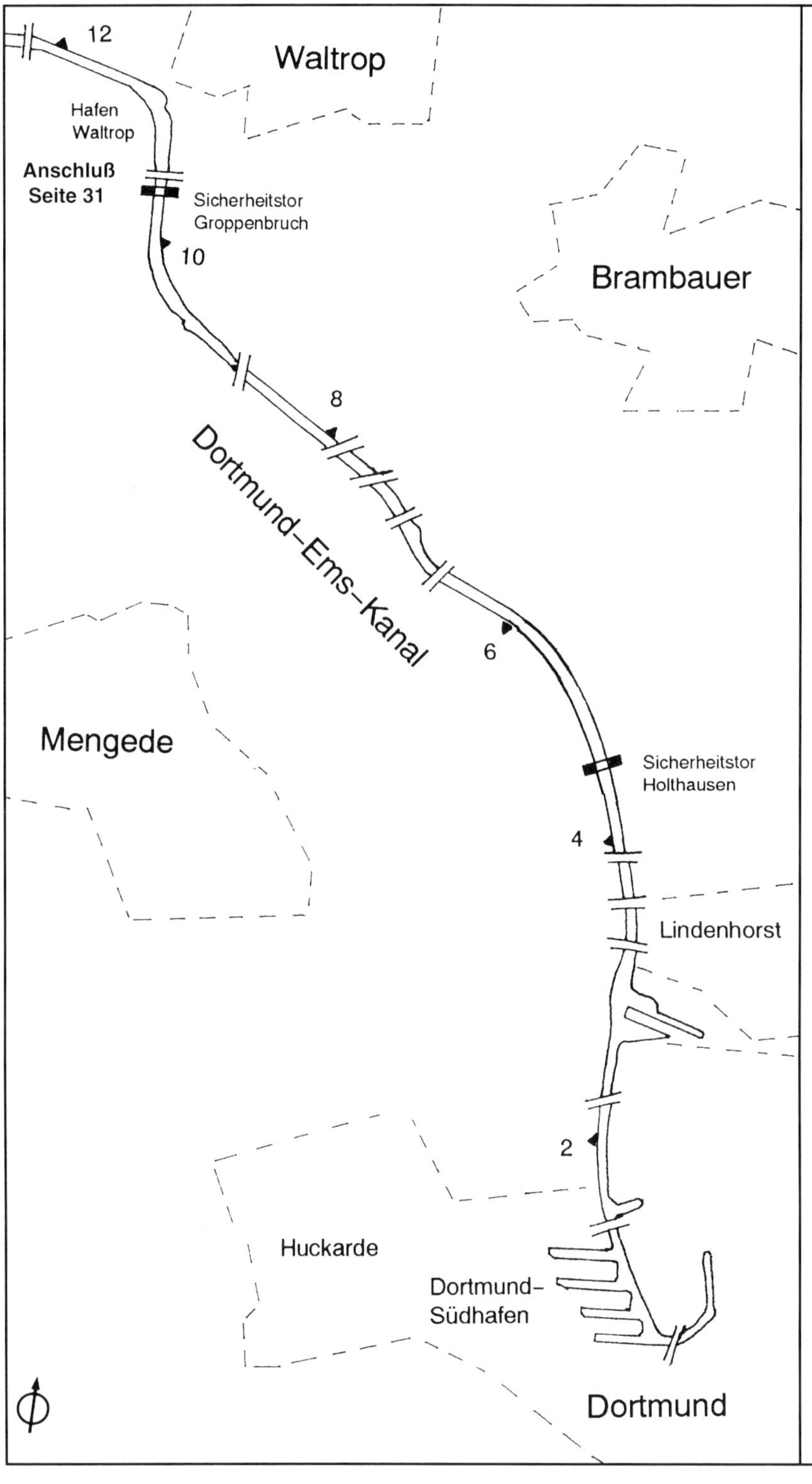

Km 0,0 Stadthafen Dortmund. Für Yachten nur wenig geeignet.
Km 1,99-2,54 Industriehafen.
Km 2,79-2,82 Hafen Hardenberg.
Km 4,61 Sicherheitstor Holthausen.
Km 6,76-7,13 Hafen Minister Achenbach.
Km 11,2 Hafen Waltrop/DEK.
Km 14,8 (Seite 50 f.) Neues Schiffshebewerk. Trog 90 x 12 m, Hub 13,5 m, Yachten werden im Hebewerk bedient, UKW-Kanal 20, Tel. 02363-6 22 06.
Km 14,91 Neue Schachtschleuse Henrichenburg. 1 Kammer, 190 x 12 m, Hub 13,5 m, glatte Betonwände, Schwimmpoller in der Südmauer, UKW-Kanal 20, Tel. 02363-6 22 06.
Das alte Hebewerk und die alte Schachtschleuse sind außer Betrieb.
Liegeplätze finden Sie bei den Yachtclubs in Henrichenburg.
Siehe Plan Seite 30 (Rhein-Herne-Kanal).

Bootsschleppe in der alten Schachtschleuse (o.).
Das alte Schiffshebewerk Henrichenburg (u.).

Die Kanalstufe Henrichenburg

Die erste der insgesamt 15 Kanalstufen des Dortmund-Ems-Kanals liegt bei Henrichenburg. Alle Schiffe, die den Dortmund-Ems-Kanal von und nach Dortmund befahren, werden hier um 13,5 m gehoben bzw. abgesenkt. Dazu wurden insgesamt vier Abstiegsbauwerke errichtet: Von 1894 bis 1899 das alte Schiffshebewerk. Es ist das erste Hebewerk, das nach dem Konstruktionsprinzip „Gewichtsausgleich durch Schwimmer“ gebaut wurde.

Der Trog wurde auf fünf Schwimmern gelagert und hat eine nutzbare Länge von 68 m bei einer Breite von 8,60 m und einer Wassertiefe von 2,50 m. Damit konnten Schiffe von 67 m Länge, 8,20 m Breite und 750 t Tragfähigkeit bei 2 m Abladetiefe gehoben werden. Zum Hebewerk gehörte ein Pumpwerk, das mit zwei Pumpen die Wasserverluste in der Kanalstrecke bis Dortmund ausglich. Das Hebewerk wurde ohne wesentliche Störungen bis 1962 betrieben und 1969 endgültig stillgelegt. Es wird zur Zeit restauriert und soll als Industrie-Museum erhalten werden.

Gleichzeitig mit dem Rhein-Herne-Kanal wurde neben dem Hebewerk eine Schachtschleuse gebaut, die mit einer Länge von 93 m und einer Breite von 10 m auch die inzwischen größer gewordenen Schiffe bedienen konnte. Sie war mit 2 x 5 Sparbecken ausgestattet, die beim Leeren der Schleuse 70 % des Wassers auffangen und zum Füllen der Schleuse wieder einleiten konnten.

Als der Dortmund-Ems-Kanal im Jahre 1952 für das 1000-t-Schiff und 2,50 m Tiefgang freigegeben wurde, konnte die Schachtschleuse das gestiegene Verkehrsaufkommen nicht mehr bewältigen, und das alte Hebewerk war nun zu klein.

Dieser Engpaß wurde mit dem Bau eines neuen Hebewerkes beseitigt. Es kann mit seinem Trog von 90 m Länge und 12 m Breite bei einer Wassertiefe von 3,00 m bereits das 1350 t tragende „Europaschiff“ heben und wurde 1962 in Betrieb genommen. Es funktioniert nach demselben Prinzip wie das alte Hebewerk.

Durch den Strukturwandel in der Binnenschifffahrt wurden die langsamen Schleppverbände durch Schubschiff-Verbände mit Leichtern von 76,5 m Länge und 11,4 m Breite ersetzt. Für diese war die Schachtschleuse zu schmal und das Hebewerk zu kurz. Die Schubschiff-Verbände mußten jeweils getrennt, Schubschiffe und Leichter einzeln gehoben bzw. gesenkt und danach wieder zusammengestellt werden. Die modernen Großmotorgüterschiffe von 110 m Länge und 11,40 m Breite konnten Dortmund überhaupt nicht erreichen.

Von 1985-1989 wurde eine neue Schleuse gebaut, die mit einer Kammer von 190 m Länge, 12 m Breite und einer Wassertiefe von 4 m Großmotorgüterschiffe mit einer Tragfähigkeit von 2300 t und Schubverbände bis zu einer Länge von 185 m, 2,80 m Tiefgang und 4000 t Tragfähigkeit aufnehmen kann.

Die alte Schachtschleuse wurde 1989 endgültig stillgelegt. 1993 wurde die Schleusenkammer teilweise aufgefüllt und mit einer schiefen Ebene versehen. Die Schleusentore sind ausgebaut, und im Ober- und Unterwasser ist jeweils eine breite und flache Sliprampe angelegt worden. Diese „Bootsschleppe“ ermöglicht es, mit eigenen Trailern Sportboote vom Unterwasser ins Oberwasser bzw. umgekehrt umzusetzen.

Eine ständige Ausstellung bei der neuen Schleuse ist vom 1.4.–30.9. täglich von 09.00–18.00 geöffnet. Auch die Hebewerke und Schleusen sind einen Besuch wert.

In den Yachthäfen im Unterwasser des alten Hebewerkes und der alten Schachtschleuse sind immer freie Gastplätze zu finden, siehe Plan auf Seite 30.

Km 15,45 Nach SW Abzweigung des Rhein-Herne-Kanals.
Km 19,51 Ost-Ufer, Abzweigung des Datteln-Hamm-Kanals.
Km 21,32 Dattelner Meer, Bunkerboote „Shell-Falderntor" (Diesel) und „Aral 8" (Diesel, auch kleinere Mengen, Gas, Wasser, Schmieröl, sehr guter Service), UKW-Kanal 10. „Bilgenentöler V" (Schiff), UKW-Kanal 10 (Abgabe von Altöl etc. in der Zeit von 07.00-16.00 tgl).
Service-Betrieb für Boote und Motoren.
Wasserschutzpolizei.
Tel. 02363-8046, WS-Boot UKW-Kanal 10.
Die Alte Fahrt Olfen ist gesperrt.
Km 21,63 Sicherheitstor Datteln.
Km 23,24 Kanalbrücke über die Lippe.

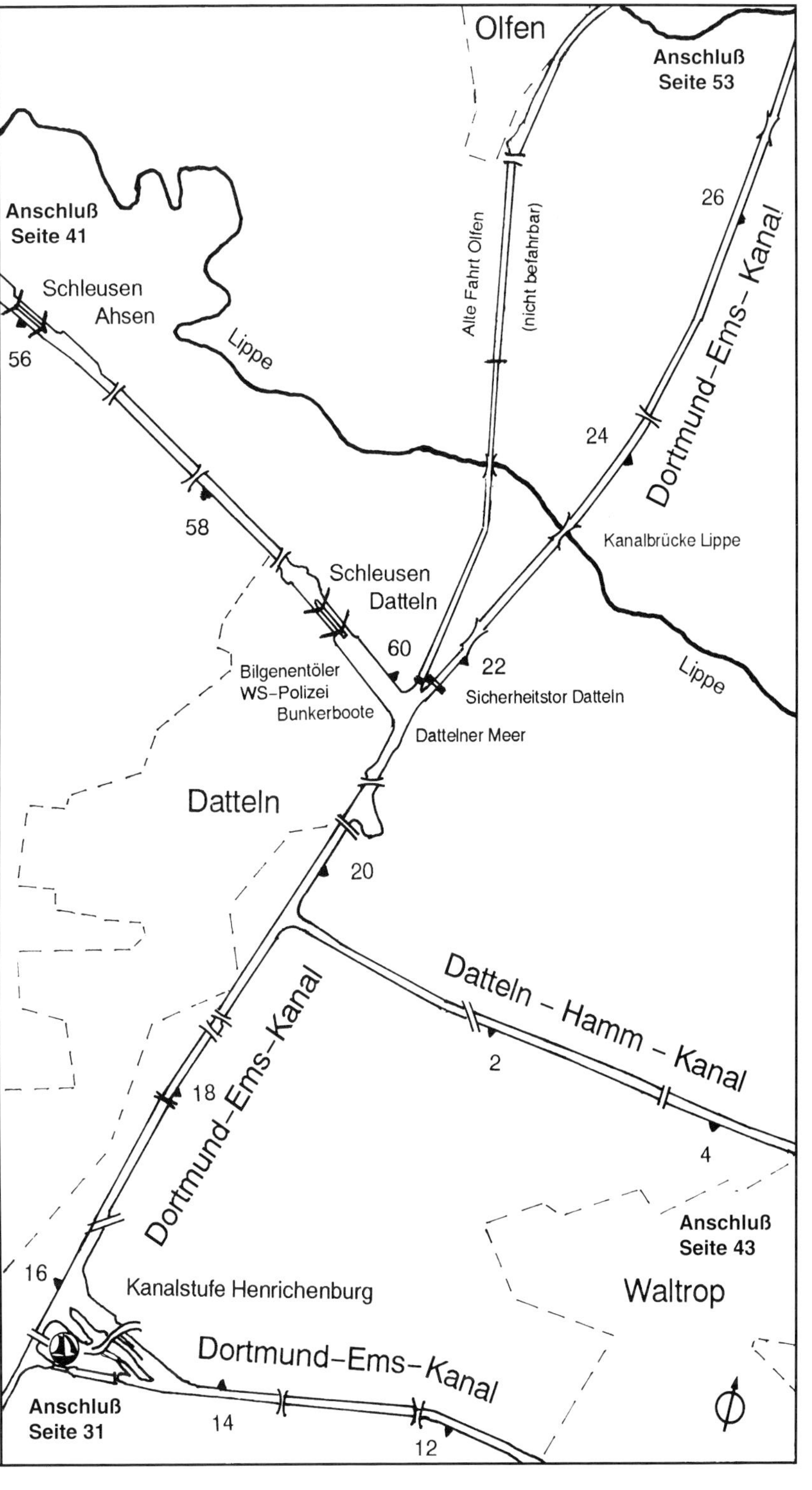

Der Yachtclub Dortmund-Ems in der Alten Fahrt Olfen (o.).
Der Yachthafen MYC Kanalstadt Datteln (u.).

Km 27,71 Kanalbrücke über die Stever.
Km 29,39 Sicherheitstor Schlieker.
Km 30,25 Einmündung der Alten Fahrt Olfen. Yachthafen des Y.C. Dortmund-Ems e. V., Gastplätze, Strom, Wasser, Tel. 0231-43 60 98.
Km 36,22 Altarm der abgedämmten ehemaligen Alten Fahrt Lüdinghausen. 200 m nach der Einfahrt am Süd-Ufer Anleger für Gäste des Gasthauses Peters in Seppenrade (Montags geschlossen).
Nach weiteren 200 m gesperrt.
Km 39,32 Sicherheitstor Lüdinghausen.
Km 39,7 Ost-Ufer, Abzweigung der ehemaligen Alten Fahrt Lüdinghausen. In der Alten Fahrt liegt der Yachthafen des MYC Kanalstadt Datteln. Clubhaus ztw. bewirtschaftet, WC, Duschen, Wasser, Strom, Gastplätze. Die Alte Fahrt ist nach Norden abgesperrt.

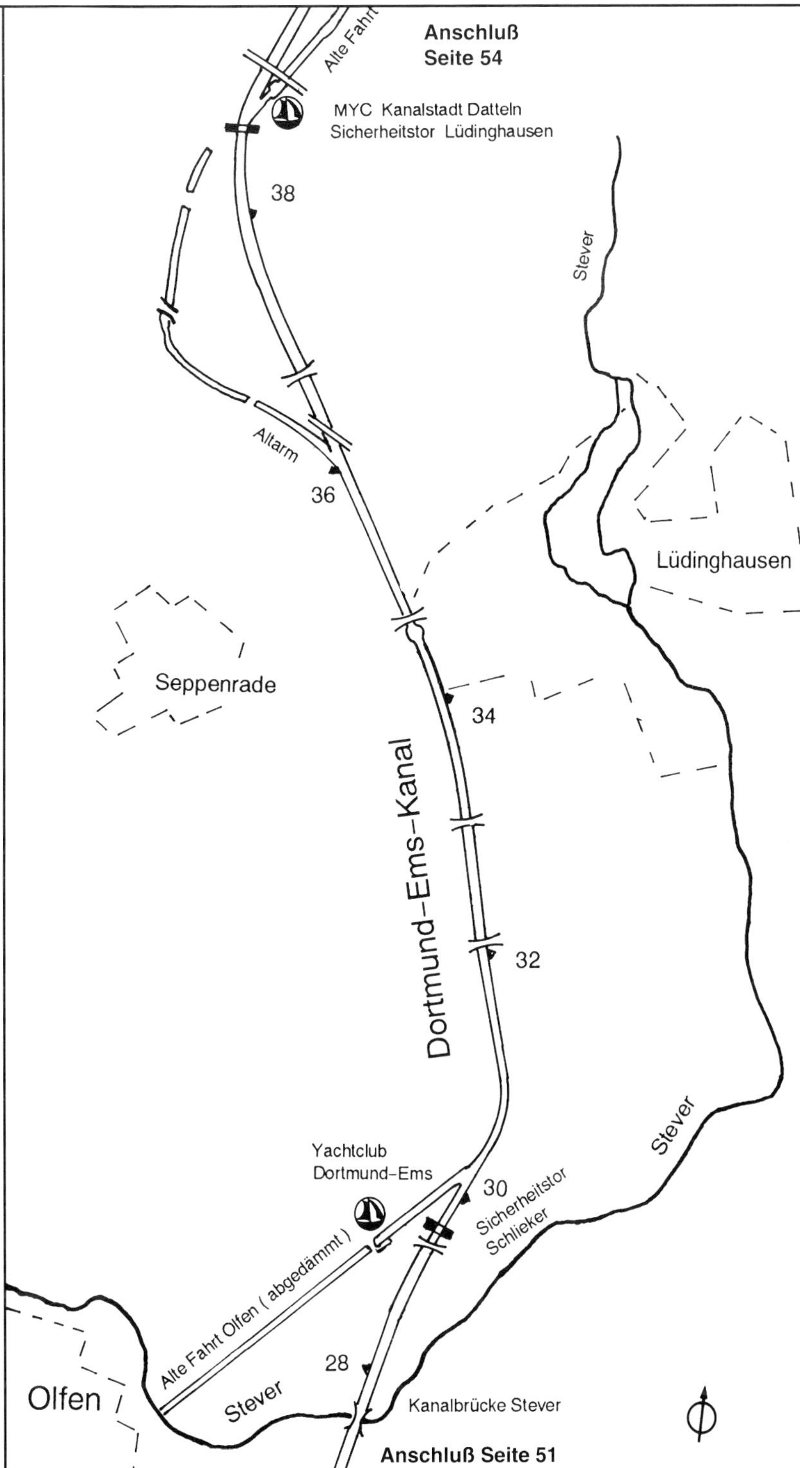

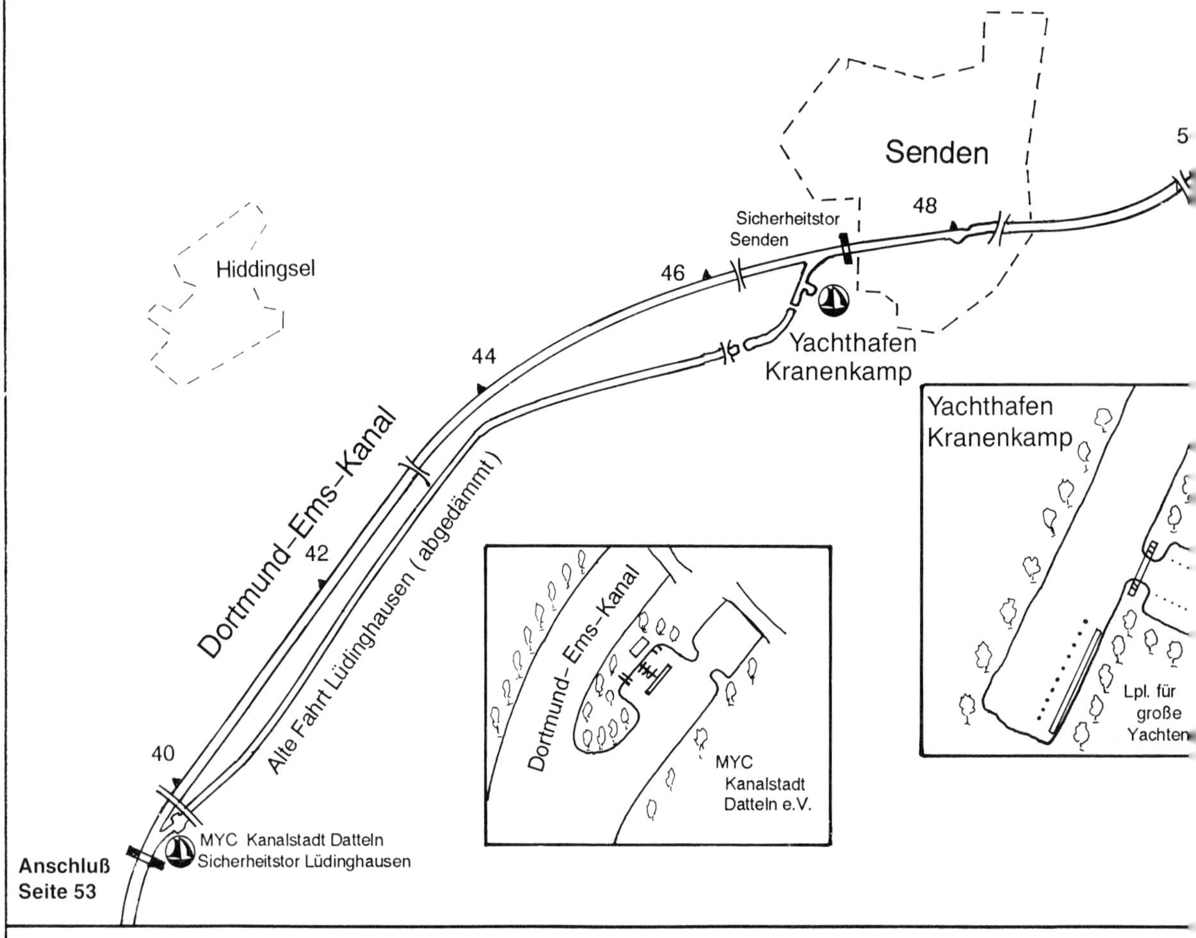

Km 39,7 Abzweigung der Alten Fahrt Lüdinghausen-Süd (siehe Seite 53). **Km 46,95** Von Süden Einmündung der Alten Fahrt Lüdinghausen-Nord. Dort, bei **km 46,5,** liegt der Yachthafen Kranencamp. Die Durchfahrt unter der Brücke zum Binnenhafen ist 3,5 m breit, 3,8 m hoch und 0,95 m tief. Die Liegeplätze vor dem Binnenhafen eignen sich auch für große Yachten. Es gibt Gastplätze mit Wasser und Strom am Steg, eine Trailer-Slipbahn und sanitäre Anlagen beim Campingplatz, jedoch keine Abfallbehälter! **Km 47,20** Sicherheitstor Senden. **Km 47,9** Süd-Ufer, Schiffsmuseum Senden. **Km 48,2** Hafen Senden. Spundwand mit z.T. geringer Wassertiefe. Treibstoff und Einkauf im Ort.

Km 50,4 Ost-Ufer, Einfahrt zum Yachtclub Tomberge-Senden e.V.. Gastplätze, WC, Duschen, Club-

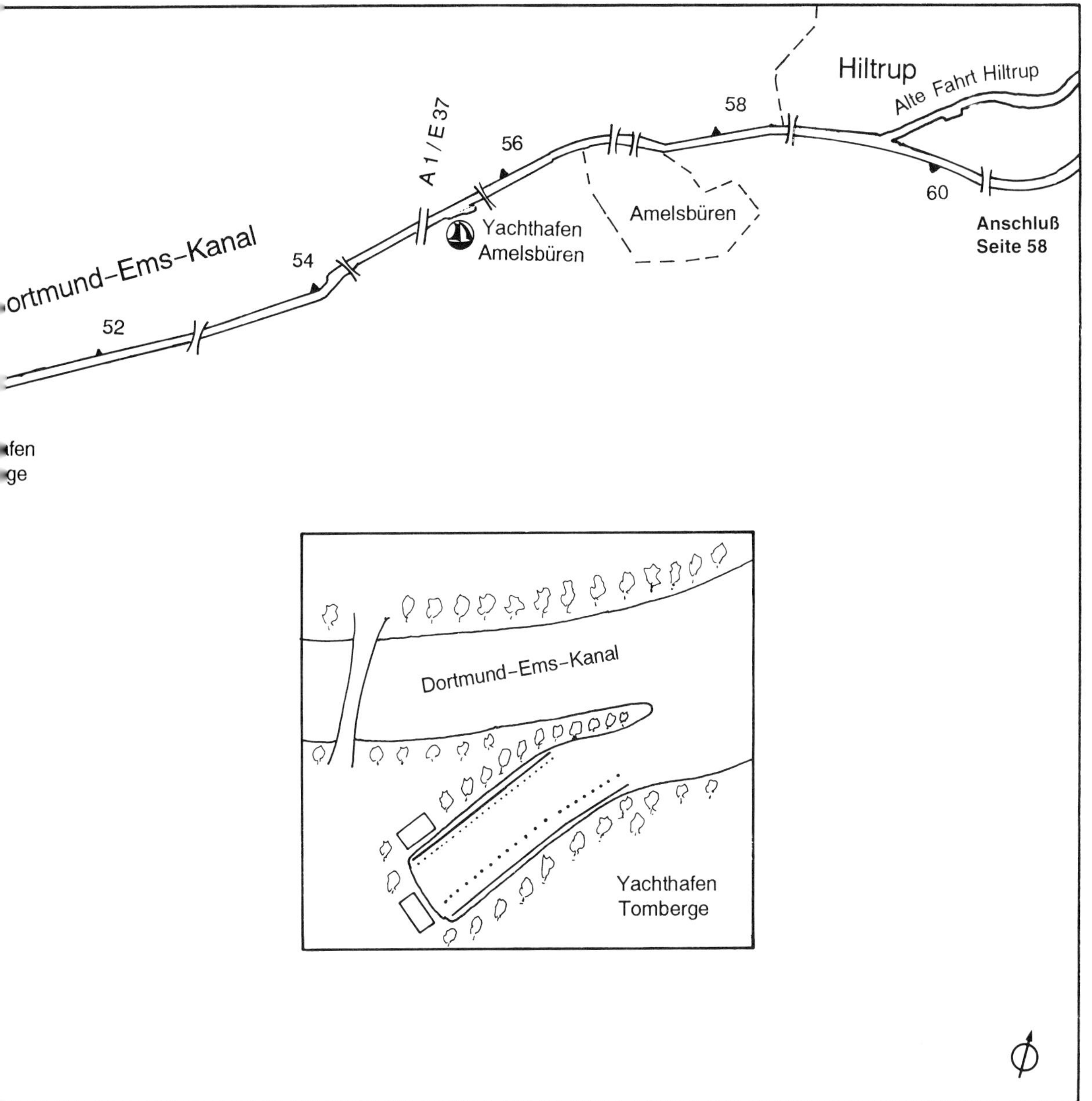

haus, Wasser, Strom. **Km 55,6** Yachthafen des YC Münsterland, Amelsbüren. WC, Duschen, Telefonzelle, Grillplatz, Trailer-Slipbahn, Tel. 0251-784579.

Km 58,99 Nord-Ufer, Einmündung der Alten Fahrt Hiltrup. Für Sportboote ab 1995 frei, für Berufsschiffahrt nur mit Einschränkungen befahrbar. Der Hafen Hiltrup in der Alten Fahrt ist für Sportboote nicht geeignet. **Km 58,9** Beginn der Neuen Fahrt Hiltrup.

Der Yachthafen Kranenkamp mit Campingplatz (o.).
Der Yachthafen Tomberge (u.).

Der romantisch gelegene Yachthafen Amelsbüren (o.).
Über weite Strecken wird der DEK von Alleen gesäumt (u.).

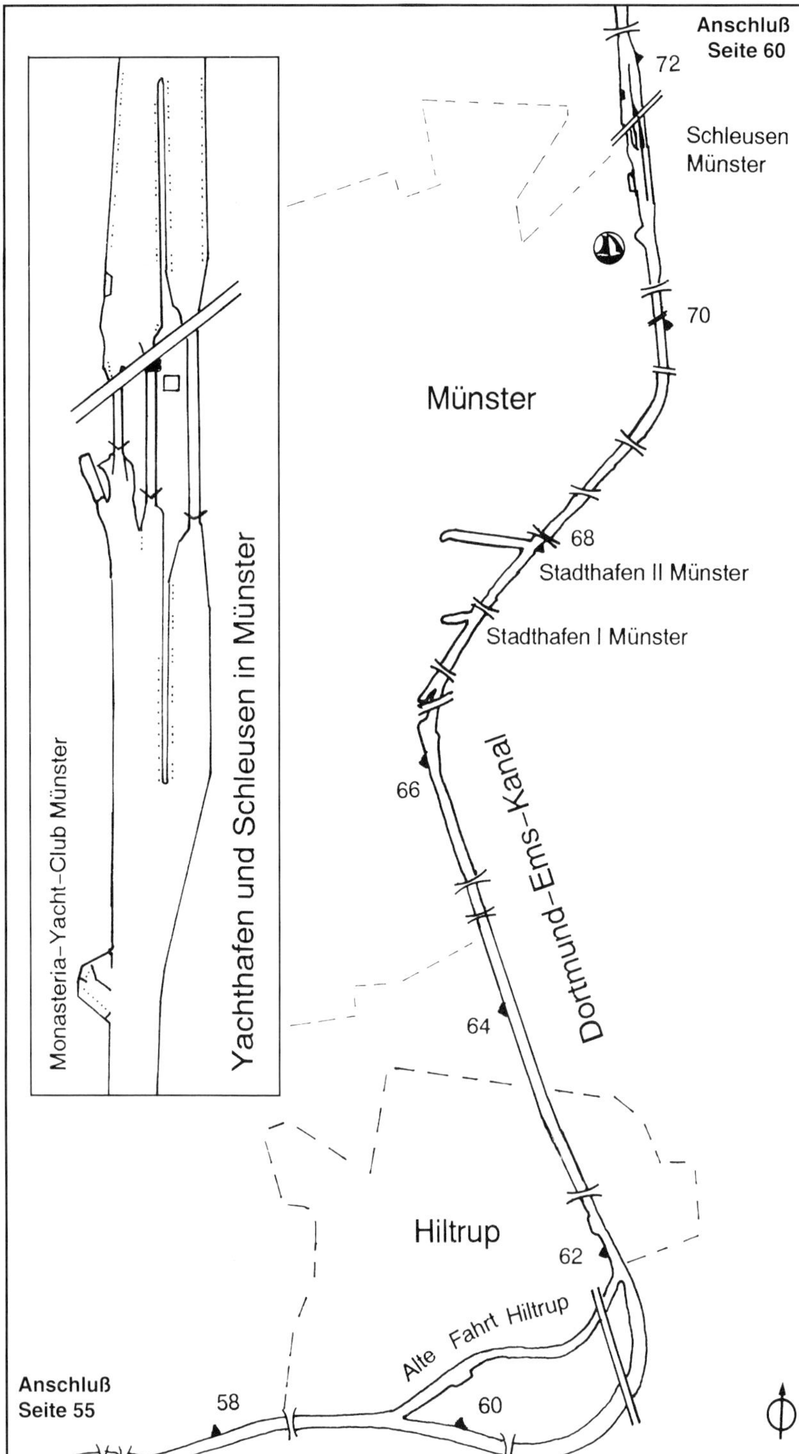

Km 61,8 West-Ufer, Einmündung der Alten Fahrt Hiltrup. Für Sportboote ab 1995 frei, für Berufsschiffahrt nur mit Einschränkungen befahrbar.
Km 66,3 West-Ufer, Dreieckshafen.
Km 66,4 West-Ufer, Hafen der Westfälischen Central-Genossenschaft.
Km 67,2 Ost-Ufer, Werkstatt für Bootsmotoren, Kran bis 8 t, Tel.0251-65899.
Km 67,2 West-Ufer, Stadthafen I, Münster.
Km 67,9 West-Ufer, Stadthafen II, Münster. Liegemöglichkeit am westlichen Ende an einer niedrigen Spundwand. 800 m bis zum Zentrum der Stadt.
Km 70,7 West-Ufer, MYC Münster. Gastliegeplätze auch für große Yachten. WC, Duschen, Wasser und Strom am Steg.
Km 71,5 West-Ufer, Wasserschutzpolizei, Tel. 0251-231041. Boot: UKW-Kanal 10.
Km 71,5 Schleusen Münster. Daten siehe Seite 60.

Münster: Der Yachthafen des Monasteria-Yacht-Clubs (o.), unten das Bootscenter Münster.

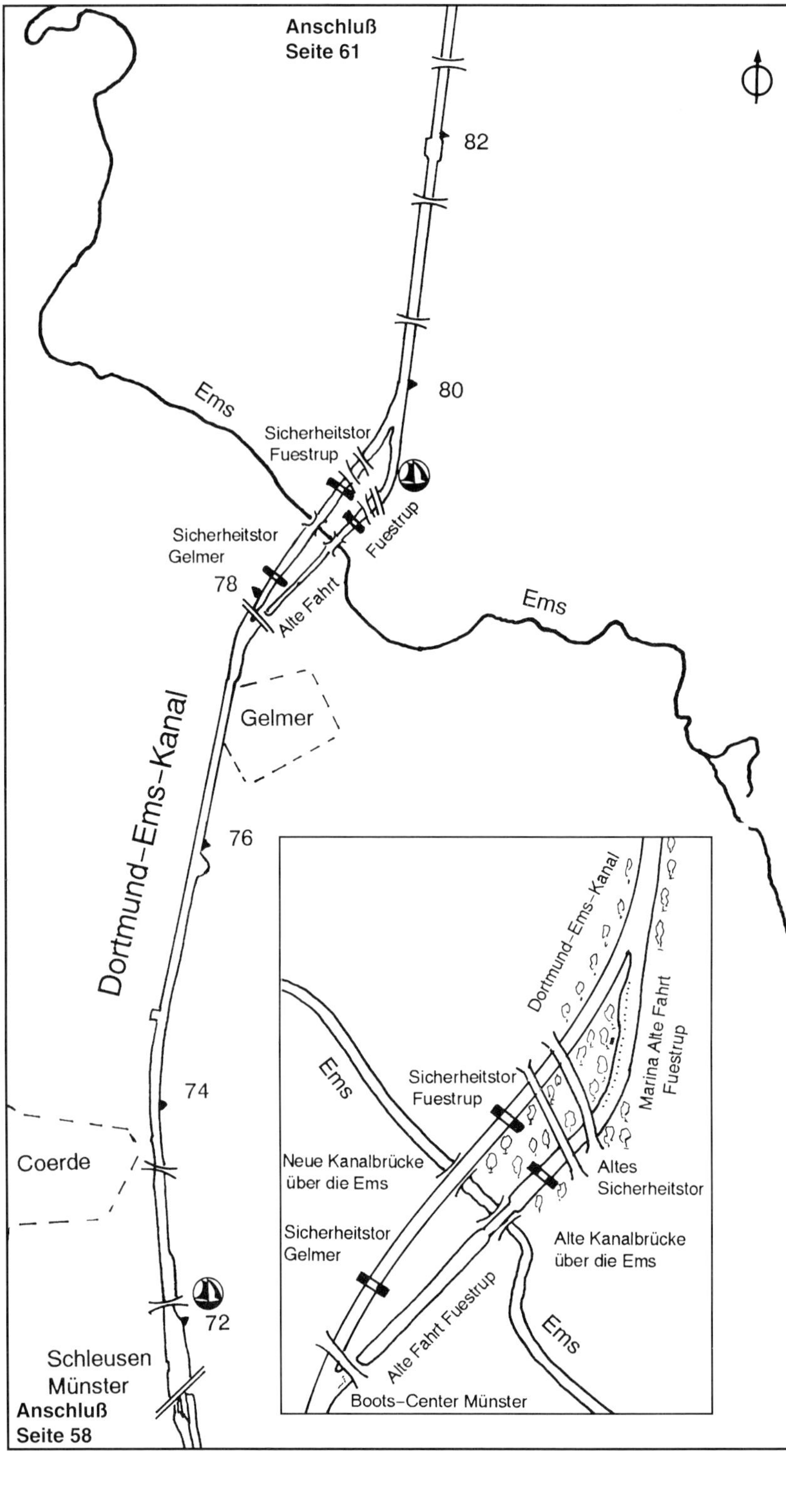

Km 71,5 Schleusen Münster. Kleine Schleuse (West), 67 x 8,6 m, gemauerte Wände. Große Schleuse (Ost), 223 x 12 m, Betonwände. Mittlere Schleuse, gemauerte Wände, 165 x 10 m. In allen Kammern 6,2 m Hub. UKW-Kanal 22, Tel. 0251-23 14 72.

Km 77,6 Ost-Ufer, Boots-Center Münster. Gastplätze, Bootstankstelle (alle Sorten). WC, Duschen, Wasser und Strom am Steg, Kran bis 35 t, Slip, Service für Boote und Motoren, Einkauf ca. 200 m.

Km 78,2 Sicherheitstor Gelmer.

Km 78,7 Kanalbrücke über die Ems.

Km 79,1 Sicherheitstor Fuestrup.

Km 79,80 Ost-Ufer, Einmündung der Alten Fahrt Fuestrup, die bis zum Sicherheitstor vor der alten Emsbrücke befahrbar ist. Marina Alte Fahrt Fuestrup. WC, Duschen, Wasser und Strom am Steg, Kran 12 t.
Einkauf in Gelmer, ca. 1,2 km. Sehr schöne Badegelegenheit in der abgesperrten Alten Fahrt.

Km 81,96 West-Ufer, Hafen Bockholt.
Km 85,84 West-Ufer, Hafen Schmedehausen.
Km 88,7-91,8 Beginn der nach Osten verlegten Neuen Fahrt Ladbergen. In diesem Gebiet wurden in den letzten Jahren 161 noch scharfe Bomben aus dem 2. Weltkrieg geräumt. Die Strecke wurde ausgebaut, verbreitert und 1991 freigegeben. Die westliche Alte Fahrt ist gesperrt. Sie wird derzeit von Bomben geräumt und rekultiviert.
Km 91,7 Ost-Ufer, Hafen Oelrich Ladbergen. Liegestelle.
Km 92,2 Sicherheitstor Ladbergen.

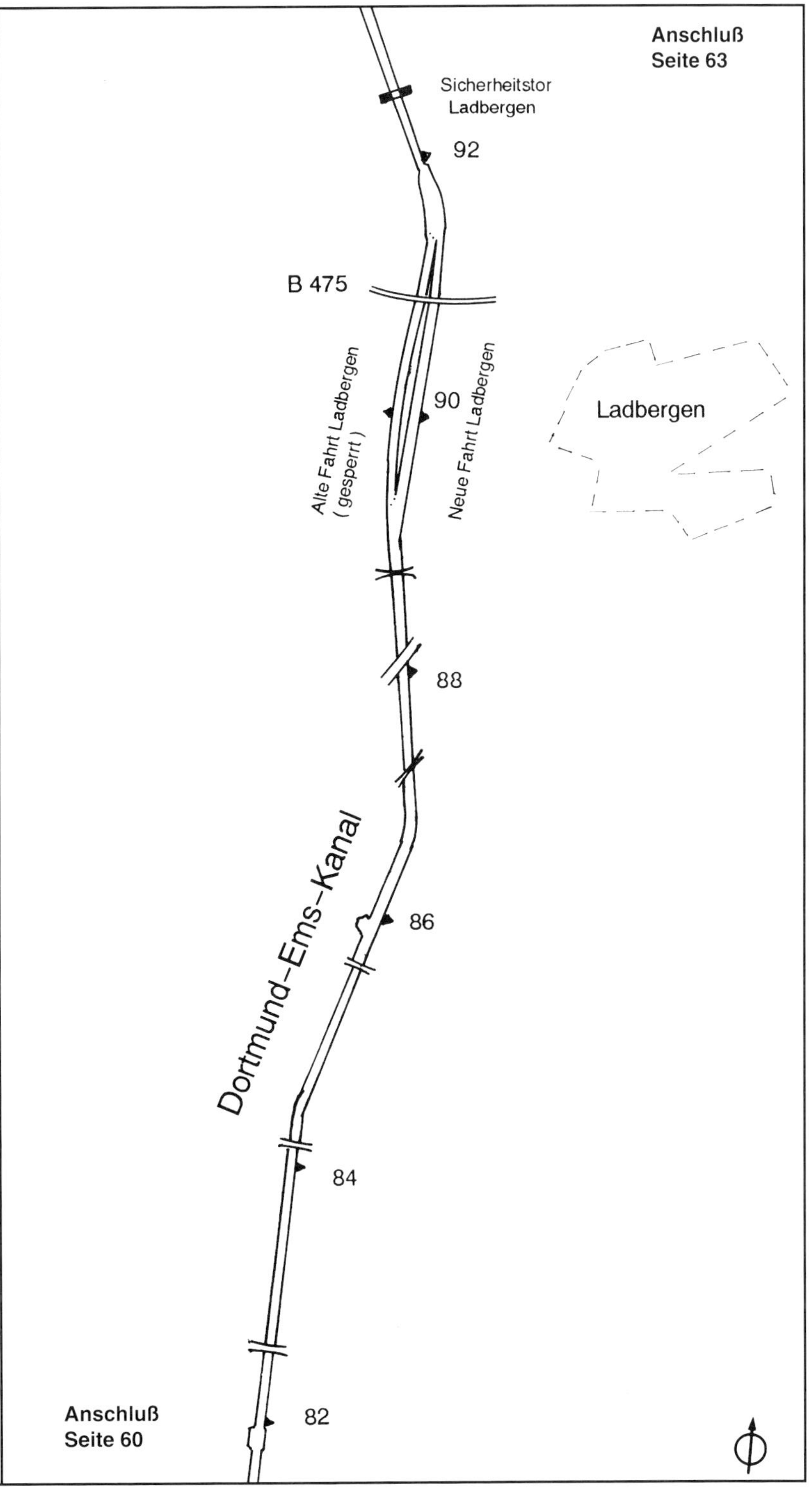

Kanalbrücke der Alten Fahrt Fuestrup über die Ems (o.).
Altes Sicherheitstor Ladbergen (u.).

Km 98,80 Panzer-Übergangsstelle. Zu beiden Seiten des Kanals betonierte Rampen, ca. 30 x 30 m. Als Slipbahn für Sportboote zugelassen.
Km 99,4-100,3 West-Ufer, Liegestelle.
Km 99,55 Ost-Ufer, Hafen Dörenthe. Für Yachten nur zum kurzen Aufenthalt geeignet. Einkauf im Ort, ca. 400 m.
Km 105,10 West-Ufer, Hafen Riesenbeck. Für Yachten nur zum kurzen Aufenthalt geeignet. Einkauf im Ort, ca. 500 m.
Km 105,3-105,6 West-Ufer, Liegestelle.

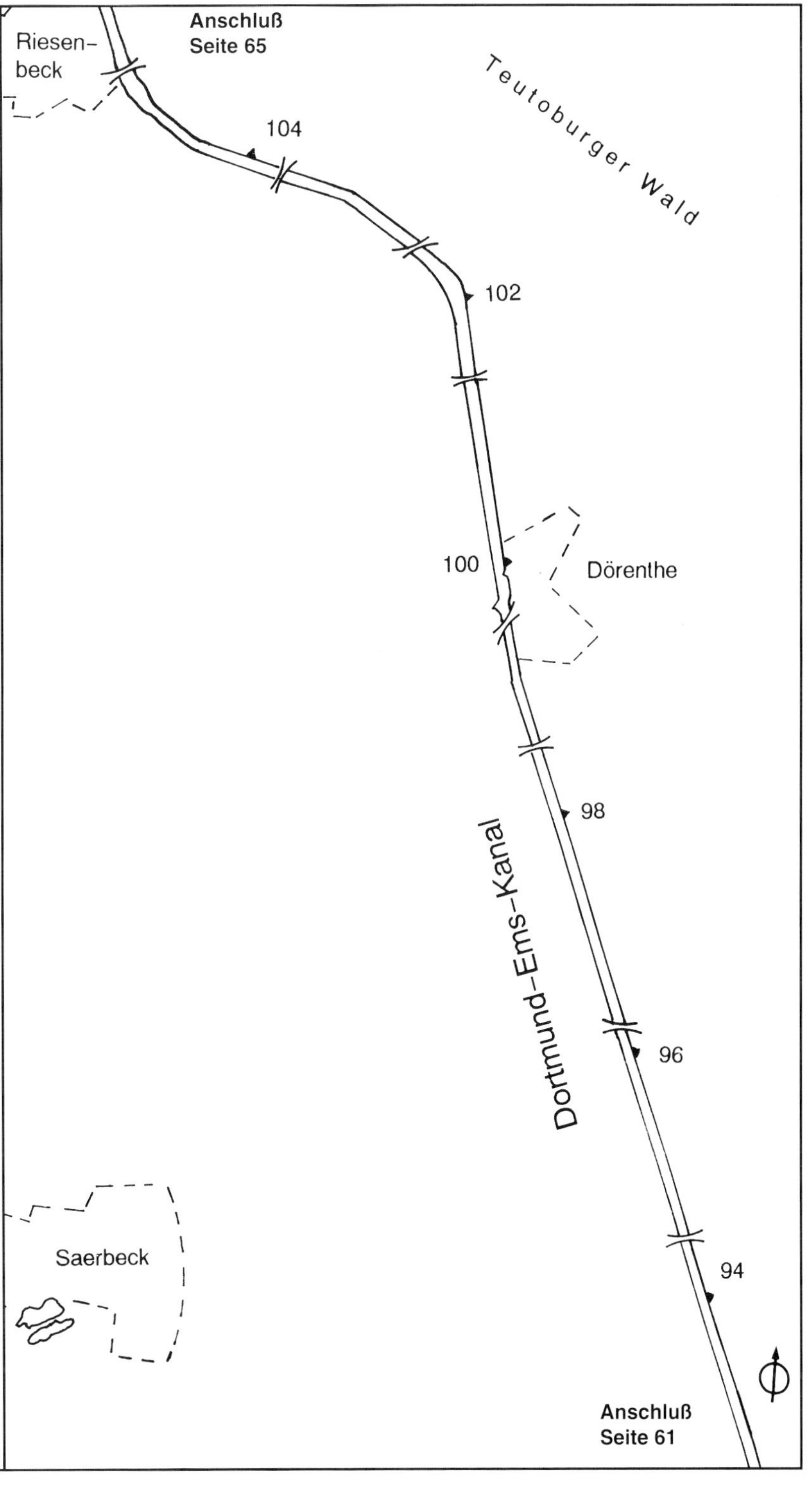

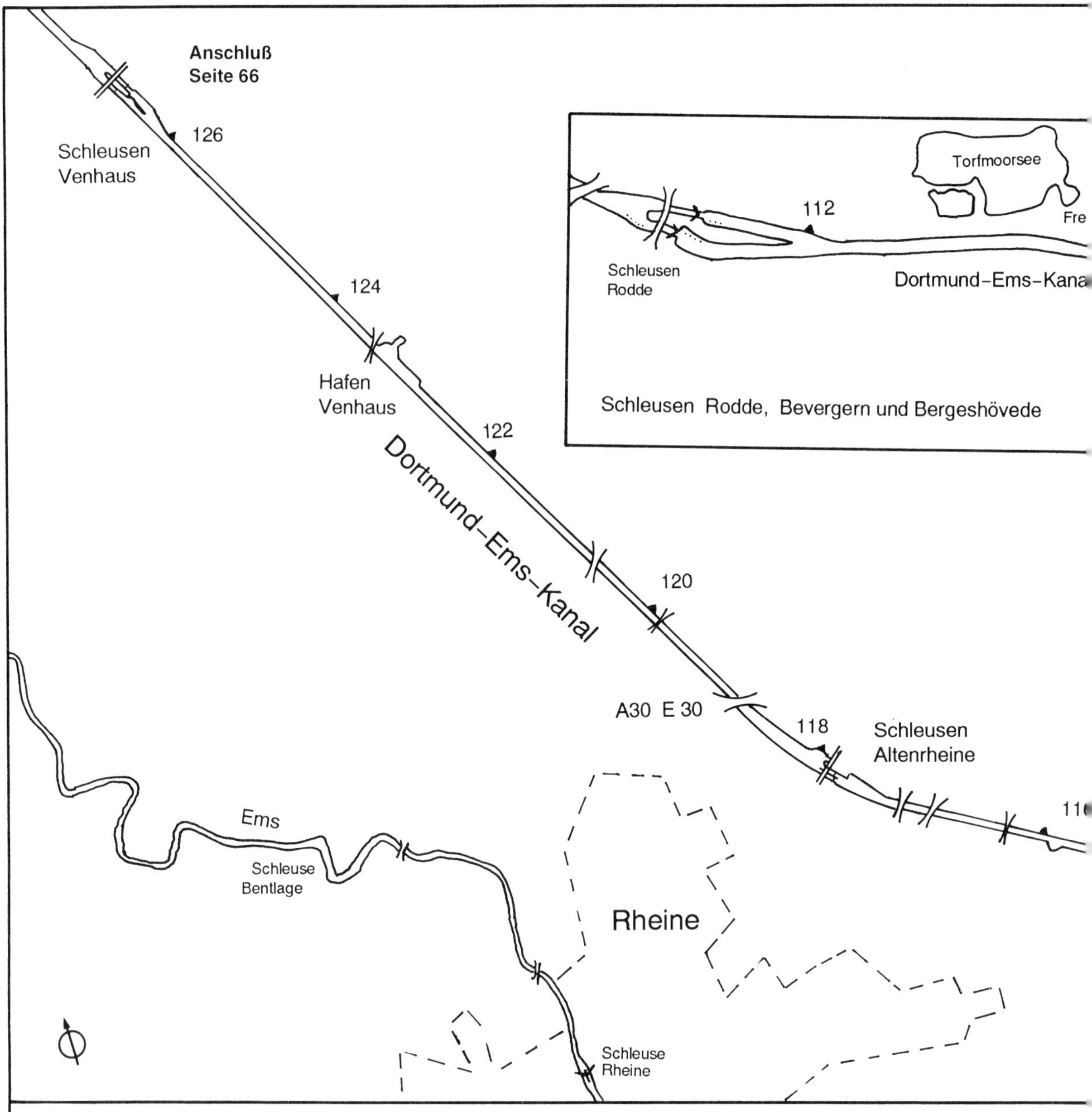

Km 106,0 West-Ufer, Ortschaft Riesenbeck. **Km 108,35** Nach Norden Abzweigung des Mittellandkanals. **Km 107,11-108,11** Süd-Ufer, Liegestelle, bis auf einen kleinen Teil südlich der Brücke für Sportboote verboten. Die ESSO-Bootsstankstelle bei km 108,10 (alle Sorten, Schiffsausrüster, Lebensmittel) darf nur zum Bunkern oder Einkaufen angelaufen werden.

Km 108,30 Süd-Ufer, Hafen des WSA Rheine, Anlaufen für Sportboote nicht mehr erlaubt. Der nächste ruhige Liegeplatz ist in der Alten Fahrt Hörstel bei Mittellandkanal-km 4,1 zu finden. Wasserschutzpolizei, Tel. 05459-60 51.

Km 108,58 Die Schleuse Bergeshövede und die nachfolgende kleine Schleuse Bevergern sind außer Betrieb.

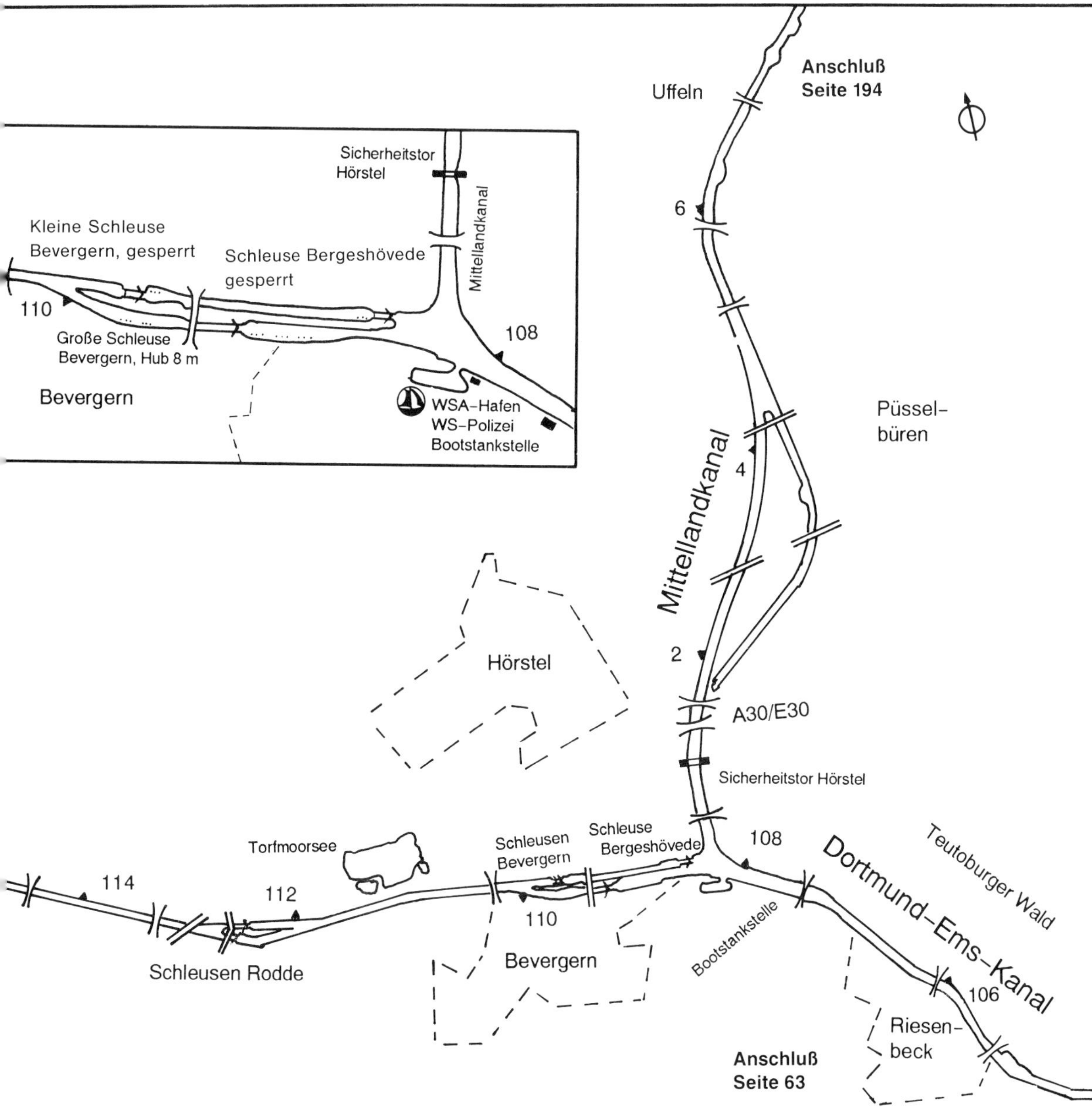

Km 109,34 Süd-Ufer, große Schleuse Bevergern, 163 x 10 m, Hub 8,1 m, Betonwände, UKW-Kanal 20, Tel. 054549-52 22. **Km 112,50** Schleusen Rodde, 163 x 10 m und 67 x 8,6 m, glatte Wände, Hub 3,8 m, UKW-Kanal 18, Tel. 05459-71 59.

Km 117,90 Schleusen Altenrheine, 67 x 8,6 m, glatte Wände und 190 x 12 m, Spundwände, Hub 3,6 m, UKW-Kanal 82. **Km 123,1** Ost-Ufer, Hafen Spelle-Venhaus. Übernachtung möglich nach Anmeldung unter Tel. 05971-5 02 75. Es gibt jedoch keine speziellen Einrichtungen für Yachten.

Km 126,64 Schleusen Venhaus, siehe folgende Seite.

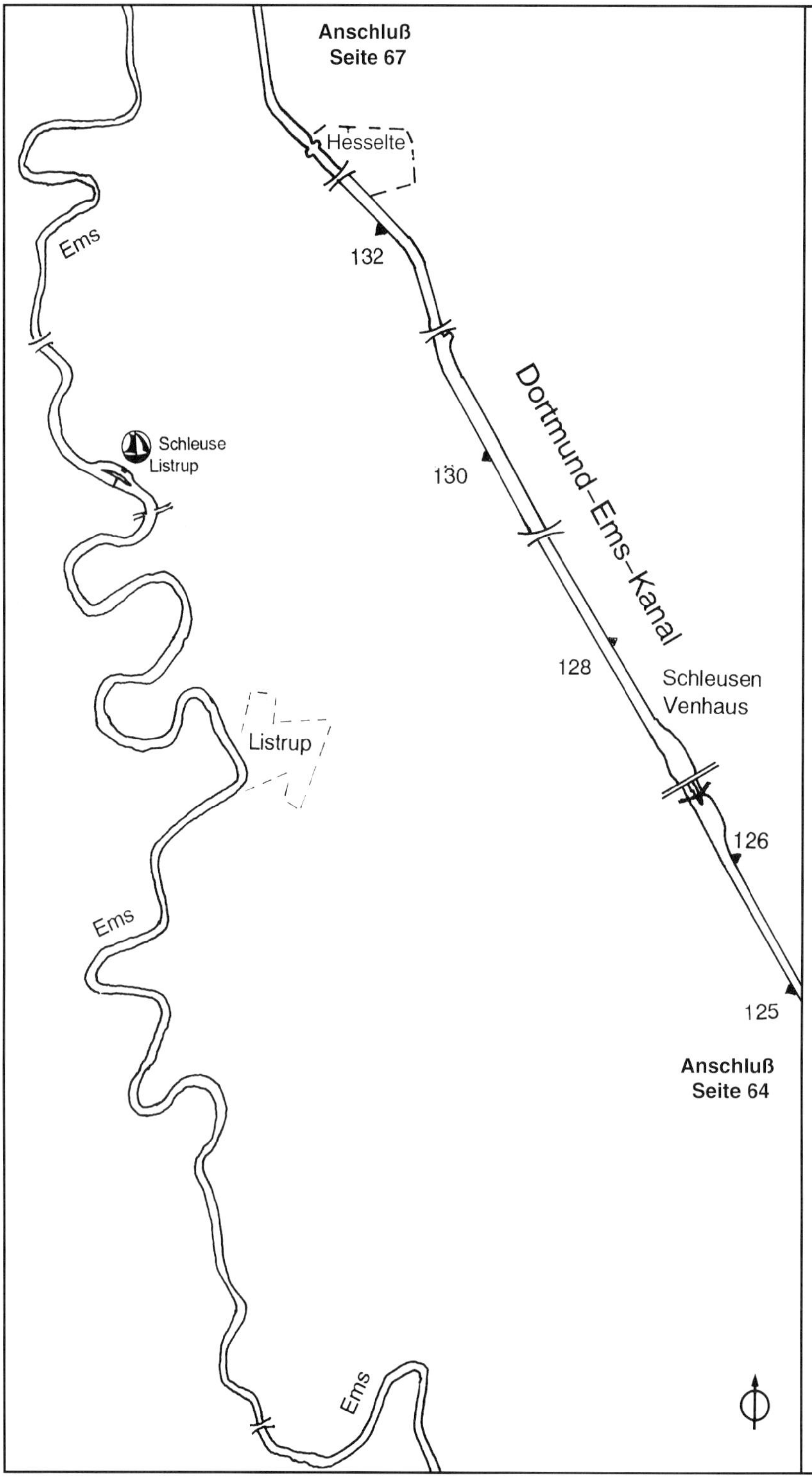

Km 126,64 Schleusen Venhaus. 163 x 10 m, Betonwände, 67 x 8,6 m, gemauerte Wände, Hub 3,36 m, UKW-Kanal 81, Tel. 05977-256.
Km 132 Ost-Ufer, Ortschaft Hesselte, kein Platz zum Anlegen.
Km 132,5 Panzer-Übergangsstelle. Zu beiden Seiten des Kanals Rampen, ca. 30 x 30 m. Als Slipbahn für Sportboote zugelassen.

Km 134,5 Schleusen Hesselte. Ost-Kammer 161 x 10 m, Betonwände. West-Kammer 67 x 8,6 m, gemauerte Wände, Hub 3,4 m, UKW-Kanal 79, Tel. 05906-16 10.
Km 137,9 Schleusen Gleesen. Ost-Kammer 67 x 8,6 m, gemauerte Wände. West-Kammer 163 x 10 m, glatte Betonwände, Hub 6,36 m, UKW-Kanal 78, Tel. 0591-23 12.
Km 138,30 West-Ufer, Einmündung der oberen Ems (siehe Seite 98 f.).
Km 139,6 Ost-Ufer, vor der Eisenbahnbrücke Sportboot-Slipanlage.
Km 139,82 West-Ufer, Einmündung des Ems-Vechte-Kanals. Hinter der Schleuse Yachtclub Lingen/Ems e.V. Sehr schöne Lage, jedoch wenig Komfort.
Km 140 West-Ufer, Abzweigung der alten Ems. „Hotel am Wasserfall" mit Gastliegeplätzen. Starker Strom zum Wehr! Vor dem Wehr wird im Sommer eine Netz-Sperre ausgelegt.
Km 140,75 und 140,78 Sperrtore Hanekenfähr, die bei Hochwasser als Schleuse genutzt werden, UKW-Kanal 22.
Km 141,7 Ost-Ufer, Alte Fahrt. Yachthafen der Vereine EYC Lingen, YC Lingen, EYC Rheine. Clubhaus mit WC, Duschen, Wasser und Strom am Steg.
Die alte Schleuse steht offen. Südlich davon urige Ankerplätze.

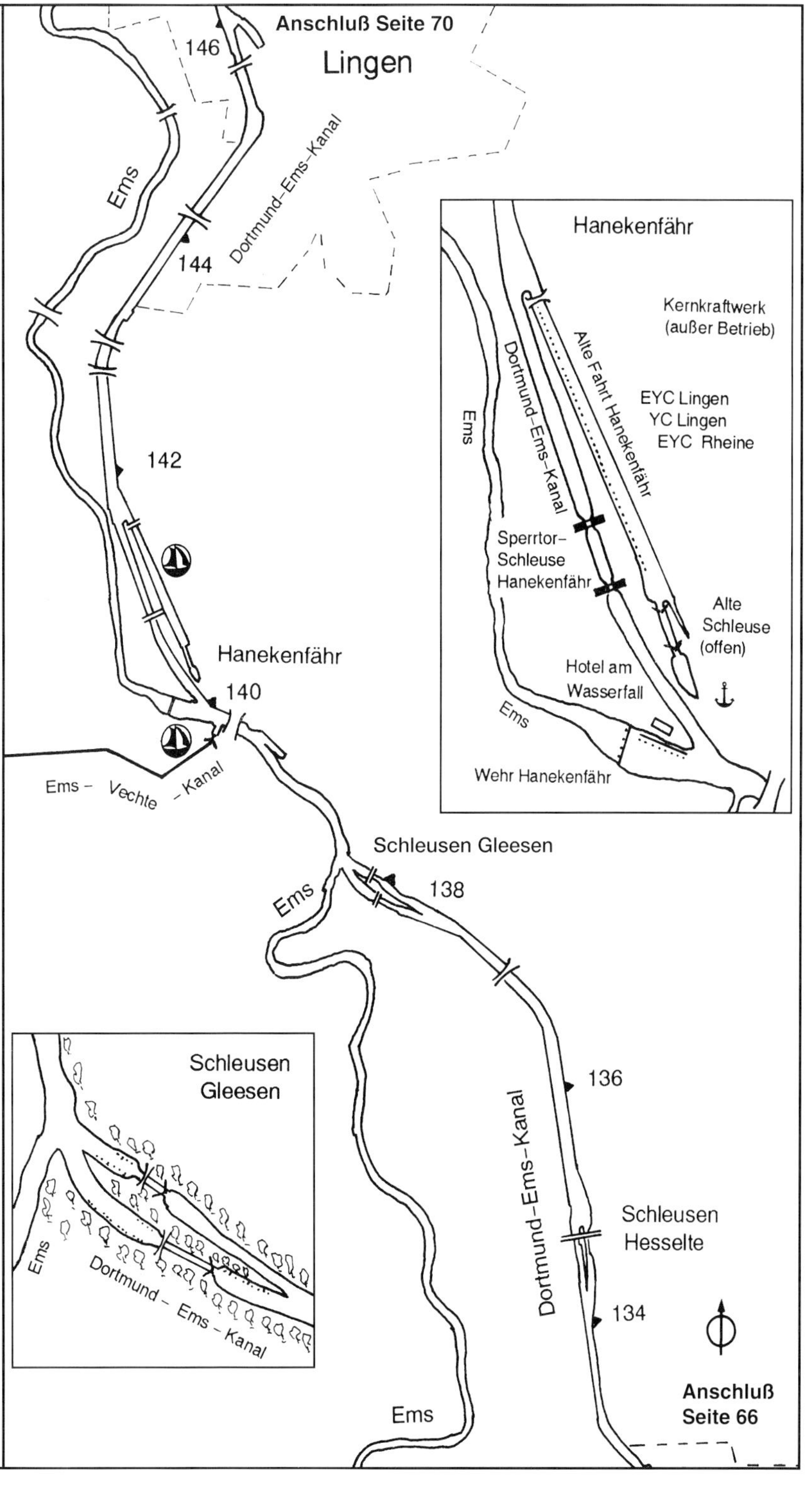

Die Schleuse Altenrheine (o.).
Einfahrt in die kleine Schleuse Hesselte (u.).

Der Hafen des Wasser- und Schiffahrtsamtes in Meppen (o.).
Der Yachtclub Hase-Ems in Meppen (u.).

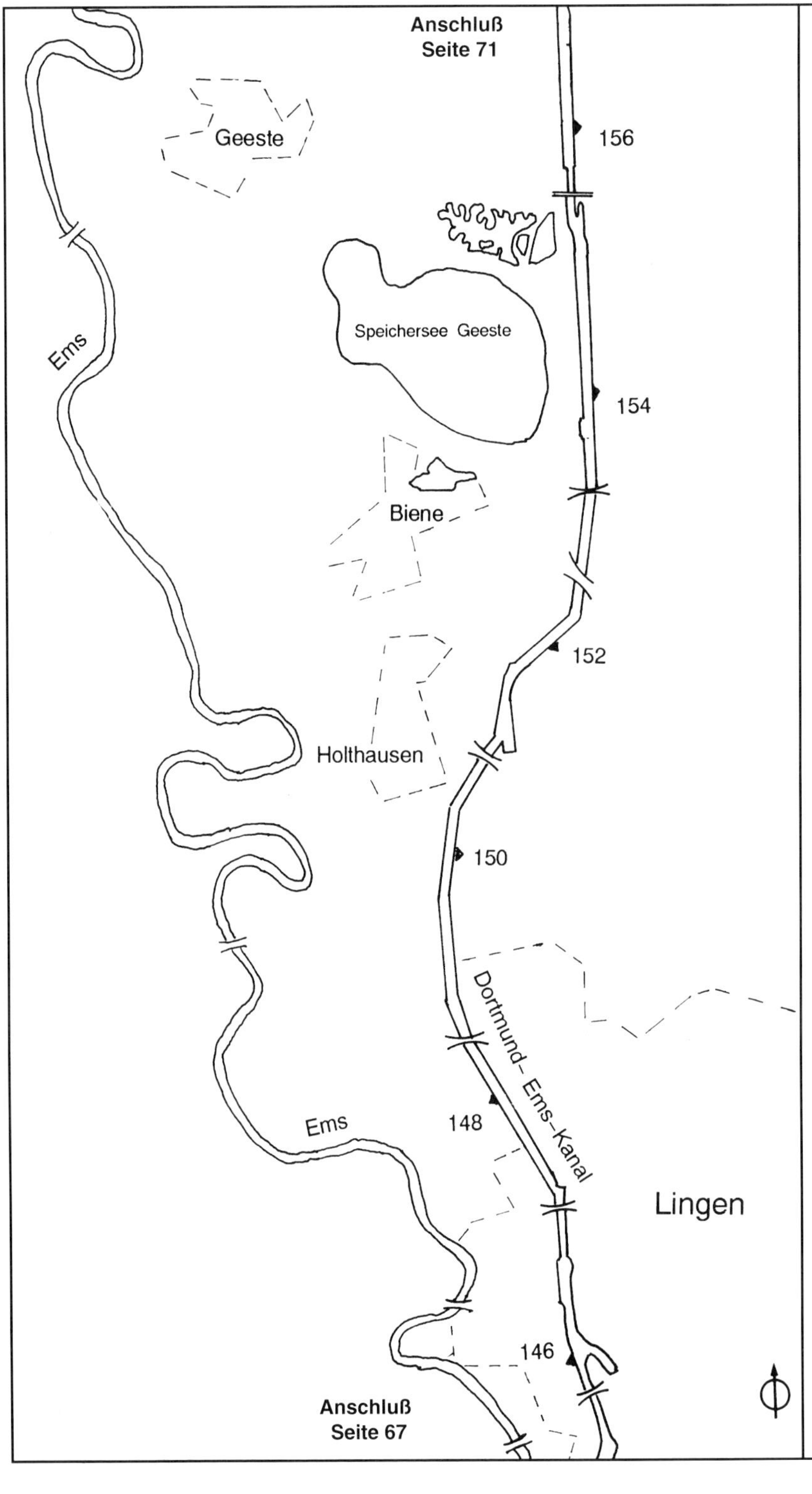

Km 144,88 Ost-Ufer, Alter Hafen Lingen. Liegemöglichkeit für Sportboote nur nach Anmeldung bei Fa. Mairose, Tel. 0591-91 29 90.

Km 146,5 Ost-Ufer, Neuer Hafen Lingen. Bunkerstation, auch für Yachten geeignet (kleine Zapfpistole), Diesel, Propangas und Schmieröl.
Einkauf: ALDI-Markt, ca. 400 m.

Km 153,4 West-Ufer, Umschlagstelle Biene.

Km 153,6 West-Ufer, Hafen Biene.
Anlegen nur nach vorheriger Absprache. Das Hafengelände wird abends abgeschlossen.

Speichersee Geeste
Nahe bei der Umschlagstelle Biene liegt der 1,8 km² große Speichersee Geeste, der für den Wassersport (ohne Motor!) freigegeben ist und durch sein sauberes Wasser auch zum Baden einlädt.

Km 158,2 Schleusen Varloh. Ostkammer 165 x 12 m, Spundwände. Westkammer 162 x 10 m, gemauerte Wände, Hub 3,67 m, UKW-Kanal 20, Tel. 05907-2 69.
Km 163,9 Schleusen Meppen. Westkammer 165 x 12 m, Spundwände. Ostkammer 99 x 12 m, Spundwände, Hub 7,50 m, UKW-Kanal 18, Tel. 05931-1 30 97.
Km 165,9 Ost-Ufer, Einmündung der Hase. Für Motorfahrzeuge frei bis zum Alten Emskanal (600 m).
Km 166,05 Signalanlage für die Hubbrücke.
Km 166,25 Ost-Ufer, Hafen WSA Meppen.
Km 166,4 Hubbrücke Meppen. Höhe 4,25 m bei einem Pegel von 1,22 m. Bei höherem Wasserstand wird die Hubbrücke bedient.
Im Bereich der Hubbrücke besteht ein Linksfahrgebot, das auch von Sportbooten beachtet werden sollte, weil die Berufsschiffahrt hier links fährt!

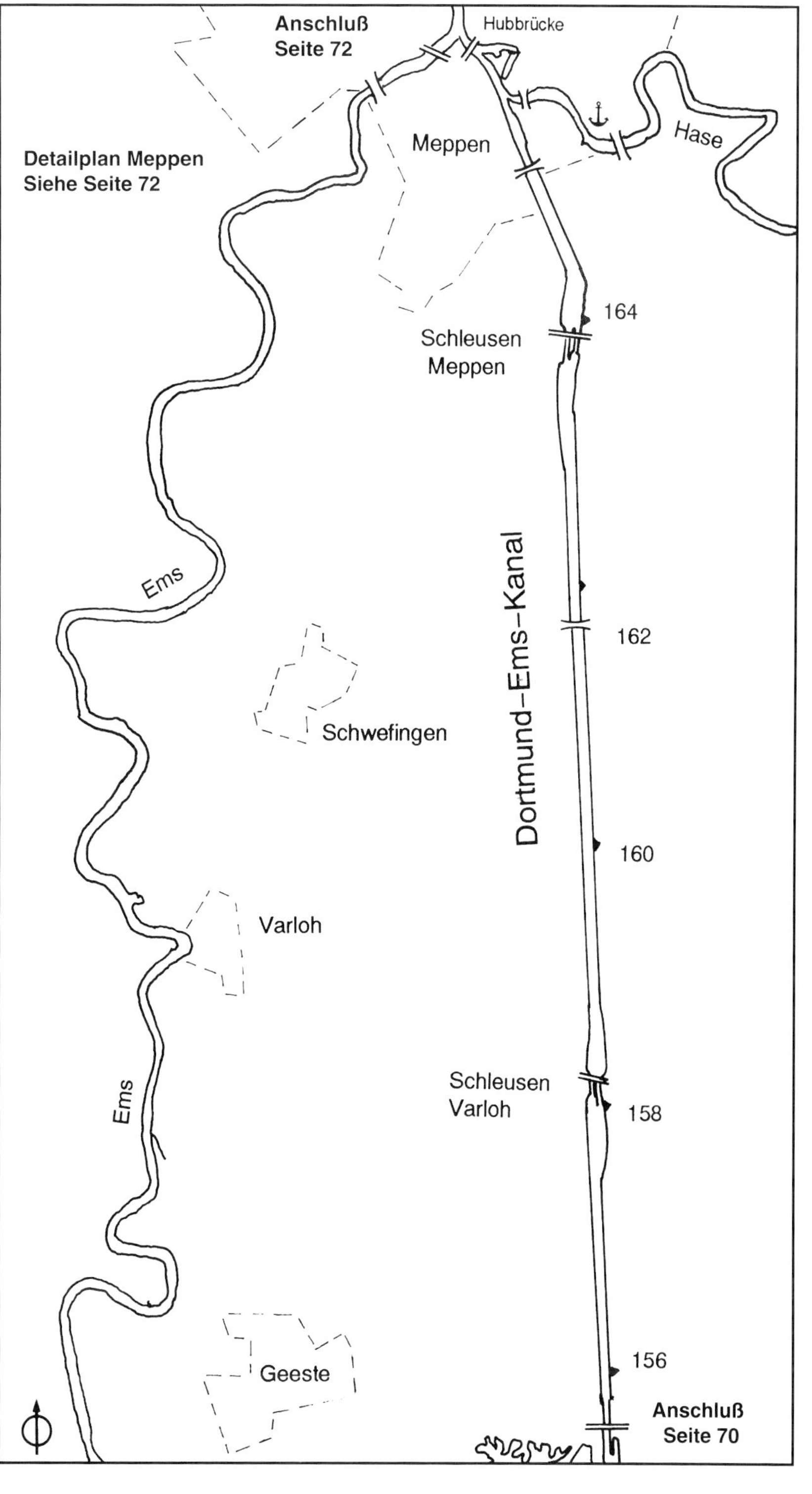

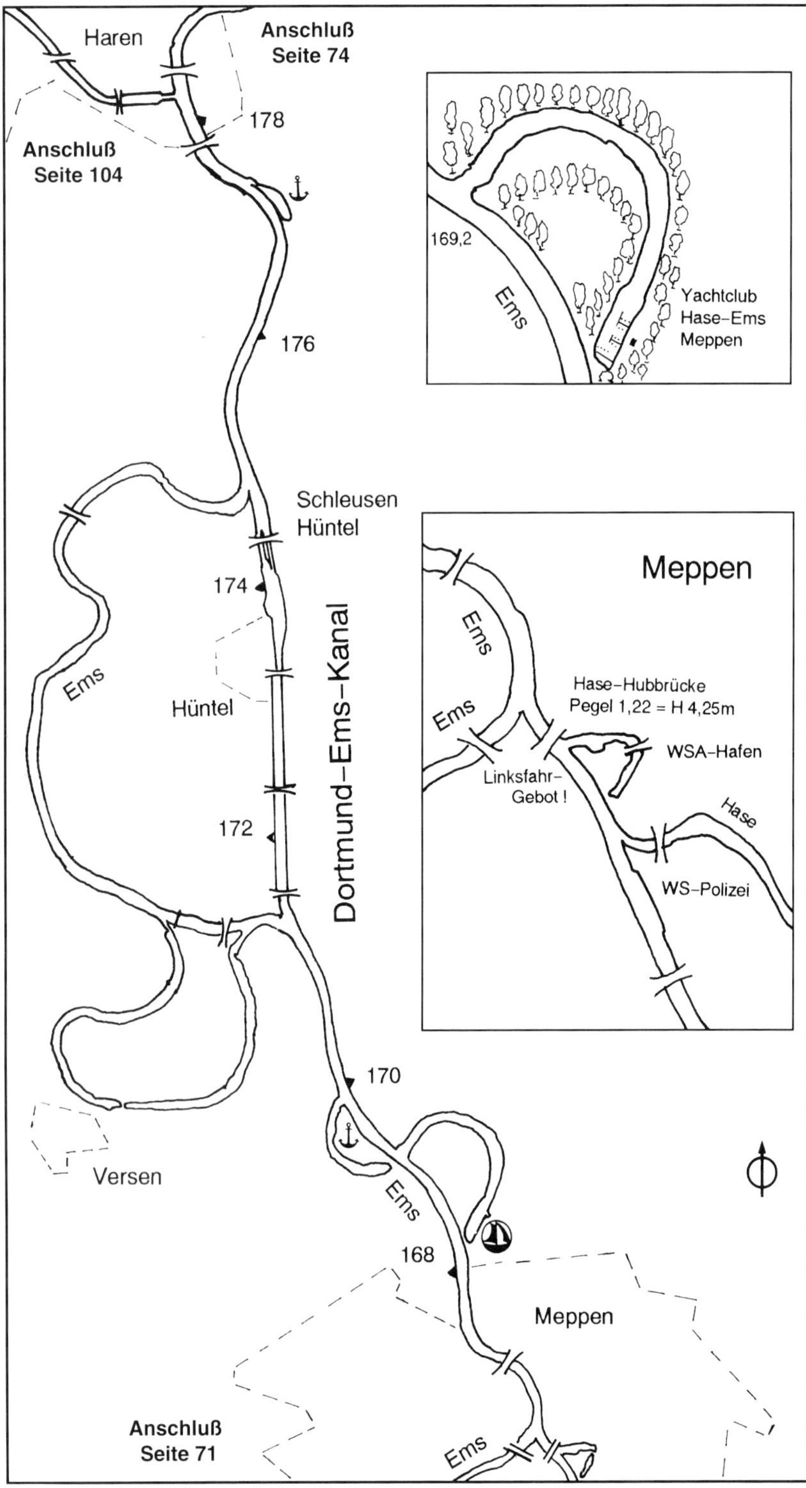

Km 166,53 Signalanlage für die Hubbrücke.
Km 166,96 Ost-Ufer, Hafen Meppen. Wasserschutzpolizei Meppen: Kolpingstr. 1, Tel. 05931-94 90.
Km 169,2 Ost-Ufer, Altarm. Zufahrt zum Yachtclub Hase-Ems. Gastplätze, Clubhaus, WC, Duschen, Wasser und Strom, Kran bis 10 t, Slipbahn, Spielplatz, Restaurant. Treibstoff, alle Sorten, und Schmieröle liefert per Tankwagen Fa. Schonhof, Am Schützenhof 71–73, 49716 Meppen, Tel. 05931-70 61.
Km 169,9 West-Ufer, Altarm, schöner Bade- und Ankerplatz.
Km 171,3 Wehrarm nach Westen. Starker Strom bis zum Wehr Versen.
Km 174,2 Schleusen Hüntel. Ostkammer 222 x 12 m, gemauerte Wände. Westkammer 165 x 10 m, Böschung mit Dalbenreihe, Hub 2,9 m, UKW-Kanal 82, Tel. 05932-29 18.
Km 175,5 West-Ufer, Altarm, etwa 40 m breit und durchgehend über 3 m tief. Auf 5,9 km Länge bis zum Wehr Versen fahrbar. Sehr schöner Sandstrand unterhalb des Wehres,
Km 177,1 Ost-Ufer, Altarm mit schönen Ankerplätzen.

Im Altwasser der Ems bei km 169 (o.).
Haren an der Ems und Yachtclub WS Haren, links (u.).

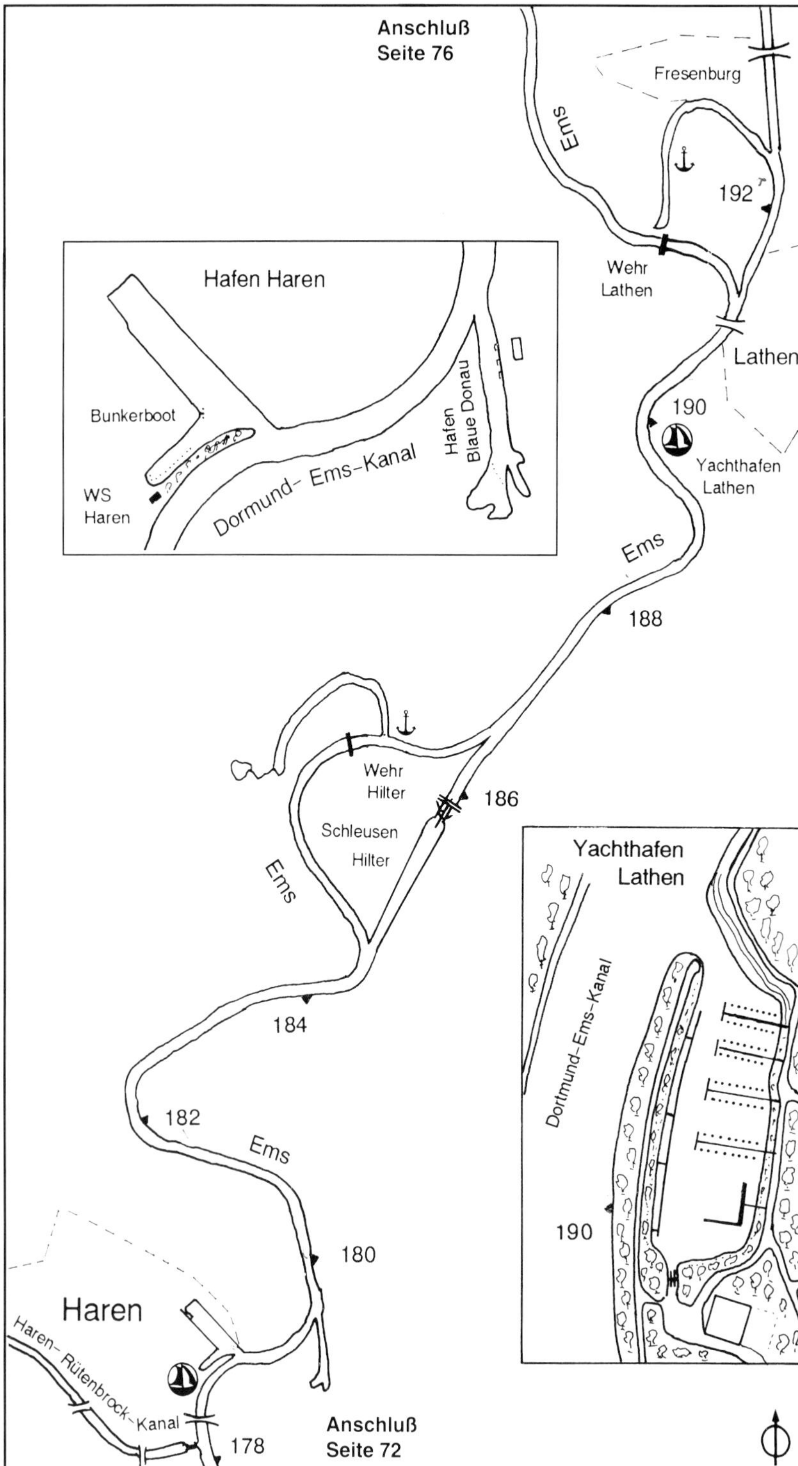

Km 178,2 West-Ufer, Einfahrt zum Haren-Rütenbrock-Kanal (siehe Seite 101).

Km 179,0 West-Ufer, Hafen Haren. Bunkerboot, Diesel, Propangas, Öl, Schiffsbedarf, UKW-Kanal 10, Tel. 05932-2564. Schiffswerft und Motoren-Reparatur. Im SW-Teil Clubhafen des Vereins Wassersport Haren/ Ems e.V. Clubhaus, Wasser und Strom, Slip bis 12 t, Gastliegeplätze. Zur Stadt 5 Min.

Km 179,73 Ost-Ufer, Hafen „Blaue Donau". Fa. Boot & Yacht, Tel. 05932-4777. Im Südteil sehr flach!

Km 184,7 West-Ufer, Altarm, bis zum Wehr Hilter befahrbar.

Km 185,9 Schleusen Hilter. Ostkammer 165 x 10 m, Böschungen mit Dalben. Westkammer 12 x 165 m, Spundwände, Hub 1,50 m, UKW-Kanal 81, Tel. 05933-16 84

Km 186,4 West-Ufer, Altarm, befahrbar bis zum Wehr Hilter.

Km 190,12 Ost-Ufer, Sportboothafen des WSC Lathen, Gastplätze, Strom, Wasser, WC, Duschen, Sliprampe, Absauganlage für Fäkalientanks.

Die kleine Schleuse Düthe mit Böschungen und Dalben (o.).
Das Wehr im Emsarm bei Düthe (u.).

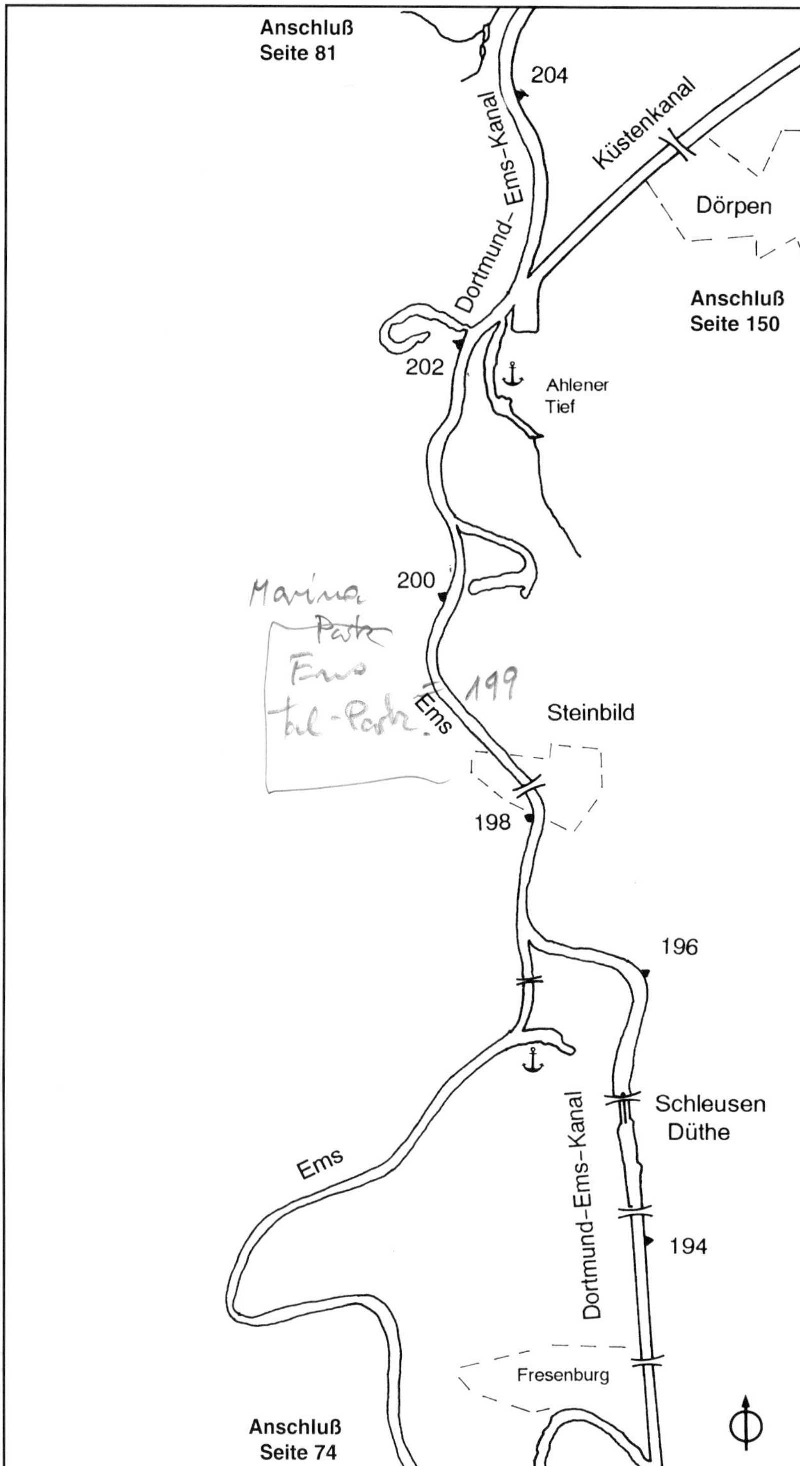

Km 191,2 West-Ufer, Altarm, Anleger des WSC Lathen. Starker Strom zum Wehr!
Km 192,1 West-Ufer, Altwasser Fresenburg mit sehr schönen Ankerplätzen und sauberem Wasser.
Km 195,14 Schleusen Düthe. Ostkammer 164 x 10 m, Böschung mit Dalben. Westkammer 164 x 12 m, Spundwände, Hub 2,20 m, UKW-Kanal 79, Tel. 05933-5 10.
Bei der Schleuse gibt es ein Lebensmittelgeschäft und eine Gaststätte.
Km 197 West-Ufer, Einmündung des Altwassers Düthe. Auf 7 km befahrbar bis zum Wehr. Durchgehend über 3 m tief. Ankerplätze auf 1,8 bis 1 m Wassertiefe, 400 m nach der Einfahrt, am Ost-Ufer.
Km 200,5 Ost-Ufer, Altarm. Nach 100 m gesperrt, 3 Dalben zum Festmachen.
Km 202,4 Ost-Ufer, Abzweigung des Ahlener Tiefs. Sehr gute Ankerplätze. Kein Badegewässer!
Km 202,5 Nach Osten Abzweigung des Küstenkanals. Siehe Seite 148.

Idyllisches Liegen im Altarm der Ems bei km 200,5 (o.).
An der Abzweigung des Küstenkanals am DEK (u.).

Das Tidenrevier der unteren Ems

Unterhalb der Schleuse Herbrum beginnt das landschaftlich, kulturell, historisch und navigatorisch interessante Tidenrevier der unteren Ems, das hier von Herbrum bis Emden beschrieben wird. Formal gehört die Ems bis Papenburg noch zum Dortmund-Ems-Kanal.

Landschaftlich und navigatorisch ist sie ein zwar eingedeichter, aber dennoch natürlicher Gezeitenfluß und ein eigenständiges Revier, das an Boot und Crew höhere Anforderungen stellt als die Kanalstrecke vom Rhein bis zur Schleuse Herbrum.

Bis zur Nordsee hat man freie Fahrt ohne Schleusen, muß jedoch die Gezeiten beachten: Der mittlere Tidenhub beträgt bei Emden 3,16 m, bei Leerort 2,96 m, bei Papenburg 2,69 m, und vor der Schleuse Herbum noch 2,2 m. Der Flutstrom erreicht bei Emden 3-4 kn, bei Leerort 2-3 kn, bei Papenburg 1-2 kn und staut sich vor der Schleuse Herbrum auf. Der Ebbstrom läuft bei Papenburg 2-3 kn, bei Leerort mit 3-4 kn und vor Emden mit 4-5 kn zur Nordsee. Die Entfernung von Herbrum bis Emden beträgt 54,36 km. Über die Ems führen zwei bewegliche und zwei feste Brücken. Die geringste Durchfahrtshöhe bei MThW beträgt 4,5 m.

Das Fahrwasser der Ems ist oberhalb von Papenburg weder betonnt noch befeuert. Erst ab Papenburg ist es durchgehend mit Solar-Leuchtbaken befeuert und ab Leer auch durchgehend betonnt. Die Nachtfahrt ist ab Leer möglich, bleibt aber riskant, denn unterhalb von Leer stehen bis dicht an die Fahrrinne Stellnetze, die zwar mit einem (sehr schwachen) gelben Licht befeuert, aber bei Dunkelheit doch schwer auszumachen sind. In diesem Bereich darf man nicht auf dem geraden Weg von Tonne zu Tonne fahren, zumal der Strom häufig genau auf die Stellnetze versetzt, sondern muß das Fahrwasser entsprechend seinem natürlichen Verlauf ausfahren!

Oberhalb von Papenburg liegen die Deiche nicht unmittelbar am Flußlauf, sondern sind teilweise weit zurückgesetzt. Wenn durch anhaltende Starkwinde aus West bis Nordwest das Wasser der Ems bei Ebbe nicht mehr abfließt, kann im Oberlauf die Flut so weit auflaufen, daß die Ufer überspült werden und nicht mehr zu erkennen sind. Oberhalb von Leer, wo das Fahrwasser nicht betonnt ist, muß man sich dann mit Hilfe des Echolots sowie an den Bäumen und Büschen orientieren, oder man muß ankern und abwarten, bis das Wasser wieder abgelaufen ist.

Wenn starker Wind aus W bis NW und der Ebbstrom gegeneinanderstehen, dann baut sich unterhalb von Leer, besonders aber westlich von Oldersum, ein überproportional grober Seegang mit kurzen, steilen Wellen auf. Es „hackt“ dann auf der Ems! In diesem Falle ist es angenehmer, von Oldersum durch den Ems-Seitenkanal nach Emden zu fahren.

Wer mit dem Ebbstrom die Ems abwärts fährt, wird am Zielhafen bei niedrigem Wasserstand ankommen und eventuell nicht einlaufen können. Er muß dann warten, bis das Wasser wieder aufgelaufen ist. Ausgenommen davon sind die hinter Schleusen liegenden Häfen von Rhede (ab 1996), Papenburg, Weener, Leer und Oldersum. Fährt man mit der Flut die Ems aufwärts, so wird vor jedem Hafen genügend Wasser vorhanden sein, um gefahrlos einlaufen zu können. Die Häfen von Oldersum, Leer, Weener, Papenburg, die Binnenhäfen von Emden und der neue Hafen von Rhede sind nur durch Schleusen zugänglich.

Gesetzliche Bestimmungen

Auf der Ems gilt bis Papenburg bei km 225,82 die Binnenschiffahrtsstraßen-Ordnung. Ab km 225,82 beginnen mit km 0,0 eine neue Kilometrierung und der Geltungsbereich der Seeschiffahrtsstraßen-Ordnung. Bis zur Grenze der BinSchStrO genügen für Fahrzeuge bis 15 Ku-

bikmeter Wasserverdrängung der Sportbootführerschein Binnen/Motor des DMYV bzw. DSV und für Fahrzeuge über 15 Kubikmeter Wasserverdrängung das amtliche Sportschifferzeugnis. Im Geltungsbereich der Seeschifffahrtsstraßen-Ordnung ist der Sportbootführerschein See oder das Sportseeschifferzeugnis erforderlich.
Die Ems ist zugelassen für Schiffe bis 85 m Länge, bis 9,5 m Breite und bis 2,50 m Abladetiefe. Kleinfahrzeuge (bis 20 m Gesamtlänge) dürfen nicht schneller als 12 km/h fahren. Sie dürfen überholen und überholt werden. Segeln und Wasserski sind verboten. Als Bergfahrt gilt die Fahrt in Richtung Herbrum.
Die Seeschiffahrtsstraßen-Ordnung enthält für Sportboote keine speziellen Vorschriften für die Ems. Das UKW-Funkgerät muß zum Seefunkdienst zugelassen sein.

Betriebszeiten von Schleusen und Brücken
Die Betriebszeiten der Schleusen und Brücken werden bei den betreffenden Objekten genannt.

Berufsschiffahrt
Die Ems wird bis Papenburg nur von Binnenmotorschiffen benutzt. Seewärts von Papenburg fahren auch seegehende Schiffe von beachtlicher Größe, die in diesem Revier nicht in der Lage sind, auf Sportboote Rücksicht zu nehmen oder ihnen gar auszuweichen.

Sportschiffahrt
Die untere Ems ist für Sportboote ein abwechslungsreiches und interessantes Revier, das beim Ausnutzen der Tidenströme mit geringem Aufwand schnelle Reisen ermöglicht. Bei Leer öffnet sich das urige Leda-Jümme-Gebiet, ein einzigartiges, reizvolles Tidenrevier mit kleinen Clubhäfen und typischen Sehenswürdigkeiten. Man findet moderne Sportboothäfen, romantische alte Städte und kleine, trockenfallende Sielhäfen, eine gepflegte Gastronomie und vielfältige Freizeitangebote.

Häfen und Liegeplätze
Komfortable Yachthäfen mit allen notwendigen technischen Einrichtungen bieten Papenburg, Weener, Leer und Ditzum. Einfachere, meist sehr romantische Liegemöglichkeiten findet man in den vielen kleinen Sielhäfen, am Ems-Seitenkanal und in Emden.

Treibstoff
Bootstankstellen gibt es in Weener (alle Sorten), Papenburg (alle Sorten per Tankwagen), Bingum (alle Sorten) und Ditzum (Diesel). Bunkerboote (Diesel) sind in Leer und Emden stationiert.

Einkauf
Besonders günstig in Weener, Papenburg (Ems-Center), Leer und Emden.

Revierfunk
Die Lagemeldungen von Ems Traffic informieren über Tidenverhältnisse, Störungen an Verkehrszeichen, Wetter, besondere Vorkommnisse sowie über Wind- und Sturmwarnungen.

Bereich	UKW-Kanal	Zeit
Papenburg bis Gandersum und Leda:	15	h+50
Emden:	15/21	h+50

Die UKW-Kanäle der Brücken und Schleusen finden Sie bei den betreffenden Beschreibungen.

Vor den Schleusen Bollingerfähr am DEK (o.).
Blick auf die Kirche von Rhede am Westufer der Ems (u.).

Km 205,3 Ost-Ufer, oberer Wehrarm.
Km 205,84 Schleusen Bollingerfähr. West-Kammer 165 x 12 m, Spundwände. Ostkammer 160 x 10 m, Böschungen. Hub 3,8 m, UKW-Kanal 78, Tel. 04963-16 38.
Km 206,5 Ost-Ufer, unterer Wehrarm.
Km 211,5 Ost-Ufer, Altwasser mit guten Ankerplätzen. Im vorderen Teil Gastplätze an einem Privatsteg.
Km 211,8 West-Ufer, oberer Wehrarm.
Km 212,47 Schleuse Herbrum. Westkammer 165 x 12 m, Spundwände. Ostkammer 160 x 10 m, Böschungen, Hub 0,15–1,75 m, UKW-Kanal 22, Tel. 04962-2 68. Im Unterwasser, am Ost-Ufer, Anleger für Sportboote.
Km 213,8 Ost-Ufer, unterer Wehrarm.
Km 217,9 Yachthafen des WSC Rhede, Schwimmstege, Wasser und Strom, Tel. 04964-12 54. Hinter dem Deich baut die Gemeinde Rhede einen Freizeit- und Erholungspark mit Campingplatz, Yachthafen und Badesee. Tel. 04964-2 67. Die Schleuse im Deich ist bereits fertig. 1 Kammer, 10 x 20 m, Torbreite 4,5 m, keine Höhenbegrenzung. Der Hafen soll Mitte 1995 zugänglich sein. Die Anlagen des WSC Rhede vor der Schleuse bleiben erhalten.

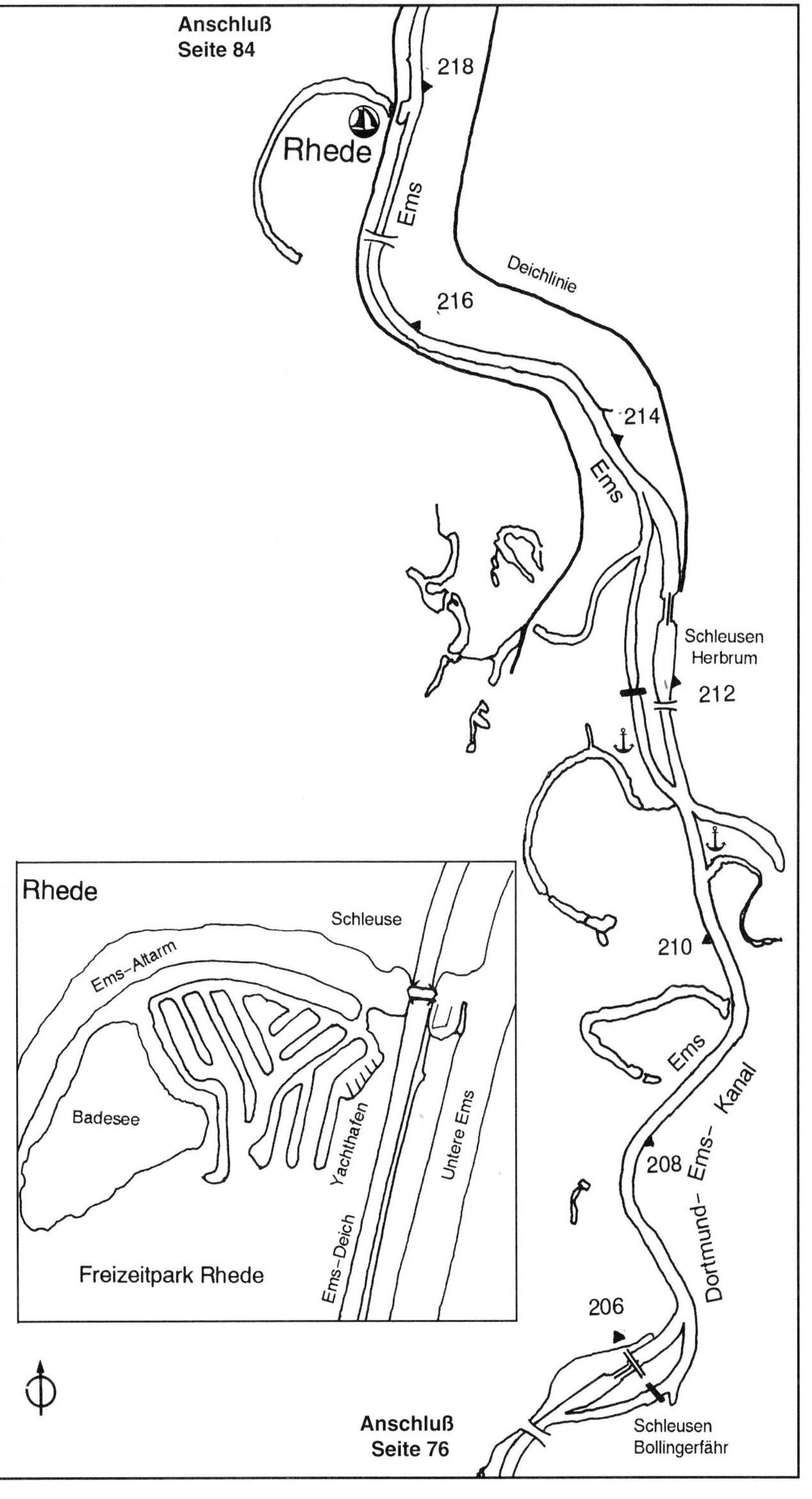

Papenburg

Papenburg ist die älteste und längste Fehnkolonie Deutschlands und wurde in den vergangenen Jahren bis ins Detail liebevoll und sorgfälig restauriert. Viele historische Gebäude, zahlreiche Klappbrücken über die Kanäle der Stadt, malerische Fehnhäuser und die mit gebrannten, rotbraunen Bockholter Klinkern belegten Wege geben zusammen mit stilgerechten Neubauten und den im Hauptkanal liegenden Traditionsschiffen der blitzsauberen Stadt ihr einmaliges Gepräge.

Der Yachthafen des YC Papenburg liegt gleich hinter der Schleuse an Bb. Eine sehr schöne, gepflegte und ruhig gelegene Anlage im Grünen mit Gastplätzen, Wasser und Strom am Steg, Clubhaus, WC und Duschen, jedoch weitab (4 km) von der Stadt.

Zum Besuch der Stadt fährt man am Ende des Sielkanales durch die Eisenbahnbrücke, die zusammen mit der Straßenbrücke auf Verlangen vom Stellwerk der Deutschen Bundesbahn geöffnet wird. Liegeplätze findet man dort im alten Werfthafen und für Boote bis 8 m Länge und 1,2 m Tiefgang im neugebauten Bootshafen am Hauptkanal. Im Werfthafen befinden sich zwei Yacht-Servicebetriebe und eine Entsorgungsmöglichkeit für Abwassertanks.

Hier liegt man nahe beim Zentrum der Stadt, bei dem auf dem Gelände der alten Meyer-Werft entstandenen Kulturzentrum und dicht beim „Ems-Center", das sehr gute Einkaufsmöglichkeiten und eine vielfältige Gastronomie bietet. Auf dem Dorfplatz im „Ems-Center" ist sonnabends „Tanz unter den Linden".

Eine der zahlreichen Klappbrücken in Papenburg.

Der Yachthafen von Papenburg (o.).
Windmühle an der Unterems nördlich von Papenburg (u.).

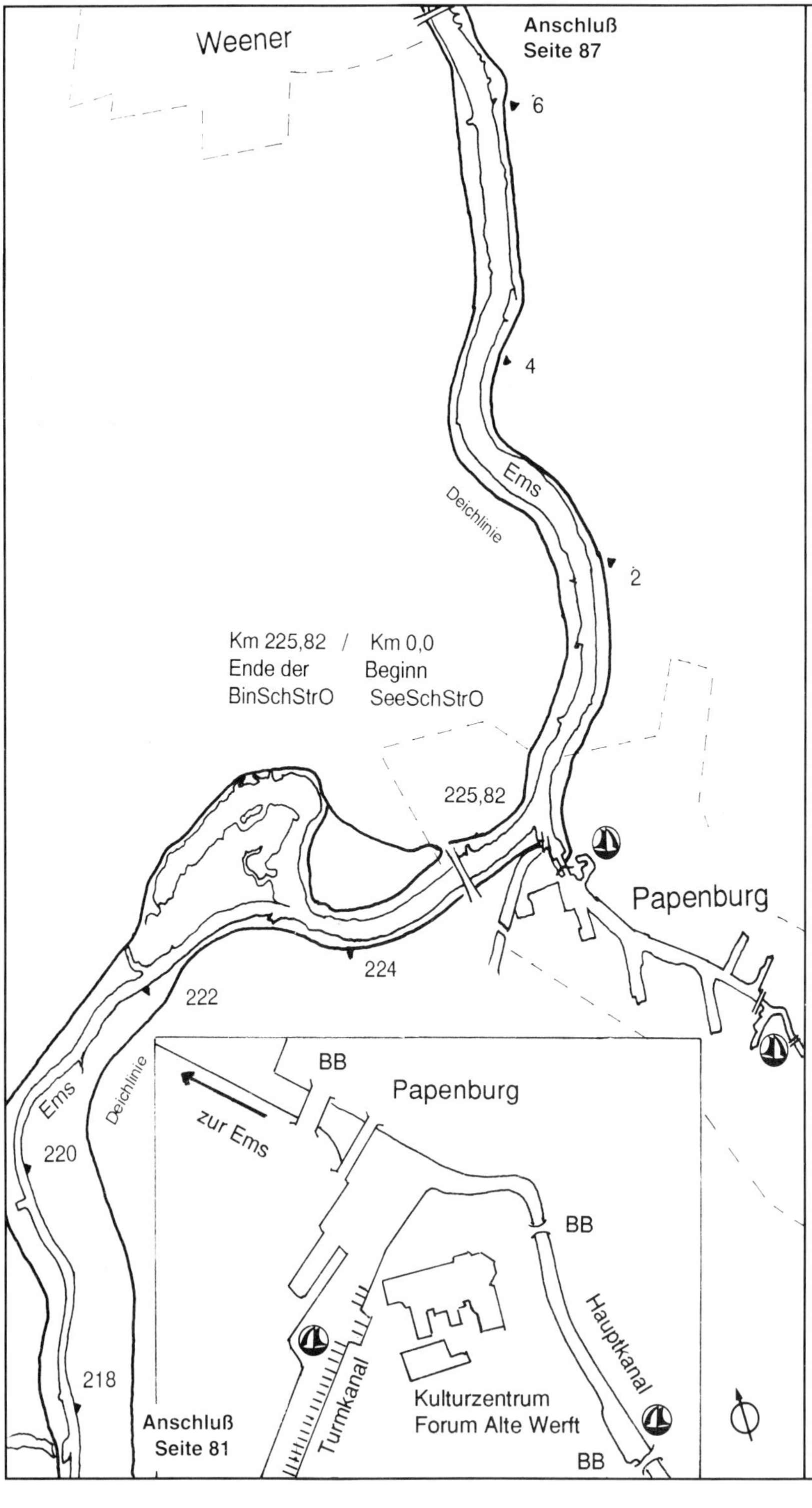

Km 223,3 West-Ufer, Altwasser, gesperrt.
Km 225,8 Ost-Ufer, Zufahrt zur Seeschleuse Papenburg. Die Stadt ist nur durch die Schleuse zu erreichen. 1 Kammer, 152 x 26 m, bei MTnW 2 m Hub, bei MThW 1 m Fall, Spundwände, UKW-Kanal 13. Betriebszeiten: Tägl. von 06.00–20.00. Für Sportboote mit der Berufsschiffahrt und zu folgenden Zeiten kostenlos:
Zur Ems: Fr 17.00, Sa 14.00 und 17.00, So 08.00. **Zum Hafen:** Sa 14.30, So 19.00. Einzelschleusung pro Boot jeweils DM 6,84.
Vor der Schleuse liegt an Stb. ein Warteschlengel für Sportboote. Der Schleusenmeister bittet um rechtzeitige Anmeldung über UKW.

Yachthäfen

Siehe Seite 82.

Treibstoff

Fa. H. Bunte liefert per Tankwagen Diesel, N- und S-Benzin sowie Schmieröl (ESSO) zum Yachthafen oder zum alten Werfthafen (keine Mindestmengen), Tel. 04961-89220-22.

Weener

Weener – das ist nicht nur ein Hafen hinter dem Deich, sondern auch eine über 1000 Jahre alte und historisch interessante Kleinstadt, deren Stadtbild von liebevoll restaurierten Häusern aus dem 18. und 19. Jahrhundert geprägt wird. Da gibt es das Frohnerhaus (1660), die „Teebüchse", ein Glockenturm aus dem Jahr 1733, die alte Wehrkirche von Stapelmoor aus dem 14. und die St. Georgskirche aus dem 14.-15. Jahrhundert mit einer Arp Schnitger-Orgel von 1709. Im alten Wasserturm ist ein Jugendzentrum und im „Armen Gasthuis" (1709) ein Heimatmuseum eingerichtet. Es gibt eine dreistöckige Galeriewindmühle zu besichtigen und Gelegenheit, an einem „Tee-Seminar" teilzunehmen. Das alles in einer Umgebung, die von Industrie verschont geblieben ist, dafür aber ein ausgedehntes Netz von Wander- und Radwegen bietet. Für kalte Tage empfiehlt sich das Thermalbad in Nieuweschans, ganz in der Nähe und bequem mit dem Bus zu erreichen.

Weener bietet keine moderne Marina, sondern Häfen mit einer familiären Atmosphäre: Der neue Yachthafen liegt, rundum durch hohe Bäume geschützt, gleich hinter der Schleuse am Deich und läßt keine Wünsche offen: WC, Duschen, Waschräume und Waschmaschine, Bootstankstelle (alle Sorten), Slipanlage bis 9 t, Bootslift bis 20 t, Kran, Trailerstellplatz und ein neues Restaurant. Kinderspielplatz, Tennisplatz, Minigolf, Freiluftkegelbahn und ein beheiztes Freibad liegen gleich neben dem Yachthafen.

Auch der Alte Hafen wurde für Yachten eingerichtet. Tagesgäste liegen hier kostenlos, fast im Zentrum der Stadt.

Im Alten Hafen von Weener.

Der Sportboothafen von Weener (o.).
Die Marina Bingum an der Ems (u.).

Km 6,9 Eisenbahnbrücke, UKW-Kanal 15. Ruf „Weener Bridge".
Km 7,6 West-Ufer, Zufahrt zur Schleuse nach Weener. 25 x 10 m, glatte Wände, Hub bis 2,8 m. Bei MTnW stehen auf dem Drempel noch 0,8 m Wasser. Warteschlengel vor der Schleuse, UKW-Kanal 13. Betriebszeiten: vom 1. 4.–31.10. an Werktagen von 07.00–21.00, von Freitagabend bis Sonntagabend, vor und an Feiertagen von Sonnenauf- bis -untergang.
Von 1 Std. vor bis 1 Std. nach HW steht die Schleuse offen. Die Durchfahrt ist dann kostenlos. Schleusung pro Boot 5,- DM, für mehrere Boote zusammen max. 12,- DM.
Km 14,25 Ost-Ufer, Einmündung der Leda, Zufahrt nach Leer. Siehe Seite 130.
Km 15,1 Jann-Berghaus-Brücke. Durchfahrtshöhe 7,33 m, Öffnung über UKW-Kanal 15. Ruf „Leer Bridge".
Km 17,3 West-Ufer, Marina Bingum. Sanitäre Anlagen, Strom , Wasser, Service-Betrieb, Bootstankstelle (alle Sorten), Restaurant und Grillplatz, SB-Markt.

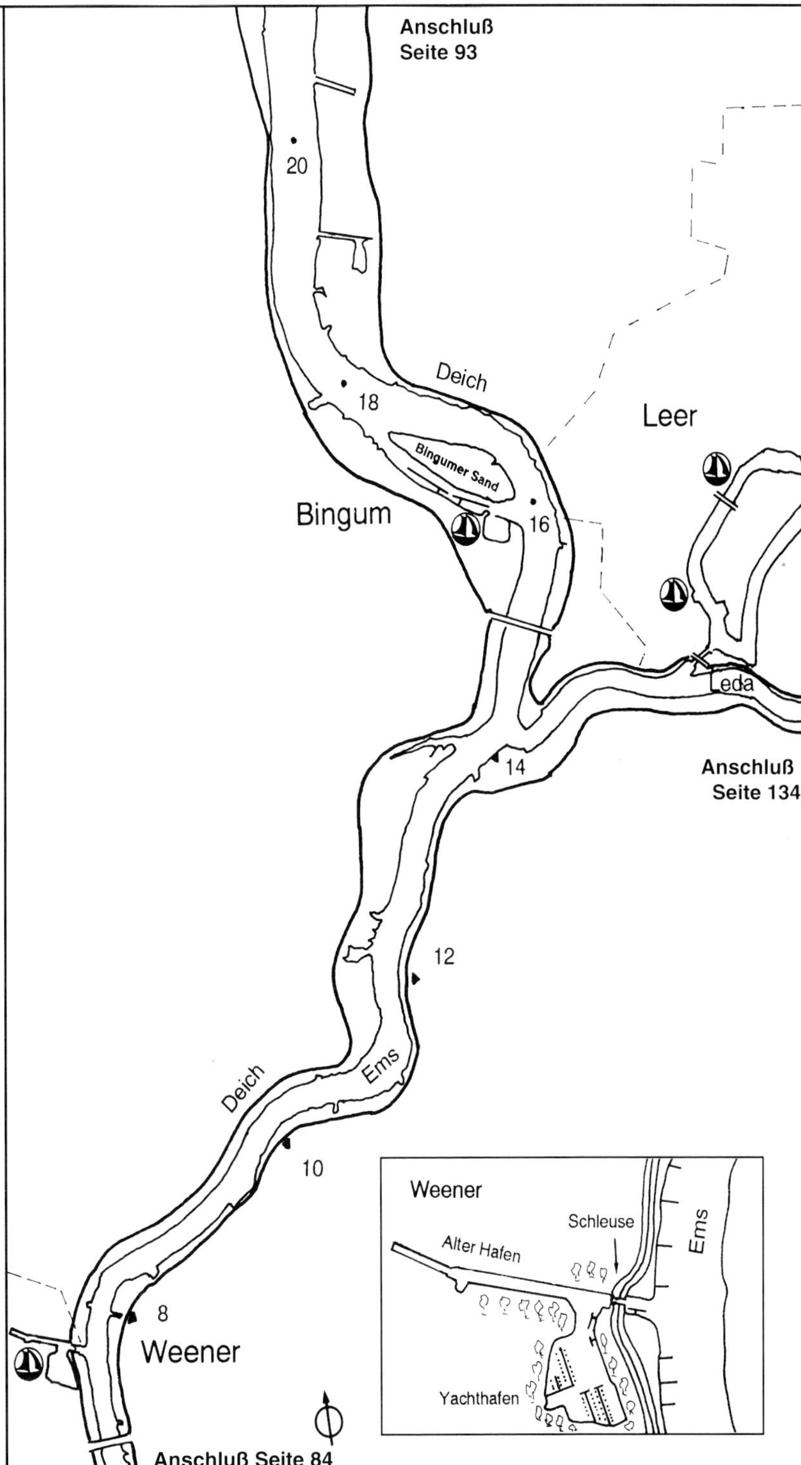

Leer

Leer ist von der Leda durch die Seeschleuse zu erreichen. Die Schleuse hat 1 Kammer mit 192 x 26 m und Spundwände, Hub bis 2,5 m. Betriebszeit: täglich von 06.00–19.00 Einzelschleusung 25 DM. Mit der Berufsschiffahrt und zu folgenden Zeiten kostenlos: Fr 17.30, Sa und So jeweils 08.00, 14.00 und 17.30. Anmeldung über UKW-Kanal 13 oder Tel. 0491-42 68.

Leer, das „Tor Ostfrieslands", zeigt sich am Handelshafen gleich von seiner schönsten Seite. Die romantische Altstadt ist vollständig erhalten. Sie bietet mit dem imposanten Rathaus, ihren schmalen Gassen, den schmucken, sorgfältig restaurierten Giebelhäusern und der „Alten Waag" einen fast holländischen Eindruck. Der Ratskeller im alten Rathaus ist bekannt für seine gutbürgerliche Küche, Fischgerichte und ostfriesische Spezialitäten, wie „Ostfriesische Bohnensuppe" und „Branntwiens Kopje". Das Restaurant „Zur Waage" im historischen Gebäude der „Alten Waag" bietet gehobenen Ansprüchen ein erlesenes Angebot aus Küche und Keller. Dazu kommen ein reichhaltiges Freizeitangebot und sehr gute Einkaufsmöglichkeiten in der Fußgängerzone.

Liegeplätze findet man beim SV Leer (WC, Duschen, Strom und Wasser, bewirtschaftetes Clubhaus, Entsorgung für Abwassertanks) und an den Gästestegen der Stadt Leer an der Uferpromenade, vor und hinter der Dr.-Bruch-Brücke, die vom Hafenmeister, Tel. 0491-33 72, bedient wird (Voranmeldung über den Schleusenmeister der Seeschleuse). Strom und Wasser am Steg. Das Sanitärgebäude mit WC, Duschen, Waschräumen und Waschmaschine steht bei der Dr.-Bruch-Brücke.

Vor dem alten Rathaus in Leer.

Liegemöglichkeiten am Westufer der Ems in Jemgum (o.).
Die Liegeplätze des YC Aurich im Sauteler Siel (u.).

Der Ems-Seitenkanal

Im Jahr 1936 wurde mit dem Bau eines Ems-Seitenkanals begonnen, der von Gleesen nach Papenburg und von Oldersum nach Emden führen und die Strecke auf der staugeregelten Ems sowie teilweise die Fahrt auf der tideabhängigen Unterems ersetzen sollte. Im 2. Weltkrieg wurden die Bauarbeiten eingestellt und seitdem nicht wieder aufgenommen. Es gibt derzeit keine Absichten, den zu einem Drittel fertiggestellten Ems-Seitenkanal zu vollenden.
Die Teilstrecke von Oldersum nach Emden wurde jedoch fertiggestellt. Sie ist 9,1 km lang und verbindet Oldersum, Ems-km 30,3, mit dem Industriehafen von Emden und bietet über den Verbindungskanal einen direkten Weg zum Ems-Jade-Kanal unter Umgehung des Emder Hafens. Wenn es auf der Ems bei stürmischem Wetter zu grob wird, bietet der strömungs- und tidefreie Ems-Seitenkanal einen sicheren und bequemen Weg.

Gesetzliche Bestimmungen
Von der Einfahrt in den Vorhafen bis zur Borßumer Schleuse gilt die BinSchStrO. Der Kanal darf von Schiffen bis 67 m Länge, 8,2 m Breite und einer Abladetiefe von 1,55–2,00 m befahren werden (abhängig vom Wasserstand).
Die Durchfahrtshöhe beträgt 3,8 m, ist aber durch die Brücke vor der Borßumer Schleuse auf 2,8 m begrenzt.
Geschwindigkeits-Begrenzung **für alle** Fahrzeuge: Bis 1,30 m Tiefgang 7 km/h, bei mehr als 1,30 m Tiefgang 5 km/h. Kleinfahrzeuge (bis 20 m Länge) dürfen überholen und überholt werden.
Als Bergfahrt gilt die Fahrt in Richtung Oldersum. Wasserskifahren und Segeln sind verboten. Die Kilometrierung entspricht der ursprünglichen Planung und schließt nicht an die Bezeichnung der Unterems an. Sie beginnt vor der Schleuse Oldersum mit km 256,4 und endet mit km 265,4 im Emder Hafen.

Schleusen und Betriebszeiten

Ems-km 30,15 Sielschleuse Oldersum
Die Sielschleuse Oldersum ermöglicht den Zugang von der Ems (km 30,15) zum Werfthafen Oldersum und bis 2,4 m Höhe auch zum Ems-Seitenkanal. Sie kann nach Absprache mit dem Schöpfwerksmeister (Tel. 04924-2003) werktags von 06.00–18.00 von 1 Stunde vor bis NW gegen den auslaufenden Strom durch die offenen Sieltore befahren werden. Mit dem Einsetzen der Flut schließen sich die Tore selbsttätig. Die Zufahrt ist bei MTnW etwa 1,5 m tief.

Km 256,56 Schleuse Oldersum
Die Schleuse Oldersum wurde von Grund auf rekonstruiert und ermöglicht die Fahrt von der Ems (km 30,30) zum Ems-Seitenkanal. Kammerlänge 100 m, Durchfahrtsbreite 9,8 m. Ost-Seite Dalben für die Berufsschiffahrt, West-Seite Schwimmstege für Sportboote. Wassertiefe in der Zufahrt über 2 m bei MTnW, Drempeltiefe bei MTnW 1,8 m. Hub bei MTnW 0,8 m, bei MThW 2,4 m Fall. UKW-Kanal 13, Tel. 04924-20 22. Betriebszeiten wie Schleuse Borßum.

Km 265,36 Schleuse Borßum
1 Kammer, 100 x 10 m, Hub 2,05 m. Betriebszeiten: Mo-Fr 08.00-19.00, Sa 08.00-10.00 und 14.00-17.00, So und Feiertage. 08.00-10.00 und 15.00-19.00. Durchfahrtshöhe nur 2,8 m!

Yachthäfen
Km 256,40 Im Vorhafen der Schleuse Oldersum Schwimmsteg des Yachtclubs Unterems. Keine weiteren Einrichtungen.
Km 256,90 West-Ufer, Yachtclub Unterems e.V., Oldersum. Gepflegte Anlage mit Clubhaus, WC, Duschen, Wasser und Strom. Liegeplätze in Boxen und an einer Holzpier.
Km 259,1 Nordufer, BSC Gandersum. Liegeplätze an Stegen, Wasser, Strom, Clubhaus.

Km 262,0 Clubhafen des WSV Petkum, Gastplätze, Wasser, Strom, Clubhaus, Kran bis 10 t.
Km 265,09 Abzweigung des Verbindungskanals.
Bei km 0,3 WSV Friesland. Sehr schön und ruhig gelegener Yachthafen mit Gastplätzen, WC, Duschen, Wasser und Strom am Steg.

Berufsschiffahrt
Auch nach der Inbetriebnahme der Schleuse Oldersum wird der Ems-Seitenkanal für die Berufsschiffahrt nur von geringem Interesse sein. Der Kanal kann nur von kleineren Binnenmotorschiffen befahren werden, deren Zahl ständig zurückgeht. Die neuen, größeren Binnenmotorschiffe sind für den Ems-Seitenkanal zu groß.

Sportschiffahrt
Für kleinere Fahrzeuge wird der Ems-Seitenkanal nach der Wiedereröffnung der Schleuse Oldersum einen bequemen, wetterunabhängigen und damit sicheren Weg bieten. Durch die Yachthäfen am Kanal und die Verbindungen zum Ems-Jade-Kanal sowie zum Fehntjer Tief wird dieser Weg für die Sportschiffahrt an Bedeutung gewinnen.

Treibstoff
Nur von Landtankstellen in Oldersum und Petkum (weite Wege).

Proviant-Einkauf
In Oldersum und Petkum, günstig in Emden.

Liegeplätze des WSV Friesland im Verbindungskanal nach Emden.

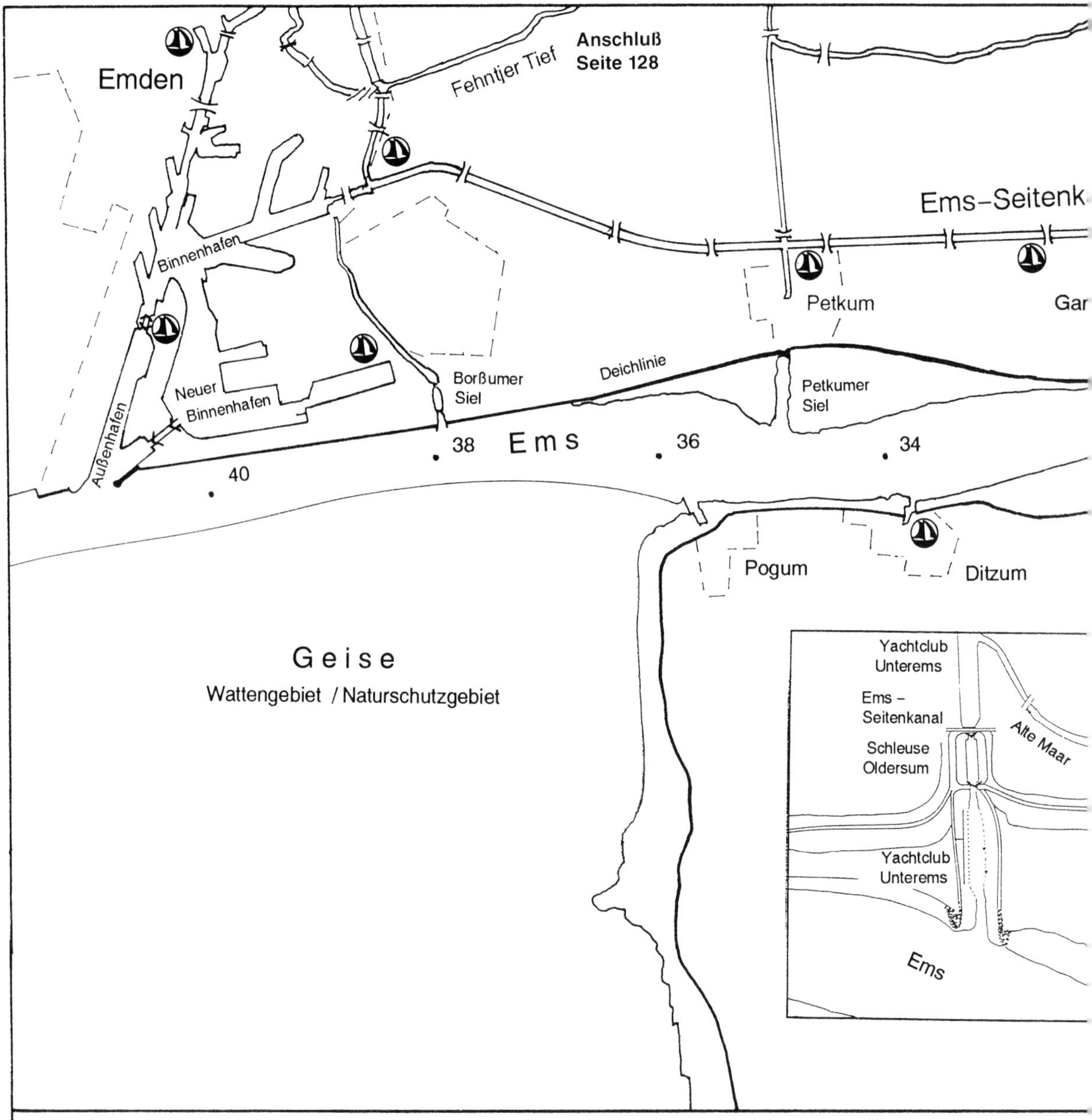

Km 21,46 West-Ufer, Hafen Jemgum, uriggemütlicher Sielhafen. Bei MThW ca. 2 m Wasser, fällt trocken, WSV Luv up, Wasser, Strom, Kran bis 4 t, Slip 10 t, Clubheim. **Km 23,8** Ost-Ufer, Sauteler Siel, Hafen des Yachtclubs Aurich, bei MTnW ca. 1 m Wasser, Strom, Wasser, Kran bis 2,5 t, Telefonzelle. **Km 25,5** Süd-Ufer, Hafen Midlum, fällt trocken. Bei MThW ca. 1,5 m Wassertiefe. Midlumer Sand nicht überqueren, sondern aus der Ems mit rw 190 ° auf die Schornsteine halten. Einkauf und Treibstoff im Dorf (500 m). **Km 30,15** Außenmuhde Oldersum, Zufahrt zum Sieltief und zum Werfthafen. **Km 30,30** Vorhafen der Schleuse Oldersum mit Liegeplätzen des Yachtclubs Unterems. Näheres unter Ems-Seitenkanal, Seite 90.

Km 33,8 Süd-Ufer, Ditzum. Bei MTnW ca. 0,8 m

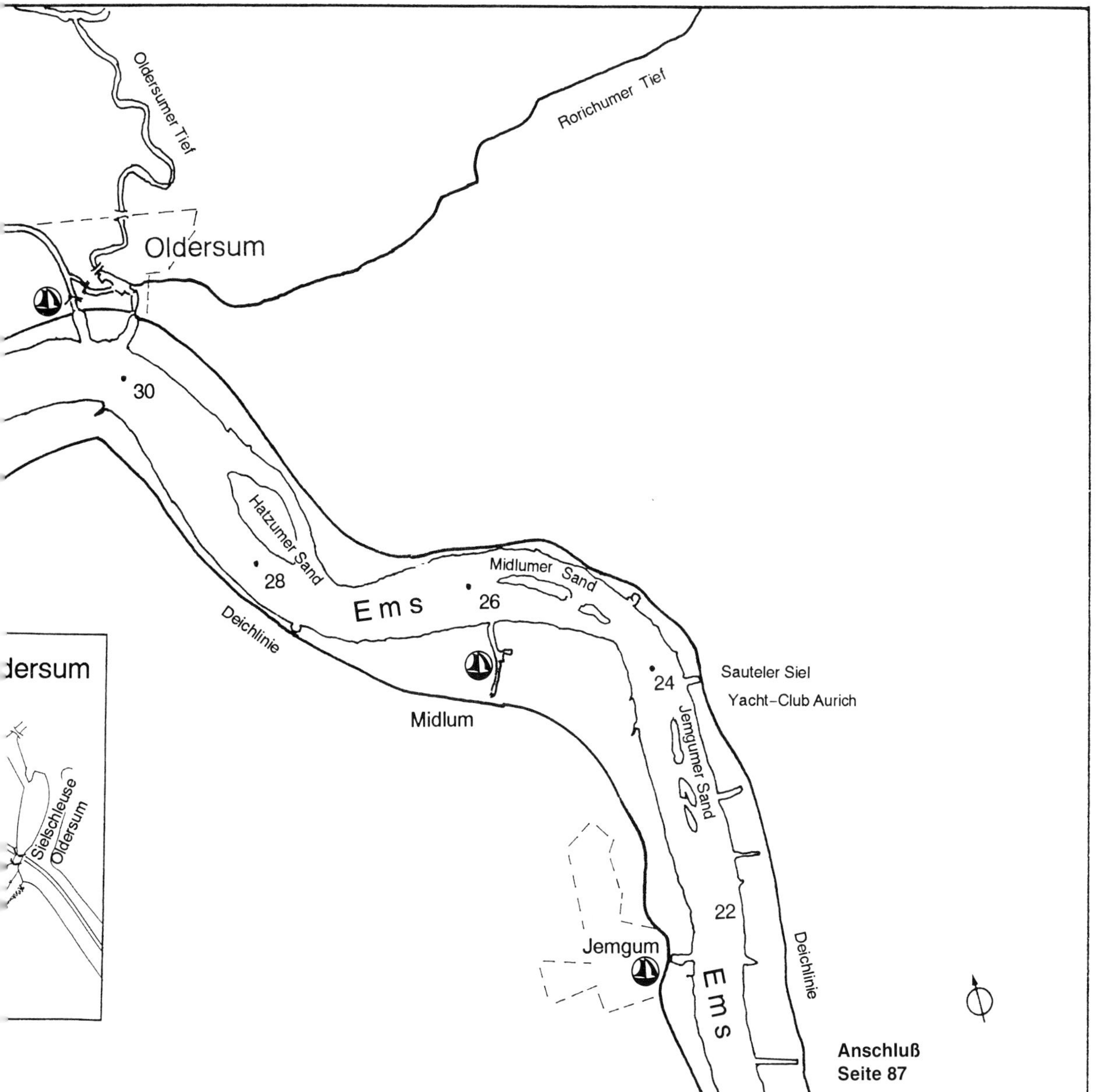

Wasser. Kutter- und Yachtwerft (alle Reparaturen). Die Liegeplätze an der Ostseite (weicher Schlick, Bug am Steg, Heck an Pfählen), fallen trocken (-1m bei MTnW). Bootstankstelle (Diesel). Westteil des Hafens fällt nicht trocken.

Km 34,8 Nord-Ufer, Petkumer Sieltief. Bei MTnW etwa 0,8 m tief, Liegeplätze des Petkumer WSV fallen trocken (-1 m bei MTnW). Fährverbindung nach Ditzum, Trailerboote können an der Fährrampe slippen.

Km 36,0 Nord-Ufer, Pogumer Sieltief. Bei MTnW 0,8 m Wasser, für Yachten kaum geeignet. Steg für Kutter, an dem man nicht trockenfällt.

Km 40,70 Nord-Ufer, Hafeneinfahrt Emden, befeuert mit Festfeuer rot bzw. grün. Näheres unter Emden, Seite 94 ff.

Emden

Die Stadt Emden wurde im 2. Weltkrieg zu 80% durch Luftangriffe zerstört. Die Struktur des alten Stadtkernes rund um das Ratsdelft, die interessanten Wallanlagen mit den mächtigen Bäumen und Windmühlen, der Stadtgraben mit den schönen Brücken, die Kesselschleuse und viele historische Gebäude sind jedoch erhalten geblieben und mit dem Wiederaufbau der Stadt sorgfältig restauriert worden. Emden ist trotz vieler Neubauten eine freundliche Stadt mit einer heimeligen Atmosphäre geblieben.
Direkt am Ratsdelft steht das neue Rathaus mit der sehenswerten Rüstkammer und dem Landesmuseum. Rundherum gibt es viele Gaststätten und in den ausgedehnten Fußgängerzonen gute Einkaufsmöglichkeiten. Im Ratsdelft liegen der Seenotkreuzer „Georg Breusing" und das alte Feuerschiff „Deutsche Bucht", das ein vorzügliches Restaurant und das Verkehrsbüro beherbergt. Die Kunsthalle, von Henri Nannen für seine Bilder gebaut und der Stadt Emden geschenkt, ist zu einem kulturellen Mittelpunkt geworden und zeigt neben der Sammlung des Stifters ständig wechselnde Ausstellungen.

Ansteuerung
Der Außenhafen von Emden kann bei jedem Wetter und unabhängig von den Gezeiten angelaufen werden. Vor der mit rot/fest und grün/fest befeuerten Einfahrt setzen sehr starke Tidenströme. Die Binnenhäfen, den Ems-Jade-Kanal und den Ems-Seitenkanal erreicht man durch die Nesserland-Schleuse. 1 Kammer, 109 x 14,3 m, mit gemauerten Wänden, Hub –0,4 bis +1,8 m (tidenabhängig), UKW-Kanal 13. Betriebszeiten: Mo-Sa 07.00-19.00, So und Feiertage 07.00-15.00., Tel. 04921-89 70.
In der Schleuse muß man an der Schleusenmauer hochklettern und sich beim Schleusenmeister und beim Zöllner melden – auch wenn man nicht aus dem Ausland kommt. Das soll auch nach 1994 trotz EU-Binnenmarkt so bleiben.
Die große Seeschleuse bedient normalerweise keine Sportboote. Die Öffnungszeiten der Eisenbahnbrücke und der Straßenbrücke im Binnenhafen sind vom Fahrplan abhängig und an der Brücke angeschlagen, Tel. 0441-22 24.

Liegemöglichkeiten
Außenhafen: Schwimmsteg-Anlage des YC Emden, Gastplätze, Clubschiff mit sanitären Anlagen, Wasser, Strom, Telefon.
Jarßumer Hafen: Steganlage des WSV Emden, Gastplätze, Clubhaus mit sanitären Anlagen, Wasser, Strom, Telefon, Slip, Kran. Sehr weiter Weg zur Stadt.
Ratsdelft: Sehr schöne, schwellfreie Liegeplätze an soliden Holzstegen mitten in der Stadt, gegenüber dem Feuerschiff „Deutsche Bucht" und dem Seenotkreuzer „Georg Breusing". Wasser, Strom, Abfallbehälter.
Falderndelft: Ruhigere Liegeplätze an Spundwänden nahe dem Ratsdelft. Keine besonderen Einrichtungen.

Treibstoff
ARAL-Bunkerboot „Emstank 5", UKW-Kanal 10, Tel. 04921-2 05 11 (Diesel, Propangas, Wasser und Schmieröl). Liegeplatz an der Spülschleuse.
SHELL-Bunkerstation im Außenhafen. Tel. 04921-2 10 13. Bunkerboote „Herrentor" und „Nordertor", UKW-Kanal 10, Tel. 04921-2 10 11 (Diesel, Schmieröl).

Einkaufsmöglichkeiten
Vom Ratsdelft aus sehr günstig in der Fußgängerzone gelegen.

Am Ratsdelft in Emden (o.).
Blick von der Kesselschleuse zum Fehntjer Tief (u.).

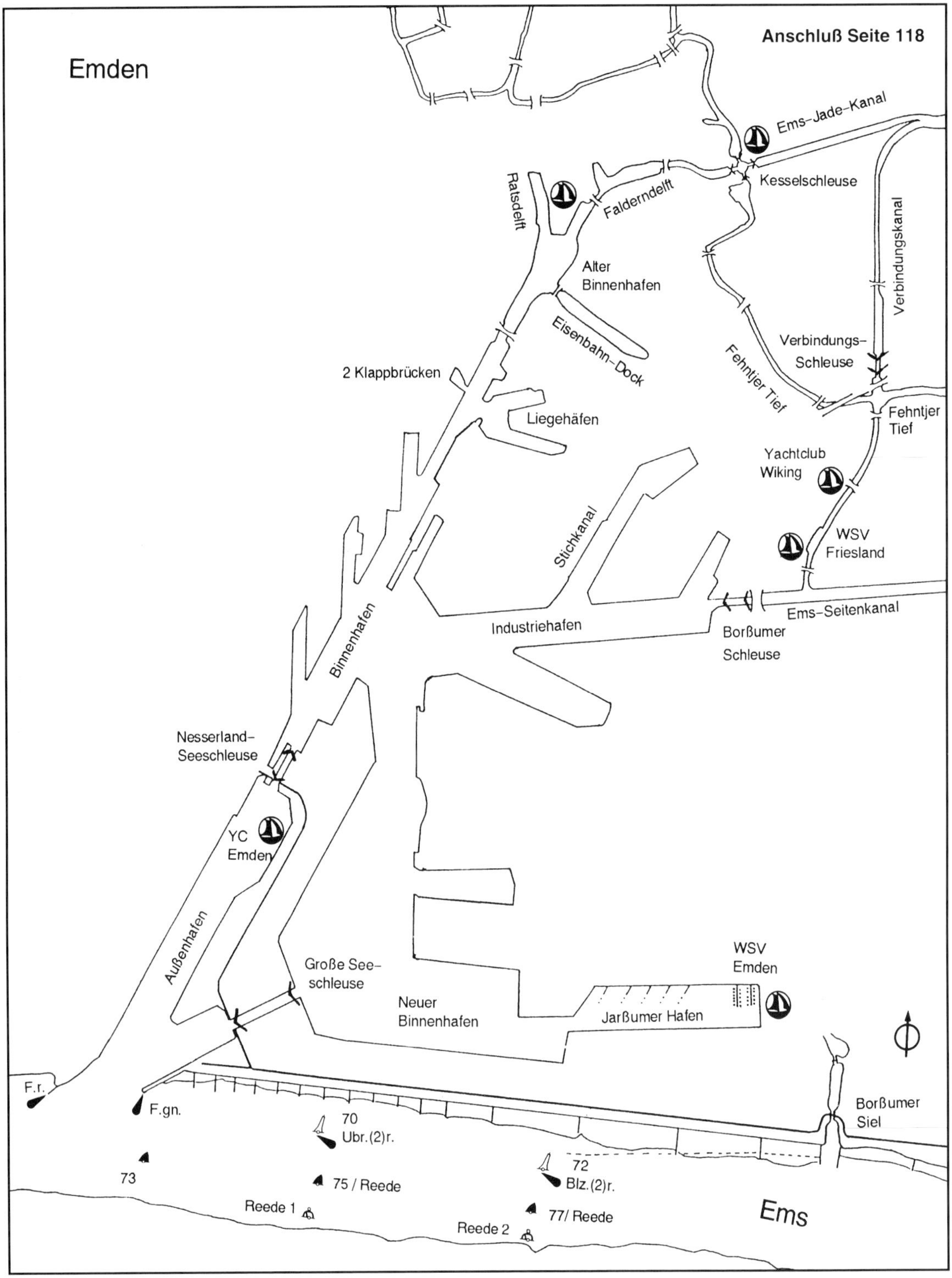
Emden
Anschluß Seite 118
Ems-Jade-Kanal
Kesselschleuse
Ratsdelft
Falderndelft
Verbindungskanal
Alter
Binnenhafen
Eisenbahn-Dock
Fehntjer Tief
Verbindungs-
Schleuse
2 Klappbrücken
Liegehäfen
Fehntjer
Tief
Yachtclub
Wiking
WSV
Friesland
Stichkanal
Industriehafen
Ems-Seitenkanal
Borßumer
Schleuse
Binnenhafen
Nesserland-
Seeschleuse
YC
Emden
Außenhafen
Große See-
schleuse
Neuer
Binnenhafen
WSV
Emden
Jarßumer Hafen
F.r.
F.gn.
70
Ubr.(2)r.
73
75 / Reede
Reede 1
72
Blz.(2)r.
77/ Reede
Reede 2
Borßumer
Siel
Ems

In der Kesselschleuse (o.).
Erinnerungstafel für ein einmaliges Wasserbauwerk (u.).

Die obere Ems

Von Gleesen bis Rheine

Die alte Ems ist vom Schönefliether Wehr bis zur Einmündung in den Dortmund-Ems-Kanal bei Gleesen (DEK-km 138,00) für Schiffe von 26 m Länge und 5,2 m Breite zugelassen, wobei die mögliche Tauchtiefe vom Wasserstand abhängt. Die Höchstgeschwindigkeit ist auf 12 km/h begrenzt. Das Wasserskifahren ist verboten.

Bis Rheine gibt es vier Schleusen, die alle zur Selbstbedienung eingerichtet sind und in der Praxis keine Probleme bereiten, wenn man die auf den Tafeln angebrachten Hinweise beachtet. Das Fahrwasser wird amtlich nicht vermessen und nicht auf einer bestimmten Tiefe gehalten. Bis 1,2 m Tiefgang wird man auch im Sommer bis nach Rheine fahren können, sollte aber ständig loten. Weiter flußaufwärts ist im Sommer mit 1 m und weniger Wassertiefe zu rechnen.

Die Fahrt bis nach Rheine ist sehr zu empfehlen, denn der Fluß windet sich in vielen Kurven fernab jeglicher Industrie, vorbei an Wäldern und Weiden, Bauernhöfen und kleinen Dörfern durch eine Landschaft, die von einer besonders üppigen Vegetation, reiner Luft und sauberem Wasser geprägt wird. Es gibt viele Gelegenheiten zum Wandern, Radfahren und Baden. Auch ein Besuch der fast 1000jährigen Stadt Rheine wird nicht enttäuschen, denn diese Stadt hat alles zu bieten, was man auf Reisen sucht!

Liegeplätze

Schleuse Listrup, km 71,2, MBC Salzbergen, km 57,3 und Rheine, km 45,2.

Versorgung

Nur in Rheine: Sehr gute Einkaufsmöglichkeiten in der Fußgängerzone. Treibstoff nur an Land.

In der Schleuse Listrup an der oberen Ems.

Km 82,65 Einmündung der Oberen Ems in den Dortmund-Ems-Kanal bei DEK-km 138.
Km 71,2 Schleusen Listrup. 1 Kammer mit 30 x 5,9 m, Selbstbedienung. Bei dieser und den folgenden Schleusen muß die Bedienungsanweisung genau beachtet werden. Man arbeitet sonst gegen den Wasserdruck und schafft es nicht!
Km 71,1 West-Ufer, im Oberwasser der Schleuse Listrup Steg-Anlage des Ems-Yacht-Clubs. Idyllische, ruhige Lage, jedoch keine speziellen Einrichtungen, landseitig abgeschlossen.
Km 51,2 Schleuse Bentlage, 30 x 5,9 m, Selbstbedienung.
Km 57,3 West-Ufer, Steganlage des MBC Salzbergen. Liegeplätze für Boote bis 8 m Länge. Keine speziellen Einrichtungen.
Km 46,9 Schleusen Rheine, je 30 x 5,9 m, Selbstbedienung.
Km 45,0 Stadtgebiet von Rheine, Gastplätze sind vorhanden, jedoch keine speziellen Einrichtungen.

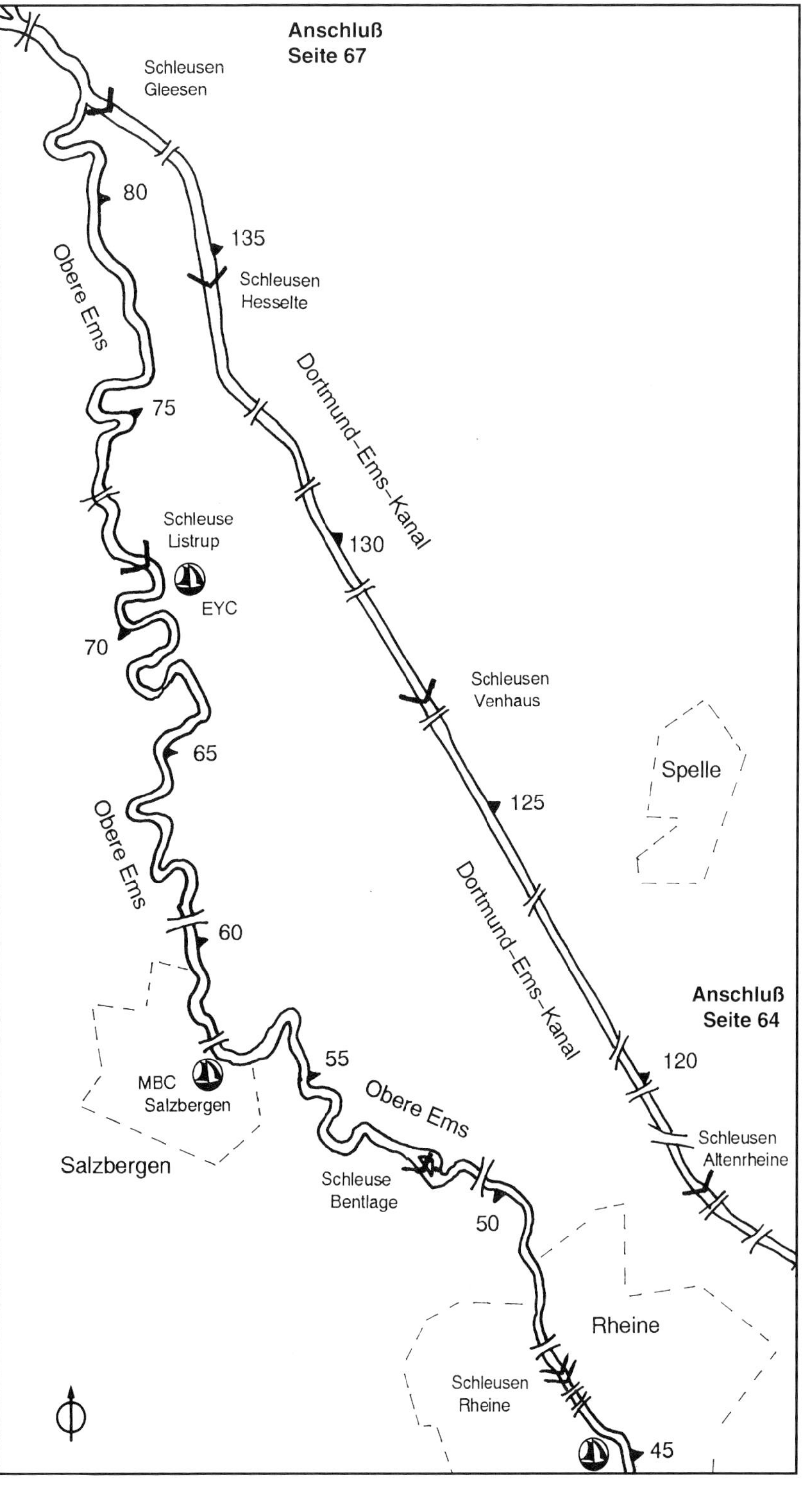

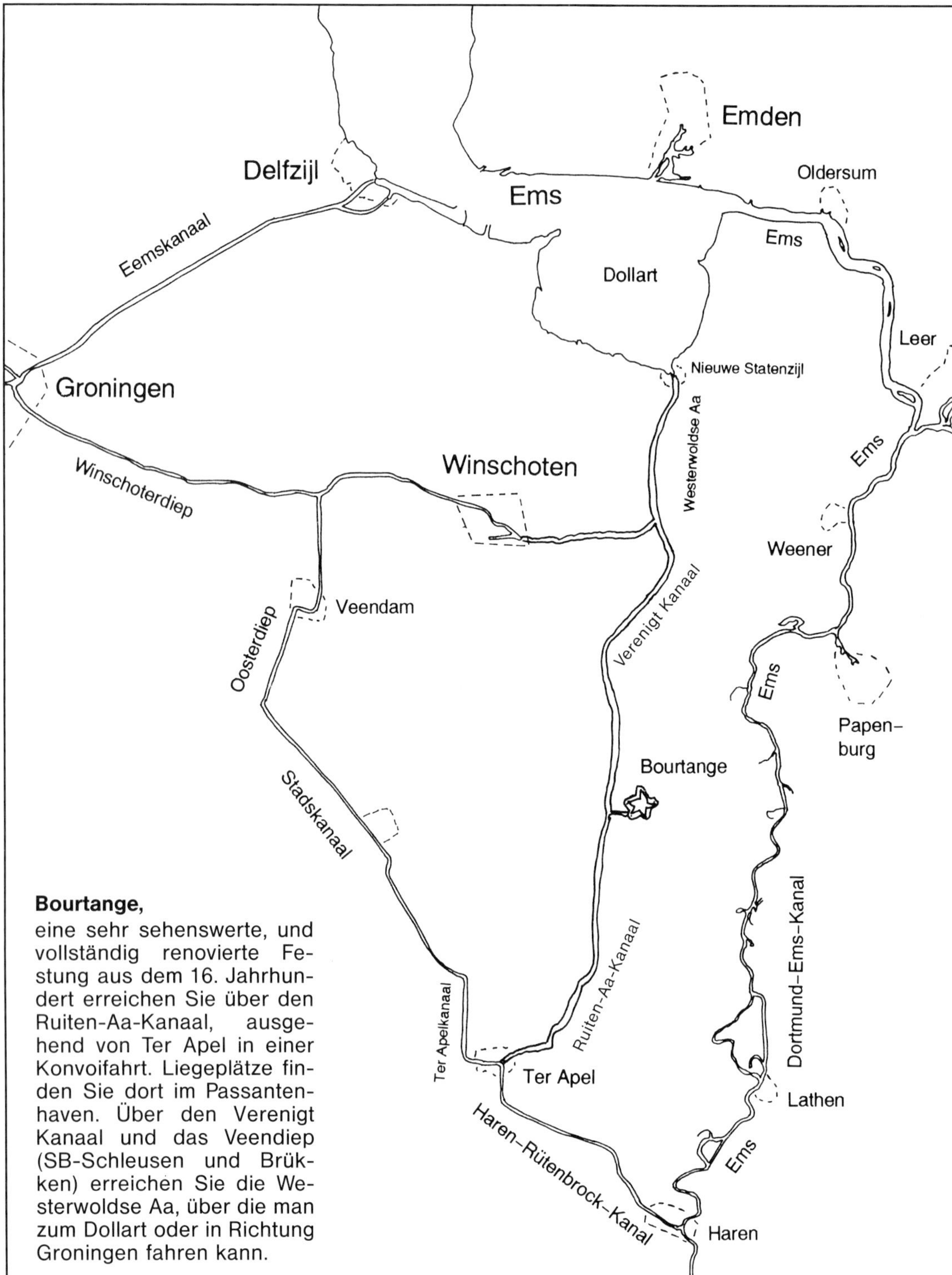

Bourtange,
eine sehr sehenswerte, und vollständig renovierte Festung aus dem 16. Jahrhundert erreichen Sie über den Ruiten-Aa-Kanaal, ausgehend von Ter Apel in einer Konvoifahrt. Liegeplätze finden Sie dort im Passantenhaven. Über den Verenigt Kanaal und das Veendiep (SB-Schleusen und Brükken) erreichen Sie die Westerwoldse Aa, über die man zum Dollart oder in Richtung Groningen fahren kann.

Von der Ems nach Groningen

Haren-Rütenbrock-Kanal

Der Wasserweg von Haren an der Ems bis nach Groningen ist 83,4 km lang und besteht aus dem

Haren-Rütenbrock-Kanal,
von Haren/Ems bis nach Ter Apel, mit 16 km Länge, fünf Schleusen, einer festen und sieben beweglichen Brücken, dem

Stadskanaal,
von Ter Apel bis zum Oosterdiep, bestehend aus Ter Apelkanaal, Musselkanaal und dem eigentlichen Stadskanaal, mit 31 km Länge, sieben Schleusen, drei festen und fünfundzwanzig beweglichen Brücken, dem

Oosterdiep und A.G. Wildervanckkanaal,
von Bareveld am Stadskanaal bis zur Einmündung in das Winschoterdiep, mit 14,2 km Länge, drei Schleusen, vier festen und zweiunddreißig beweglichen Brücken, sowie dem

Winschoterdiep,
vom A.G.Wildervanckkanaal bis zur Einmündung in den Eemskanaal bei Groningen, mit 22,2 km Länge, einer festen und zehn beweglichen Brücken.

Gesetzliche Bestimmungen

Der Weg ist für Schiffe bis 26 m Länge, bis 5,4 m Breite, bis 1,5 m Tiefgang und bis 3,7 m Durchfahrtshöhe befahrbar. Auf dem Haren-Rütenbrock-Kanal gilt bis zur Grenze die BinSchStrO. In den Niederlanden gilt das Binnenvaartpolitiereglement.

Höchstgeschwindigkeiten:

Haren-Rütenbrock-Kanal	5 km/h
Stadskanal und Oosterdiep	6 km/h
A.G. Wildervanckkanaal	11 km/h
Winschoterdiep	11 km/h

Berufsschiffahrt

Von Haren bis zum Winschoterdiep gibt es keine nennenswerte Berufsschiffahrt mehr. Auf dem Winschoterdiep entspricht der Berufsverkehr etwa dem des Dortmund-Ems-Kanals.

Sportschiffahrt

Die Verbindung von Haren nach Groningen ist für Yachten zwar kein schneller, doch ein bei jedem Wetter sicherer Weg, der es erlaubt, die von Gezeiten und Wetter abhängige, 135 km lange Route über die Unterems nach Delfzijl und den Eemskanaal nach Groningen zu umgehen. Für die Fahrt von Haren nach Groningen wird man 3 Tage benötigen.

Betriebszeiten der Schleusen und Brücken

Haren-Rütenbrock-Kanal
Mo-Fr 07.00-12.00 und 13.00-18.00. Sa Sammelschleusungen und Konvoifahrt in die Niederlande 09.00 ab Schleuse Haren, 11.00 ab Grenzschleuse zur Ems. Sonntags kein Betrieb.

Stadskanaal
Ganzjährig Mo-Sa 08.00-12.00, 13.00-17.00. Sonn- und feiertags kein Betrieb.

Oosterdiep
Über das Oosterdiep führen 30 bewegliche Brücken. Davon sind drei zur Selbstbedienung eingerichtet (elektrisch). Die übrigen werden im Rahmen einer Konvoifahrt bedient: Vom 1.Mai bis 1.Okt. von Mo-Sa von 08.00-12.00 und von 13.00-17.00. Vom 1.Okt. bis 1.Mai samstags und an allen Sonn- und Feiertagen geschlossen.

A.G. Wildervanckkanaal
Das ganze Jahr von Mo-Fr 07.00-12.00 und 13.00-17.00. Sa vom 1.5. bis 1.10. Konvoifahrt in der Zeit von 08.00-12.00 und 13.00-17.00.

Winschoterdiep
Die Schleusen stehen normalerweise offen. Die

Brücken werden das ganze Jahr über nur Mo-Sa 06.00-12.00 und 13.00-19.00 bedient. An Sonn- und Feiertagen vom 1.5. bis 1.10. Konvoifahrten:

Von West nach Ost:

Beginn bei der Euvelgunnerbrug, km 0,9 (UKW-Kanal 22, Ruf: „Post Euvelgunnerbrug“), um 08.00, 09.30 und 17.00.

Von Ost nach West:

Beginn bei der Zuidbroeksterbrug, km 20,3, (UKW-Kanal 22, Ruf: „Post Hoogezand“) um 08.00, 11.00 und 17.00.

Yachthäfen und Liegemöglichkeiten

Im Haren-Rütenbrock-Kanal sind an allen Schleusen im Ober- und Unterwasser Anlegestege vorhanden, an denen man auch übernachten darf. Im Stadskanaal ist vor und hinter den Schleusen und an den Ufern das Anlegen erlaubt. In den Ortschaften Stadskanaal und Musselkanaal sind auch Passantensteiger vorhanden. Yachthäfen finden Sie in Ter Apel, Musselkanaal und Veendam. Im A.G. Wildervanckkanaal darf man nur an Kaimauern anlegen. Im Winschoterdiep gibt es Liegemöglichkeiten im Passantenhaven bei km 20,4 und im alten Winschoterdiep.

Treibstoff

Ortschaft Musselkanaal (Diesel), Benzin nur von Land. Veendam, Jachthaven Schipperskwartier.

Proviant

Der Einkauf bereitet keinerlei Probleme. Häufig kann man in den Dörfern unmittelbar vor den Geschäften anlegen und einkaufen.

Denkmal am Oosterdiep für den „Scheepsjager“ mit seinem Treidelpferd.

Die Schleuse Haren am Haren-Rütenbrock-Kanal (o.).
Liegeplätze in Musselkanaal am gleichnamigen Kanal (u.).

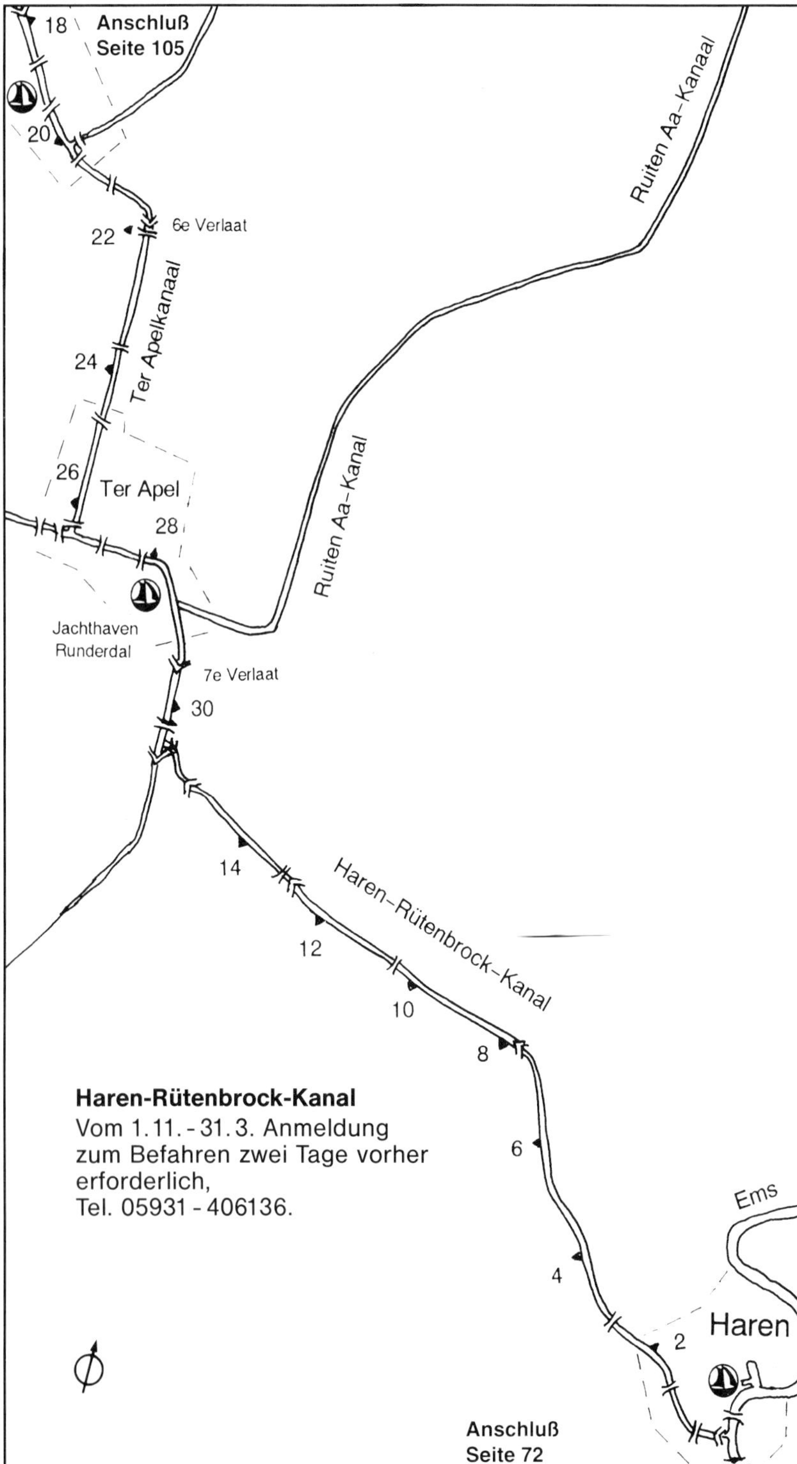

Km 0,0 Beginn des Haren-Rütenbrock-Kanals. **Km 0,05** Schleuse Haren, 35 x 6 m, Hub 1,7 m. **Km 0,4** Nord-Ufer, Schiffahrtsmuseum Haren. **Km 7,6** Schleuse, 35 x 6 m, Hub 1,6 m. Km **12,8** Schleuse, 35 x 6 m, Hub 1,7 m.
Km 15,2 Schleuse, 35 x 6 m, steht offen.
Km 15,3 Grenze D/NL. Ggf. unter Tel. 05995-37 11 oder 05990-1 09 89 Brücken- und Schleusenbedienung bestellen (Schleusenwärter des „7e Verlaat", Verlaat = Schleuse).
Km 15,9 Schleuse, 28 x 6 m, Hubbrücke, gehoben 4,5 m.
Km 16,0 Einbiegen nach Stb. in den Ter Apelkanaal. **Km 29,8** Schleuse „7e Verlaat", 28 x 5,8 m.
Km 28,95 Ost-Ufer, Abzweigung des Ruiten Aa-Kanaal. **Km 28,6** Süd-Ufer, Jachthaven Runderdal. Bis 3 m Höhe und 1,5 m Tiefgang erreichbar. WC, Duschen, Wasser, Slip, Kran bis 5 t. **Km 28,5** bis **km 25,0** Gemeinde Ter Apel. **Km 27,6** nach Norden abbiegen.
Km 21,8 Schleuse „6e Verlaat", 39 x 6 m.
Km 19,6 bis **km 17,8** Dorf Musselkanaal mit mehreren Passantensteigern am Kanal. Bootstankstelle für Diesel, Yachtwerft für alle Reparaturen bis 12 m Bootslänge.

Km 19,4 West-Ufer, Jachthaven Spordok, 1,5 m tief. WC, Duschen, Wasser, Entsorgung für Chemietoiletten.
Km 18,0 Schleuse „5e Verlaat", 35 x 6 m.
Km 14,5 Schleuse „4e Verlaat", 38 x 6 m.
Km 14,0 bis 8,5 Ortschaft Stadskanaal, Passantensteiger. Alle Möglichkeiten der Versorgung.
Km 11,1 Schleuse „3e Verlaat", 42 x 6 m.
Km 7,3 Schleuse „2e Verlaat" 42 x 6 m.
Km 5,8 Nord-Ufer, Abzweigung des Pekelerhoofddiep. **Km 4,2** Schleuse „1e Verlaat" 38 x 6 m.
Km 0,0 Nach Norden abbiegen in das Oosterdiep. **Km 6,8** Schleuse Baatjesverlaat, 38 x 5,9 m.
Anschließend 30 bewegliche Brücken.
Km 2,9 Ost-Ufer, Jachthaven Schipperskwartier, WC, Duschen, Strom, Wasser, Slipbahn.

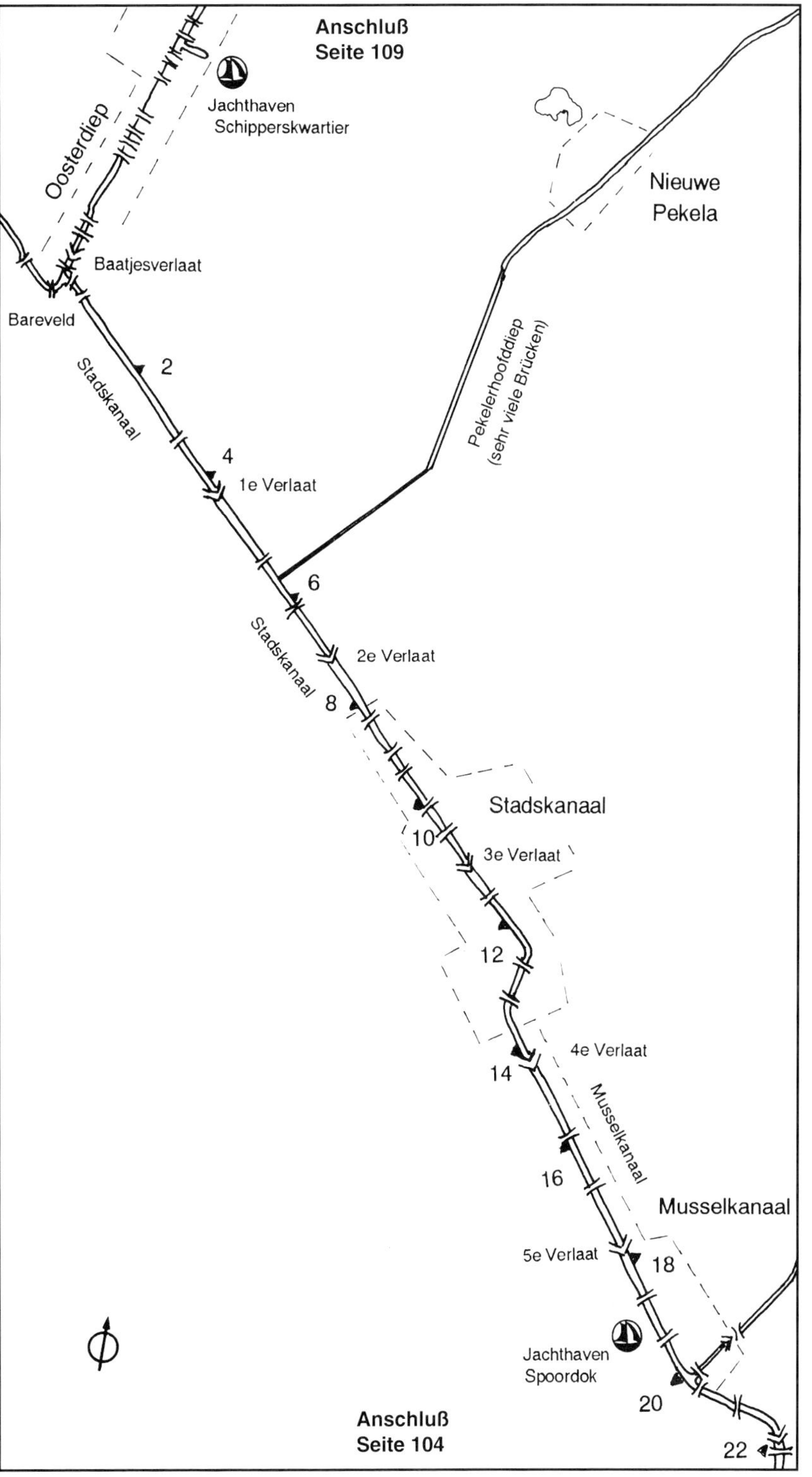

Die handbetriebene Fußgängerbrücke über das Oosterdiep (o.).
Ruhige Liegeplätze am Oosterdiep (u.).

In Wildervanck am Oosterdiep (o.).
Die Ortsdurchfahrt Veendam (u.).

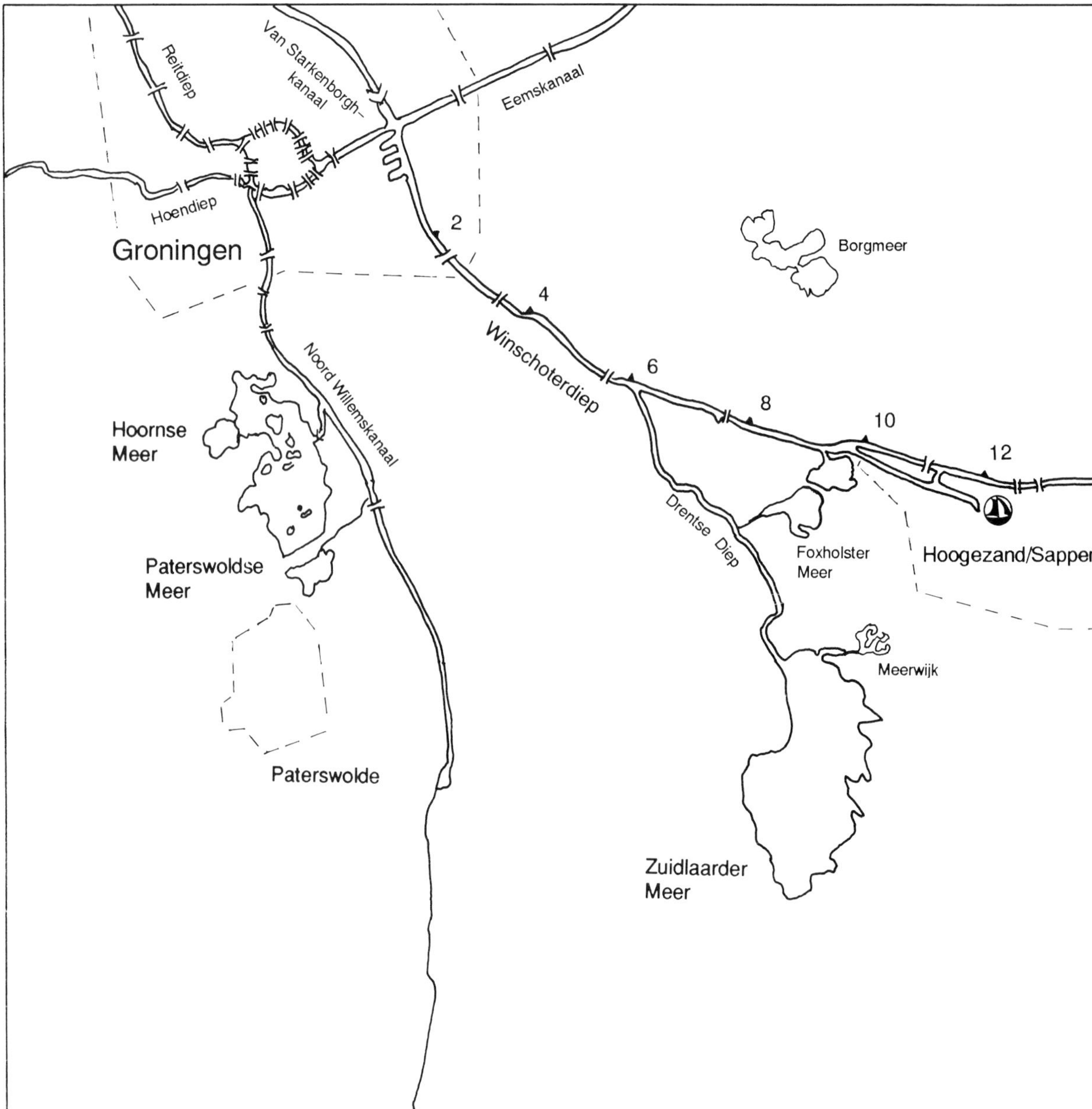

Km 1,9 Schleuse Participantenverlaat, 43 x 6,9 m. **Km 0,3** Eisenbahnbrücke, steht fast immer offen. **Km 0,8** Passantenhaven, Strom und Wasser.

Km 0,15 Schleuse, steht normalerweise offen. **Km 0,0** Nach Nordosten einbiegen in den A.G. Wildervanckkanaal. Die Brücken bei km 6,8 und km 3,3 werden von einem Brückenwärter bedient. Wartezeiten sind oft nicht vermeidbar. **Km 0,0** nach Westen einbiegen in das Winschoterdiep. **Km 21,0-19,5** Ortschaft Zuidbroek. **Km 21,95** Schleuse, 90 x 12 m, steht fast immer offen. **Km 20,2** Süd-Ufer, Passantenhaven Zuidbroek, bis 1,3 m Tiefgang, WC, Duschen, Wasser, Strom, Waschmaschine und Entsorgung für Chemietoiletten.

Km 15,0-10,4 Stadt Hoogezand/Sappemeer.

Km 11,2 Süd-Ufer, Abzweigung zum alten Winscho-

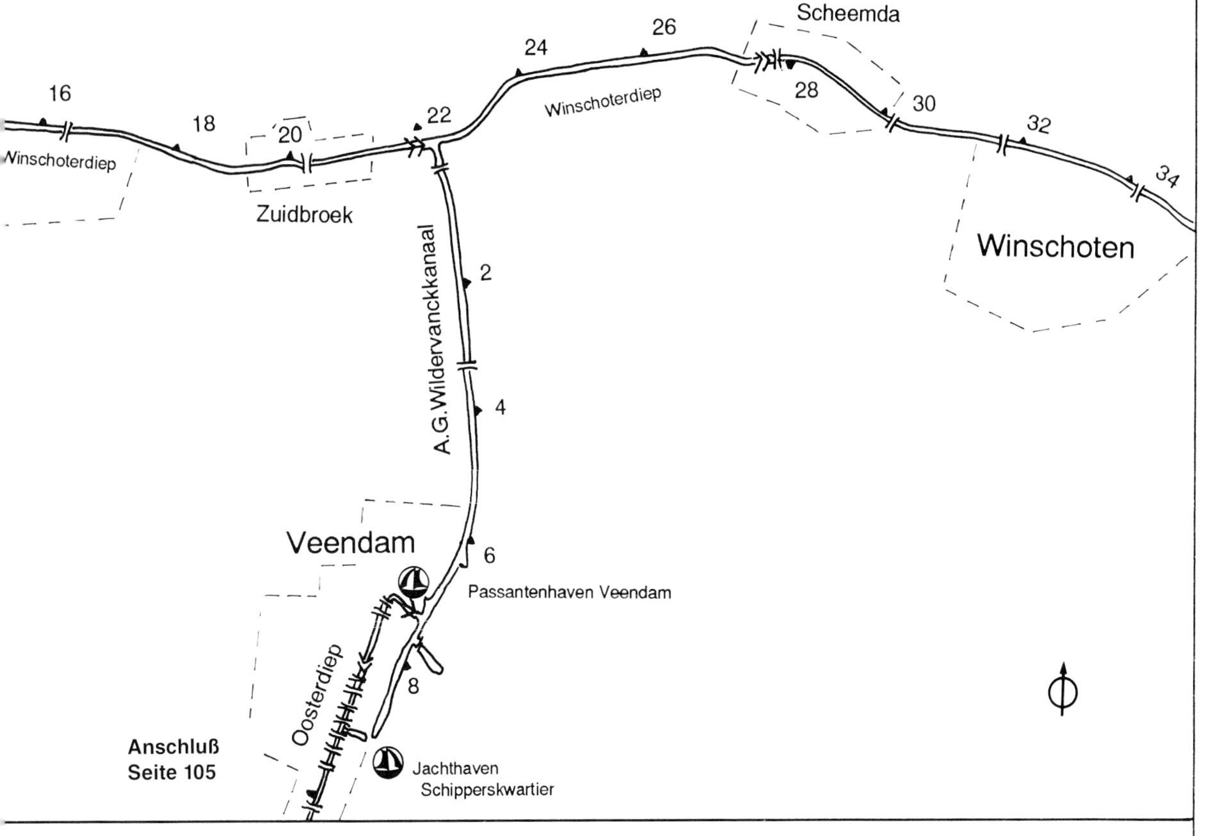

terdiep. Liegeplätze bei Markon Scheepsbouw, WC, Waschräume, Wasser, Diesel, Kran bis 18 t (Heben mit stehendem Mast). Alle Reparaturen, z.T. bei benachbarten Betrieben.

Km 6,0 West-Ufer, Abzweigung des Drentse Diep, befahrbar mit 2 m Tiefgang bis zum Zuidlaarder Meer und zum Foxholster Meer.

Km 3,2 West-Ufer, Abzweigung Industriekanaal.

Km 0,0 Einmündung in den Eemskanaal. Nach Westen in die Stadt Groningen, nach Osten nach Delfzijl.

Geradeaus zum Van Starkenborghkanaal bis Delfzijl 26 km, 92 km zum IJsselmeer (Lemmer).

Fortsetzung der Fahrt siehe Brian Navin, Binnengewässer der Niederlande, Edition Maritim, Hamburg.

Zwischen Ems und Jade

Die ostfriesischen Binnenreviere zwischen Ems und Jade sind unter den Wassersportlern nur wenigen bekannt. Eingeweihte behaupten, es läge daran, daß die Ostfriesen mit dem Ausbau der Wasserwege und Häfen so viel zu tun hätten, daß keine Zeit mehr bliebe, auch noch darüber zu reden.

Ostfriesland war immer schon ein armes Land und hat auch heute noch Probleme: Die Randlage und fast keine Industrie – da hat sich seit Kaisers Zeiten nur wenig geändert. Damals wurde das vorwiegend durch kleine Wasserwege, die Fehnkanäle, erschlossene Land durch den Ems-Jade-Kanal an das Wasserstraßennetz des Deutschen Reiches angebunden, um den in großen Mengen vorhandenen Torf besser vermarkten zu können.

Mit dem Torf aus Ostfriesland brannten Ziegeleien ihre Backsteine. Er wurde außerdem in Kachelöfen und Küchenherden verheizt, als Dünger verwendet, und vom Elisabethfehnkanal lieferte eine Torfkokerei Torfkoks ins Ruhrgebiet, weil man damit die höchsten Temperaturen zum Schmieden der Panzerstähle für die kaiserliche Marine erreichte.

Durch das „Fehnprogramm" (Strukturhilfe-Programm des Bundes und des Landes Niedersachsen) wurden alte Wasserwege wieder instand gesetzt, Brücken und Schleusen erneuert, Häfen angelegt und viele historische Gebäude restauriert. Das Fehnprogramm war jedoch nicht funktions- sondern landschaftsorientiert und sah die Erhaltung und Restauration landschaftstypischer Bauwerke vor. In Zukunft wird man im Rahmen einer nutzungsorientierten Planung nicht mehr einzelne Bauwerke instand setzen, sondern unter den Stichworten „sanfter Tourismus" und „Wasserwege in Ostfriesland" durchgehend befahrbare Wasserwege restaurieren und die Erhaltung der Fehnlandschaft fördern.

Für den Wassersport ist hier ein Revier entstanden, das neben der natürlichen Landschaft vieles bietet, was kulturell und historisch interessant ist: Typische Fehndörfer, Museen, Windmühlen, Kirchen mit berühmten Orgeln, die Kunsthalle in Emden, gepflegte und interessante Städte wie Aurich, Emden, Leer, Weener und Papenburg.

Es ist ein Landstrich von einer einzigartigen, herben Schönheit in einem intensiven, ständig wechselnden Licht, wo der frische Seewind die Schatten der weißen Wolken über das weite, flache Land jagt, über saftiggrüne Weiden und leuchtendgelbe Rapsfelder, über glitzernde Wasserläufe und die Silhouetten von Kirchen und Windmühlen.

Das ostfriesische Binnenrevier zwischen Ems und Jade stellt an Boot und Crew nicht so hohe Anforderungen wie der Rhein oder die Nordseeküste. Es ist weniger wetterabhängig und eignet sich besonders gut für kleinere, auch trailerbare Boote sowie für Familien mit Kindern. In diesem Revier gibt es zwar keine großen Marinas, dafür aber viele einfache Liegeplätze, Anleger in der freien Natur, kleine, gemütliche Club- und Gemeindehäfen sowie zahlreiche Gelegenheiten zum Baden, Surfen und Angeln, zum Wandern und Radfahren.

Auch in kleinen Dörfern gibt es eine vielfältige und preiswerte Gastronomie. Hier serviert man nicht „übersichtlich" – es gibt ordentlich was auf den Teller! In Ostfriesland läßt es sich preiswert leben und gut schippern.

Es lohnt sich und ist überaus reizvoll, mit der Flut einmal hinter die Deiche zu fahren, in einem kleinen Sielhafen festzumachen und mit dem Beiboot die vielen kleinen Wasserläufe zu erkunden.

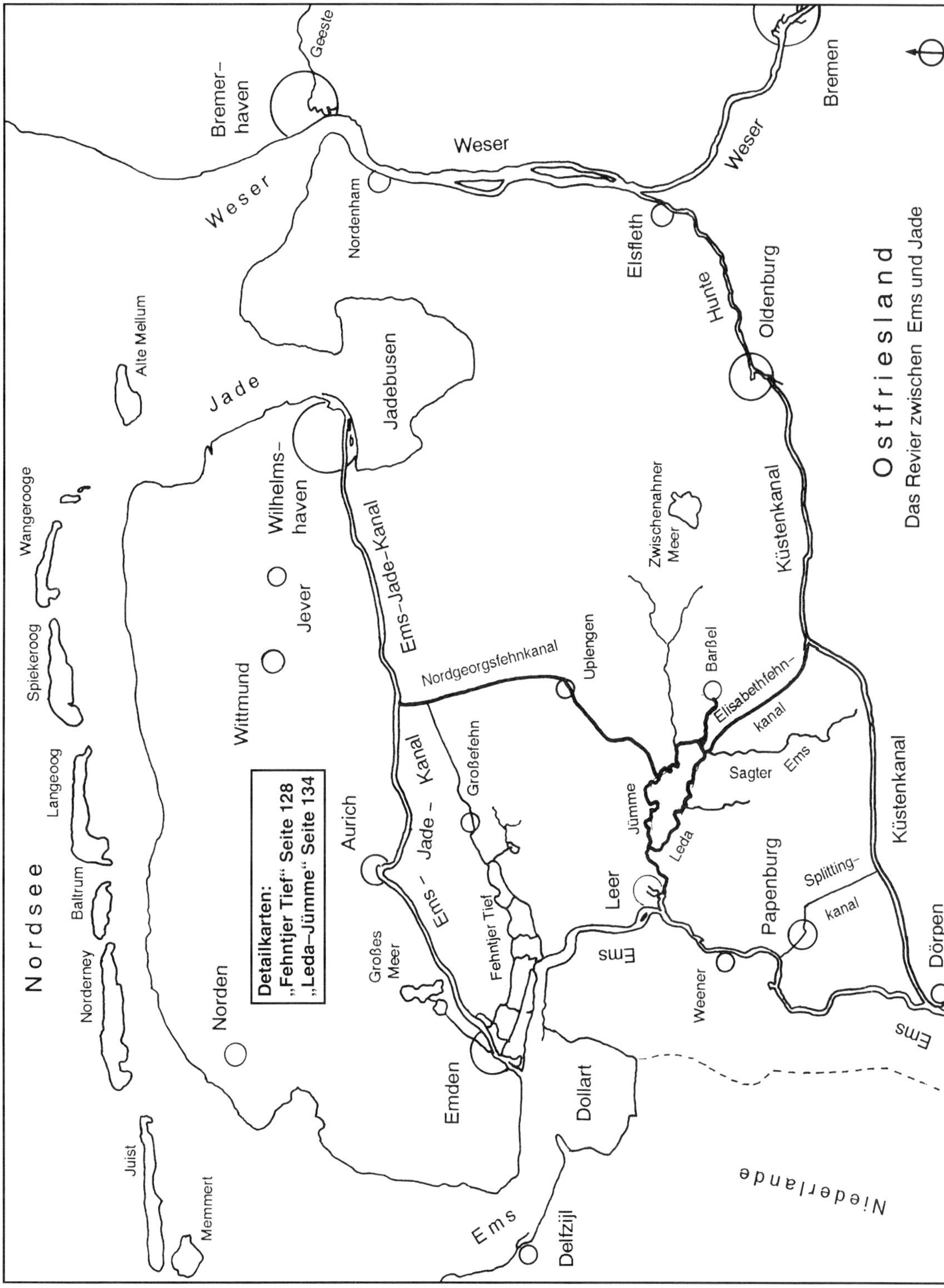
Nordsee
Juist
Memmert
Norderney
Baltrum
Langeoog
Spiekeroog
Wangerooge
Alte Mellum
Norden
Wittmund
Jever
Wilhelms-
haven
Jadebusen
Jade
Weser
Bremer-
haven
Geeste
Nordenham
Weser
Weser
Bremen
Elsfleth
Hunte
Oldenburg
Ostfriesland
Das Revier zwischen Ems und Jade
Zwischenahner
Meer
Küstenkanal
Ems-Jade-Kanal
Nordgeorgsfehnkanal
Uplengen
Barßel
Elisabethfehn-
kanal
Sagter Ems
Jümme
Leda
Küstenkanal
Detailkarten:
„Fehntjer Tief“ Seite 128
„Leda–Jümme“ Seite 134
Aurich
Ems - Jade - Kanal
Großefehn
Fehntjer Tief
Großes
Meer
Emden
Leer
Ems
Papenburg
Splitting-
kanal
Weener
Dörpen
Ems
Dollart
Ems
Delfzijl
Niederlande

Wasserwege in Ostfriesland

In Ostfriesland, zwischen Ems und Jade, zwischen Küstenkanal und Ems-Jade-Kanal sind mit motorbetriebenen Sportbooten befahrbar:

Ems-Jade-Kanal
Von Emden bis Wilhelmshaven, 72,3 km, T 1,7 m, H 3,8 m, 6 Schleusen, 27 BB. Siehe Seite 116 ff.

Nordgeorgsfehnkanal
Vom Ems-Jade-Kanal bis zur Jümme, 31,82 km, T 1,4 m, H 3,5 m bzw. 1,5 m, 8 Schleusen, 9 BB. Siehe Seite 141 ff.

Verbindungskanal
Vom Ems-Seitenkanal zum Ems-Jade-Kanal, 2,06 km, H 2,8 m, T 1,7 m, 1 Schleuse. Direkter Weg vom Ems-Seitenkanal zum Ems-Jade-Kanal. Er kreuzt das Fehntjer Tief und umgeht das Hafengebiet von Emden, die Borßumer Schleuse und die Kesselschleuse.
Die Verbindungsschleuse zwischen dem Fehntjer Tief und dem Ems-Jade-Kanal wird renoviert und ist bis Anfang 1994 gesperrt (s. S.90 und 124).

Ems-Seitenkanal
Von Emden bis Oldersum an der Ems, 9,1 km, T 2,0 m, H 4,1 m, in Emden nur 2,6 m bzw. 2,8 m. Siehe Seite 90 ff.

Fehntjer Tief
Von Emden bis Westgroßefehn und Timmel, 29,2 km, T 1,3m, H 2,6 m, 2 SB-Brücken. Siehe Seite 124 ff.

Neues Tief
Vom Fehntjer Tief zum Uphuser Meer, 1,5 km, H 1,4 m, T 1,6 m. Siehe Seite 124.

Petkumer Sieltief
Vom Fehntjer Tief bis zum Ems-Seitenkanal, 1,7 km, T 1,6 m, H 3,8 m. Siehe Seite 124.

Lange Maar
Vom Fehntjer Tief bis zum Ems-Seitenkanal, 1,6 km, T 1,0 m, H 1,9 m. Siehe Seite 124.

Oldersumer Tief
Es verbindet das Fehntjer Tief mit Oldersum und endet im Werfthafen von Oldersum. Es ist 3,6 km lang und kann bis 2,4 m Höhe und 1,2 m Tiefgang befahren werden. Durch die Sielschleuse kann man zur Ems oder bis 2,4 m Höhe (feste Brücke) auch zum Ems-Seitenkanal fahren. Siehe Seite 124.

Rorichumer Tief
Das Rorichumer Tief verläuft von Oldersum bis zum Fehntjer Tief. Es ist 13 km lang und ist von Oldersum bis zur Heuwieke bis 1,1 m Tiefgang und 1,35 m Höhe, von der Heuwieke bis zum Fehntjer Tief mit 1,2 m Tiefgang und 2,5 m Höhe befahrbar. Siehe Seite 124.

Heuwieke
Vom Fehntjer Tief bis Rorichumer Tief, 2,1 km, T 1,1 m, H 1,7 m. Siehe Seite 124.

Kattdarm
Schmales, kurvenreiches Fahrwasser, 1,6 km lang. Verbindet das Fehntjer Tief mit dem Rorichumer Tief. Bis 1,2 m Tiefgang befahrbar. Siehe Seite 124.

Krummes Tief
Vom Fehntjer Tief bis zum Yachthafen Ihlow, 3,5 km, T 1,2 m. Siehe Seite 124.

Leda
Von der Sagter Ems bis zur Ems, 24,7 km. Tidengewässer, bei MTnW bis 1,2 m Tiefgang und bis 4,8 m Höhe befahrbar. Siehe Seite 130.

Jümme
Von der Leda bis zum Barßeler Tief, 18,9 km.

Die Selbstbedienungsbrücke über das Fehntjer Tief (o.).
Yachthafen vor Timmel (u.).

Tidengewässer, bis 3 m Höhe und 1,5 m Tiefgang durchgehend befahrbar. Siehe Seite 130 f.

Hauptfehnkanal
Von der Leda bis nach Westrhauderfehn. Tidengewässer, bei MTnW 0,7 m, bei MThW 1,7 m tief, 2 BB. Siehe Seite 131.

Sagter Ems
Von der Leda bis nach Strücklingen. Tidengewässer, bei MTnW 1,0 m, bei MThW 1,7 m tief. Siehe Seite 131.

Dreyschlot
Von der Sagter Ems bis zum Barßeler Tief und zur Jümme befahrbar. Tidengewässer, bei MTnW T 0,8 m, bei MThW bis 1,6 m tief, 1 BB. Siehe Seite 131 f.

Barßeler Tief
Vom Dreyschlot bis nach Barßel, 5,5 km lang, Tidengewässer, bei MTnW 0,8 m, bei MThW 1,6 m tief. Siehe Seite 132.

Nordloher Tief
Vom Barßeler Tief bis zum Yachthafen des WSV Barßel, 3,5 km. Tidengewässer, bei MThW bis 1,2 m Tiefgang befahrbar. Siehe Seite 132.

Elisabethfehnkanal
Verbindungsweg vom Küstenkanal, km 29,3, zur Sagter Ems, und Leda-Jümme-Revier. 15 km lang, bis 1,1 m Tiefgang und 3,5 m Höhe befahrbar, 4 Schleusen und 8 BB. Siehe S. 138 ff.

Auf den genannten Gewässern gilt die Binnenschiffahrtsstraßen-Ordnung.

Am Nordgeorgsfehnkanal bei Wiesmoor.

Die Brücke Dreyschlot über den Dreyschlot (o.).
Die Schleuse Osterhausen am Elisabethfehnkanal (u.).

Der Ems-Jade-Kanal

Der Ems-Jade-Kanal verbindet die Unterems mit der Jade. Er beginnt bei der Nesserland-Schleuse in Emden mit km 0,0 und endet in Wilhelmshaven bei km 72,3. Der Wasserspiegel ist 18 m, die Sohle 8,5 m breit. Es gibt 15 feste, 27 bewegliche Brücken und 6 Kanalschleusen. Er wurde von 1880 bis 1888 erbaut, um für den in den ostfriesischen Mooren in großen Mengen vorhandenen Torf über das Wasserstraßennetz des Deutschen Reiches günstige Transportwege zu erschließen und über den Dortmund-Ems-Kanal, Emden, und den Ems-Jade-Kanal die kaiserliche Marine in Wilhelmshaven mit Kohle, Munition und Ersatzteilen zu versorgen.

Gesetzliche Vorschriften

Es gelten die BinSchStrO, die Sportboot-Führerschein-VO sowie zusätzlich eine landeseigene Verordnung. Der Kanal ist zugelassen für Fahrzeuge bis 33 m Länge, 6,20 m Breite und 1,70 m Tiefgang. Die niedrigsten festen Brükken liegen bei 4,0 m über dem Wasserspiegel. Die Fahrgeschwindigkeit ist für Sportboote auf 6 km/h begrenzt. Segeln, Wasserski und Jetski sind nicht erlaubt.

Zum vorausfahrenden Fahrzeug müssen, ausgenommen beim Überholen, Sicherheitsabstände eingehalten werden: allgemein 50 Meter, Schleppzüge 300 Meter, Sportboote und Kleinfahrzeuge die dreifache Länge des nachfolgenden Schiffes.

Berufsschiffahrt

Zwischen Emden und Aurich fahren wieder zunehmend kleinere Binnenmotorschiffe, zwischen Aurich und Wilhelmshaven, von Ausnahmen abgesehen, nur Kleinfahrzeuge.

Sportschiffahrt

Für die Sportschiffahrt ist der Ems-Jade-Kanal nicht nur eine landschaftlich sehr reizvolle und interessant zu fahrende Strecke, sondern auch ein bei jedem Wetter sicher zu befahrender Verbindungsweg zwischen Ems und Jade, der jährlich von mehr als 4000 Sportbooten genutzt wird. Im westlichen Teil liegt er höher als das umgebende Land, so daß sich „von oben herab" häufig reizvolle Ausblicke auf das tiefer liegende Land ergeben.

Am Ems-Jade-Kanal stammen fast alle Brücken, die Schleusen und die Häuschen fürs Personal noch aus Kaisers Zeiten und werden sorgfältig instand gehalten. Da gibt es zwar keinen UKW-Sprechfunk, dafür aber noch richtige, robuste Technik: Handgenietete Brücken, die vom Brückenwärter mit der Hand aufgedreht werden, kleine, solide Schleusen und die imposante Kesselschleuse in Emden. Die Brükkenwärter bedienen nacheinander mehrere Brücken und regeln die Durchfahrt per Handzeichen. Sie fahren mit dem Fahrrad nebenher und melden die Boote weiter zur nächsten Brücke. Deshalb hat es auch keinen Sinn, schneller zu fahren, man muß ja doch auf den Brückenwärter warten. Bei Fahrtunterbrechungen und gegen Ende der Betriebszeiten sollte man sich mit dem Brückenwärter absprechen, weil man sonst nur per Zufall weiterkommt.

Von der Kesselschleuse in Emden kann man nach Norden zum Großen Meer und bis nach Greetsiel (Höhenbegrenzung z.Zt. 1,5 m), nach Süden zum Fehntjer Tief, bis nach Timmel / Westgroßefehn am Boekzeteler Meer und bis zum Ems-Seitenkanal fahren (Höhenbegrenzung 2,6 m). Über den Nordgeorgsfehnkanal (km 42,4) gelangt man (Höhenbegrenzung ab Wiesmoor z.Zt. 1,5 m) zur Jümme, Leda und zum Elisabethfehnkanal.

Bedienungszeiten der Brücken und Schleusen

Emden bis Brücke EJK 34:
Mo-Fr 08.00-12.30, 13.30-17.30, Sa 08.00-13.00. Von Mai–Sept. zusätzlich Sa 14.00-17.00. So. u. Ftg. 08.00-12.00, 14.00-17.00.

Brücke EJK 35 bis Schleuse Mariensiel: Mo-Fr 07.30-11.30, 13.30-17.30. Sa 07.30-12.30. Von Mai–Sept. zusätzlich 14.00-17.00. So u. Ftg. 07.30–11.30 und 14.00-17.00.
Die Betriebszeiten der Eisenbahnbrücken in Emden, Sande und Mariensiel werden an den Schleusen durch Aushang bekanntgemacht.

Liegemöglichkeiten
Km 0-2,9 In Emden. Km 3,4 bei der Kesselschleuse. Km 20,0 Yachthafen Westerende-Kirchloog. Km 22,8 Westlich der Schleuse Rahe. Km 25,0 Aurich. Km 32,8 WSV Wiesens. Km 42,4 Marcardsmoor. Km 60,0 WSV Dykhausen. Km 72,3 Wilhelmshaven.
Weitere Liegeplätze finden sich im Ober- und Unterwasser der Kanalschleusen und an zahlreichen, kleineren Stegen im Kanal.

Entsorgungsmöglichkeiten
Abfallbehälter: Auf den Schleusen im Kanal. Altölsammelstelle: Km 25,0 im Hafen des STAWA Aurich. Chemietoiletten: Km 42,0 beim Campingplatz in Marcardsmoor.

Treibstoff
Bunkerboote in Emden. Tankstellen an Land in Emden, Aurich und Marcardsmoor. In Wilhelmshaven nur von Land mit sehr weiten Wegen!

Proviant
Sehr gute Einkaufsmöglichkeiten bestehen in Aurich, km 25,0, und im SPAR-Markt in Marcardsmoor bei km 42.

Auf dem hochgelegenen Westteil des Ems-Jade-Kanals.

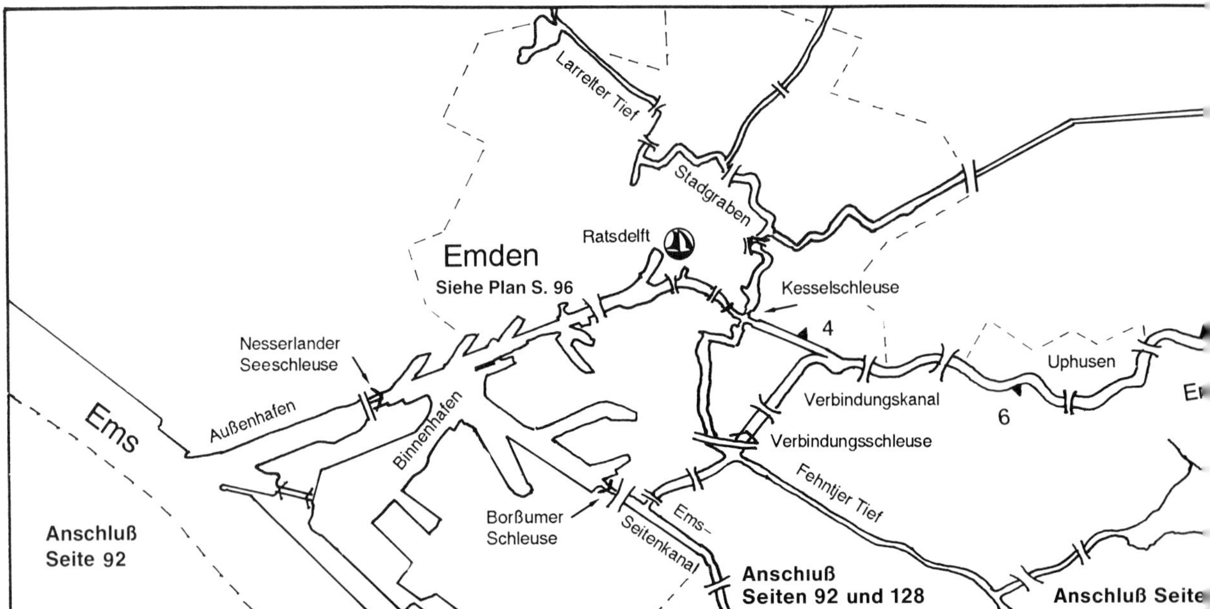

Km 0,0 Beginn des Ems-Jade-Kanals bei der Nesserland-Schleuse. Binnenhäfen von Emden bis km 3,2 siehe Seite 94. Die Brücken zwischen dem Binnenhafen und der Kesselschleuse werden von Mo–Fr 08.00–12.30, 14.30–16.00 und 17.30–18.00, Sa 08.00–13.00 bedient. So geschlossen. **Km 3,4** Kesselschleuse. „Geradeaus" kein Hub. Zum Emder Stadtgraben oder zum Fehntjer Tief geht es mit 2,4 m Fall „um die Ecke". Sehr schöne Liegeplätze im Emder Stadtgraben beim SV Neptun (nördlich der Schleuse, Clubhaus, WC, Duschen, Strom, Wasser, Slip, Kran) und am Bootssteg im Fehntjer Tief. **Km 4,2** Süd-Ufer, Abzweigung des Verbindungskanals. Wegen Renovierung der Verbindungsschleuse bis 1994 nicht passierbar.

Km 20,0 Nord-Ufer, Yachthafen Westerende. Was-

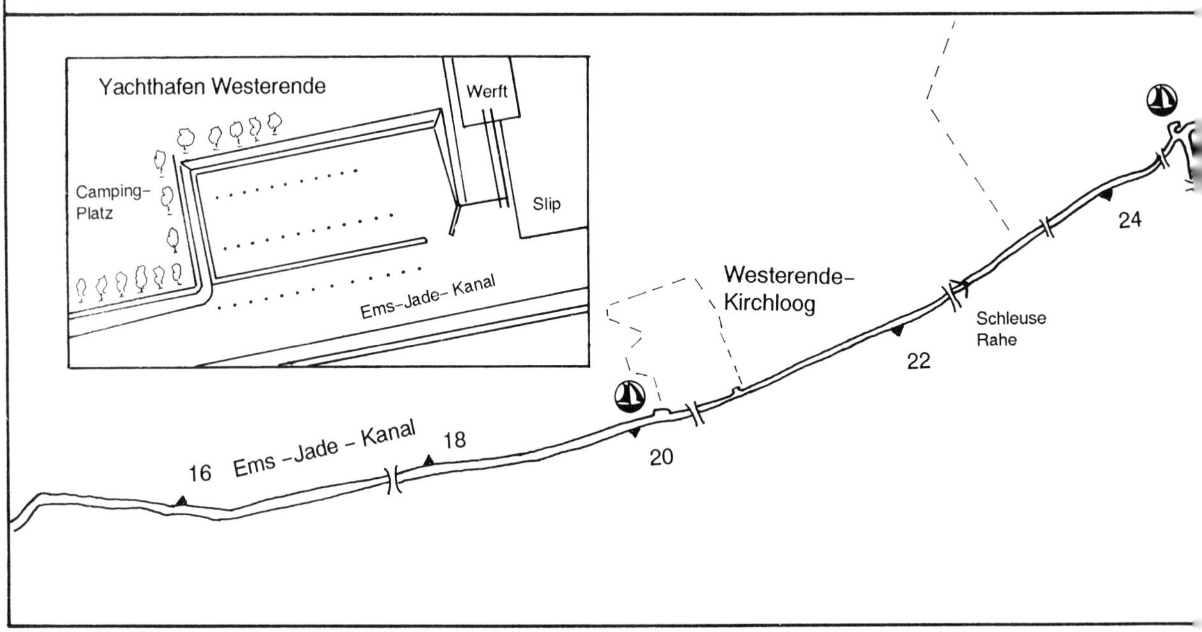

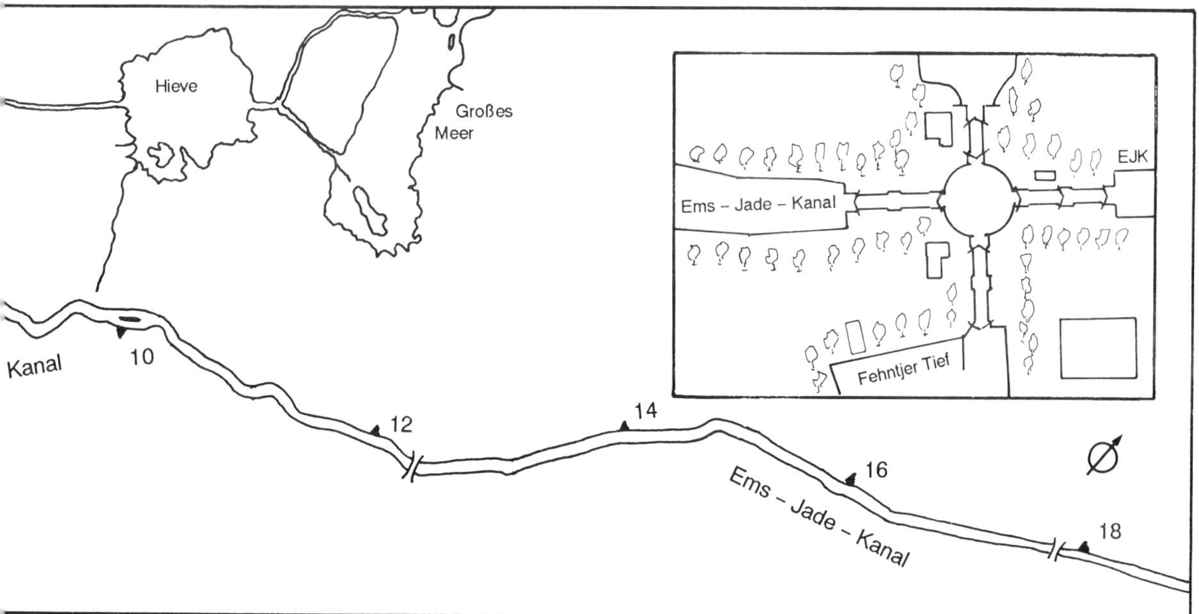

ser, Strom, Slip, Werft (alle Reparaturen). **Km 22,8** Schleuse Rahe. 33 x 6,50 m, Hub 1,9 m. Westlich der Schleuse 50 m langer Anleger.

Km 25,0 Yachthafen. WC, Duschen, Wasser, Strom, Slip und Kran bis 10 t. **Km 25,4** Nord-Ufer, Passantenhafen der Stadt Aurich. Landseitige Anlagen noch in Bau. Sehr gute Einkaufsmöglichkeiten in der Fußgängerzone. Sehenswert sind insbesondere die alten Bürgerhäuser rund um den historischen Marktplatz aus dem 16. Jahrhundert, das neue Schloß, das Mühlenmuseum und die Lambertikirche mit dem Altar aus dem 15. Jahrhundert.

Km 32,6 Schleuse Wiesens, Hub 2,6 m. Liegeplätze westlich der Schleuse an Stegen von 10 und 50 m Länge, östlich der Schleuse beim WSV Wiesens (Wasser, Clubhütte, Trailer-Slipbahn).

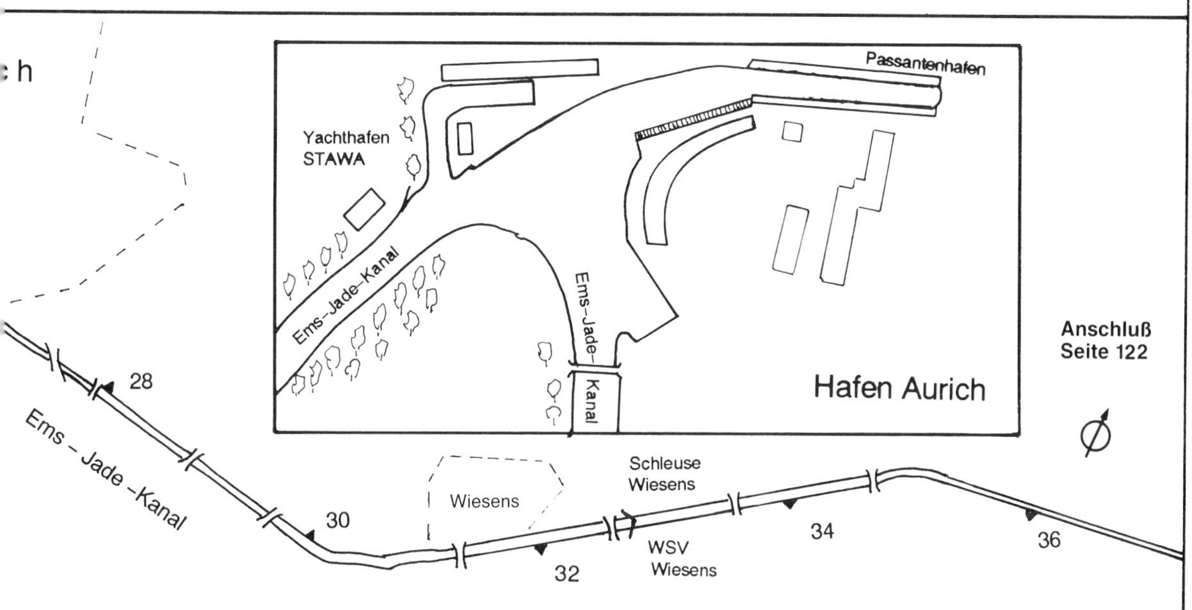

Die Drehbrücke Uphuser Klappe über dem Ems-Jade-Kanal (o.).
Erholsames Fahren durch ostfriesische Landschaft (u.).

Vor der Schleuse Wiesens (o.).
Die Liegeplätze des Yachthafens Germania in Wilhelmshaven (u.).

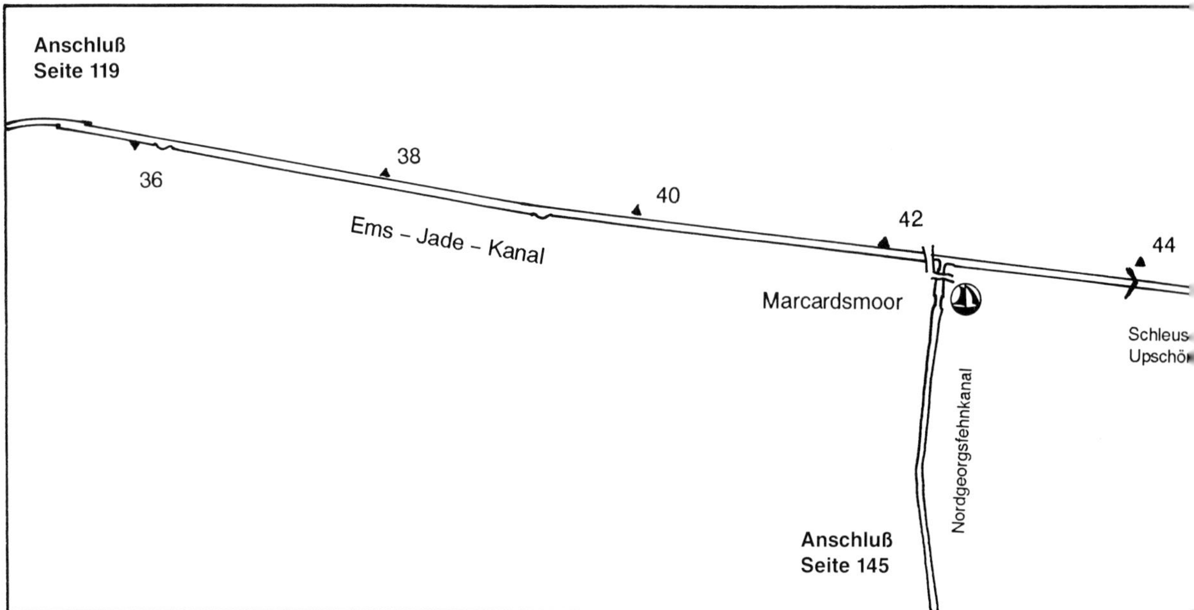

Km 42,0 Marcardsmoor, nach Süden Abzweigung des Nordgeorgsfehnkanals (siehe Seite 141). Liegeplätze im Nordgeorgsfehnkanal, vor und hinter der Schleuse. Einkauf: SPAR-Markt Lübbers (100 m). Tankstelle 200 m nördlich der Kanalbrücke, alle Sorten (Kanister). WC, Duschen und Entsorgung für Chemietoiletten beim Campingplatz an der Nordseite des Kanals. Gute Gasthöfe.

Km 44,0 Schleuse Upschört, 33 x 6,5 m. Hub 2,9 m. **Km 45,9** Schleuse Wiesede, 33 x 6,5 m, Hub 1,4 m. **Km 60,0** Clubhafen des WSV Dykhausen. **Km 63,0** Sande. Eisenbahnbrücke. Stege vor und hinter der Brücke. Öffnung im Rahmen des Fahrplanes. **Km 66,1** Mariensiel. **Km 67,27** Schleuse Mariensiel, Hub 0,3 m. **Km 69,5** Rüstringer Klappbrücke, UKW-Kanal 11.

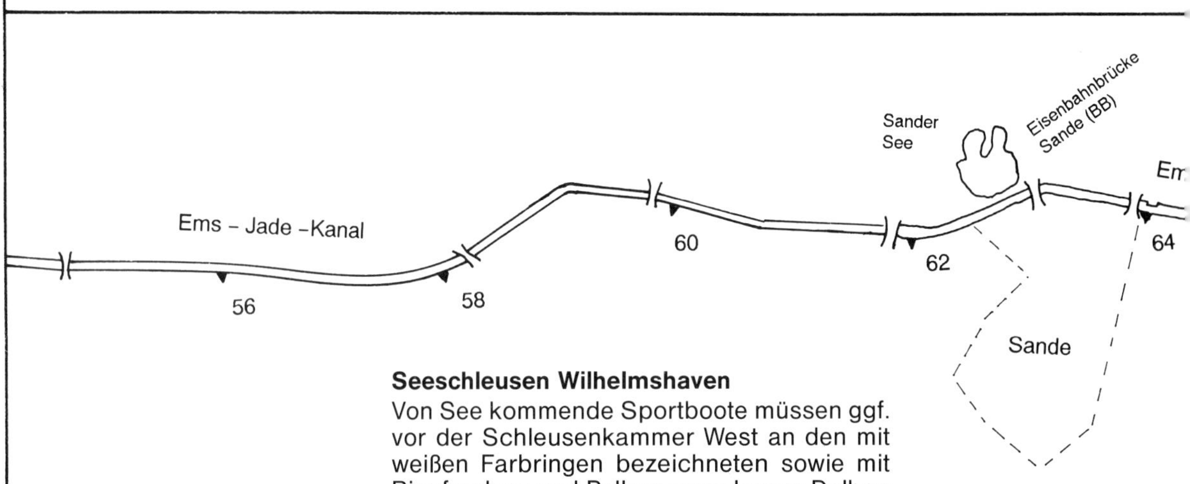

Seeschleusen Wilhelmshaven

Von See kommende Sportboote müssen ggf. vor der Schleusenkammer West an den mit weißen Farbringen bezeichneten sowie mit Ringfendern und Pollern versehenen Dalben festmachen und warten.

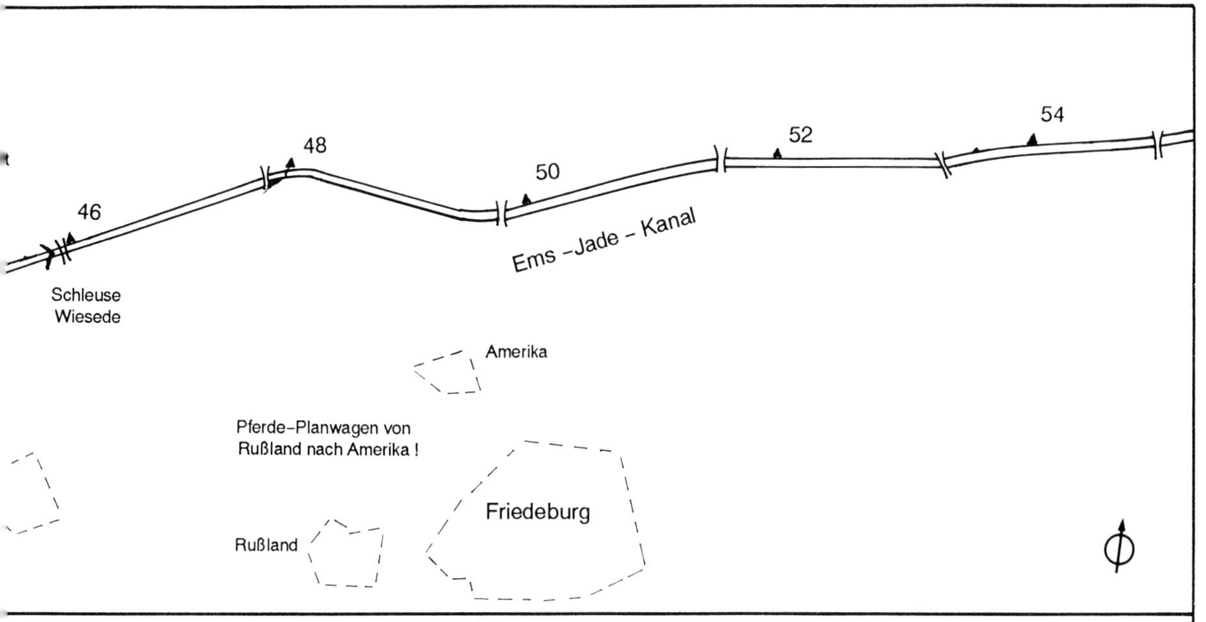

Km 70,5 Deichbrücke, UKW-Kanal 11, Tel. 04421-3300. **Km 71,5** Im Großen Hafen. HYC Germania Clubhaus (bewirtschaftet), WC, Duschen, Gastplätze, Slipanlage, Kran. **Km 71,6** Kaiser-Wilhelm-Brücke, H 9 m, UKW-Kanal 11 oder 09. Bedienung Mo-Fr 06.00-18.00, Sa 06.00-18.00, So 08.00-19.00. **Km 72,3** Seeschleuse Wilhelmshaven. Betriebszeiten: Mo-Do 06.00-18.30, Fr 06.00-17.00, Sa/So 08.00-16.00, UKW-Kanal 13. Außerhalb dieser Zeiten nur für die Berufsschiffahrt. Sportboote werden kostenlos mitgeschleust. Sonderschleusungen für Sportboote: Fr 15.30-15.45 und 17.15-17.30 nach See. Sa 08.45-09.00 und 13.15-13.30 nach See, 15.00-15.30 nach binnen. So 08.45-09.00 nach See, 15.00-15.30 und 17.00-17.30 nach binnen.

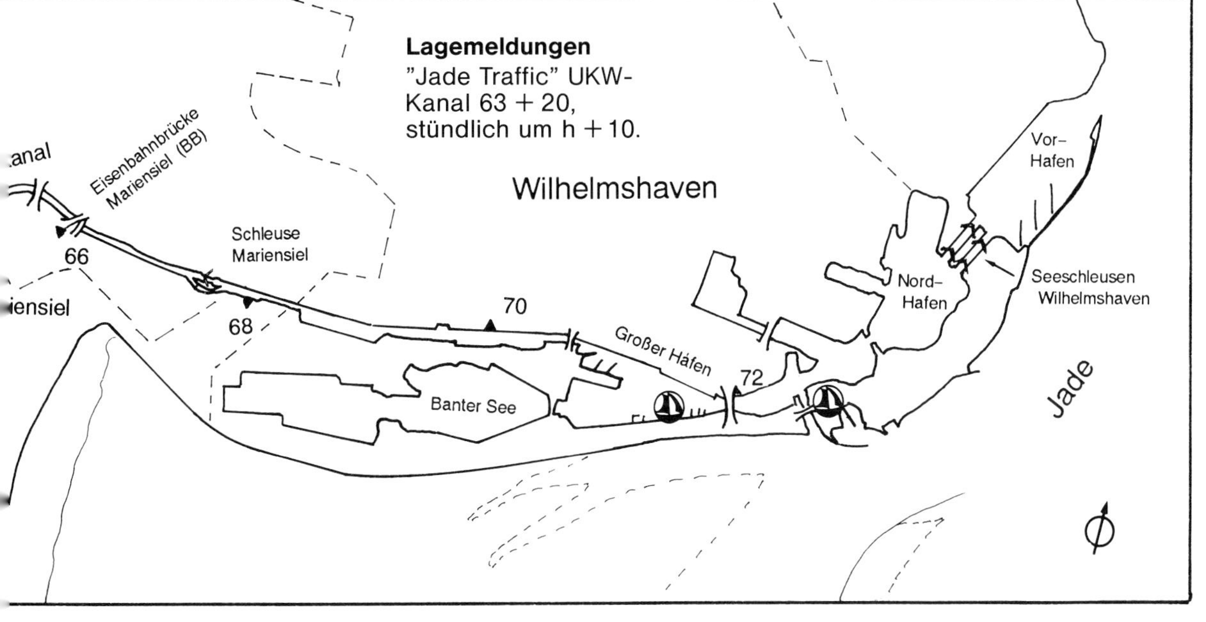

Das Fehntjer Tief

Das Fehntjer Tief ist ein natürlicher Wasserweg, der eine interessante und erholsame Fahrt von Emden nach Ihlow, nach Westgroßefehn und nach Timmel am Timmeler Meer ermöglicht. Es ist 29,2 km lang, etwa 20 m breit und kann mit max. 6 km/h, 1,3 m Tiefgang und bis 2,6 m Höhe befahren werden. Man erreicht es von Emden entweder durch die Kesselschleuse oder die Borßumer Schleuse und den Verbindungskanal, oder über den Ems-Seitenkanal und den Verbindungskanal.
Einen Törn von Emden in das Fehntjer Tief sollte man auf dem Weg über die Kesselschleuse beginnen. In der Kesselschleuse (Bedienungszeiten Seite 116) geht es „um die Ecke" und 2,4 m abwärts. Gleich unterhalb der Kesselschleuse befinden sich ruhige, windgeschützte Liegeplätze und gegenüber am Ost-Ufer ein schönes Schwimmbad.
Anschließend fährt man nach Süden weiter, durch eine parkartige, fast romantisch anmutende Gartenlandschaft bis zur Kreuzung mit dem *Verbindungskanal.* Danach wird das Fehntjer Tief sehr frei und führt, fast kanalartig, durch eine flache Wiesenlandschaft, die kaum höher liegt als der Wasserspiegel und landwirtschaftlich genutzt wird. Doch bald wird es zu einem reizvollen Wiesenfluß, der in vielen, oft sehr engen Windungen durch das flache Land fließt, vorbei an leuchtendgelben Rapsfeldern, stattlichen Bauernhöfen und saftigen Weiden mit neugierigen und blitzsauberen Kühen.
Bei km 2,3 zweigt nach Norden das *Neue Tief* ab. Es ist nur bis 1,4 m Höhe befahrbar, 1,6 km lang und führt zum Uphuser Meer. Ein Ausflug mit dem Beiboot würde sich lohnen!
Die bewegliche Klappbrücke bei km 3,2 muß man selbst bedienen. An beiden Seiten der Brücke gibt es ordentliche Stege, so daß man das Boot festmachen und in Ruhe die Brücke betätigen kann. Die Brücke wird zuerst entriegelt und dann mit einer Winde hochgekurbelt. Das geht ohne Mühe, denn die Brücke ist gut ausbalanciert und wird auch regelmäßig geschmiert.
Bei km 3,6 zweigt das *Petkumer Sieltief* nach Süden ab. Es ist bis zum Ems-Seitenkanal mit 1,6 m Tiefgang und 3,8 m Höhe befahrbar.
Auch die zweite bewegliche Brücke, die „Petkumer Klappe" bei km 4,1, bedient man selbst. Sie hat keine Winde – da wird einfach an der Kette gezogen. Zum Schließen dieser Brücke heben die Einheimischen das Gegengewicht etwas an und laufen dann auf die Brücke. Natürlich gibt es auch hier Stege zu beiden Seiten der Brücke.
Vergessen Sie nicht, die Brücken nach der Durchfahrt wieder zu schließen und mit beiden Riegeln zu sichern!
Bei km 6,9 zweigt nach Süden die *Lange Maar* ab, die aber nur 1 m tief ist und deren feste Brücken auch nur eine Höhe bis 1,9 m erlauben.
Die Fahrt über das *Oldersumer Tief,* das bei km 8,8 nach Süden abzweigt, ist landschaftlich sehr reizvoll und läßt sich, wenn man in den Windungen die Außenkurve fährt, bis 1,1 m Tiefgang fahren. Der Abstecher lohnt sich, auch wenn das Boot höher sein sollte als 2,4 m und man deswegen nicht bis in den Werfthafen von Oldersum hineinfahren kann.
Die *Heuwieke,* die bei km 14 nach Süden abzweigt und das Fehntjer Tief mit dem Rorichumer Tief verbindet, kann nur bis 1,1 m Tiefgang und einer Höhe von 1,7 m befahren werden.
Der bei km 16,3 nach Süden abzweigende *Kattdarm* ist recht schmal und hat einige sehr enge Kurven, läßt sich aber doch gut fahren bis zum *Rorichumer Tief,* dessen Brücken jedoch nur ein Höhe bis 2,5 m zulassen.
Bei km 16,9 sollte man aus dem Fehntjer Tief nach Norden in das *Krumme Tief* einbiegen. Es ist etwa 3,5 km lang, 1,2 m tief, manchmal recht schmal und kurvenreich und führt zum sehr ruhig im Grünen gelegenen und gepflegten Yachthafen des gastfreundlichen BSV Ihlow, der über

Liegeplätze südlich der Kesselschleuse (o.).
Die Petkumer Klappe, eine Selbstbedienungsbrücke über das Fehntjer Tief (u.).

Gastplätze, Clubhaus mit WC und Duschen, Strom und Wasser am Steg sowie eine Slipbahn verfügt. An der Straße zum Dorf liegt das „Compagnie-Haus“, eine urige, ländlich-rustikale Gaststätte. In der nahen Ortschaft Ihlowerfehn lohnt sich die Besichtigung der im Jahre 1870 erbauten Kappenwindmühle, Tel. 04929-415.

Bei km 20,3 teilt sich das Fehntjer Tief in einen nördlichen und einen südlichen Arm. Im nördlichen Arm, bis nach Westgroßefehn befahrbar, liegt am Westufer vor der ersten Brücke das Fehnmuseum „Eiland“. Es ist eine Sägemühle mit dem dazugehörigen Wohnhaus und der „Wieke“, dem Sägewerkskanal. Für Besucher hat man einen Anleger gebaut. Nach der Zugbrücke biegt man rechts ab in den Großefehnkanal, der durch Westgroßefehn, Mittegroßefehn und Ostgroßefehn bis zum Nordgeorgsfehnkanal führt, derzeit aber nur bis zum Ortsende von Mittegroßefehn befahrbar ist. Der Bäcker Jakob Uden bedient die Brücken und Schleusen nach Absprache.

Auf dem südlichen Arm gelangt man nach Timmel, zum Timmeler Meer und zum Boekzeteler Meer. Das Timmeler Meer ist für Boote zugänglich, das Wasserskifahren ist jedoch nicht erlaubt. Das angrenzende Boekzeteler Meer ist durch eine Balkensperre abgetrennt. Es ist Naturschutzgebiet und darf nicht befahren werden. Der Bootshafen Timmel wird von der Gemeinde und vom BSB Timmel betrieben und bietet in schöner Umgebung ruhige und komfortable Liegeplätze. Im Sanitärgebäude des Campingplatzes (unmittelbar neben dem Hafen) befinden sich WC, Duschen, Waschmaschine und Trockner sowie eine Entsorgungsmöglichkeit für Chemietoiletten. Am Hafen gibt es eine Grillhütte, Wasser und Strom am Steg, eine Slipbahn sowie einen Yachtausrüster mit Motoren-Service. Der Hafen ist landseitig abgeschlossen. Den Schüssel erhält man an der Rezeption des Campingplatzes, wo man auch das Boot anmelden muß. Sehenswert ist vor allem die alte Dorfkirche aus dem Jahr 1736. Den „Kastanjehoff“, ein außergewöhnlich schöner und gepflegter Gasthof im Landhaus-Stil, sollte man sich nicht entgehen lassen. Für eine erholsame Reise ins Fehntjer Tief wird man wenigstens vier Tage einplanen müssen.

Treibstoff

Treibstoff sollte in Papenburg (Fa. Bunte, Tankwagen, alle Sorten, Tel. 04961-8 92 20/22) oder Emden (Bunkerboote „Emstank 4“, UKW-Kanal 10, Tel. 04921-2 05 11, „Herrentor“, UKW-Kanal 10, und „Nordertor“, UKW-Kanal 10, alle nur Diesel) gebunkert werden. Landtankstellen (weite Wege mit Kanister) gibt es in Timmel und Oldersum.

Proviant

Einkaufsmöglichkeiten bestehen in Timmel, Westgroßefehn und in Oldersum.

Auf dem Fehntjer Tief.

Die weite ostfriesische Landschaft (o.).
Yachthafen Timmel am südlichen Arm des Fehntjer Tiefs (u.).

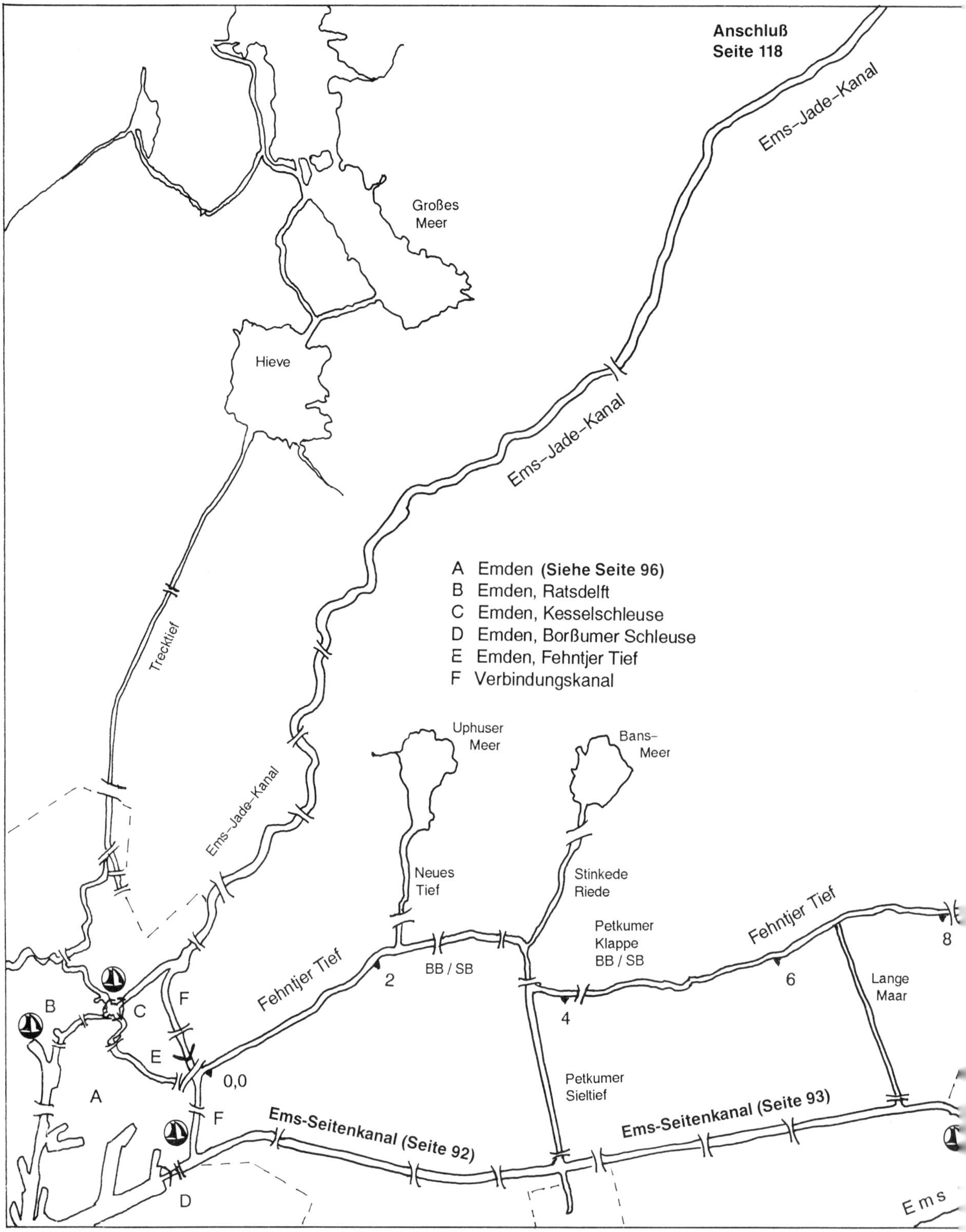
Anschluß
Seite 118
Ems-Jade-Kanal
Großes
Meer
Hieve
Ems-Jade-Kanal
A Emden (Siehe Seite 96)
B Emden, Ratsdelft
C Emden, Kesselschleuse
D Emden, Borßumer Schleuse
E Emden, Fehntjer Tief
F Verbindungskanal
Trecktief
Uphuser
Meer
Bans-
Meer
Ems-Jade-Kanal
Neues
Tief
Stinkede
Riede
Petkumer
Klappe
BB / SB
Fehntjer Tief
8
Fehntjer Tief
2
BB / SB
6
Lange
Maar
B
C
F
4
E
0,0
Petkumer
Sieltief
A
F
Ems-Seitenkanal (Seite 92)
Ems-Seitenkanal (Seite 93)
D
Ems

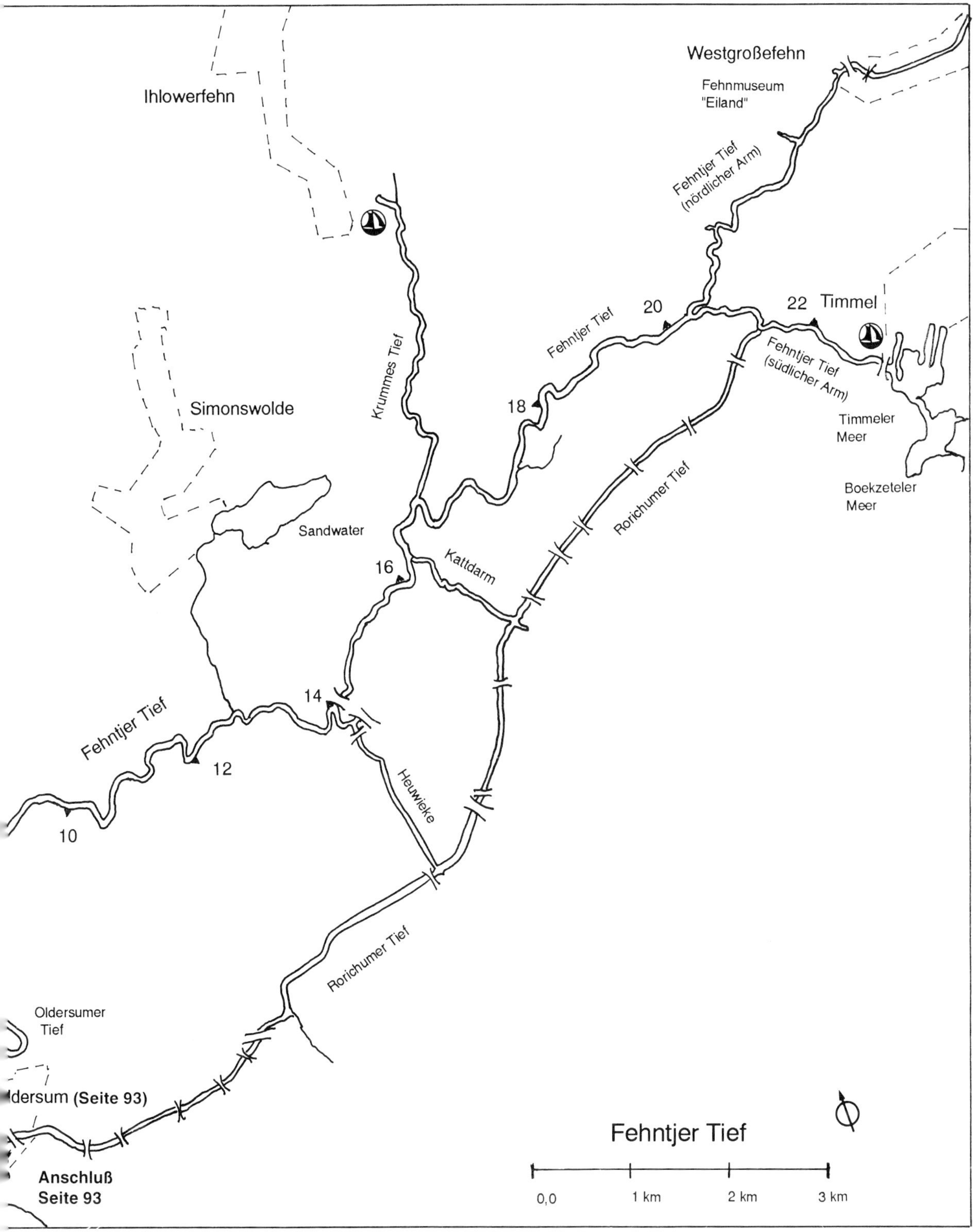
Westgroßefehn
Fehnmuseum "Eiland"
Ihlowerfehn
Fehntjer Tief (nördlicher Arm)
20
22 Timmel
Fehntjer Tief
Fehntjer Tief (südlicher Arm)
Krummes Tief
18
Simonswolde
Timmeler Meer
Boekzeteler Meer
Rorichumer Tief
Sandwater
Kattdarm
16
Fehntjer Tief
14
12
Heuwieke
10
Rorichumer Tief
Oldersumer Tief
dersum (Seite 93)
Fehntjer Tief
Anschluß Seite 93
0,0
1 km
2 km
3 km

Das Leda-Jümme-Revier

Das Revier von Leda und Jümme ist von der Ems oder vom Küstenkanal über den Elisabethfehnkanal bequem zu erreichen. Die Verbindung über den Nordgeorgsfehnkanal (Seite 141) zum Ems-Jade-Kanal ist derzeit nur bis 1,5 m Höhe befahrbar, wird aber auf 3,5 m Durchfahrtshöhe (Baubeginn Spätsommer 1992) ausgebaut. Es ist eigentlich schon ein Urlaubsrevier für sich. Dazu gehören: Leda, Jümme, Hauptfehnkanal, Sagter Ems, Dreyschlot, Barßeler Tief und Nordloher Tief.

Die Leda

Die Leda ist von der Einmündung der Sagter Ems (km 0,0) bis zur Mündung in die Ems bei Leer 24,7 km lang. Sie ist ein Tidengewässer mit einem Tidenhub von 2,7 m bei Leer und 0,8 m bei Barßel. Bei Leer hat man bei NW etwa 4 m Wasser unterm Kiel, bis km 0,0 abnehmend auf 1,2 m bei NW, zur Jümme und nach Barßel geht es noch mit 1,5 m bei HW. Im Unterlauf erreicht der Flutstrom 1-2 kn, der Ebbstrom bis zu 3 kn, vor Leer bis 4 kn. Im Oberlauf sind die Strömungsgeschwindigkeiten erheblich geringer.
Bei km 21,1 liegt das Leda-Sperrwerk mit einer Durchfahrtshöhe von 4,6 m bei MThW. Es wird geschlossen, wenn die Flut voraussichtlich 0,5 m höher als das MThW auflaufen wird. Sperrungen werden in den Lagemeldungen auf UKW-Kanal 15, um h+50 bekanntgegeben.
Bei Wiltshausen, km 16,0, mündet von Osten die Jümme in die Leda. Der Hauptfehnkanal zweigt bei km 7,5 nach Süden ab. Bei km 5,2 liegt über der Leda die Klappbrücke Potshausen.
Bei km 0,5 geht es geradeaus zum Dreyschlot, zum Barßeler Tief und zur Jümme, nach Süden zur Sagter Ems und zum Elisabethfehnkanal.

Gesetzliche Bestimmungen

Bis zur Seeschleuse Leer gilt die Seeschiffahrtsstraßen-Ordnung, ab Leer stromaufwärts die Binnenschiffahrtsstraßen-Ordnung. Sie begrenzt die Schiffsgröße auf 20 m Länge, 4,5 m Breite, 4 m Höhe und 1,2 m Abladetiefe bei MThW. Die zulässige Fahrgeschwindigkeit beträgt für alle Fahrzeuge bei der Fahrt gegen den Strom 7 km/h, mit dem Strom 10 km/h. Als Bergfahrt gilt die Richtung zum Elisabethfehnkanal. An den Dalben oberhalb und unterhalb des Leda-Sperrwerkes dürfen nur Fahrzeuge festmachen, die auf die Durchfahrt warten. Wenn die Durchfahrt nicht durch Lichtzeichen geregelt wird, ist das Begegnen und Überholen in den Durchfahrtsöffnungen verboten. Vorfahrt hat dann das mit dem Strom fahrende Fahrzeug, bei Tidehochwasser der Talfahrer, bei Tideniedrigwasser der Bergfahrer.

Bedienungszeiten der Brücke Potshausen

In der Zeit vom 1.4. bis 30. 9. täglich von 08.30-10.00, 13.00-14.00 und 17.00-20.00. Vom 1.10. bis 31.10 wie vor, doch nur bis 18.00. Außerhalb dieser Zeiten nur nach telefonischer Anmeldung unter 04957-8203 (Frau Lüken).

Liegemöglichkeiten

Km 22,8 Leer, Schwimmsteg in der Leda vor der Seeschleuse. Praktisch, um auf die Schleuse oder den passenden Gezeitenstrom zu warten. Bei NW am Steg noch ca. 2 m Tiefe. Km 18,7 WSC Loga, Schwimmstege mit Wasser und Strom, Trailer-Slipbahn. Km 16,8 Steganlage des WSC Rhauderfehn, Strom und Wasser am Steg.

Die Jümme

Die Jümme ist von der Leda, km 16, bis zur Abzweigung Dreyschlot/Barßeler Tief auf einer Länge von 18,9 km befahrbar. Sie ist Tidengewässer mit einem Tidenhub von 1,5 m bei Stickhausen und ca. 1,7 m bei Wiltshausen.
Gleich bei der Einmündung in die Leda, km 0,0, verkehrt an Wochenenden die „Pünte", die letzte handbetriebene Fähre Ostfrieslands, die vom „Püntenverein" unterhalten wird. Bei km 9,8,

kurz vor Stickhausen, zweigt der Nordgeorgsfehnkanal ab. In Stickhausen gibt es eine Klappbrücke bei km 10,7, die nach Bedarf vom Wirt des Gasthauses „Perspolis" geöffnet wird, Tel. 04957-2 01 oder Klingeltaster an den Dalben vor der Brücke – Vorsicht bei Strom von achtern! Die Brücke bei km 14,2 hat bei MThW eine Durchfahrtshöhe von 2 m, bei MTnW von 3,3 m.
Das Aper Tief bei km 15,5 ist verschlickt und bei MThW nur noch 0,6 m tief. Die Sliprampe bei Detern ist bei MThW bis 1 m Tiefgang erreichbar. Schlüssel über Tel. 04957-7 11. Die Jümme-Altarme sind nicht befahrbar.

Liegemöglichkeiten an der Jümme
Km 0,1 WSC Wiltshausen, Schwimmsteg im Fluß mit WC, Wasser, Strom und Gastplätzen. Km 9,8 WSC Jümme, Stickhausen, Schwimmstege im Fluß. Wasser, Strom, WC. Schlüssel im Glaskasten. Km 10,6 Schwimmsteg des für vorzügliche Fischgerichte bekannten Gasthauses „Zur Jümmebrücke". Km 11,0 Schwimmsteg vor dem Campingplatz Jümmesee (sanitäre Anlagen). Km 11,9 Steganlage des WSC Jümmesee. Sanitäre Anlagen, Wasser und Strom. Gastplätze soweit Club-Boote abwesend sind.

Der Hauptfehnkanal
Das ist ein künstlich angelegter Wasserweg, der die Leda mit Rhauderfehn verbindet. Er ist 6,5 km lang und hat bei MTnW eine Wassertiefe von 0,7 m, bei MThW etwa 1,7 m. Der Flutstrom erreicht bis 1,5 kn, der Ebbstrom bis 2,5 kn. Es gibt 2 bewegliche Brücken und eine Schleuse.

Km 1,5 Rabenbrücke wird nach telefonischer Absprache (04952-24 69) geöffnet. An der Brücke steht eine Telefonzelle.
Km 2,8 Tobiasbrücke, wird nach telefonischer Absprache (04952-35 97) geöffnet.
Vor beiden Brücken kann man nicht gut anlegen und zum Telefonieren an Land gehen. Deshalb sollte man die Öffnungen vorher bestellen.

Km 6,7 Schleuse Rhauderfehn, Bedienung nach Vereinbarung über Tel. 04952-12 66 (Dörfler, Verlaatshus), gute Anlegemöglichkeit.

Liegemöglichkeiten im Hauptfehnkanal
In Westrhauderfehn Schwimmstege (Tide) vor der Schleuse beim WSC Rhauderfehn (Wasser, Strom, Sliprampe, Mastkran, Tel. 04952-30 70). Oberhalb der Schleuse, vor dem Verlaatshus sowie hinter der Klappbrücke im neuen Bootshafen. In Ostrhauderfehn, hinter der Schleuse, beim WSV Ostrhauderfehn (beide tidefrei).

Die Sagter Ems
Sie beginnt mit km 0,0 bei der Einmündung in die Leda. Dort zweigt auch (nach Osten) der Elisabethfehnkanal ab. Die Sagter Ems ist bei MTnW mit 0,9 m, bei MThW mit 1,7 m Tiefgang bis nach Strücklingen, km 5,9, befahrbar. Die Klappbrücke bei km 1,2 hat eine Durchfahrtshöhe von 1,9 m bei MTnW und 1,1 m bei MThW. Sie wird vom 1.5.–30.9. nach telefonischer Voranmeldung geöffnet (04498-5 72 oder 3 94).

Liegemöglichkeiten auf der Sagter Ems
Km 0,9 Schwimmsteg des WSV Elisabethfehn. Wasser und Strom. Die Anlage ist abgeschlossen. Am letzten Dalben vor der Brücke befindet sich ein Klingelknopf (Verbindung zum „Gasthaus am Bootshafen", von dort wird auf Verlangen geöffnet). Ein Münztelefon im Gasthaus.
Km 5,9 Sportboothafen des WSV Sagter Ems. Clubhaus mit sanitären Anlagen, Wasser und Strom am Steg. Grillhütte, Gasthaus und Einkaufsmöglichkeiten dicht beim Hafen.

Der Dreyschlot
Der Dreyschlot ist die Verlängerung der Leda in Richtung Barßel und zur Jümme. Er ist bei Hochwasser mit einem Tiefgang bis 1,6 m befahrbar. Über den Dreyschlot, etwa 150 m nach der Leda-Abzweigung, führt eine Klappbrücke. Bei MThW ist die Durchfahrtshöhe unter der geschlossenen Brücke etwa 1 m, bei MTnW et-

wa 1,8 m. Die Wassertiefe unter der Brücke ist bei MTnW etwa 1,6 m. Vor der Brücke gibt es keine Möglichkeit zum Festmachen und keinen Brückenpegel! Nach 1,1 km zweigt nach Norden die Jümme ab, nach Südosten geht es in das Barßeler Tief.

Bedienungszeiten der Klappbrücke
In der Zeit vom 1. 5. bis 30.9 Fr 13.00-14.00 und 18.00-19.00, Sa von 09.00-10.00, 13.00-14.00 und 18.00-19.00, sowie So von 13.00-14.00 und 18.00-19.00. Außerhalb dieser Zeiten nur nach Anmeldung am Vortage ab 19.30 unter Tel. 04499-2369 (Herr Hackmann).

Das Barßeler Tief
Das Barßeler Tief führt von der Abzweigung Dreyschlot/Jümme (km 0,0) in vielen Windungen (Außenkurve fahren) durch eine natürliche, fast unberührte Wiesenlandschaft bis nach Barßel und ist bei HW mit 1,5 m Tiefgang befahrbar. Bei km 3,6 zweigt nach Nordosten das Nordloher Tief ab. Nach Südosten fahrend, erreicht man nach 1,4 km den Sportboothafen Barßel.

Liegemöglichkeiten
Der Sportboothafen Barßel, an der Westseite des Ortes, ist großzügig angelegt und mit Schwimmstegen, sanitären Anlagen, Wasser, Strom und einer Slipanlage ausgerüstet.

Das Nordloher Tief
Es zweigt bei km 3,6 aus dem Barßeler Tief nach Nordosten ab und ist bei HW mit 1,2 m Tiefgang bis nach Barßel befahrbar. Weiter im Nordloher Tief geht es nur mit max. 0,6 m Tiefgang und ohne Motor. Hier liegt man am Schwimmsteg des WSC Neptun am Rande der Ortschaft sehr ruhig im Grünen.

Uferlandschaft an der Leda.

Die Klappbrücke Potshausen über die Leda (o.).
Die Klappbrücke über den Dreyschlot (u.).

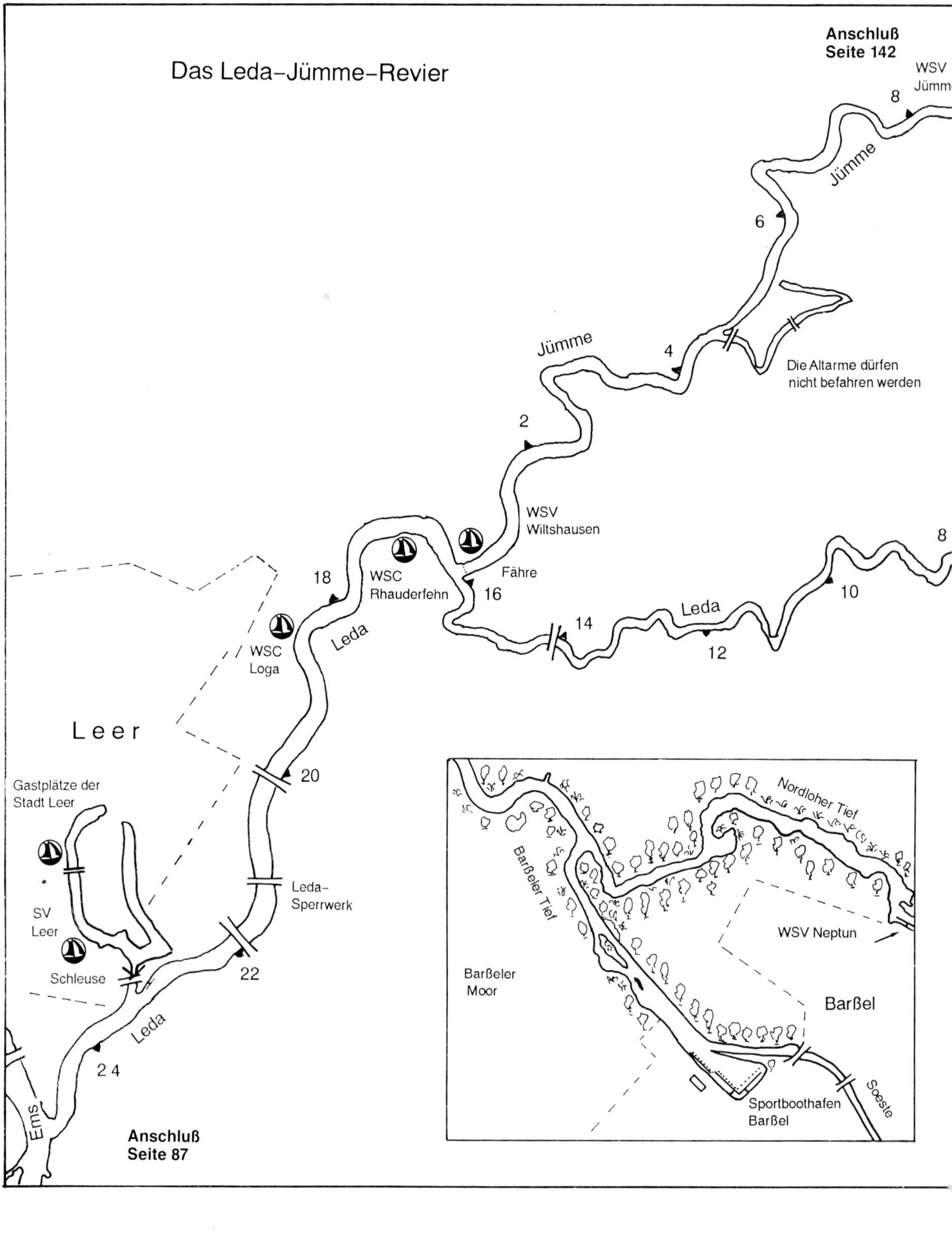

Das Leda-Jümme-Revier
Anschluß Seite 142
WSV Jümme
8
Jümme
6
Jümme
4
Die Altarme dürfen nicht befahren werden
2
WSV Wiltshausen
8
Fähre
16
WSC Rhauderfehn
18
10
14
Leda
12
WSC Loga
Leda
Leer
20
Gastplätze der Stadt Leer
Leda-Sperrwerk
SV Leer
Schleuse
22
Leda
24
Ems
Anschluß Seite 87
Nordloher Tief
Barßeler Tief
WSV Neptun
Barßeler Moor
Barßel
Sportboothafen Barßel
Soeste

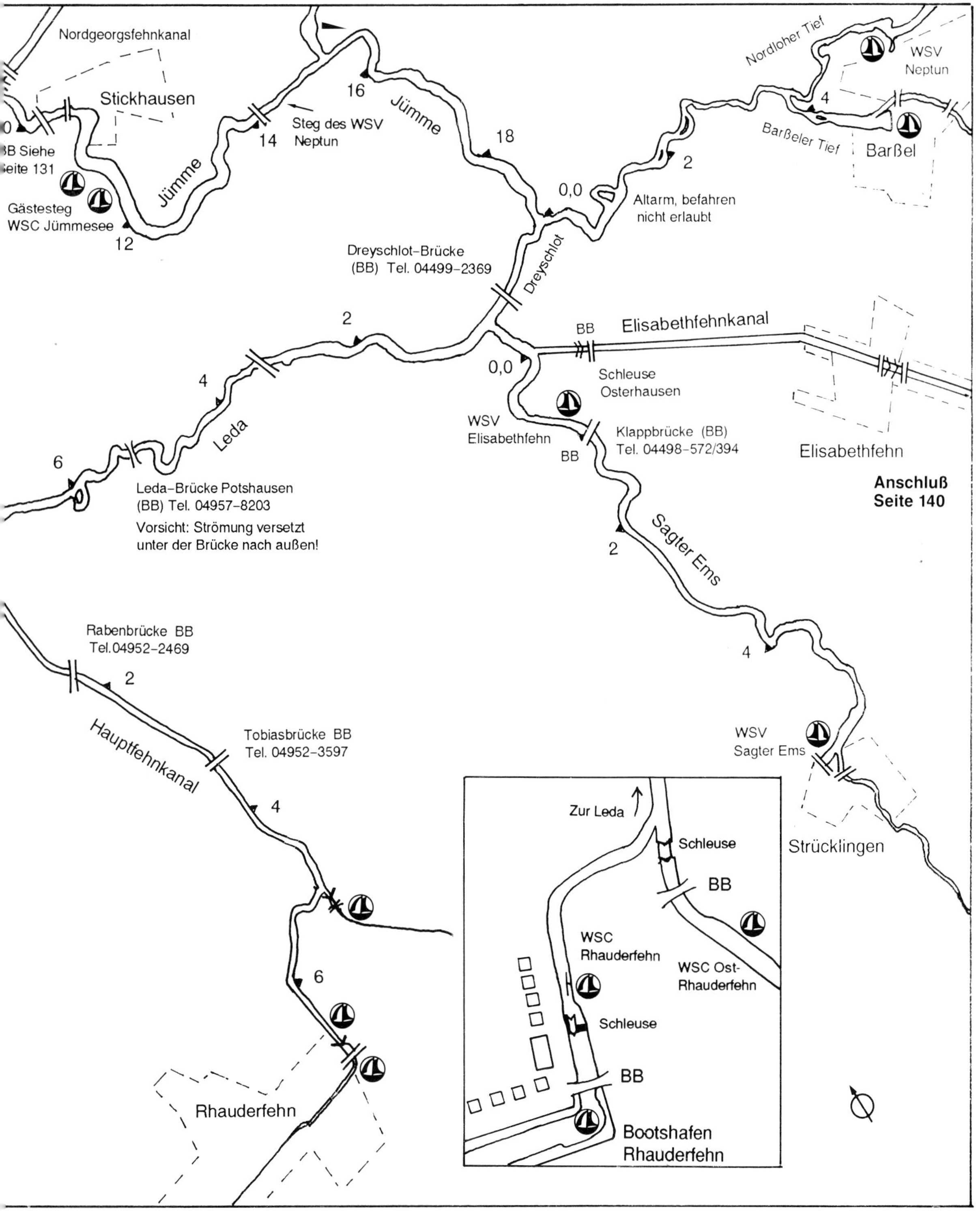
Nordgeorgsfehnkanal
Stickhausen
BB Siehe Seite 131
Gästesteg WSC Jümmesee
12
Jümme
14
Steg des WSV Neptun
16
Jümme
18
Nordloher Tief
WSV Neptun
4
Barßeler Tief
Barßel
2
0,0
Altarm, befahren nicht erlaubt
Dreyschlot-Brücke (BB) Tel. 04499-2369
Dreyschlot
2
4
Leda
6
Leda-Brücke Potshausen (BB) Tel. 04957-8203
Vorsicht: Strömung versetzt unter der Brücke nach außen!
BB
Elisabethfehnkanal
0,0
Schleuse Osterhausen
WSV Elisabethfehn
Klappbrücke (BB) Tel. 04498-572/394
BB
Elisabethfehn
Anschluß Seite 140
Sagter Ems
2
4
WSV Sagter Ems
Strücklingen
Rabenbrücke BB Tel.04952-2469
2
Hauptfehnkanal
Tobiasbrücke BB Tel. 04952-3597
4
6
Rhauderfehn
Zur Leda
Schleuse
BB
WSC Rhauderfehn
WSC Ost-Rhauderfehn
Schleuse
BB
Bootshafen Rhauderfehn

Rundreise im Leda-Jümme-Revier

Eine Rundreise im Leda-Jümme-Revier sollte, ausgehend von Leer, nicht früher als 3 Stunden nach Niedrigwasser beginnen. Dann hat sich der stärkste Flutstrom gelegt, und man wird überall genügend Wasser vorfinden. Doch vorher sollte man sich bei der Seeschleuse Leer und bei den Brücken über den Hauptfehnkanal anmelden. Falls es mit der Tide nicht gleich paßt, kann man vor der Schleuse am Schwimmsteg in der Leda (km 22,7) warten. Auch sollte im Revierfunk die Lagemeldung (UKW-Kanal 15, um h + 50) abgehört werden, denn bei stürmischen Winden aus W-NW könnte das Leda-Sperrwerk bei HW geschlossen sein.

Die Leda verläuft zunächst in vielen Windungen zwischen hohen Deichen, die jedoch bald niedriger werden und den Blick auf die urige Landschaft freigeben. Man fährt mit dem Strom an der Einmündung der Jümme vorbei, bis zum Wegweiser nach Rhauderfehn (km 7,5), und biegt dort nach Süden ab in den Hauptfehnkanal. Die folgenden Brücken werden nur nach vorheriger telefonischer Absprache mit den Brückenwärtern bedient (siehe unter Hauptfehnkanal). 1,5 km nach der zweiten Brücke geht es geradeaus nach Ostrhauderfehn, rechts ab nach Westrhauderfehn. Dort liegen noch vor der Schleuse die Schwimmstege des WSC Rhauderfehn und der Gemeinde Rhauderfehn, wo man erst mal anlegen und sich umsehen sollte.

Von Leer bis nach Rhauderfehn sind es 21,6 km und 2 Brücken. Da der Strom mitläuft, kann man sich Zeit lassen und wird auch mit Schleichfahrt bei Hochwasser ankommen.

In Westrhauderfehn gibt es im Oberwasser der Schleuse einen Anleger vor dem „Verlaatshus", einer ländlich-rustikalen Gaststätte, die für ihre gute Küche bekannt ist. Der Wirt bedient auch die Schleuse und die Klappbrücke, durch die man den neugebauten Bootshafen erreicht (Wasser und Strom, keine Tide).

Der neue Bootshafen des WSC Ostrhauderfehn, Tel. 04952-54 58 (kein Tidenhub, Wasser, Strom, Absauganlage für Fäkalientanks, sehr gute Einkaufsmöglichkeiten am Hafen) ist bis 1,2 m Tiefgang durch die neue Schleuse und eine Klappbrücke zu erreichen. Bedienung über Tel. 04952-80 50 oder 88 03. Nicht vergessen: Für die Weiterfahrt am nächsten Tag die Brücken bestellen – 2 auf dem Hauptfehnkanal, 1 auf der Leda, 1 auf der Sagter Ems (siehe dort).

Am nächsten Tag fährt man etwa 2,5 Std. vor HW gegen den schwachen Flutstrom durch die beiden Klappbrücken zurück zur Leda, biegt nach rechts ab und steuert nun wieder auf der Leda mit dem Flutstrom bis zur Klappbrücke bei Potshausen. Unter der Brücke versetzt der Strom kräftig nach außen. Es gibt keine Möglichkeit zum Festmachen. Deshalb verhalten anfahren und ggf. gegen den Strom aufdrehen. Ist die Brücke offen, mit langsamer Fahrt heranfahren und dann „mit Power" durch die Brücke. Nach 4,7 Kilometern biegt die Leda nach Süden ab (geradeaus geht es zum Dreyschlot) und teilt sich nach 500 m erneut: Nach links geht es zum Elisabethfehnkanal, nach rechts zur Sagter Ems, die bis nach Strücklingen befahrbar ist.

Vor der Klappbrücke (siehe unter Sagter Ems) bei km 1 liegt an der Ostseite der Schwimmsteg des WSV Elisabethfehn und gleich daneben die „Gaststätte am Bootshafen". Nach 5,2 km auf der Sagter Ems erreicht man Strücklingen, wo der WSV Sagter Ems einen kleinen aber feinen Hafen unterhält. Am Hafen liegt der Landgasthof „Strücklinger Hof", der neben angenehmer Gastlichkeit eine vorzügliche Küche bietet.

Die nächste Etappe, von Strücklingen nach Barßel, beginnt etwa 2 Std. vor HW (rechtzeitig die Brücken über die Sagter Ems und den Dreyschlot bestellen!). Bis zur Einmündung der Leda in den Dreyschlot fährt man gegen den letzten, sehr schwachen Flutstrom. Gleich nach der Einmündung in den Dreyschlot liegt die Brücke

Potshausen. Danach hat man freie Fahrt durch eine reizvolle natürliche Flußlandschaft, sollte aber in den engen Kurven die Außenkurve fahren. Bei km 3,6 zweigt nach links das Nordloher Tief ab, das bis zum WSV Neptun befahrbar ist. Die Fahrrinne in dem von Schilf und Weiden gesäumten Flußlauf wird vom WSV Neptun mit rot/weißen Stangen bezeichnet. Beim WSV Neptun liegt man sehr ruhig im Grünen und dennoch nahe der Ortschaft Barßel.

Wer geradeaus weiterfährt, gelangt in den gut eingerichteten Sportboothafen Barßel, der sich auch für größere Yachten eignet, aber etwas betriebsam ist. Barßel liegt in einer ausgedehnten, parkartigen Moor- und Heidelandschaft und ist ein guter Ausgangspunkt für Wanderungen und Radtouren. In Barßel gibt es gute Einkaufsmöglichkeiten und unmittelbar am Hafen ein Hallenbad (29–30 °C) mit Cafeteria, Sauna und Solarium.

Falls Sie nicht zum Elisabethfehnkanal, sondern wieder zurück nach Leer zur Ems möchten, so bietet sich der Weg von Barßel über die Jümme zur Leda an. Gleich unterhalb der Brücke liegt am Südufer der Gasthof „Zur Jümmebrücke", ein gemütlicher und preiswerter Landgasthof mit einer sehr guten Küche und einem Schwimmsteg für Gäste. 200 m flußabwärts steht die aus dem 15. Jahrhundert stammende Burg Stickhausen. Sie ist rundum mit hohen Bäumen und Büschen zugewachsen und beherbergt ein interessantes Museum (Mo-Fr 10-11, 14-16, So 14-18 Uhr, Tel. 04957-7 07).

Bei km 9,9 zweigt am Ost-Ufer der Nordgeorgsfehnkanal ab, eine interessante Verbindung zum Ems-Jade-Kanal, siehe Seite 141.

Nur 100 m weiter, bei km 9,8, liegt die Steganlage des WSC Jümme mit Strom und Wasser am Steg. Die Anlage ist landseitig abgeschlossen, der Schlüssel für Gäste hängt im Glaskasten.

Weiter flußabwärts ist die Jümme auch bei NW etwa 2 m tief. Vor der Einmündung in die Leda liegt an Stb. die Steganlage des WSC Wiltshausen (Clubhaus, Wasser und Strom am Steg) und gleich dahinter die „Pünte", die letzte handbetriebene Seilfähre Norddeutschlands, die an Wochenenden vom Pünteverein betrieben wird. Am Nordufer liegt ein uriger Gasthof, das „Fährhaus Wiltshausen". Für diese Rundreise (86 km) sollte man wenigstens eine Woche einplanen.

Auf der Rundreise im Leda-Jümme-Revier.

Der Elisabethfehnkanal

Der 15 km lange Elisabethfehnkanal zweigt bei km 29,3 vom Küstenkanal nach Norden ab und stellt für Sportboote eine direkte und sehr angenehm zu fahrende Verbindung zum Leda-Jümme-Gebiet her. Der 1,2 m tiefe Kanal mit 4 Schleusen und 8 Klappbrücken kann von Sportfahrzeugen nur im Konvoi befahren werden. Wegen einiger Düker geht das noch bis 1,1 m Tiefgang, wenn man nicht schneller fährt als die erlaubten 7 km/h. Wer schneller fährt, hat nichts davon, denn das Boot saugt sich auf dem schmalen Kanal fest, und an der nächsten Brücke oder Schleuse muß man ja ohnehin auf den Schleusenmeister warten.

Die etwa dreistündige Fahrt auf dem fast schnurgeraden und mit großen Bäumen dicht bewachsenen Kanal ist gemütlich, erholsam und bereitet großes Vergnügen. Die alte Straße an der Ostseite wird von Kraftfahrzeugen kaum noch befahren (sie fahren auf der neuen Straße an der Westseite) und lädt dazu ein, mit dem Fahrrad nebenherzufahren. Wer sich für die Fehn- und Moorkultur interessiert, sollte das Moor- und Fehnmuseum in Elisabethfehn besuchen. Es ist täglich, außer Montag, von 15.00-19.00 geöffnet.

Gesetzliche Bestimmungen

Es gilt die Binnenschiffahrtsstraßen-Ordnung, die die Schiffsgröße auf 20 x 4,5 m bei 0,9 m Abladetiefe und die Durchfahrtshöhe auf 4 m begrenzt. Als Bergfahrt gilt die Fahrtrichtung zum Küstenkanal.

Bedienung der Schleusen und Brücken

Sportboote können den Elisabethfehnkanal nur im Konvoi befahren. Sie werden auf der ganzen Strecke vom Schleusenmeister begleitet, der nebenherfährt und alle Brücken und Schleusen nacheinander in mühsamer Handarbeit bedienen muß. Helfer sind willkommen. Die Konvoifahrten beginnen in der Zeit vom 15. 4. bis 30. 9. im Norden und im Süden des Kanals gleichzeitig jeweils Mo-Fr 07.30 und 12.00. Sa, So u. Ftg. 07.30, Mi geschlossen. Vom 1. 10.–15. 4. nur nach Anmeldung 3 Tage vorher, Tel. 04505-74 37.

Liegemöglichkeiten

Es gibt eine ganze Reihe von einfachen Bootsstegen, an denen man auch übernachten kann, jedoch keine komfortablen Yachthäfen.

Versorgung

Am Kanal gibt es mehrere Landtankstellen (alle Sorten per Kanister), Lebensmittelgeschäfte und Gaststätten. Da man im Konvoi fährt, bleibt aber kaum Zeit zum Bunkern oder Einkaufen, es sei denn, man würde die Fahrt unterbrechen und mit dem nächsten Konvoi weiterfahren.

Weiterfahrt ins Leda-Jümme-Revier

Nördlich des Elisabethfehnkanals beginnt das Gezeitenrevier (Tidenkalender erforderlich, siehe auch unter Rundreise im Leda-Jümme-Revier, Seite 136). Auf demWeg zur nächstgelegenen Liegemöglichkeit (WSV Elisabethfehn, in der Sagter Ems, 1,2 km entfernt) passiert man keine Brücken.

Falls die Tide die Weiterfahrt nicht zuläßt, bleibt man im Kanal vor der Schleuse Osterhausen, km 14,4. Dort steht auch eine Telefonzelle, von der man für die Weiterfahrt auf Leda, Sagter Ems oder Dreyschlot die Brücken bestellen muß (siehe Leda-Jümme-Revier, Seite 130 ff.).

Am Elisabethfehnkanal: Die Schleuse Osterhausen (o.).
Die Schleuse Brandreeken (u.).

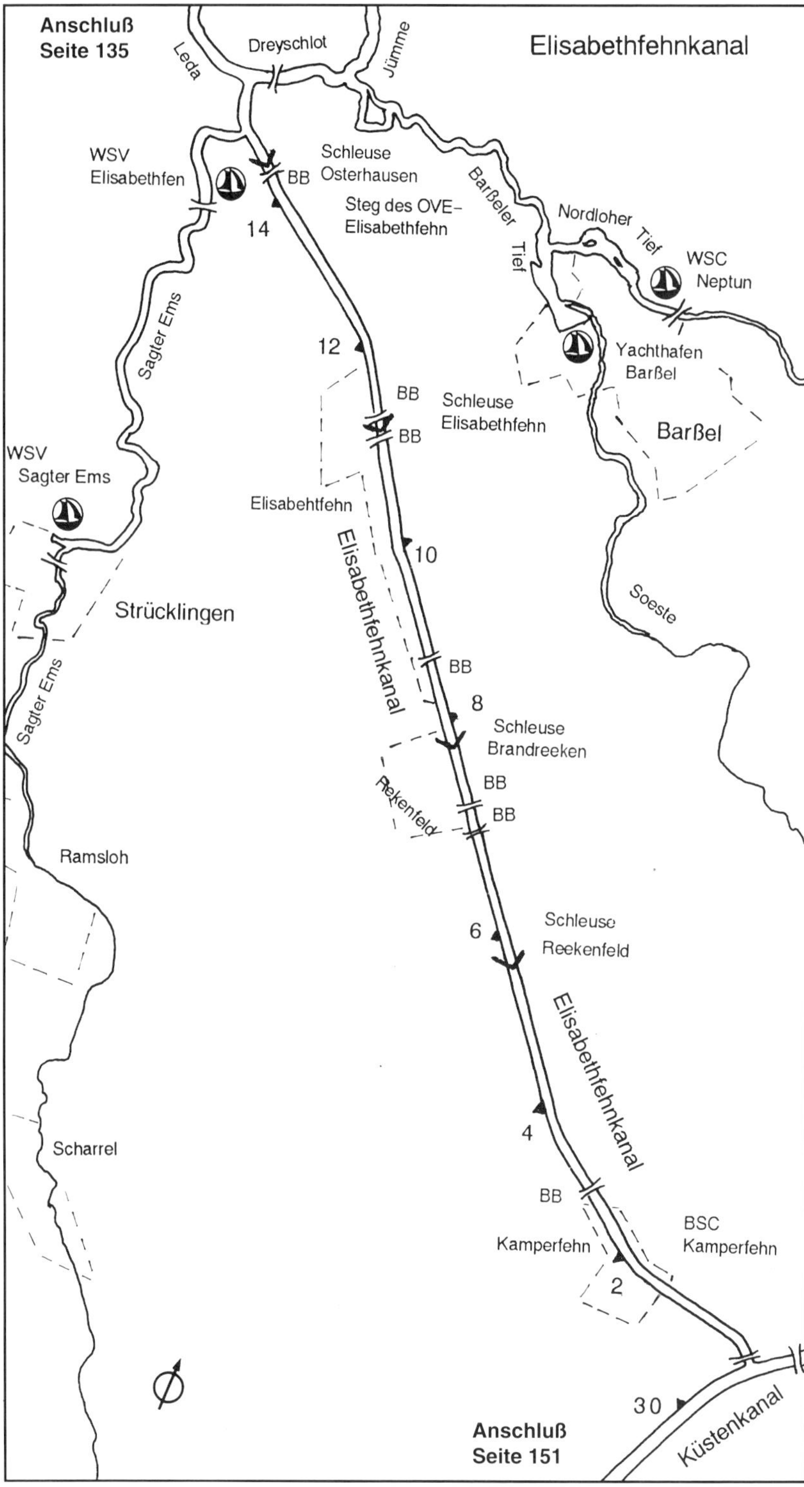

Km 0,0 Beginn des Elisabethfehnkanals mit der Abzweigung aus dem Küstenkanal.

Km 2,0-2,4 Ost-Ufer, Stege des BSC Kamperfehn.

Km 3,2 Ortschaft Kamperfehn. Tankstelle, Restaurant und SB-Markt.

Km 5,30 Schleuse Reekenfeld, 20 x 4,5 m, Hub 1,4 m, Spundwände.

Km 7,70 Schleuse Brandreeken, 20 x 4,5 m, Hub 1,0 m, Spundwände. Ost-Ufer, Gasthaus Schützenhof.

Km 8,7 Ost-Ufer, SPAR-Lebensmittel-Laden.

Km 10,5-11,8 Ortschaft Elisabethfehn. SB-Markt, BP-Tankstelle (alle Sorten), Moor- und Fehnmuseum.

km 11,2 Schleuse Elisabethfehn, 20 x 4,5 m, Hub 1,35 m, Wände aus Eichenbohlen.

Km 14,2 Ost-Ufer, Steg des OVE Elisabethfehn. Letzter Liegeplatz im Kanal. Gasthaus Fischerkrug, Telefonzelle.

Km 14,4 Schleuse Osterhausen, 20 x 4,5 m, Hub 0,84 m, Wände aus Eichenbohlen.

Km 15,0 Ende des Kanals mit der Einmündung in die Leda.

Der Nordgeorgsfehnkanal

Der Nordgeorgsfehnkanal (NGFK) verbindet den Ems-Jade-Kanal mit der Jümme. Der Kanal mit seinem moorig-braunen, aber sauberen Wasser verläuft fernab jeglicher Industrie durch eine stille, verträumte Moor- und Heidelandschaft. Langgestreckte Dörfer, meist nur eine Reihe schmucker Häuser zu beiden Seiten des Kanals, wechseln sich ab mit Feldern, Wiesen, ausgedehnten Mooren und einsamen Wäldern. Er ist 31,82 km lang, hat 8 Schleusen, 9 feste und 9 bewegliche Brücken. Der Wasserspiegel ist 13,3 m, die Sohle 5,5 m breit. Die Strecke vom Ems-Jade-Kanal bis nach Wiesmoor bereitet keine Probleme. Das Befahren des Kanals von Wiesmoor bis zur Jümme muß jedoch wegen der Bedienung der Schleusen und Brücken mindestens zwei Tage zuvor beim Staatlichen Amt für Wasser und Abfall in Aurich (STAWA) angemeldet werden. Tel. 04948-2 19 oder 04941-23 92.

Der Nordgeorgsfehnkanal wird weiter ausgebaut mit dem Ziel, eine Verbindung zwischen der Jümme und dem Ems-Jade-Kanal für Fahrzeuge bis 3,5 m Höhe zu schaffen. Die Schleusen Remels und Reekenfeld wurden renoviert, die Brücken bei km 22,9 („Nato-Brücke“) und km 7,84 als Klappbrücken erneuert und die feste Brücke bei km 18,16 als Neubau auf eine Durchfahrtshöhe von 3,5 m gebracht. Die aktuelle Durchfahrtshöhe liegt derzeit bei 1,74 m. Von km 0,0 bis zur Schleuse I bei km 5,75 ist der NGFK noch Tidenrevier. Die Durchfahrtshöhen sind auf diesem Teil von den Gezeiten abhängig, sie sind in der Streckenbeschreibung angegeben.

Der bei km 28,2 nach Westen abzweigende Großefehn-Anschlußkanal ist 12 m breit, 2 m tief und bis 1,2 m Tauchtiefe und max. 6 km/h zugelassen, derzeit aber nur auf 1,4 km freigegeben.

Gesetzliche Bestimmungen

Es gilt neben der BinnSchStrO eine spezielle Landesverordnung, die die Höchstgeschwindigkeit auf 6 km/h und die Abmessungen der Fahrzeuge auf 21 m Länge, 5 m Breite und 1,40 m Tiefgang begrenzt.

Die Durchfahrtshöhe beträgt vom Ems-Jade-Kanal bis nach Wiesmoor 3,5 m, weiter nach Süden bis zur Jümme nur 1,74 m (feste Brücken). Als Bergfahrt gilt die Richtung zum Ems-Jade-Kanal.

Betriebszeiten der Schleusen und Brücken

Die Schleusen NGFK VI, NGFK VII (zwischen Ems-Jade-Kanal und Wiesmoor) sind zur Selbstbedienung eingerichtet. Den Schlüssel erhält man beim SPAR-Markt Lübbers in Marcardsmoor, gegen ein Pfand von 20,– DM. Er paßt auch für die über dem Unterhaupt der Schleusen liegenden Drehstege. Die Schleuse NGFK VIII bei Marcardsmoor steht offen.

Zwischen Wiesmoor und der Jümme gibt es keine festgesetzten Betriebszeiten, da dieser Teil des Kanals nur nach Absprache mit dem STAWA in Aurich befahren werden kann (s. o.).

Liegemöglichkeiten

Km 10,4, Anleger. Km 13,8 Remels, Bootsstege. Km 21,6 Wiesmoor, Bootsstege. Km 31,48 zu beiden Seiten der Schleuse NGFK VIII.

Treibstoff

Km 13,6 Remels, Landtankstelle (alle Sorten) etwa 400 m westlich des Kanals. Km 31,48 Marcardsmoor, Tankstelle, etwa 200 m nördlich des Ems-Jade-Kanals.

Proviant

Km 13,6 Remels. Km 31,49 Marcardsmoor.

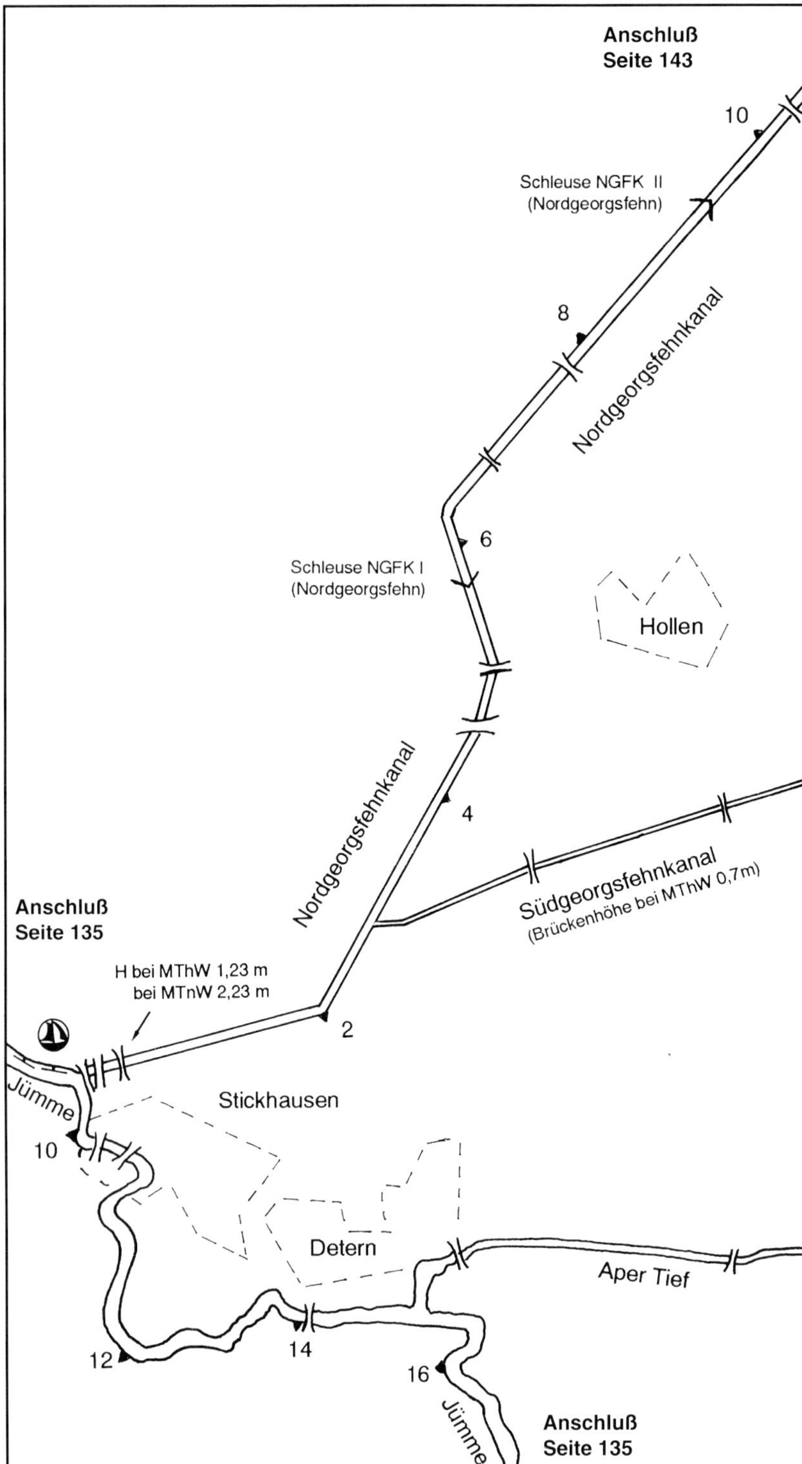

Km 0,03 Straßenbrücke, H bei MThW 1,30 m, bei MTnW 2,30 m.
Km 0,032 Eisenbahnbrücke, H bei MThW 1,25 m, bei MTnW 2,25 m.
Km 2,85 Ost-Ufer, Abzweigung des Südgeorgsfehnkanals. Ohne praktische Bedeutung für die Sportschiffahrt, da die Brücken sehr niedrig sind (H bei MThW 0,7 m, bei MTnW 1,30 m).
Km 5,035 Straßenbrücke, H bei MThW 1,23 m, bei MTnW 2,23 m.
Km 5,75 Schleuse NFGK I (Nordgeorgsfehn), 21 x 5 m, Hub bei NW ca. 2,2 m.
Km 6,89 BB, H 1,25 m.
Km 7,843 BB, H 0,78 m.
Km 9,54 Schleuse NFGK II (Nordgeorgsfehn), 21 x 5 m, Hub 1,72 m.

Km 10,4 Westufer, bei der Brücke sehr schöner Sportbootanleger aus Holz, sehr solide gebaut, etwa 40 m lang.
Km 10,51 BB H 1,76 m.
Km 12,05 Schleuse NFGK III (Remels), 25 x 5,25 m (1991 von Grund auf renoviert), Hub 1,12 m.
Km 12,87 FB H 3,70 m.
Km 13,6 Straßenbrücke Remels, nördlich davon Bootsstege. Hübscher kleiner Ort mit guten Einkaufsmöglichkeiten, Tankstelle (alle Sorten / Kanister), etwa 400 m vom Kanal.
Km 14,04 FB H 3,69 m.
Km 14,05 FB H 3,74 m.
Km 15,64 FB 3,28 m.
Km 18,17 FB H 3,55 m.
Km 18,46 Schleuse NFGK IV (Neudorf), 25 x 5,25 m, Hub 2,24 m.
Km 19,85 Schleuse NFGK V (Neudorfermoor), 25 x 5,25 m, Hub 1,50 m.

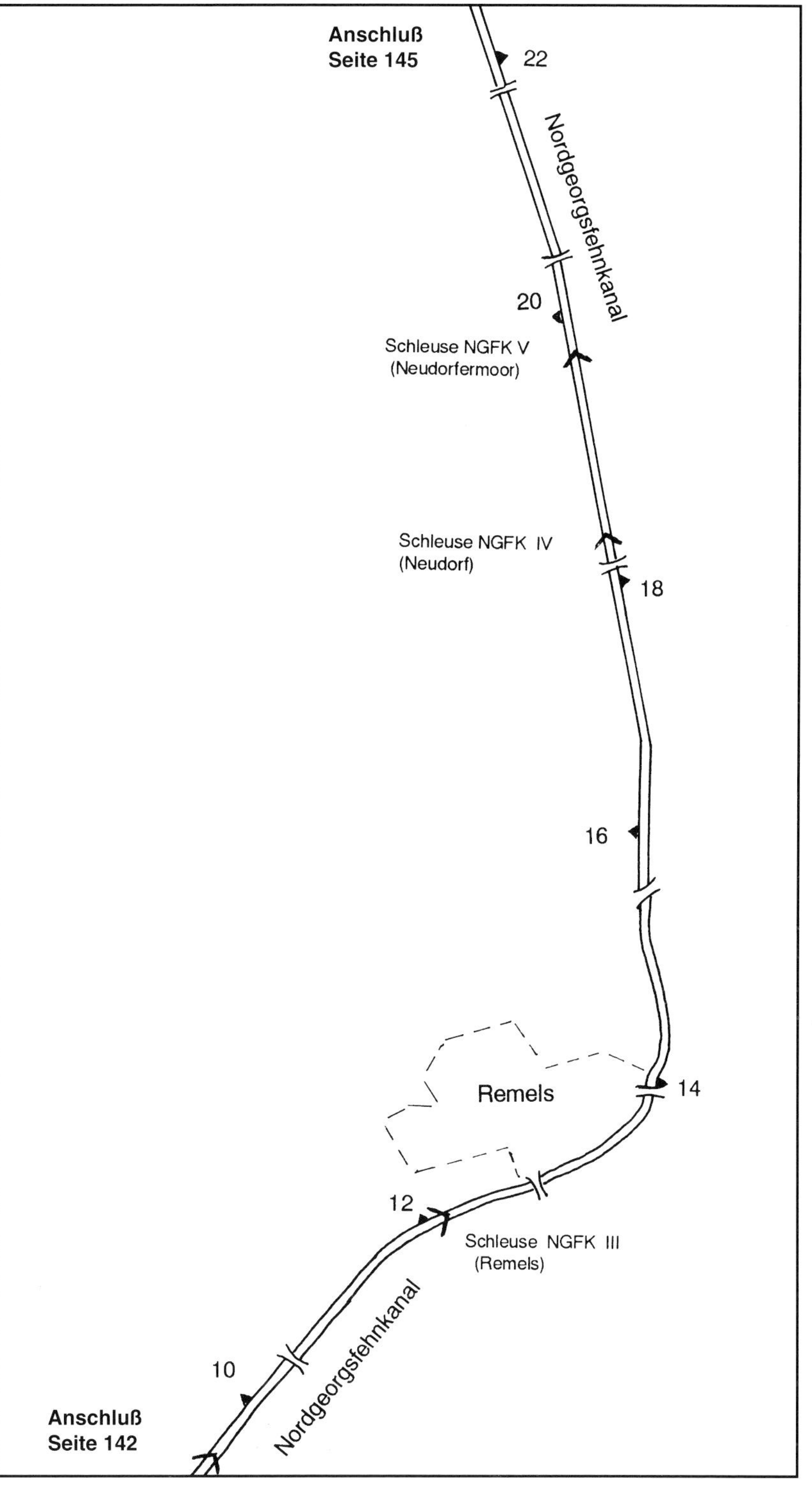

Der Nordgeorgsfehnkanal bei Remels (o.).
Urwüchsige Moorlandschaft am Kanalufer (u.).

Km 20,57 FB H 1,74 m.
Km 22,9 BB H 1,45 m (Westseite), bis 1,80 m (Ostseite).
Km 23,88 FB H 2,10 m.
Km 25,63 BB H 2,10 m.
Km 26,1 Wiesmoor, Bootsstege unmittelbar am Marktplatz, Terrassencafé, Restaurant und Kinderspielplatz.
Km 26,22 FB H 3,54 m.
Km 26,39 FB H 4,04 m.
Km 27,12 Schleuse NFGK VI (Wiesmoor), 25 x 5,2 m (Selbstbedienung), Hub 1,70 m.
km 28,06 Schleuse NFGK VII (Wiesmoor-Nord), 25 x 5,25 m (Selbstbedienung), Hub 1,40 m.
Km 29,99 BB, steht normalerweise offen, H 2,65 m.
Km 31,30 Liegeplätze vor der Schleuse Marcardsmoor. Einkaufsmöglichkeit im SPAR-Markt Lübbers am Westufer. Sanitäre Anlagen beim Campingplatz nördlich des Ems-Jade-Kanals.
Km 31,48 Schleuse NFGK VIII (Marcardsmoor), 25 x 5,25 m (steht offen).
Km 31,68 FB H 5,04.
Km 32,82 Kanalende mit der Einmündung in den Ems-Jade-Kanal.

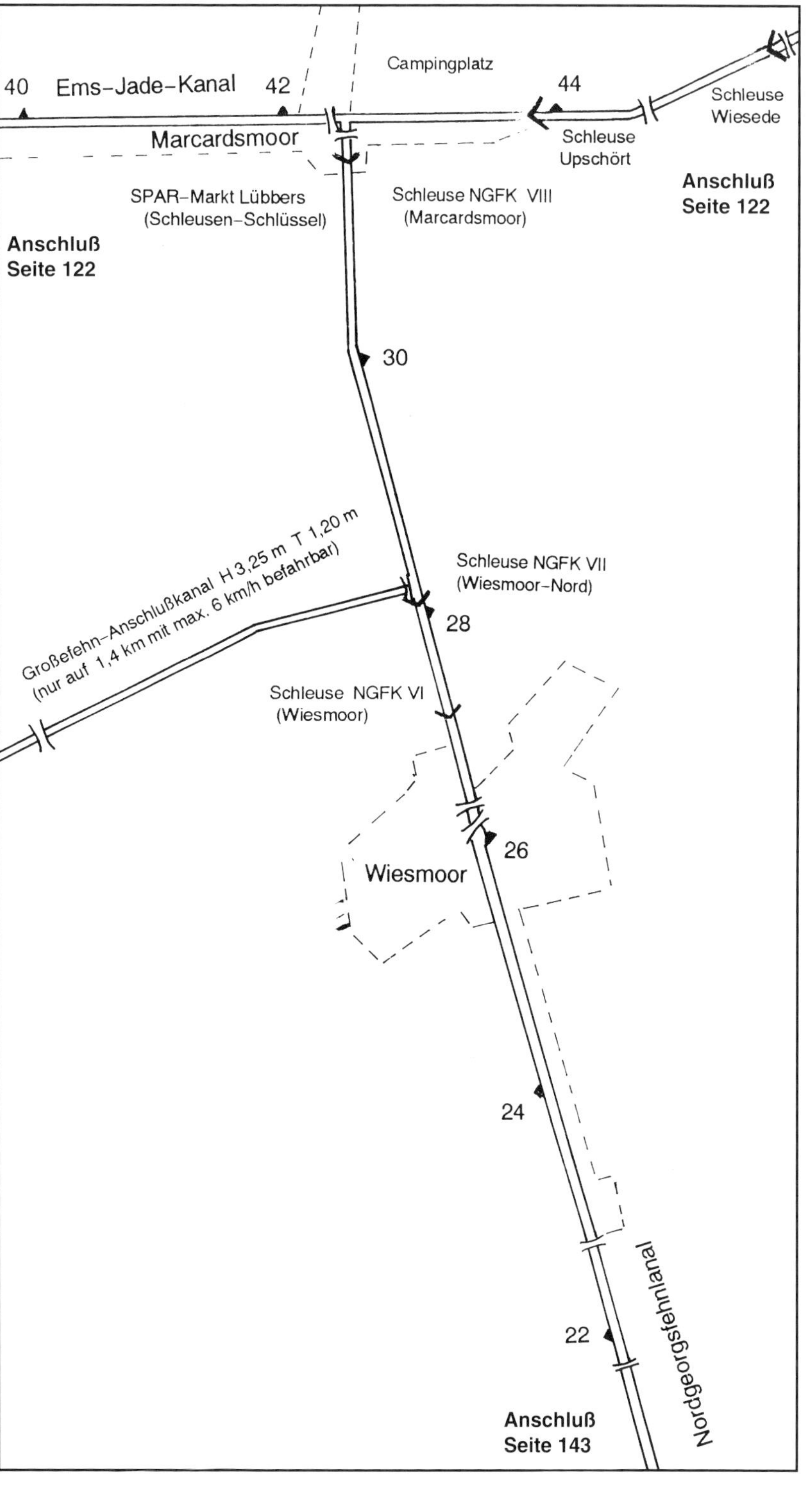

Von der Ems zur Ostsee

Der Weg von der Ems zur Ostsee führt von Dörpen an der Ems über den Küstenkanal nach Oldenburg, die Hunte abwärts zur Weser, die Weser abwärts nach Bremerhaven, in die Geeste und über den Schiffahrtsweg Elbe-Weser nach Otterndorf, die Elbe aufwärts nach Brunsbüttel und durch den Nord-Ostsee-Kanal bis nach Kiel. Dabei sind insgesamt 314 Kilometer, 7 Schleusen und 4 bewegliche Brücken zu bewältigen.

Obwohl diese Strecke nur zum Teil durch Gezeitenreviere führt, wirken sich die Gezeiten auf die gesamte Routenplanung aus. Wer die Gezeiten nicht beachtet, muß gegen die Tidenströme fahren! Das gilt für die Hin- und Rückfahrt. Es kommt also darauf an, zum richtigen Zeitpunkt abzulegen.

Steht man um 05.00 vor der Schleuse Dörpen, so dürfte man um 15.00 die Schleuse und die beweglichen Brücken in Oldenburg hinter sich haben. Dort setzt der Ebbstrom etwa 1/2 Stunde nach Hochwasser ein und läuft dann bis nach Bremerhaven fast 4 Stunden flott mit, so daß man bei 12 km/h Fahrt durchs Wasser gut 16 km/h über Grund laufen und die Strecke von 55 km in 3,5 Stunden zurücklegen wird. Voraussetzung ist, daß man in Oldenburg bei Tidenhochwasser ablegt, denn gegen den Strom würde man etwa 7 Stunden fahren!

Auch bei der Fahrt von Bremerhaven zur Elbe spielen die Gezeiten eine Rolle: Zunächst kann man auf der Geeste auf 9 Kilometer den Flutstrom ausnutzen oder gegen den Ebbstrom fahren, der hier bis zu 2 kn erreicht. In Otterndorf ist der Schleusenbetrieb von den Gezeiten auf der Elbe abhängig. Bei Tidenniedrigwasser und bei Tidenhochwasser kann nicht geschleust werden.

Wenn in Oldenburg das Hochwasser um 14.00 eintritt, so ist es am nächsten Tag in Brunsbüttel um 13.13. Von der Schleuse im Geeste-Tidensperrwerk hat man von Betriebsbeginn (07.00) bis nach Otterndorf 10,5 Stunden Zeit und wird (54,8 km mit 8 km/h und 3 Schleusen) einschließlich der Schleusen etwa 8,5 Stunden benötigen. Da die Schleuse Otterndorf werktags von 07.30–17.30, beginnend bei Niedrigwasser Brunsbüttel, nur für etwa 2 Stunden und von 1,5 Std. nach bis 4 Std. nach Hochwasser bedient wird, kann nachmittags (wenn man dort ankommt) von 14.45–17.13 geschleust werden.

Bei günstigen Tiden reicht die Zeit also aus, und über Nacht kann man entweder in Otterndorf liegen (auf der Elbe würde man jetzt gegen den Ebbstrom von 4-5 kn fahren) oder noch am gleichen Tag etwa eine Stunde nach Niedrigwasser auslaufen und wird schon nach 1,5 Stunden (mitlaufender Tidenstrom) Brunsbüttel erreichen. Dort kann man mit steigendem Wasser in den alten Hafen Brunsbüttel einlaufen oder gleich durch die Schleusen in den Kanalhafen gehen. Die anschließende Fahrt durch den Nord-Ostsee-Kanal bereitet keine Probleme.

Die Fahrt von der Ems zur Ostsee ist, abgesehen von dem etwas eintönigen Küstenkanal, landschaftlich über weite Strecken sehr reizvoll, und sowohl nautisch als auch schiffahrtstechnisch interessant. Die Städte Oldenburg, Bremerhaven, Brunsbüttel und Rendsburg sind einen Besuch wert und bieten gute Liegemöglichkeiten.

Beachten Sie bitte, daß auf den Tidenströmen Weser und Elbe die Pläne in diesem Buch für die Navigation nicht ausreichen! Hier sind u.a. die amtlichen Sportbootkarten des BSH und ein Tidenkalender erforderlich.

Die Westseite der Schleuse Dörpen am Küstenkanal (o.).
Der abzweigende Splittingkanal bei Surwold (u.).

Der Küstenkanal

Der Küstenkanal und die untere Hunte sind die nördlichste Verbindung zwischen der Ems und der Weser. Der Küstenkanal beginnt in Oldenburg bei km 0,0 und mündet nach 69,6 km bei Dörpen in die Ems. Die schiffbare Hunte beginnt ebenfalls in Oldenburg und mündet nach 25,1 km bei Elsfleth in die Weser.
Die Gesamtstrecke von der Ems bis zur Weser ist 93,7 km lang. 2 Schleusen, 4 bewegliche Brücken und 1 Sperrwerk sind zu beachten. Auf der Hunte müssen die Gezeiten berücksichtigt werden.

Der Küstenkanal
Der Küstenkanal ist 69,9 km lang und verläuft fast schnurgerade durch eine flache Moor- und Wiesenlandschaft. Seine Ufer sind mit Büschen und Bäumen dicht bewachsen, so daß man von der Umgebung kaum etwas sieht. Der Wasserspiegel ist 36 m, die Kanalsohle 24 m breit. Die flachen Steinböschungen der Ufer brechen den Schwell sehr schnell.
Bei km 29,30 zweigt der Elisabethfehnkanal ab, der den Zugang zum Leda-Jümme-Gebiet ermöglicht, siehe Seite 138.

Gesetzliche Bestimmungen
Von der Ems bis 140 m unterhalb der Amalienbrücke in Oldenburg gilt die Binnenschifffahrtsstraßen-Ordnung. Zugelassen sind Schiffe bis 85 m Länge und 9,5 m Breite sowie einer Tauchtiefe von 2,5 m. Die Durchfahrtshöhe der festen Brücken beträgt 4,5 m. Kleine Fahrzeuge dürfen höchstens 12 km/h und müssen mindestens 5 km/h fahren. Kleinfahrzeuge dürfen überholen und überholt werden. Die Fahrgeschwindigkeiten werden von der Polizei überwacht. Segeln und Wasserski sind verboten. Als Bergfahrt gilt die Richtung zur Ems.

Betriebszeiten der Schleusen
Schleuse Dörpen: Mo–Fr 05.00–21.00, Sa 05.00–13.00, an Sonn- und Feiertagen 05.00–13.00, Neujahr, Ostern, 1. Mai, Pfingsten, 24. und 31.12. kein Betrieb. Schleuse Oldenburg: Wie oben, jedoch an Sonn- und Feiertagen von 09.00–12.00.

Berufsschiffahrt
Der Küstenkanal wird von Binnenmotorschiffen stark befahren. Die Umschlag- und Ladeplätze am Kanal sind für Sportboote nicht zu empfehlen. Die Berufsschiffahrt fährt auf dem Küstenkanal bis 1,30 m Abladetiefe mit 10 km/h, über 1,30 m Abladetiefe mit 8 km/h.

Sportschiffahrt
Für die Sportschiffahrt ist der Küstenkanal nur als Durchgangs-Wasserstraße von Bedeutung.

Liegemöglichkeiten
Die Liegestellen für die Berufsschiffahrt im Küstenkanal (Gruppen mit jeweils drei Dalben, der mittlere mit Landgang) dürfen auch von Sportbooten benutzt werden. Wegen der durchgehenden Schiffahrt landseitig festmachen (Loten! Bug am Landgang, Heck am Dalben).
Yachthäfen finden Sie in Lehe, km 64, Surwold, km 55,0, und in Oldenburg.

Treibstoff
Nur von Landtankstellen in Surwold, km 55,0, und in Oldenburg, notfalls auch von der Straßentankstelle bei km 24,10 (Edewechterdamm).

Proviant
Einkaufsmöglichkeiten bestehen in Surwold, km 55,0, bei der Liegestelle Jeddeloh, km 14,1, und in Oldenburg.

Das Sicherheitstor Hilkenbrook bei km 41,1 (o.).
Flache Moor- und Wiesenlandschaft entlang des Küstenkanals (u.).

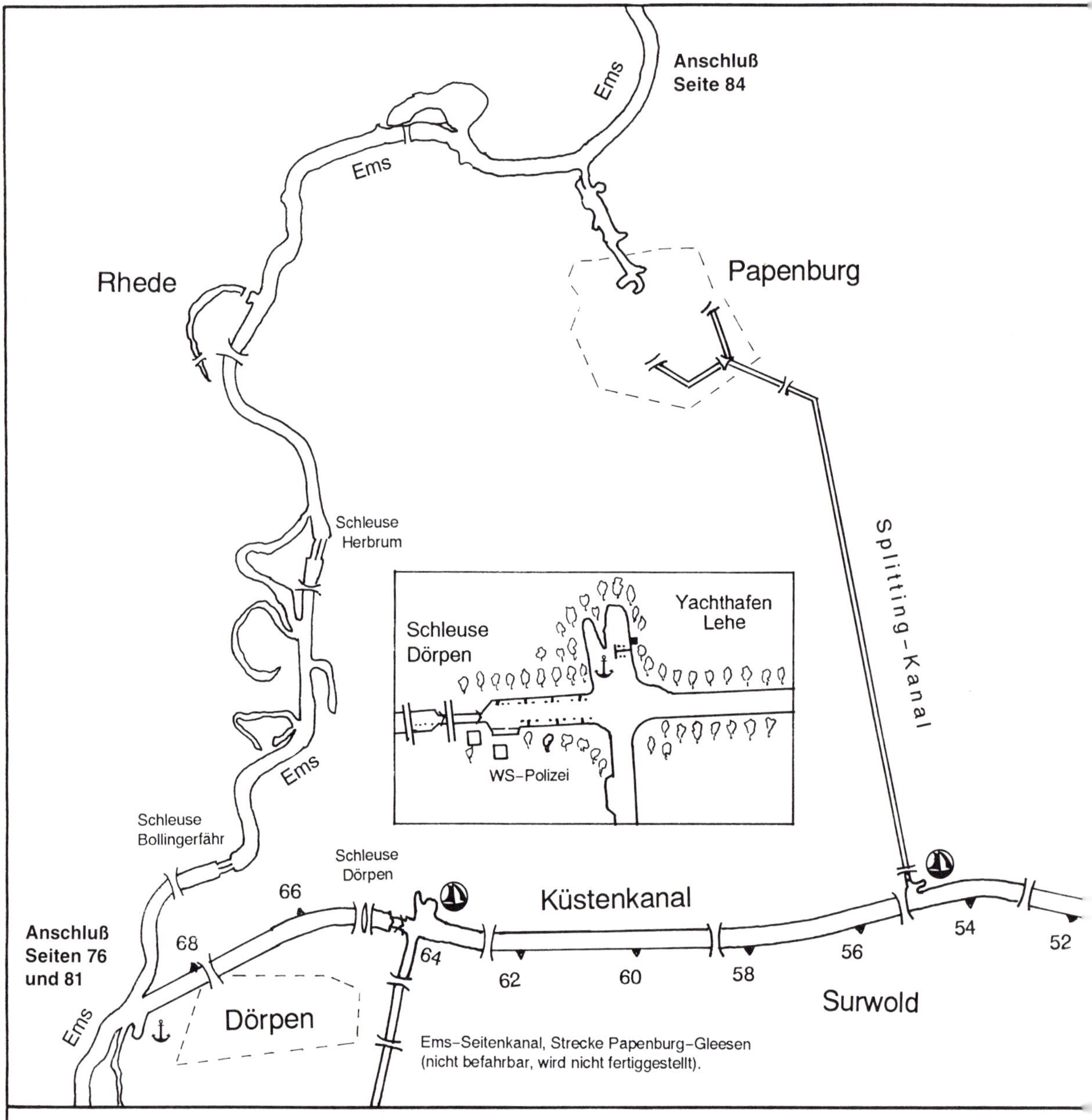

Km 69,6 Abzweigung aus der Ems. **Km 64,9** Schleuse Dörpen. 104 x 12 m, Hub 1,2 m, glatte Betonwände, UKW-Kanal 82. **Km 64,7** Wasserschutz-Polizei Dörpen. Tel.04963-230. WS-Boot: UKW-Kanal 10. **Km 64,0** Kreuzung mit dem Ems-Seitenkanal (Gleesen-Papenburg, wird nicht weitergebaut). Im Norden liegt die Steganlage des WSV Lehe in sehr schöner, windgeschützter Lage. Gäste willkommen, sofern freie Plätze vorhanden sind, Clubhaus, WC, Wasser und Strom am Steg. Der Schlüssel für das Tor hängt in einem Kasten. Das Hafengeld soll in eine kleine Kassenbox gesteckt werden. Westlich der Anlage sehr gute, geschützte Ankerplätze.

Km 55,0 Nord-Ufer, Yachthafen Surwold, WC, Duschen, Clubhaus, Gastplätze, Strom, Wasser, Slip, Gasthaus, Tankstelle (alle Sorten) 200 m, Lebens-

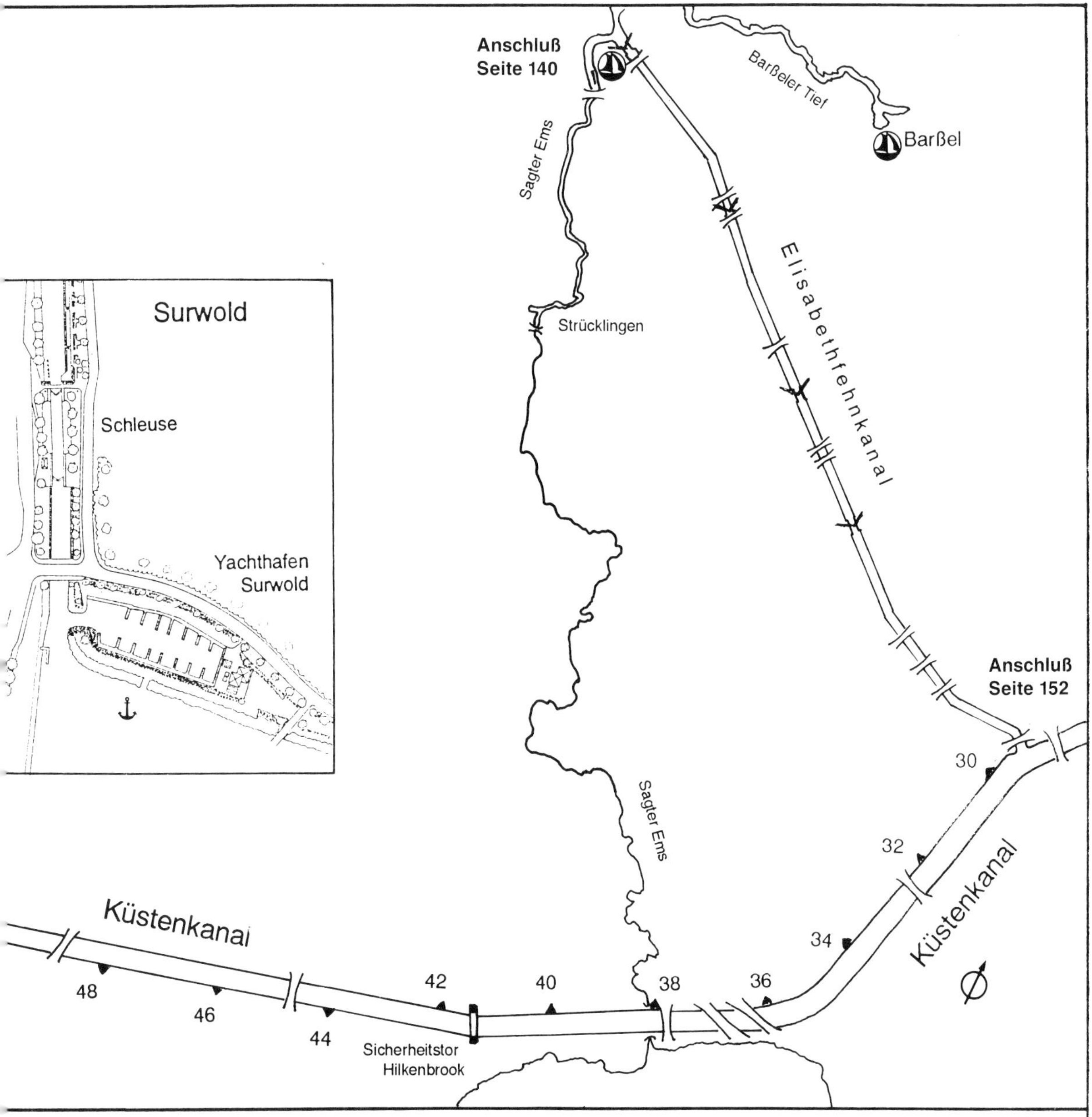

mitteleinkauf ca. 400 m vom Hafen. Südlich des Kanals liegt das Naherholungsgebiet „Surwold-Wald" (Kinderspielplatz mit Märchenwald, Minigolf, Sommer-Rodelbahn, Aussichtsturm und Waldbad). **Km 55,0** Nord-Seite, Schleuse Surwold. Einfahrt in den auf 1,6 km befahrbaren Splittingkanal. **Km 51,9** Nord-Ufer, Liegestelle, 3 Dalbengruppen mit Landgang. **Km 47,8** Südufer, Liegestelle, 3 Dalbengruppen mit Landgang. **Km 41,05** Süd-Ufer, Ohe-Ableiter, Einfahrt verboten. **Km 41,1** Sicherheitstor Hilkenbrook, steht normalerweise offen. **Km 32,0** Süd-Ufer, Liegestelle, 2 Dalbengruppen mit Landgang.

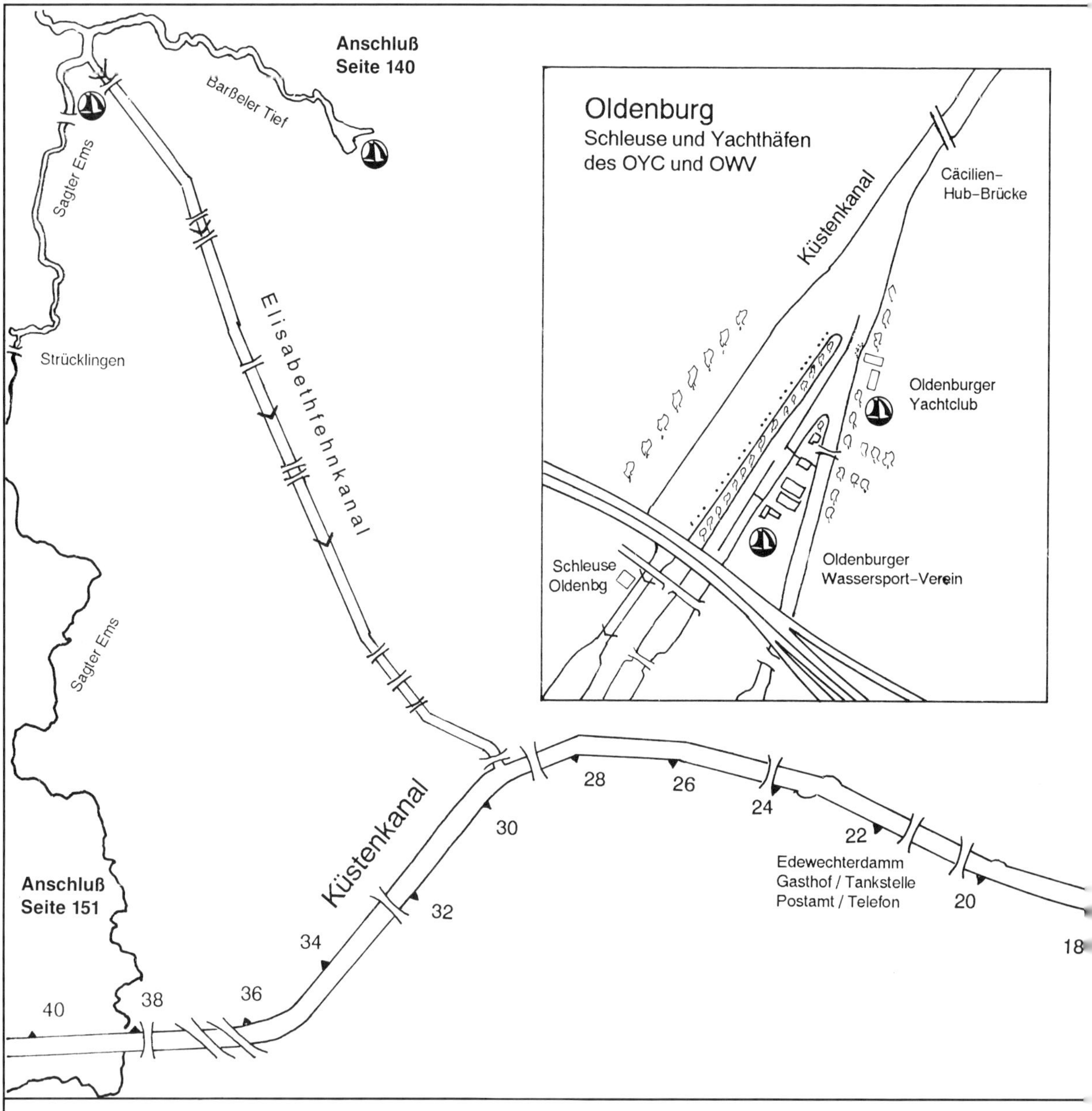

Km 29,3 Einmündung des Elisabethfehnkanals, der den Küstenkanal mit dem Leda-Jümme-Gebiet und der Ems verbindet. Näheres siehe unter Elisabethfehnkanal, Seite 138. **Km 21,4** Straßenbrücke, am Süd-Ufer, Gasthaus, Tankstelle (alle Sorten), Telefonzelle, mobiles Postamt, Mo-Fr. 10.40-11.25, Sa 10.35-11.05. Am Stützpunkt des WSA ist das Anlegen verboten.

Km 19,6 Nord-Ufer, Liegestelle, Dalbengruppen mit Landgang. **Km 14,45** Hafen Edewechter Stahlbeton. **Km 14,1** Süd-Ufer, Liegestelle, Dalben mit Landgang, Lebensmittel-Einkauf. **Km 5,17** Sicherheitstor Hundsmühlen, steht normalerweise offen. **Km 1,90** Schleuse Oldenburg. 102 x 12 m, Klinker-Wände, Hub 1,75–7,00 m, abhängig vom Wasserstand der Hunte, UKW-Kanal 20, Tel. 0441-50 39 24.

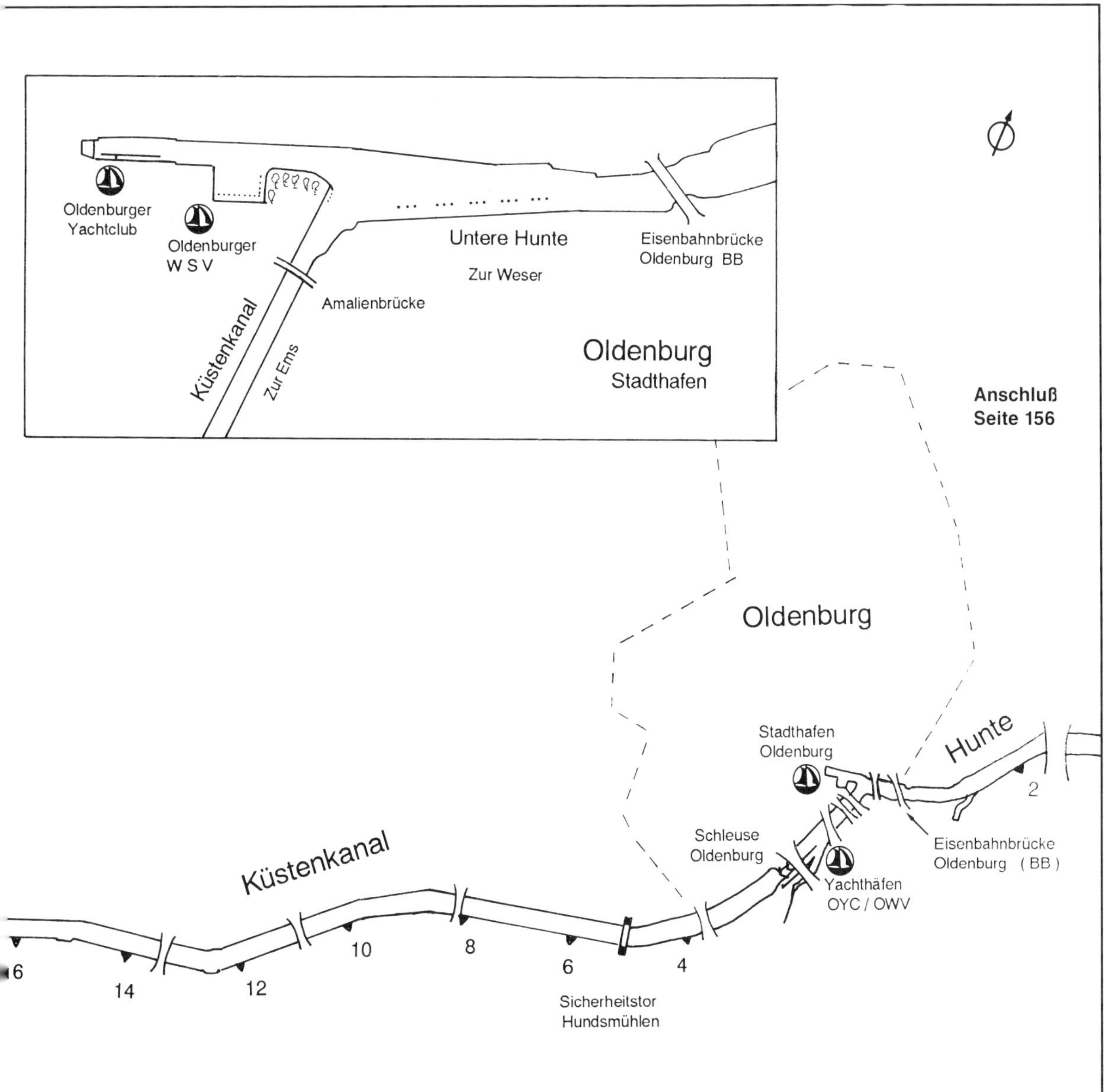

Km 1,0 Süd-Ufer, in der Hunte Yachthafen des Oldenburger Yachtclubs mit bewirtschaftetem Clubhaus, WC, Duschen, Wasser und Strom am Steg, Trailer-Slipanlage. Dahinter der Oldenburger Wassersport-Verein. Stege mit Wasser und Strom, Slipanlage. **Km 0,84** Cäcilienbrücke. Hubbrücke, Durchfahrtshöhe bei MTnW ca. 2,5 m, bei MThW ca. 0,5 m. Gehoben plus 3,5 m.

Km 0,0 Ende des Küstenkanals. Nach Westen zum Stadthafen Oldenburg. Liegeplätze an der Pier (Tidenhub beachten). Gastplätze an Schwimmstegen beim OYC und beim OWV, beide an der Südseite. Diese Anlagen sind abgeschlossen (Schlüssel beim Kiosk) und liegen nahe bei der Altstadt. WC, Duschen, Wasser und Strom, Yachtausrüster, Tankstelle 250 m (alle Sorten).

Die untere Hunte

Die untere Hunte von Oldenburg bis zur Einmündung in die Weser bei Elsfleth, mit den Häfen Oldenburg und Elsfleth, ist Gezeitenrevier. Bei Elsfleth muß man mit einem Tidenhub von 3,6 m, bei Oldenburg von 2,9 m rechnen. Der Ebbstrom (bis zu 3 kn) fließt zur Weser, der Flutstrom (bis zu 1,5 kn) in Richtung Oldenburg und staut sich dort auf. Die Solltiefe des Fahrwassers beträgt 2,5 m bei MTnW.

Gesetzliche Bestimmungen
Auf der Hunte gelten die Seeschiffahrtsstraßen-Ordnung und die Kollisionsverhütungsregeln. Hier ist der Sportbootführerschein See oder das Sportseeschifferzeugnis erforderlich. Das UKW-Funkgerät muß zum UKW-Seefunk zugelassen sein. Geschwindigkeitsbegrenzung für alle Fahrzeuge auf 10 km/h durchs Wasser. Bei guter Sicht gilt ein Nacht-Fahrverbot von 2 Stunden nach Sonnenuntergang bis 2 Stunden vor Sonnenaufgang, bei Nebel (Sicht weniger als 2000 m) von Sonnenuntergang bis Sonnenaufgang. Als Bergfahrt gilt die Fahrtrichtung nach Oldenburg.

Betriebszeiten
Cäcilienbrücke in Oldenburg und Hubbrücke Huntebrück: Mo-Sa 05.00-21.00, So 09.00-12.00. Eisenbahnbrücken in Oldenburg und Elsfleth: Vom Fahrplan abhängig. Öffnung auf Anforderung (beide UKW-Kanal 73).

Berufsschiffahrt
Zugelassen sind Schiffe bis zu 85 m Länge und 10 m Breite.

Liegemöglichkeiten
Außer den Liegestellen der Berufsschiffahrt, die sich für Sportboote kaum eignen, gibt es nur bei km 6,1 den trockenfallenden Sielhafen Iprump, der jedoch nur kleineren Booten zugänglich ist. Auch der Hafen von Elsfleth ist für Sportboote nicht zu empfehlen (Tidenhub, Schwell und keine besonderen Einrichtungen für Yachten.). Der Sportboothafen Elsfleth ist von der Weser her durch eine Schleuse zugänglich, siehe Seiten 156 und 160.

Hunte-Sperrwerk bei Elsfleth
Bei km 24,10 steht an der Hunte ein Sturmflut-Sperrwerk, das nur bei Wasserständen von mehr als 1 m über MThW geschlossen wird. Die Klappbrücken stehen normalerweise offen und werden bei Windstärken von mehr als Bft 10 geschlossen. Durchfahrtshöhe bei geschlossenen Brücken und MThW 6 m. UKW-Kanal 73, Tel. 04401-92 62 58. Gegenüber der Schiffahrt keine Weisungsbefugnis. Die Schiffahrt hat Vorrang vor dem Straßenverkehr.

Treibstoff
Nur von Landtankstellen in Oldenburg und Elsfleth

Proviant
Einkaufsmöglichkeiten nur in Oldenburg und Elsfleth

Revierfunk
Die Lagemeldungen von Bremen Weser Traffic und Bremen Hunte Traffic informieren über Tidenverhältnisse, Störungen an Verkehrszeichen, Wetter, besondere Vorkommnisse sowie über Wind- und Sturmwarnungen.

Bereich	UKW-Kanal	Zeit
Hunte: Hunte Traffic	63	h + 20
Weser: Weser Traffic	19	h + 30

Die UKW-Kanäle der Schleusen und Brücken finden Sie bei den Beschreibungen.

Der Yachthafen des OYC im Stadthafen Oldenburg (o.).
Die Eisenbahndrehbrücke Elsfleth bei km 20,7 (u.).

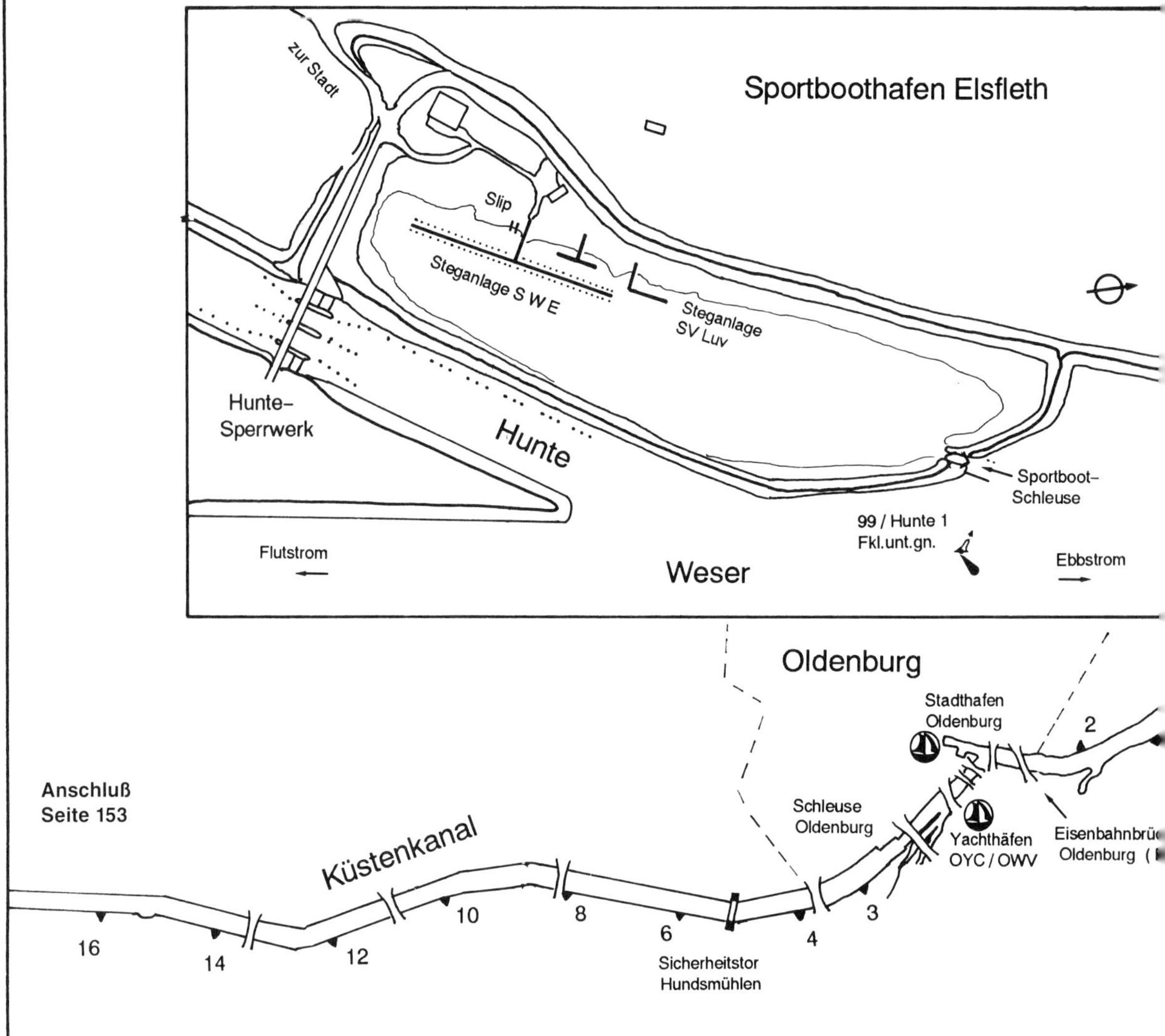

Km 0,0 Beginn der unteren Hunte mit neuer Kilometrierung. **Km 0,50** Eisenbahnklappbrücke, Durchfahrtshöhe geschlossen bei MThW ca. 1,9 m. Öffnung auf Verlangen, UKW-Kanal 73. **Km 6,1** Sielhafen Iprump, fällt teilweise trocken, nur für kleinere Boote geeignet, keine Versorgung. **Km 17,4** Hubbrücke Huntebrück. Durchfahrtshöhe geschlossen bei MThW 4,5 m. Gehoben bis plus 20,5 m. UKW-Kanal 73. **Km 20,7** Eisenbahn-Drehbrücke Elsfleth. Durchfahrtshöhe geschlossen bei MThW ca. 4,3 m. Öffnung auf Verlangen. UKW-Kanal 73. **Km 21,0 bis 23,5** Hafen Elsfleth. Keine akzeptablen Liegemöglichkeiten. Tidenhub beachten! Treibstoff nur an Land (alle Sorten), Tel. 04404-2382. **Km 24,1** Hunte-Sperrwerk (Seite 154).

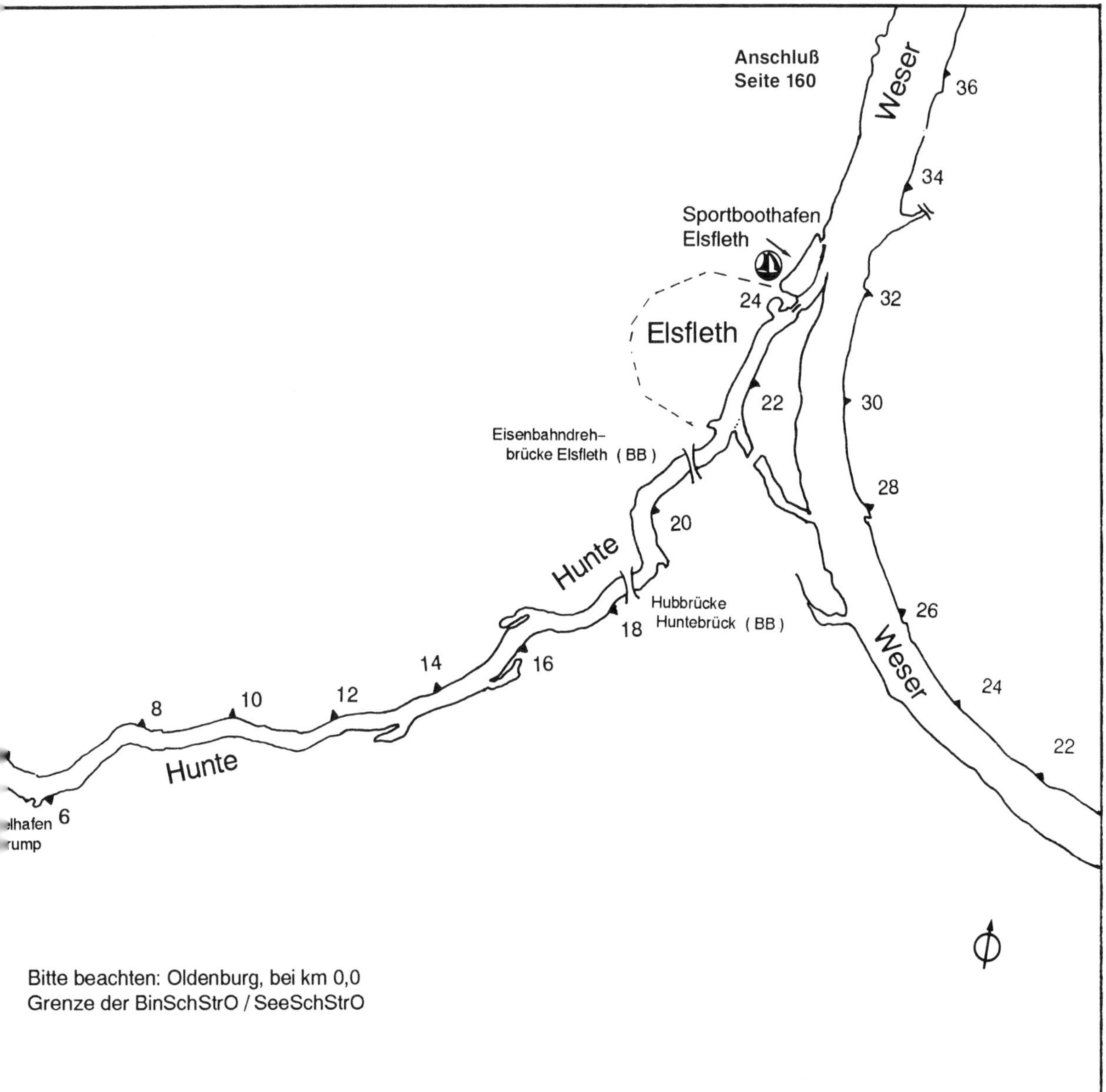

Km 25,10 Einmündung in die Unterweser. Schleuse zum Sportboothafen Elsfleth. 1 Kammer 19 x 8,7 m. Betriebszeiten der Schleuse: Vom 15.4.-15.10. von Mo–Do alle 2 Stunden von 09.00-21.00. Fr von 13.00-22.00, Sa 07.00-22.30 und So von 07.00-21.00 durchgehend, jedoch nicht von 1 Std. vor bis eine Std. nach Niedrigwasser. Die Warteplätze vor der Schleuse sind sehr starkem Schwell ausgesetzt. Besser in die Hunte einfahren und dort warten. Der Sportboothafen Elsfleth wird vom SC Weserstrand betrieben und bietet ruhige Liegeplätze, Clubhaus mit san. Anlagen, Wasser, Strom, Grillplatz, Kinderspielplatz, Slipanlagen und einen Mast-Kran, Tel. 04404–1233.

Die Weser

Von Elsfleth bis Bremerhaven

Die Unterweser von Bremen bis zur Nordsee ist Gezeitenrevier. Der Flutstrom läuft von der Nordsee mit einer Geschwindigkeit bis zu 3 kn in Richtung Bremen und staut sich dort auf. Der Ebbstrom fließt mit bis zu 4 kn zur Nordsee. Der mittlere Tidenhub beträgt bei Bremerhaven 3,4 m, bei Elsfleth 3,7 m und bei Bremen 3,9 m. Starke Winde aus WNW bis NNW erhöhen die Wasserstände, Winde aus SW senken sie. Starkwind gegen den Ebbstrom baut auf der Weser sehr schnell einen groben Seegang mit kurzen, steilen Wellen auf. Die Entfernung von der Huntemündung bis zur Geestemündung in Bremerhaven beträgt 33,2 km. Das Fahrwasser der Weser ist sehr gut betonnt und durchgehend befeuert. Die Ufer sind über weite Strecken flach und sandig sowie mit zahlreichen Buhnen und Leitdämmen versehen, die bezeichnet und auch in den amtlichen Sportbootkarten des BSH eingezeichnet sind.

Gesetzliche Bestimmungen

Auf dem hier beschriebenen Teil der Weser gelten die Kollisionsverhütungsregeln (KVR) und die Seeschiffahrtsstraßen-Ordnung. Erforderlich ist der Sportbootführerschein See oder das Sportseeschifferzeugnis. Das UKW-Funkgerät muß zum UKW-Seefunk zugelassen sein.

Betriebszeiten der Schleusen

Schleuse Brake: Mo-Fr (auch Karfreitag) 05.00-23.00, Sa u. So 08.00-13.00 und 16.00-20.00. Ostersonntag, Pfingstsonntag, Weihnachten und Neujahr kein Betrieb. Doppelschleuse Bremerhaven: Ganzjährig 00.00-24.00.

Berufsschiffahrt

Die Weser wird von Seeschiffen bis 290 m Länge, 40 m Breite, 10,7 m Tiefgang und bis zu 100 000 t Wasserverdrängung befahren.
Sie sind auf die Fahrrinne und das Tidenhochwasser angewiesen und laufen mit ca. 11 kn. Als Sportskipper sollte man weiträumig und deutlich ausweichen und bedenken, daß das Heck eines großen Schiffes in den engen Kurven bis zu 50 m nach außen schwenken kann.

Sportschiffahrt

Für die Sportschiffahrt ist die Weser ein interessantes, aber manchmal recht grobes Revier, das wegen der Großschiffahrt und der Gezeiten ständige Aufmerksamkeit verlangt.
An den Ufern findet man über weite Strecken natürliche Sandstrände, die zum Heranfahren verlocken. Dabei müssen insbesondere die parallel zum Ufer verlaufenden Leitdämme und der Schwell der Großschiffahrt beachtet werden!

Liegemöglichkeiten

Die Häfen der Berufsschiffahrt sind für Sportboote ungeeignet. Man wäre dort dem Schwell der Großschiffahrt ausgesetzt. Yachthäfen gibt es in Brake, Großensiel und Bremerhaven. Geschützte Ankerplätze finden sich im Rechten Nebenarm und in der Schweiburg.

Treibstoff

Brake: Bunkerboot im Binnenhafen (Diesel), Benzin nur an Land. Bremerhaven: Bunkerboot „Emstank 7", UKW-Kanal 08, Liegeplatz im Fischereihafen (Diesel, Wasser und Schmieröl). Marina Bremerhaven im Fischereihafen (alle Sorten).

Proviant

Einkaufsmöglichkeiten bestehen in Brake und in Bremerhaven.

Revierfunk

Die Lagemeldungen von Bremerhaven Weser Traffic und Bremen Weser Traffic informieren über Tidenverhältnisse, Störungen an Verkehrszeichen, Wetter, besondere Vorkommnisse sowie Wind- und Sturmwarnungen.

Bereich	UKW-Kanal	Zeit
Huntemündung-Brake	19	h + 30

Brake–Bremerhaven h + 20, UKW-Kanäle siehe Radarkette Weser.
Die UKW-Kanäle der Schleusen finden Sie bei den betreffenden Beschreibungen.

Radarkette Weser

Sportboote, die von der Radarkette Weser eine Beratung oder Information wünschen, melden sich auf dem zuständigen Arbeitskanal mit Bootsnamen (ohne Rufzeichen), Bootsart und genauer Position, z.B. „Blexen-Radar, hier ist ‚Taurus', Motoryacht, Position 50 m südlich der Tonne 56". Mit Positions-Angaben aus einem DECCA- oder GPS-Gerät kann der Radarlotse nichts anfangen.

Die Einfahrt in den Hafen Brake.

Bereich	Ruf	UKW-Kanal
Tn. 53–63	Blexen-Radar	07
Tn. 63–58	Luneplate-Radar I	05
Tn. 58–69	Luneplate-Radar II	82
Tn. 69–79	Dedesdorf-Radar	82
Tn. 79–87	Sandstedt-Radar	21
Tn. 87–93	Harriersand-Radar I	21
Tn. 93–km 32	Harriersand-Radar II	19

Geeste-Sperrwerk Bremerhaven

Das Sperrwerk wird bei Sturmflut geschlossen, wenn der Wasserstand eine Höhe von 4,7 m über Kartennull erreicht. Vor dem Sperrwerk gibt es einen Schwimmsteg, an dem aber das Wasser so hoch auflaufen kann, daß die Kaje überflutet wird. Bei geschlossenem Sperrwerk sollte man deshalb gleich durch die Doppelschleuse in den Fischereihafen einlaufen.

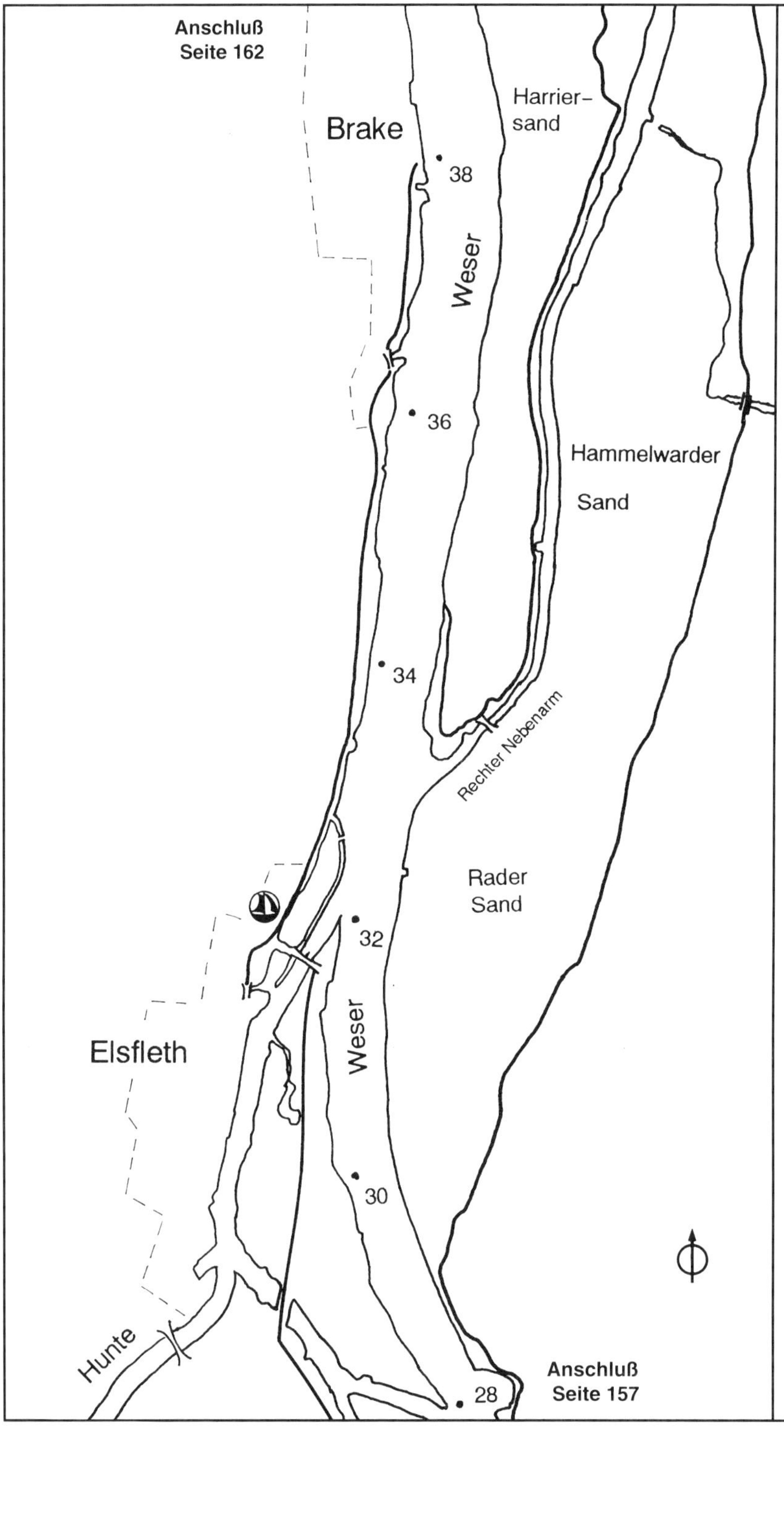

Km 32,60 West-Ufer, Einmündung der Hunte in die Weser.

Km 33,00 bis 43,20 Am Ost-Ufer die langgestreckte Insel Harriersand, hinter der der Rechte Nebenarm der Weser liegt.

Km 33,00 Ost-Ufer, obere Abzweigung des Rechten Nebenarms, sehr flach, fällt trocken.

Das Westufer bei Nordenham, km 57,7 (o.).
Die Einfahrt zur Geeste und zu den Fischereihafenschleusen in Bremerhaven (u.).

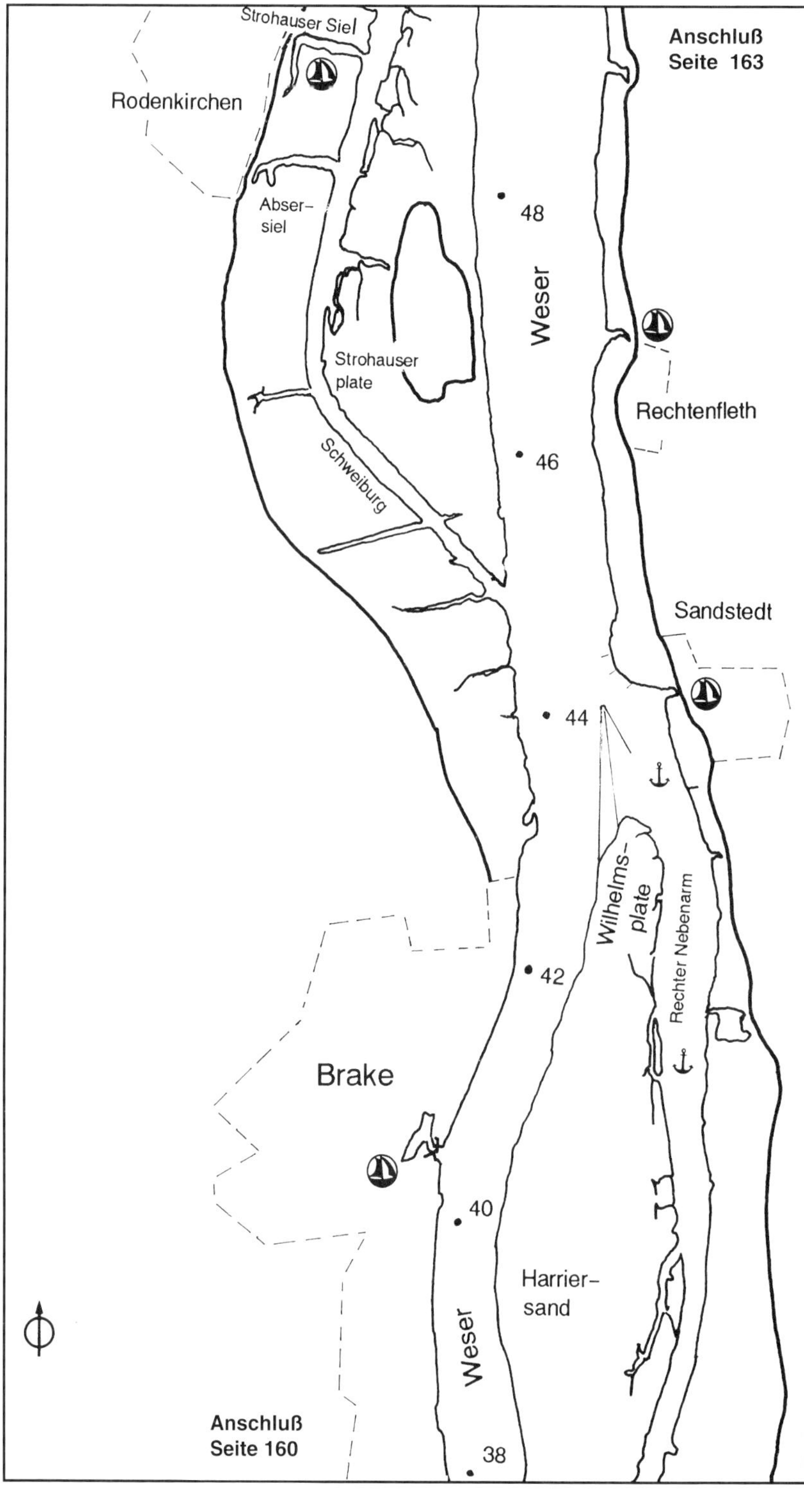

Km 39,91 West-Ufer, WS-Polizei, Station Brake, Tel. 04401-7735, WS-Boot „Bremen IV“ über UKW-Kanal 16 (nicht ständig besetzt).

Km 40,63 West-Ufer, Schleuse zum Binnenhafen Brake. 1 Kammer, 95 x 16 m, Stahl-Spundwände. Der Hub ist tidenabhängig. Um lange Wartezeiten vor der Schleuse zu vermeiden, sollte man sich frühzeitig anmelden über „Brake Lock“, UKW-Kanal 10. Im südlichen Teil des Binnenhafens liegt der Braker Ruder- und Segelverein. Wasser, Kran, Slip, Diesel vom Bunkerboot, Benzin von Land. Einkauf in der nahen Stadt.

Km 41,7 Binnenschiffsanleger, dahinter stromaufwärts Festmachetonnen für Sportboote.

Km 43,20 Ost-Ufer, untere Mündung des Rechten Nebenarmes, Naturschutzgebiet, fällt im südlichen Teil trocken (weicher Schlick). Im nördlichen Teil Ankerplätze auf ca. 1,5 m Wasser.

Km 43,25 Ost-Ufer, Einfahrt zum Sielhafen Sandstedt. Das ist ein kleiner, urig-gemütlicher Hafen im Deichvorland. Es gibt keine speziellen Einrichtungen. Die Liegeplätze an der Pier fallen trocken auf festem Untergrund. Schöner Sandstrand vor dem Hafen (Nordseite), zum Trockenfallen geeignet.

Km 44,8 West-Ufer, obere Abzweigung der Schweiburg. Landschaftlich sehr schön aber flach. Fällt im südlichen Teil trocken mit minus 1,6 m bei MTnW und 1,2 m bei MThW.
Km 49,0 Ost-Ufer, Einfahrt zum Sielhafen Rechtenfleth. Hafen und Zufahrt fallen trocken.
Km 50,0 Festmachebojen für Sportboote in der Schweiburg. WT bei MTnW ca. 1,0 m.
Km 51,6 West-Ufer, nördliche Mündung der Schweiburg. Bei MTnW etwa 1 m tief.
Liegeplätze:
Beckumersiel
Gleich westlich der Einfahrt. Fällt trocken, nur für flachgehende Boote geeignet.
Strohausersiel
2,3 km stromaufwärts, Yachthafen Rodenkirchen, WC, Duschen, Wasser. Mit 1 m Tiefgang etwa 1 Std. nach NW erreichbar.
Absersiel
3,3 km stromaufwärts, Sielhafen Absersiel. Erreichbar mit 1 m Tiefgang von 3 Std. vor bis 2 Std. nach Hochwasser.
Km 56,2 West-Ufer, Einfahrt nach Großensiel, geradeaus zum Sielhafen, 200 m nach der Einfahrt nach Süden zum Sportboothafen Großensiel. Die Einfahrt ist mit Pricken markiert und bei NW etwa 1 m tief. Der Hafen liegt sehr ruhig im Deichvorland. WC, Duschen. Einkauf im Dorf.

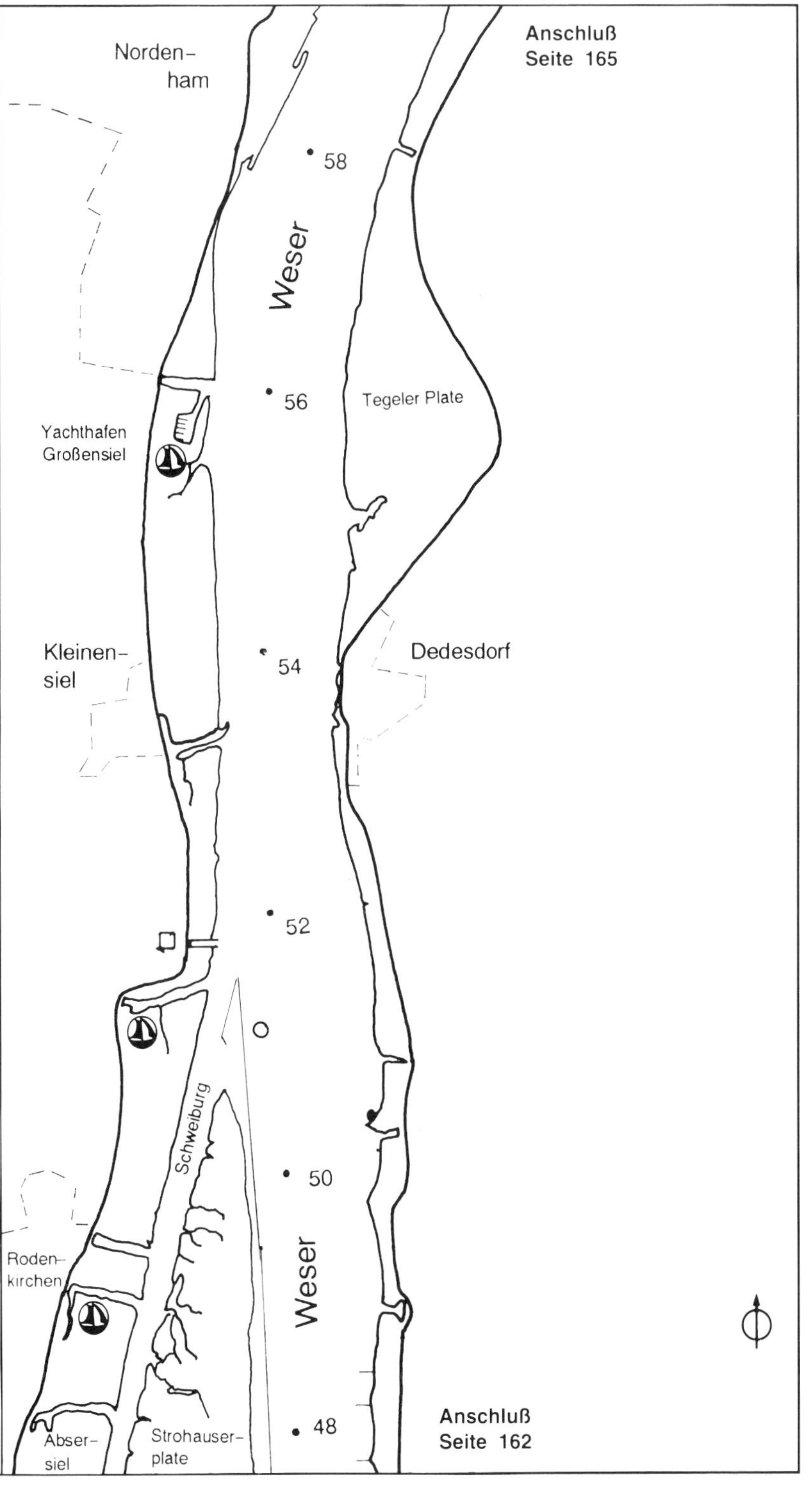

Bremerhaven

Bremerhaven wurde 1827 von der Stadt Bremen gegründet, weil vorauszusehen war, daß Bremens Häfen durch die zunehmende Versandung und den Trend zu größeren Schiffen bald nicht mehr für die großen Seeschiffe erreichbar sein würden.
Bis zum Beginn des 2. Weltkrieges war Bremerhaven Ausgangspunkt der Übersee-Passagierschiffahrt. Heute liegt der Schwerpunkt auf dem Container-Umschlag. Die Häfen nördlich der Geeste-Mündung sind nur durch Schleusen zugänglich und für Sportboote uninteressant. Es gibt dort auch keine Liegemöglichkeiten.

Ansteuerung
Der Vorhafen in der Geestemündung kann unabhängig von den Gezeiten bei Tag und Nacht angelaufen werden. Vor der mit Festfeuer rot und grün befeuerten Einfahrt zum Vorhafen setzen die Strömungen quer, und es läuft meist ein grober Schwell. Dazu kommt starker Verkehr von Fähren und Berufsfahrzeugen. Man sollte deshalb erst einlaufen, wenn der Vorhafen einzusehen ist – dann aber zügig!
Für die Vorbereitungen zum Anlegen oder Schleusen ist im ruhigeren Wasser des Vorhafens reichlich Platz. Sollte das Sturmflutsperrwerk in der Geeste geschlossen sein, so läuft man durch die Doppelschleuse in den Fischereihafen.

Doppelschleuse Bremerhaven
Diese Schleuse wird ganzjährig von 00.00-24.00 bedient. Normalerweise werden Sportboote stündlich in der kleinen (westlichen) Schleuse geschleust: Jeweils zur halben Stunde nach binnen und zur vollen Stunde nach außen. Die kleine Kammer (105 x 12 m) hat an der Ostseite Schwimmstege; an der Westmauer (glatter Beton) befinden sich Poller und Stahlseile mit eingespleißten Augen, durch die man die Leine auf Slip legen kann. Vorsicht: Die Stahlseile sind voller „Fleischhaken" (Verletzungsgefahr)! Die Nordkammer (100 x 30 m) hat zu beiden Seiten Schwimmstege. Der Schleusenhub ist tidenabhängig und liegt zwischen 1,4 m und 3,1 m. Die Schleuse ist nicht über UKW-Funk, sondern nur über Bremerhaven-Port, UKW-Kanal 12 oder Tel. 0471-9 47 46 27 zu erreichen. Lautsprecher-Anweisungen beachten.

Liegemöglichkeiten (Plan Seite 168)
In der Geeste vor und hinter dem Sperrwerk an soliden Schwimmstegen. Hinter der Doppelschleuse liegen die Yachthäfen.

Weser-Yacht-Club Bremerhaven
Abgeschlossene Anlage, WC, Duschen, Wasser und Strom am Steg, Kran, bewirtschaftetes Clubhaus, Gastplätze, Tel. 0471-2 35 31.

Wassersportverein Wulsdorf
WC, Duschen, Wasser und Strom, Slipanlage, Tel. 0471-7 32 68.

Marina mit Nordsee Yacht Club Bremerhaven
WC, Strom, Wasser, Kran, Trailer-Slipbahn, Tel. 0471-7 75 55.

Treibstoff
Marina Bremerhaven, Bootstankstelle (alle Sorten). Bunkerboot „Emstank 7", Liegeplatz im Fischereihafen, UKW-Kanal 08 (Diesel, Schmierstoffe, Wasser), Tel. 016 12 41 40 58.

Einkauf
Die notwendigsten Geschäfte findet man in der Nähe, im Bereich Geeste/Hauptkanal. Beim Alten Hafen (ca. 800 m nordwestlich des Sperrwerkes) befindet sich ein modernes Einkaufszentrum mit allen denkbaren Geschäften und Gaststätten. Hier läßt sich der Einkauf mit einem Besuch des Deutschen Schiffahrtsmuseums verbinden.

Km 56,2–65,5 Am flach auslaufenden Ost-Ufer und am West-Ufer gibt es bis Bremerhaven keine Anlegemöglichkeiten. Die ausgedehnten Hafenanlagen am Westufer sind für die Großschifffahrt bestimmt und eignen sich nicht für Sportboote.

Km 65,6 Einmündung der Geeste. Zufahrt zum Schiffahrtsweg Elbe-Weser, zur Doppelschleuse und zum Fischereihafen (Weser-Yacht-Club Bremerhaven, WSV Wulsdorf und Marina mit Nordsee Yacht Club Bremerhaven). Wasserschutzpolizei-Station VI vor der Doppelschleuse an der Ostseite. Tel. 0471-94 66-6 00.

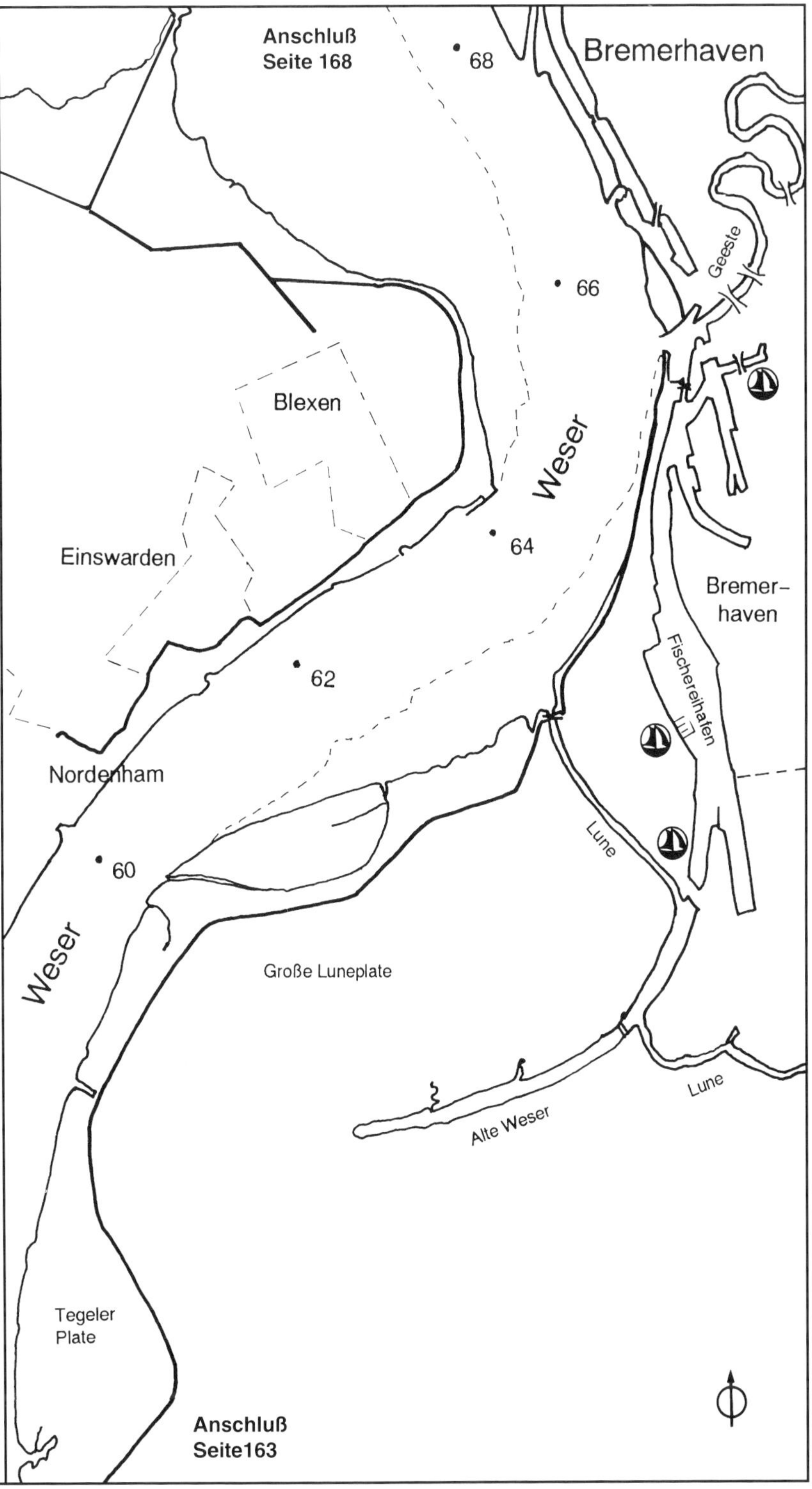

Der Schiffahrtsweg Elbe – Weser

Der Schiffahrtsweg Elbe–Weser verbindet die Elbe mit der Weser und erspart somit kleineren Schiffen den Weg „außenherum" über die Mündungen von Elbe und Weser. Er ist 61,5 km lang und führt von Otterndorf (km 0,0) durch den Hadelner Kanal, den Bederkesa-Geeste-Kanal und die Geeste nach Bremerhaven.

Gesetzliche Bestimmungen
Es gilt die Binnenschiffahrtsstraßen-Ordnung. Der Kanal ist zugelassen für Fahrzeuge bis 33,50 m Länge, 5 m Breite, 1,50 m Tiefgang und 2,70 m Durchfahrtshöhe. Talfahrer (Richtung Bremerhaven) haben Vorrang. Die zulässige Höchstgeschwindigkeit beträgt 8 km/h. Alle über 3 m breiten Fahrzeuge müssen am Bug die Flagge N des Internationalen Signalbuches (blauweiß kariert) führen.

Berufsschiffahrt
Für die Berufsschiffahrt ist der Kanal kaum noch von Bedeutung. Pro Monat benutzen ihn etwa 24 Binnenmotorschiffe.

Sportschiffahrt
Für die Sportschiffahrt ist dieser Weg bei jedem Wetter eine sicher und geruhsam zu fahrende Verbindung, die fernab jeglicher Industrie durch eine einsame Heide- und Moorlandschaft führt. An den Ufern wechseln Schilf und Büsche mit Baumgruppen und kleinen Wäldern, und zur Sommerzeit liegt über dem ganzen Land ein geradezu betörender Duft nach grünen Wiesen und Heu, nach Blüten und Waldmeister.

Betriebszeiten der Schleusen
Schleuse im Tidesperrwerk Bremerhaven: täglich von 07.00-18.30, Tel. 0471-2 16 78.
Schleuse Bederkesa/Lintig: Mo-Fr 08.30-17.30. So und an Feiertagen 10.00-12.00 und 15.00-17.00, Tel. 04745-60 37.
Schleuse Otterndorf: Tidenabhängig! Mo-Fr von 07.30-17.30. In der Zeit von 1,5 Std. vor bis 4 Std. nach Hochwasser und weitere 2 Stunden, beginnend bei Tidenniedrigwasser Brunsbüttel, Tel. 04751-21 90.
Außerhalb der Betriebszeiten und in der Zeit vom 1. 10.–1. 4. nur nach telefonischer Voranmeldung am Vortag bis 17.00.

Kanal- und Schleusengebühren
Kanal- und Schleusengebühren werden an der Schleuse Otterndorf bzw. Bederkesa/Lintig erhoben. Pro Boot 1994 15 DM. Schleusungen außerhalb der Betriebszeiten 30 DM.

Anlege-Verbot
Nördlich von Bederkesa, zwischen km 27,527 (Waldschenkenbrücke) und km 31,097 (Holzburger Brücke), ist das Anlegen an den Ufern verboten (Fischotter-Schutzgebiet).

Entsorgung
Abfallbehälter stehen bei den Schleusen. Altöl-Abgabe *(nur kleine Mengen!)* beim Betriebshof des STAWA an der Schleuse Bederkesa/Lintig.

Liegemöglichkeiten
Km 56,6-56,7 WSV Neptun und WV Geeste. Km 55,5 WSV Leher Turnerschaft. Vor und hinter der Schleuse Bederkesa/Lintig, km 31,2, Bederkesa und bei der Schleuse Otterndorf.

Treibstoff
Nur von Landtankstellen in Bederkesa oder Otterndorf.

Proviant
Einkaufsmöglichkeiten bestehen nur in Bederkesa oder Otterndorf.

Die kleine Kammer der Doppelschleuse Bremerhaven (o.).
Die Seeseite des Geeste-Sperrwerks (u.).

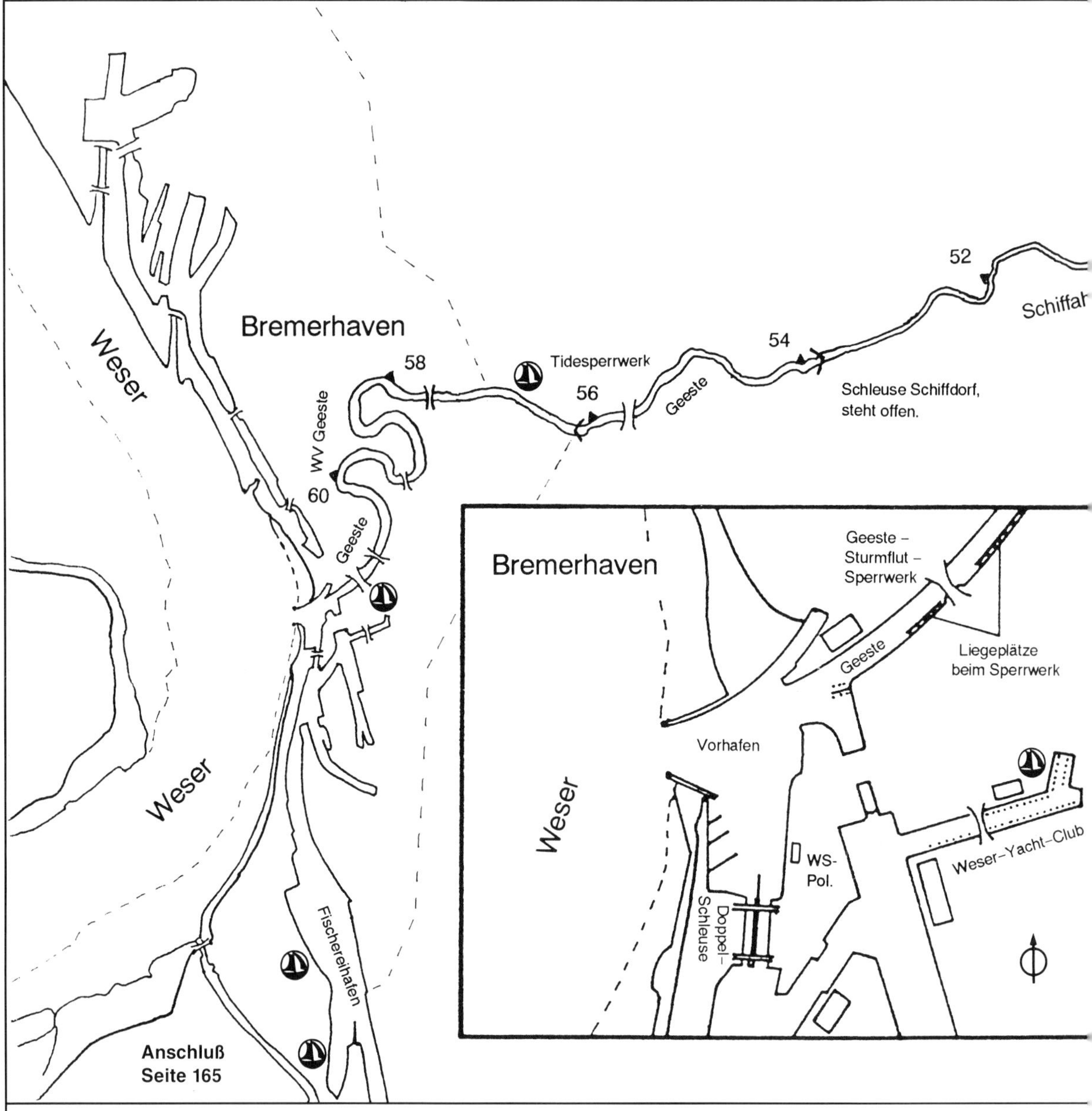

Km 65,5 Einmündung der Geeste in die Weser. **Km 61,4** Sportboot-Anleger (Schwimmsteg) vor dem Sperrwerk. Schiffsausrüster, Motoren-Service. **Km 61,3** Geeste-Sperrwerk, Kennedybrücke. Weiterfahrt nur bis 2,70 m Höhe. Wegen Schwell Masten ggf. im Fischereihafen legen. **Km 61,1** Sportboot-Anleger hinter dem Sperrwerk. Schwimmsteg. WC, Duschen, Waschräume, Waschmaschine und Kiosk befinden sich im Wassersport-Service Haus in der Bussestraße la (gelbes Klinker-Gebäude).
Km 56,7 Steganlage des WSV Geeste. **Km 56,6** Anlagen des WSV Neptun, nur für Boote bis ca. 8 m Länge. **Km 56,0** Schleuse im Tidesperrwerk Bremerhaven. 1 Kammer, 33,5 x 5,15 m, Spundwände. Durchfahrtshöhe bei MThW 2,2 m, bei MTnW ca. 4,0 m. Bei MTnW ca. 2 m Hub, bei MThW ca. 2,5 m

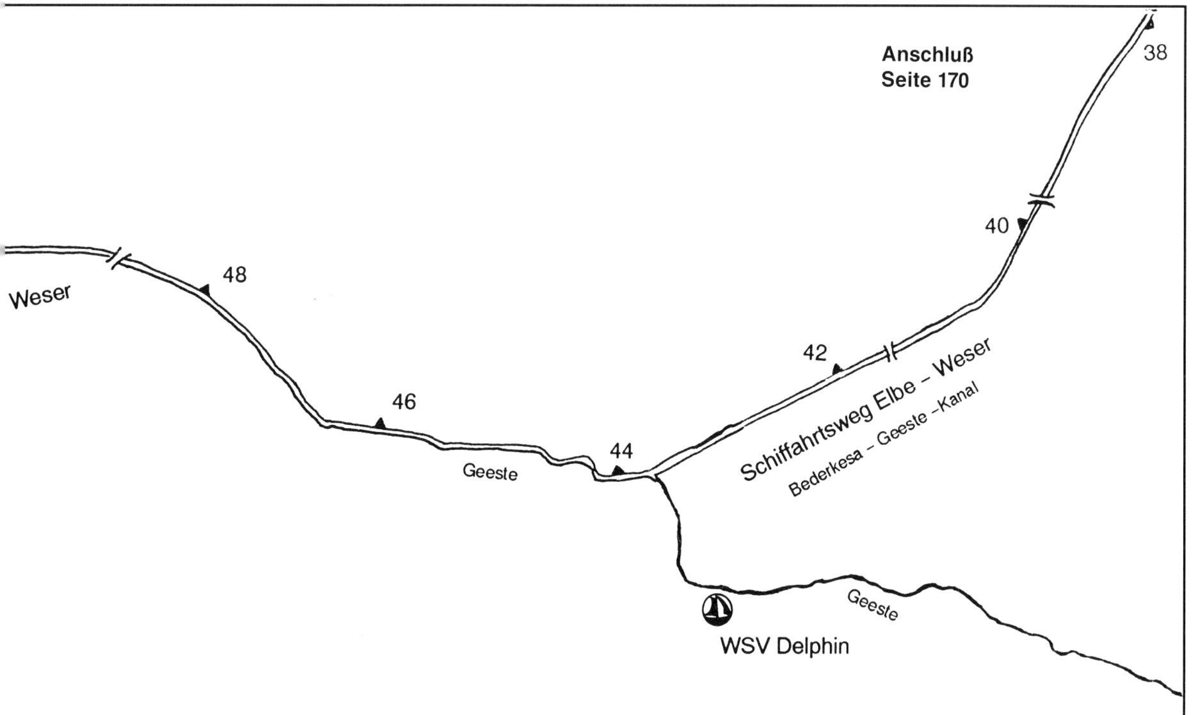

Fall. Tel. 0471–21678. Im Bereich des Geeste-Tidesperrwerkes gibt es keine Liegeplätze.

Km 55,5 Nord-Ufer, Liegeplätze der WSV Leher Turnerschaft von 1898. Gastplätze nur wenn Boote des Vereins abwesend sind. Strom und Wasser, Slip bis 4 t, Clubhaus.

Km 53,8 Schiffdorfer Stauschleuse. Die Schleuse ist nicht mehr in Betrieb und steht deshalb ständig offen.

Gasthof mit Anleger. **Km 43,69** Nord-Ufer, Abzweigung des Schiffahrtsweges Elbe–Weser aus der Geeste in den Bederkesa-Geeste-Kanal. In der Geeste liegt der Clubhafen des WSV Delphin, der bis 1,2 m Tiefgang erreichbar ist. WC, Duschen Wasser, Strom, Slipbahn.

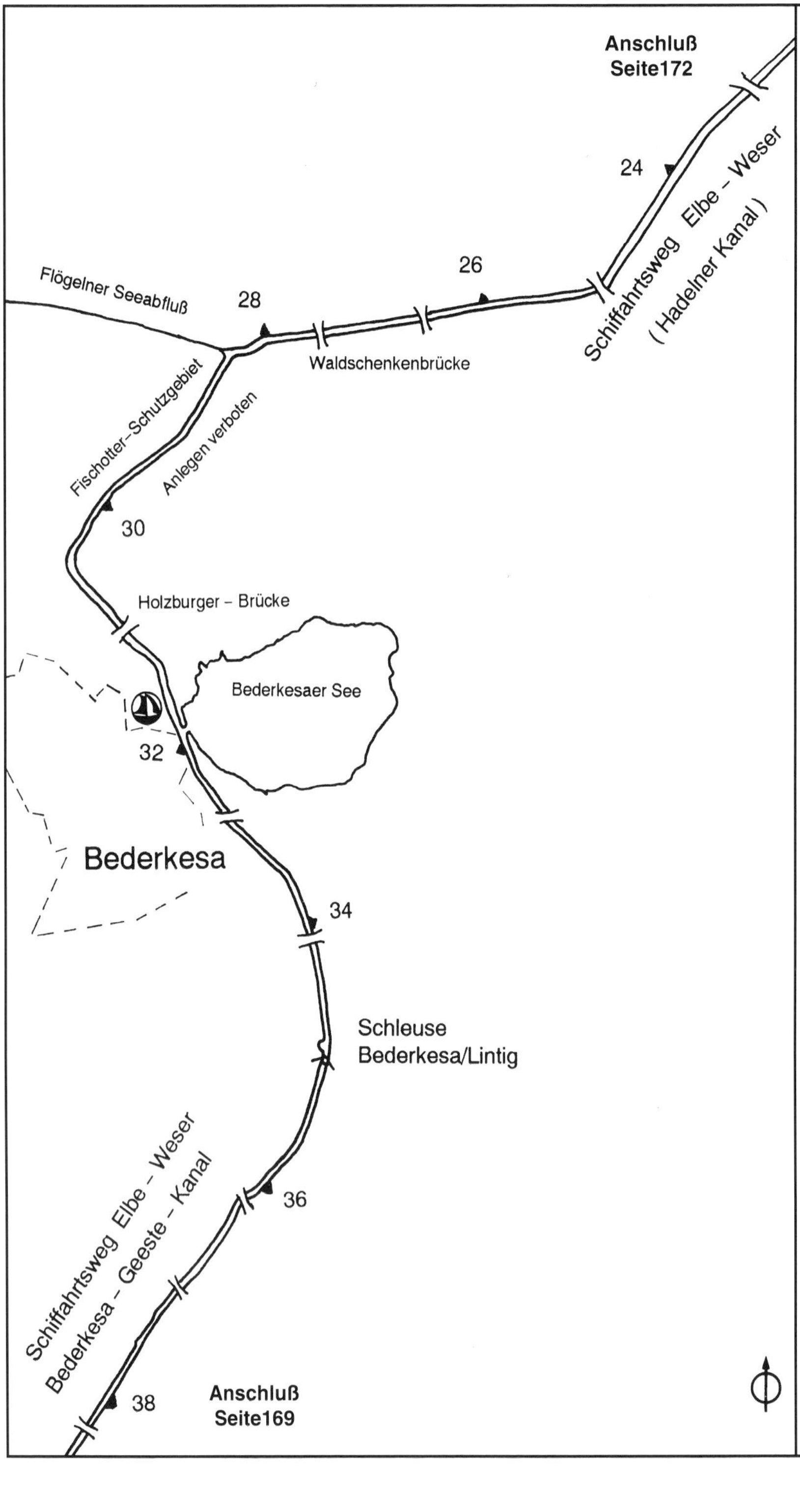

Km 34,95 Schleuse Bederkesa/Lintig. Wer von der Weser kommt, muß hier die Schleusen- und Kanal-Gebühren entrichten. Abfallbehälter und Altölsammelstelle. Vor und hinter der Schleuse kann man über Nacht liegen (Spundwand).

Km 32,2 Ost-Ufer, Schleuse zum Bederkesaer See. Für Motorfahrzeuge gesperrt.

Km 32 Sportboothafen und Kurort Bederkesa. Lange Stege zu beiden Seiten des Kanals. WC, Duschen, Strom und Wasser, Slipanlage. Bederkesa ist ein freundlicher Kurort mit einem attraktiven Netz von Rad- und Wanderwegen, mit Gelegenheit zum Schwimmen, Reiten, Angeln, Tennis und Boccia. Die Burg Roland, unmittelbar am Hafen, ist der kulturelle Mittelpunkt mit Ausstellungen, Konzerten und einem frühgeschichtlichen Museum.

Von **km 31,09** (Holzburger Brücke) **bis km 27,52** (Waldschenkenbrücke) ist an beiden Ufern das Anlegen nicht erlaubt, da Fischotter-Schutzgebiet.

Fußgängerbrücke in Bederkesa (o.).
An der Schleuse in Otterndorf (u.).

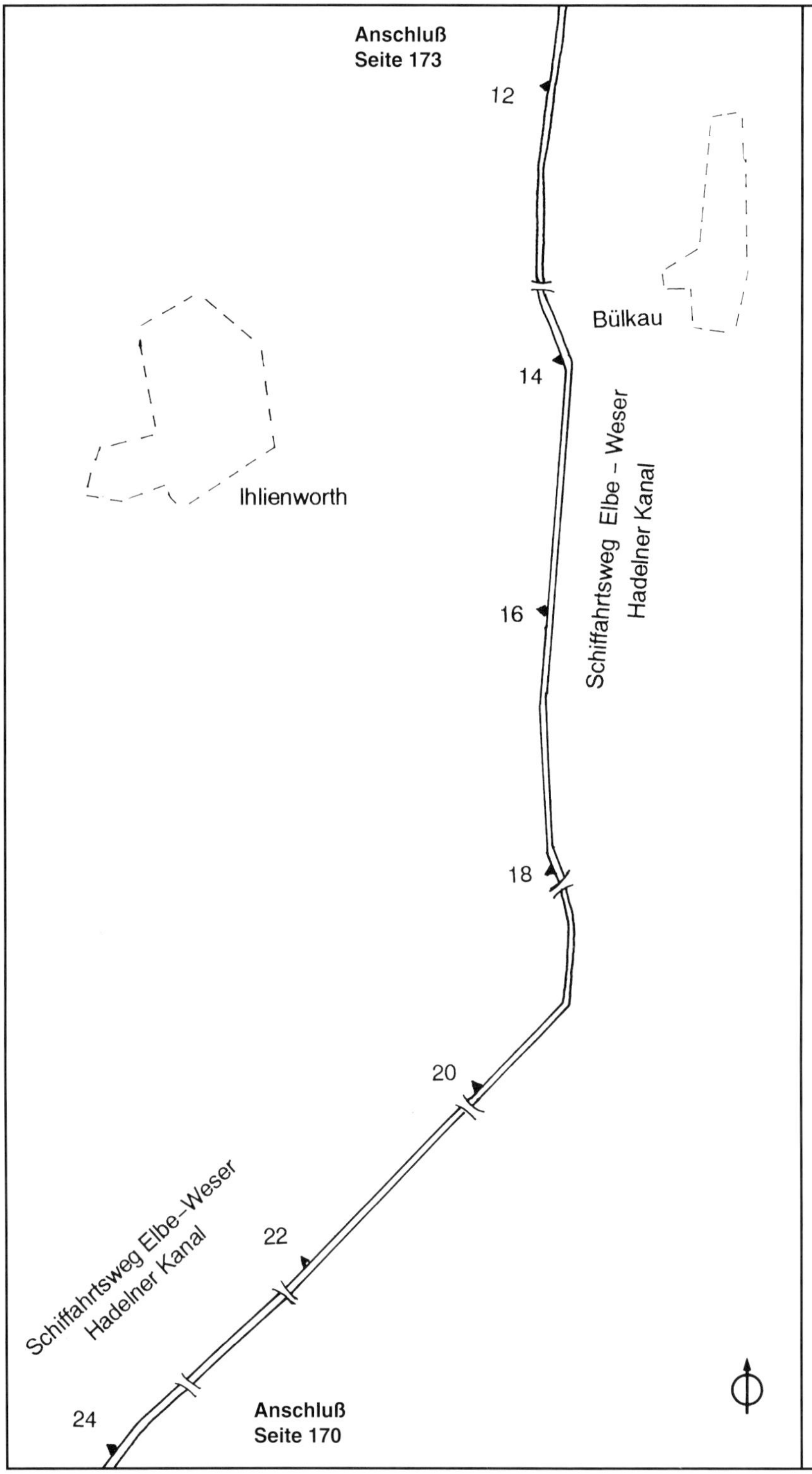

Km 27,00 Ende des Bederkesa-Geeste-Kanals und Beginn des Hadelner Kanals.
Km 22,00 West-Ufer, Anlegen und Übernachten möglich.
Km 22,00 Ost-Ufer, Sportbootwerft.
Km 20,20 Ost-Ufer, kleiner Anleger, nahe bei der Gaststätte Griensmann.

Km 10,51 West-Ufer, in der Ausbuchtung vor der Brücke Liegemöglichkeit für Boote bis max. 7 m Länge an einem Holzsteg. Keine Versorgung.
km 7,54 Eisenbahnbrücke, mit 2,7 m Durchfahrtshöhe die niedrigste Brücke am Schiffahrtsweg Elbe – Weser.
Km 1,40 Nord-Ufer, Holzspundwand, zum Übernachten geeignet.
Km 1,3 West-Ufer, Kanalhafen Otterndorf. Meist stark belegt. Liegeplätze am Steg. Keine Versorgung.
Km 0,76 Schleuse Otterndorf. Auf der Elbseite stehen am Südufer Dalben zum Warten (Tidenhub beachten). Der Schleusenmeister ist nur für die Schleuse, und nicht für die Yachthäfen in Otterndorf zuständig.
Km 0,52 Einmündung des Kanals in die Medem. Links liegen die Yachthäfen von Otterndorf, die zum Teil trockenfallen (weicher Schlick). WC, Duschen, Wasser und Strom, Gastplätze, Mastkran, Slipbahn, Restaurant.
Km 0,0 Einmündung der Medem in die Unterelbe bei Elbe-km 712,6. Siehe auch Seite 176.

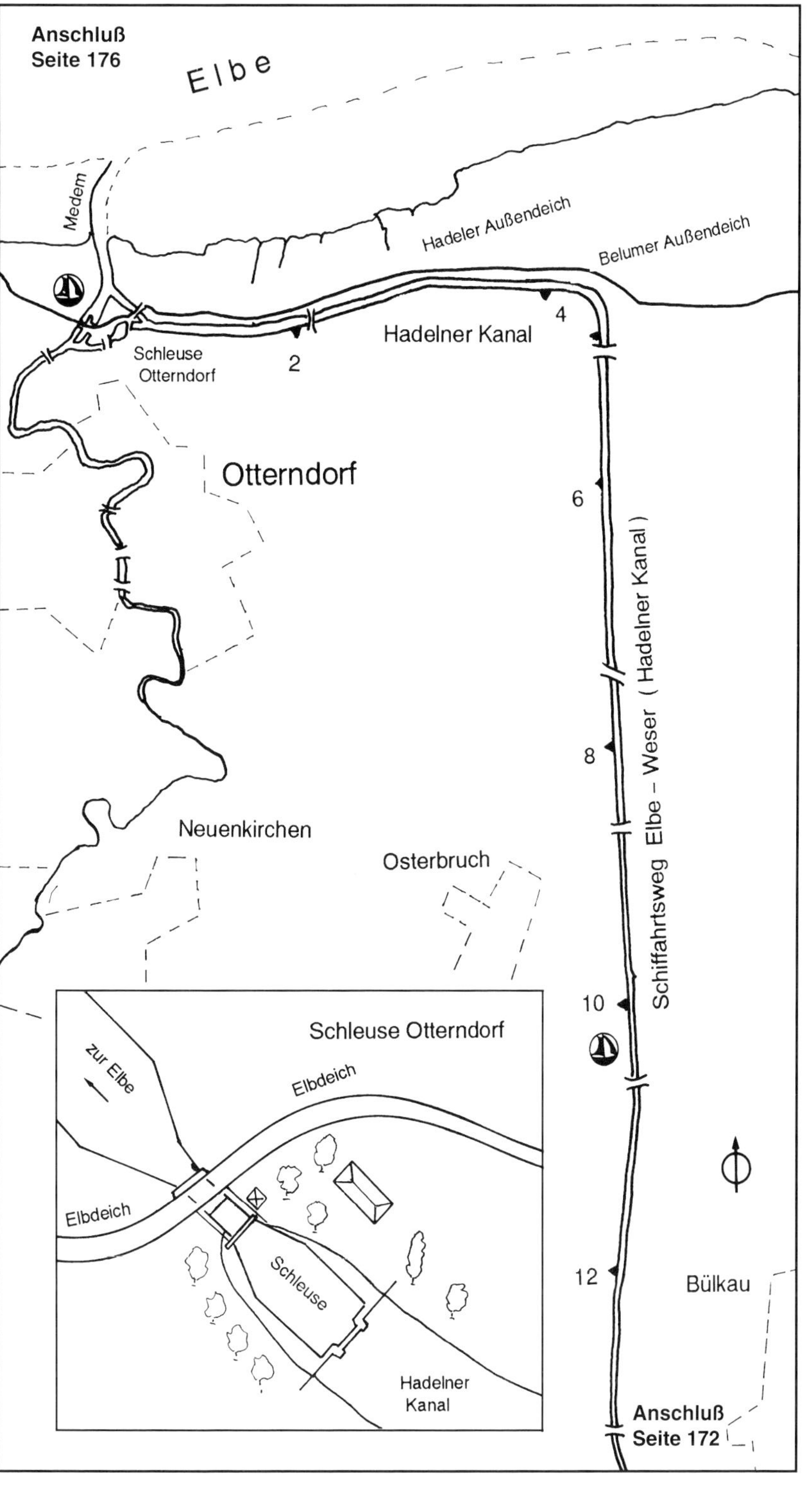

Die Unterelbe

Von Otterndorf bis Brunsbüttel

Die Unterelbe ist ein Gezeitenrevier, das an Boot und Crew technisch, seemännisch und navigatorisch besondere Anforderungen stellt. Im Bereich Otterndorf–Brunsbüttel beträgt der Tidenhub etwa 3 m. Die Gezeitenströme (Flutstrom bis zu 4 kn, Ebbstrom bis zu 5 kn) folgen zwar dem Verlauf des Fahrwassers, versetzen jedoch häufig schräg auf die Tonnen. Winde aus West bis Nordwest erhöhen die Wasserstände, Winde aus Ost bis Südost senken sie. Wenn Wind und Strom gegeneinanderstehen, baut sich auf der Elbe sehr schnell ein außergewöhnlich grober und steiler Seegang auf, der auch seetüchtige Yachten überfordern kann. Wind mit Bft 6 gegen den Tidenstrom, das ist auf der Unterelbe die Grenze des Vergnügens!
Die Unterelbe ist sehr gut betonnt und befeuert. Die Nachtfahrt ist Revierunkundigen nicht zu empfehlen.

Gesetzliche Bestimmungen
Auf der Unterelbe gelten die Kollisionsverhütungsregeln (KVR) und die Seeschiffahrtsstraßen-Ordnung. Erforderlich ist der Sportbootführerschein See oder das Sportseeschifferzeugnis. Das UKW-Funkgerät muß zum UKW-Seefunk zugelassen sein. Die Zufahrten zum Nord-Ostsee-Kanal dürfen nur auf dem Weg zum Kanal oder zum alten Hafen Brunsbüttel befahren werden.

Berufsschiffahrt
Auf der Unterelbe verkehren Küstenmotorschiffe und Seeschiffe auf dem Weg nach Hamburg oder zum Nord-Ostsee-Kanal bis über 300 m Länge, 45 m Breite, 13,5 m Tiefgang und bis zu 200 000 t Wasserverdrängung. Sie fahren mit einer Geschwindigkeit von 12-15 kn über Grund auf der Flutwelle elbaufwärts und sind nicht in der Lage, auf kleinere Fahrzeuge Rücksicht zu nehmen oder Ausweichmanöver zu fahren.

Sportschiffahrt
Für die Sportschiffahrt ist die Unterelbe ein interessantes, aber häufig recht grobes Revier, das wegen der Großschiffahrt und der Gezeiten besondere Aufmerksamkeit verlangt.
Das Nordufer besteht überwiegend aus flach auslaufenden und trockenfallenden Sänden. Die nördliche Begrenzung der Neufelder Reede bietet eine sichere Orientierung. Am Südufer, besonders östlich der Oste-Mündung, ist zwischen den zahlreichen Buhnenköpfen und den Fahrwassertonnen nur wenig Raum. Die Elb-Lotsen empfehlen Sportbooten deshalb, an der Nordseite der Neufelder Reede zu fahren, das Fahrwasser bei Otterndorf zu queren und sich bei verminderter Sicht zum Queren des Fahrwassers von Brunsbüttel Radar (s.u.) beraten zu lassen.
Generell sollten Sie frühzeitig und weiträumig ausweichen und bedenken, daß das Heck eines großen Schiffes in engen Kurven bis zu 50 m nach außen schwenken kann.
Beim Einlaufen in die Medem oder in den alten Hafen von Brunsbüttel müssen Schwell und Sog der großen Schiffe (bis 0,5 m weniger Wasser !) bedacht werden, weil dort kurz vor oder kurz nach Niedrigwasserzeit das Boot sehr hart aufsetzen kann!

Betriebszeiten der Schleusen Brunsbüttel
Ganzjährig rund um die Uhr.

Liegemöglichkeiten
Otterndorf, Oste, Brunsbüttel alter Hafen und Sportboothafen im Nord-Ostsee-Kanal.

Revierfunk
Die Lagemeldungen der Revierzentrale Brunsbüttel informieren über Tidenverhältnisse, besondere Vorkommnisse, Störungen an Verkehrszeichen, Wetter, Wind- und Sturmwarnungen.

Bereich	UKW-Kanal	Zeit
Elbe I – Brunsbüttel	71	h + 55
Brunsbüttel – Hamburg	68	h + 55
Lotsenstation Brunsbüttel	08/16	
Ruf: Brunsbüttel Elbe-Pilot		
Schleuse Brunsbüttel	13	

Radarkette Elbe

Sportboote, die von der Radarkette Elbe eine Beratung oder Information wünschen, melden sich auf dem zuständigen Arbeitskanal mit Bootsnamen (ohne Rufzeichen), Bootsart und genauer Position. Z.B. „Brunsbüttel Radar, hier ist ‚Taurus', Motoryacht, Position 50 m nördlich der Tonne 46". Mit Positions-Angaben aus einem DECCA- oder GPS-Gerät kann der Radarlotse nichts anfangen. Es ist in der Praxis kaum möglich, Sportboote durchgehend zu lotsen. Dennoch sollte man sich bei verminderter Sicht auf dem entsprechenden Arbeitskanal melden und ständig mithören.

Ruf	Bereich	UKW-Kanal
Belum-Radar	Tonne 39–51	03
Brunsbüttel-Radar I	Tonne 51–59	04
Brunsbüttel-Radar II*		67

* Für die nördliche Fahrwasserseite, für die in den Nord-Ostsee-Kanal abzweigende Schiffahrt

Treibstoff

Nur in Brunsbüttel, siehe NOK.

Proviant

Sehr gute Einkaufsmöglichkeiten gibt es in Brunsbüttel.

Der Yachthafen in Otterndorf ist tidenabhängig.

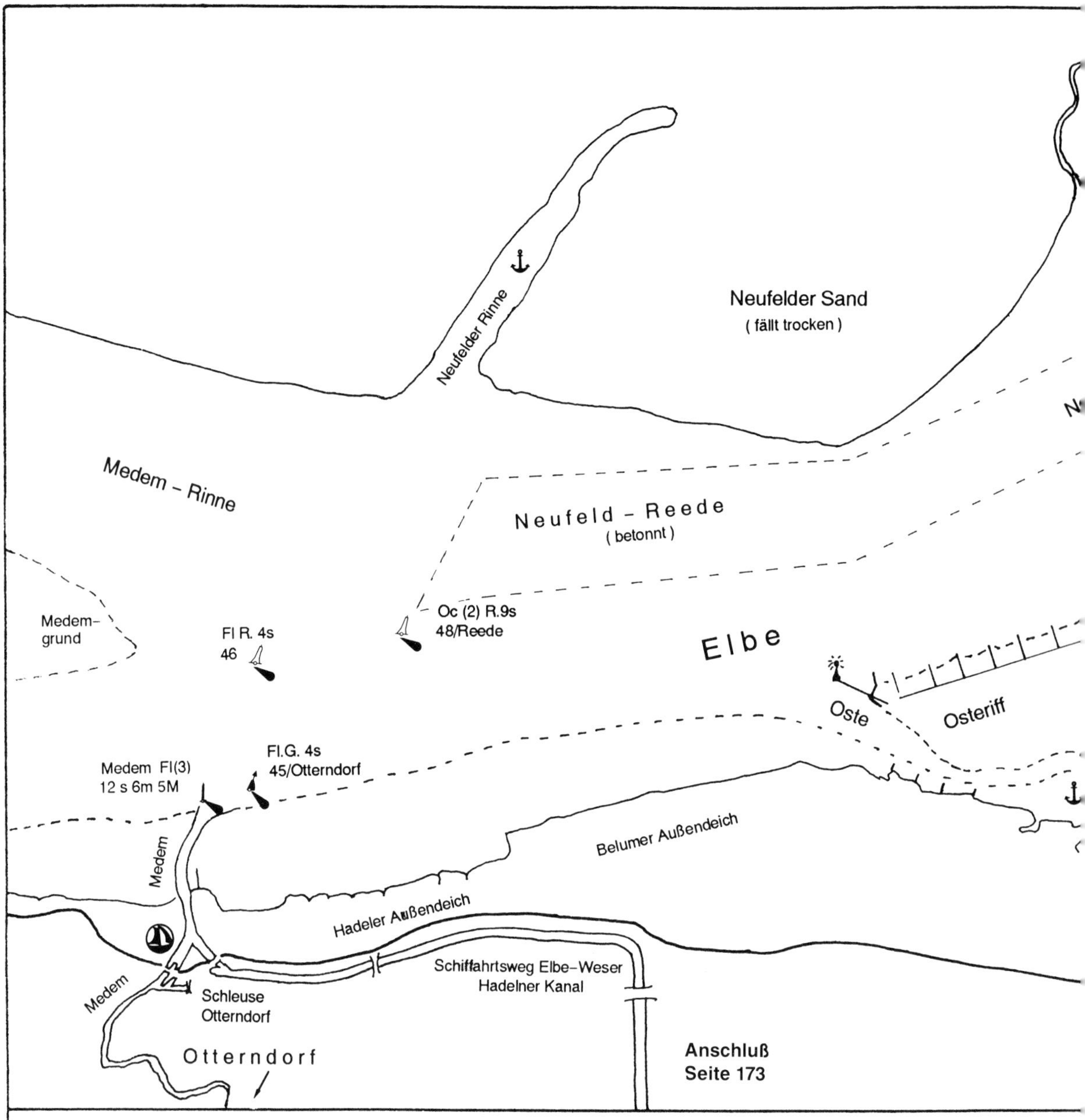

Km 712,5 Mündung der Medem in die Elbe. Sie ist bei MTnW nur etwa 0,5 m tief und kann deshalb, je nach Tiefgang, von etwa 1 Std. vor bis 1 Std. nach NW nicht befahren werden. Die Einfahrt ist durch eine schwarze, befeuerte Bake (Blz. (3)12s6m5sm) markiert. Das Fahrwasser der Medem ist an der West-Seite mit Pricken bezeichnet, die mit Reflektoren versehen sind. Es wird empfohlen, das Fahrwasser der Elbe zwischen den Tonnen 45 (Südseite) und 46 (Nord-Seite) zu queren und an der Nordseite der Neufeld-Reede (Tonnen Neufeld-Reede 2–12) nach Brunsbüttel zu fahren. Die Tonnen der Neufeld-Reede sind alle befeuert und durch ihre gelbe Farbe auch bei mäßiger Sicht gut zu sehen. Auf diesem Weg fährt man ruhiger, denn die Stromgeschwindigkeiten sind geringer, der Seegang ist nicht so grob, und man

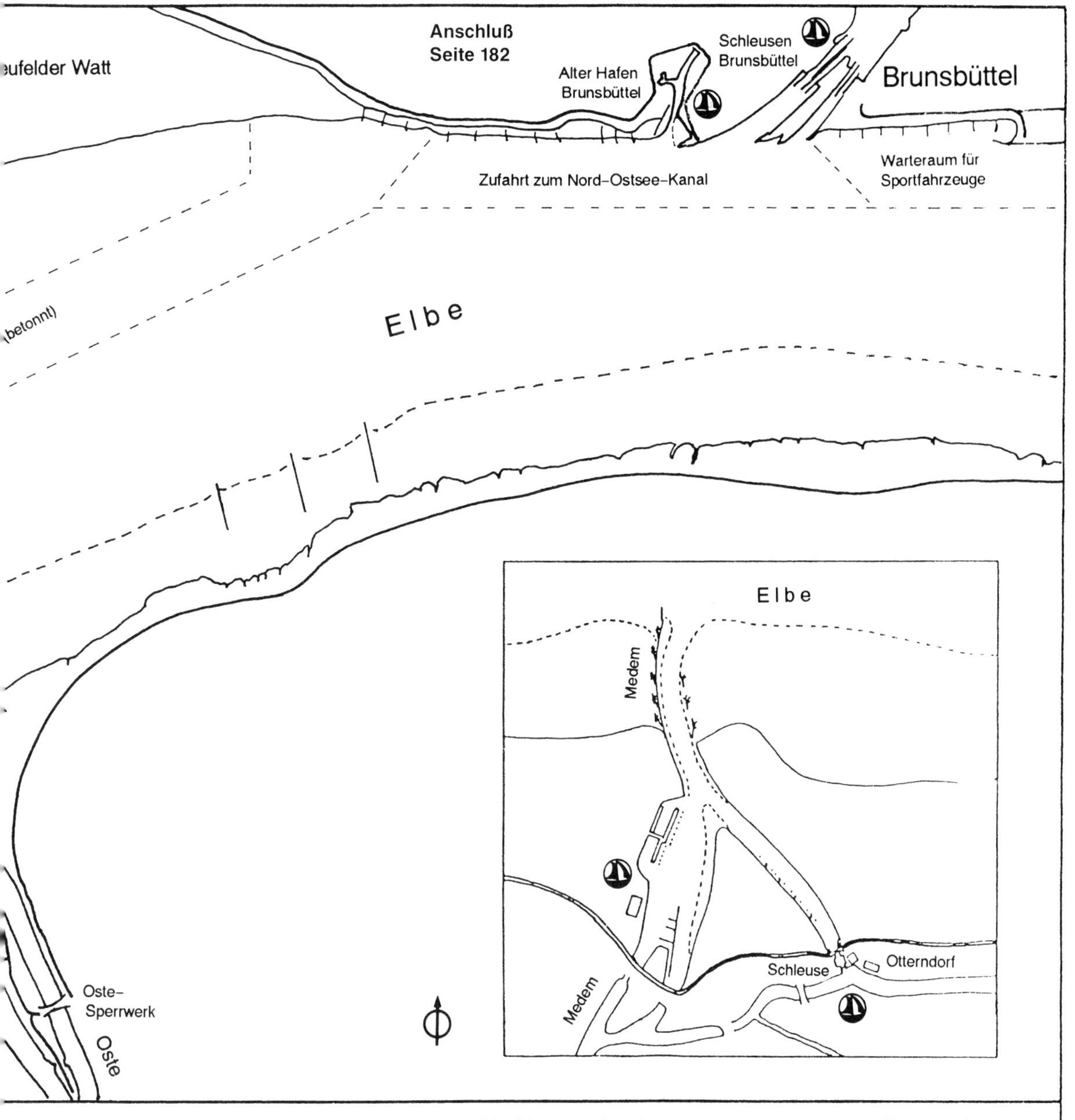

hat zur Großschiffahrt mehr Abstand. **Km 707,00** Süd-Ufer, Mündung der Oste zwischen der Leuchttonne 49/Oste 1 Blz.gn. 4 s und dem Oste-Leuchtfeuer Blk. w/r/gn. 8s 11m 7/5/4 sm.

Km 696,9 Nord-Ufer, Alter Hafen Brunsbüttel. Die Einfahrt ist bei NW nur ca. 0,8 m tief und mit einer Bake (r) sowie Pricken bezeichnet. Nachts helfen Feuer in Linie auf rw 012° (je Ubr. (3) r. 10 s). Die Liegeplätze, ausgenommen die Gastplätze am Schwimmsteg im hinteren Teil des Hafens, fallen trocken. WC, Duschen, Wasser, Slipbahn, Mastkran.

Zufahrt und Schleusen zum Nord-Ostsee-Kanal siehe Seite 178 ff.

Der Nord-Ostsee-Kanal

Der 98,637 Kilometer lange Nord-Ostsee-Kanal (NOK), in der internationalen Schiffahrt auch „Kiel-Kanal" genannt, wurde in den Jahren 1887 bis 1895 aus militärischen Gründen mit einem Kostenaufwand von 156 Millionen Reichsmark gebaut, weil der Kaiser für die Schiffe seiner Kriegsmarine eine schnelle Verbindung zwischen der Ostsee und der Nordsee wünschte. Schon nach 10 Jahren genügte der Kanal den militärischen Forderungen nicht mehr, denn des „Kaisers graue Yachten" waren zu groß geworden, und der Kanalquerschnitt mußte für 242 Millionen Reichsmark verdoppelt werden. Der Wasserspiegel wurde von 66,7 m auf 102,5 m, die Sohle von 22 m auf 44 m verbreitert und die Wassertiefe von 9 m auf 11 m vergrößert.
Seit 1966 arbeitet man an einer Verbreiterung auf eine Wasserspiegelbreite von 162 m und eine Sohlenbreite von 90 m. Die Wassertiefe bleibt bei 11 m. Die Durchfahrtshöhe beträgt 40 m.

Berufsschiffahrt
Der NOK wird jährlich von mehr als 45 000 Schiffen bis 235 m Länge, 32,5 m Breite und 9,5 m Tiefgang befahren. Sie sind in Verkehrsgruppen eingeteilt und werden über Lichtsignale und UKW-Sprechfunk geleitet, wobei große Schiffe sich nur in den Weichen begegnen dürfen. Diese Verkehrsregelung ist der Grund für die häufig wechselnden Fahrgeschwindigkeiten der großen Schiffe im Bereich der Weichen.

Sportschiffahrt
Der NOK ist für die Sportschiffahrt ein recht interessanter und landschaftlich abwechslungsreicher Weg zur Ostsee, der jährlich von über 18 000 Sportbooten befahren wird. Wenn es sein muß, läßt sich die ganze Strecke von Brunsbüttel bis Kiel in einem Tag bewältigen. Da man laufend von großen Schiffen überholt wird (sie fahren sehr leise!) ist ein ständiger Ausguck nach achtern geboten.

Gesetzliche Bestimmungen
Im Nord-Ostsee-Kanal gilt die Seeschiffahrtsstraßen-Ordnung, die für Sportboote folgende Vorschriften enthält:
Sportboote dürfen ohne Lotsen den Nord-Ostsee-Kanal, die Zufahrten und den Gieselau-Kanal nur zur Durchfahrt, nur während der Tagfahrzeiten und nicht bei verminderter Sicht (KVR, Regel 3 i) befahren. Sie müssen die Fahrt so einrichten, daß vor Ablauf der Tagfahrzeiten eine Liegestelle erreicht wird. Das gilt nicht für das Aufsuchen der zugelassenen Liegestellen im Schleusenvorhafen Kiel-Holtenau und im Binnenhafen Brunsbüttel sowie für das beim Schleusenmeister angemeldete Ausschleusen zur Elbe. Die Tagfahrzeiten für die Sommer-Saison sind:

1.4.–15.4.	04.30–20.00	16.7.–31.7.	03.00–21.30
16.4.–30.4.	04.00–20.30	1.8.–15.8.	03.30–21.00
1.5.–15.5.	03.30–21.00	16.8.–31.8.	04.00–20.30
16.5.–31.5.	03.00–21.30	1.9.–15.9.	04.30–20.00
1.6.–30.6.	02.30–22.00	16.9.–30.9.	05.00–19.30
1.7.–15.7.	02.30–22.00	1.10.–15.10.	05.30–19.00

Während der Sommerzeit beginnen und enden die Tagfahrzeiten 1 Stunde später. Die übrigen Zeiten sind der Seeschiffahrtsstraßen-Ordnung zu entnehmen.
Bei plötzlich auftretender Sichtverminderung dürfen Sportfahrzeuge an geeigneter Stelle am Kanalufer festmachen, wenn durch die Weiterfahrt bis zur nächsten Weiche die Sicherheit des Verkehrs gefährdet würde. In den Weichen müssen sie an der Landseite der Dalben festmachen. Dafür sind jeweils die fünf westlichen und östlichen Dalben mit Festmacheringen versehen. Das Segeln ist auf dem NOK verboten. Dies gilt nicht im Schleusenvorhafen Kiel-Holtenau, vor den alten Schleusen sowie außerhalb des Fahrwassers auf dem Borgstedter See, dem Audorfer See, dem Obereidersee und dem Flemhuder See. Sportfahrzeuge mit Maschi-

*Schleusenzufahrt zum Nord-Ostsee-Kanal in Brunsbüttel:
oben zu den großen Schleusen, unten zu den kleinen Schleusen.*

nenantrieb dürfen zusätzlich Segel setzen und müssen dann einen schwarzen Kegel (Spitze nach unten) führen. Das Wasserskilaufen ist ausnahmslos verboten. Autopiloten und elektrische Fernbedienungen dürfen nicht verwendet werden. Die Höchstgeschwindigkeit ist auf 15 km/h begrenzt. Ein motorbetriebenes Sportfahrzeug darf nur ein Sportfahrzeug schleppen. Das geschleppte Fahrzeug darf nicht länger sein als 15 m, und der Schleppverband muß eine Mindestgeschwindigkeit von 9 km/h fahren.

Lichtsignale bei den Weichen

Wenn drei unterbrochene rote Lichter übereinander gezeigt werden, müssen alle Fahrzeuge die Fahrt unterbrechen. Sportfahrzeuge müssen hinter den Dalben warten.

Lichtsignale beim Ölhafen Brunsbüttel

Zwei rote feste Lichter nebeneinander bedeuten: Weiterfahren für alle Fahrzeuge verboten. Alle übrigen Lichtsignale sind für die Sportschiffahrt ohne Bedeutung.

Kanalgebühren

Wegen der schwierigen Landgangsverhältnisse in Brunsbüttel bezahlt man die Gebühren beim Schleusenmeister in Kiel-Holtenau auf dem Weg zur Eider an der Gieselau-Schleuse.

Schleusen und Schleusenbetrieb

Sportboote dürfen nur in dem zugewiesenen Warteraum, jedoch nicht in den Zufahrten auf die Schleusung warten. Eine Anmeldung über UKW ist nicht erforderlich, weil der Warteraum vom Schleusenleitstand eingesehen wird. Es wird empfohlen, auf UKW hörbereit zu sein. In Brunsbüttel und in Kiel-Holtenau gibt es jeweils zwei alte Schleusen (je 125 x 22 m) und zwei neue Schleusen (je 310 x 42 m).

In allen Kammern liegen an beiden Seiten Schlengel, die den großen Schiffen als Fender dienen. Sportboote macht man nicht an den Ketten, sondern am Schlengel fest und braucht sich dann um den Schleusenhub nicht zu kümmern. Normalerweise werden in Brunsbüttel und in Kiel-Holtenau Sportboote in einer der kleinen Schleusen, gelegentlich aber auch in einer der großen Schleusen bedient. Sie dürfen erst *nach der Großschiffahrt* einlaufen und sollen dann nach vorn durchlaufen.

Einlaufen in die Schleusen

Das Einlaufen in die Zufahrten, Schleusenvorhäfen und Schleusen wird in Brunsbüttel und Kiel-Holtenau durch Lichtsignale geregelt.

Lichtsignal für die Zufahrten

Sportfahrzeuge dürfen nur in die Zufahrten zum NOK einlaufen, wenn am Signalmast auf der Schleuseninsel ein unterbrochenes weißes Licht gezeigt wird.

Lichtsignal für die Vorhäfen und Schleusen

In die Schleusenvorhäfen und die Schleusen dürfen Sportboote nur dann einlaufen, wenn am Signalmast auf der Mittelmauer der betreffenden Schleuse ein unterbrochenes weißes Licht gezeigt wird.

Betriebszeiten der Schleusen

Brunsbüttel und Kiel-Holtenau: ganzjährig 00.00-24.00. Gieselau-Schleuse: April bis Oktober Mo-Sa 08.00-13.00, 14.00-18.00. Sonn- und feiertags 08.00-10.00, Tel. 04332-4 99. Schleuse Strohbrück: Vom 1. 4. bis 30. 9. Mo, Mi, Fr, Sa, sonn- und feiertags 08.00-12.00 und 14.00-18.00.

Revierfunk	UKW-Kanal
Kiel-Kanal I	
Schleusenleitstand Brunsbüttel	9/13
Kiel-Kanal II	
Strecke Brunsbüttel bis Breiholz	02
Kiel-Kanal III	
Strecke Breiholz bis Kiel-Holtenau	03
Kiel-Kanal IV	
Schleusenleitstand Kiel-Holtenau	12/16

Lotsendienst	
Brunsbüttel Kanal Pilot	09
Holtenau Pilot	12/16

Lagemeldungen	Zeit	UKW-Kanal
Kiel-Kanal II		
(Weststrecke)	h + 15-17	02
Kiel-Kanal III	h + 20-22	
(Oststrecke)	h + 50-52	03

Die Lagemeldungen (Verkehrslage, Wetter- und Sichtverhältnisse, Schiffahrtsbehinderungen und ggf. Fahrzeugbewegungen) *müssen von allen* mit UKW ausgerüsteten Fahrzeugen abgehört und ausgewertet werden.

Liegestellen für Sportfahrzeuge
Yachthafen Brunsbüttel km 1,8; Ausweichstelle Brunsbüttel km 2,7; Wendestelle Dükerswisch km 20,7; Liegestelle Gieselau-Schleuse km 40,5; Obereidersee km 66; Borgstedter See km 70; Reede im Flemhuder See km 85,4; Yachthafen Kiel-Holtenau km 98,5.

Treibstoff
Brunsbüttel km 2,3 (nur Diesel); Rendsburg km 60,00 (alle Sorten); Kiel-Holtenau (außerhalb des Kanals).

Proviant
Einkaufsmöglichkeiten bestehen in Brunsbüttel, Rendsburg km 66, und in Kiel-Holtenau.

Eine besondere Attraktion ist das Freizeit-Hallenbad in Brunsbüttel. Es bietet bei unbegrenzter Badezeit Schwimmbecken mit 28°C und 32°C Wassertemperatur, Warmluftmeiler, Sauna, Solarium, Hot-Whirl-Pool, Kleinkinderbecken und ein Restaurant. Geöffnet Mo 10.00-21.00, Di-Sa 08.00-21.00, So 09.00-21.00.

Entsorgung
Altöl- und Müllbehälter stehen bei den Kanal-Yachthäfen in Brunsbüttel und Kiel-Holtenau.

Festmachen an den Schlengeln in der Alten Schleuse Brunsbüttel.

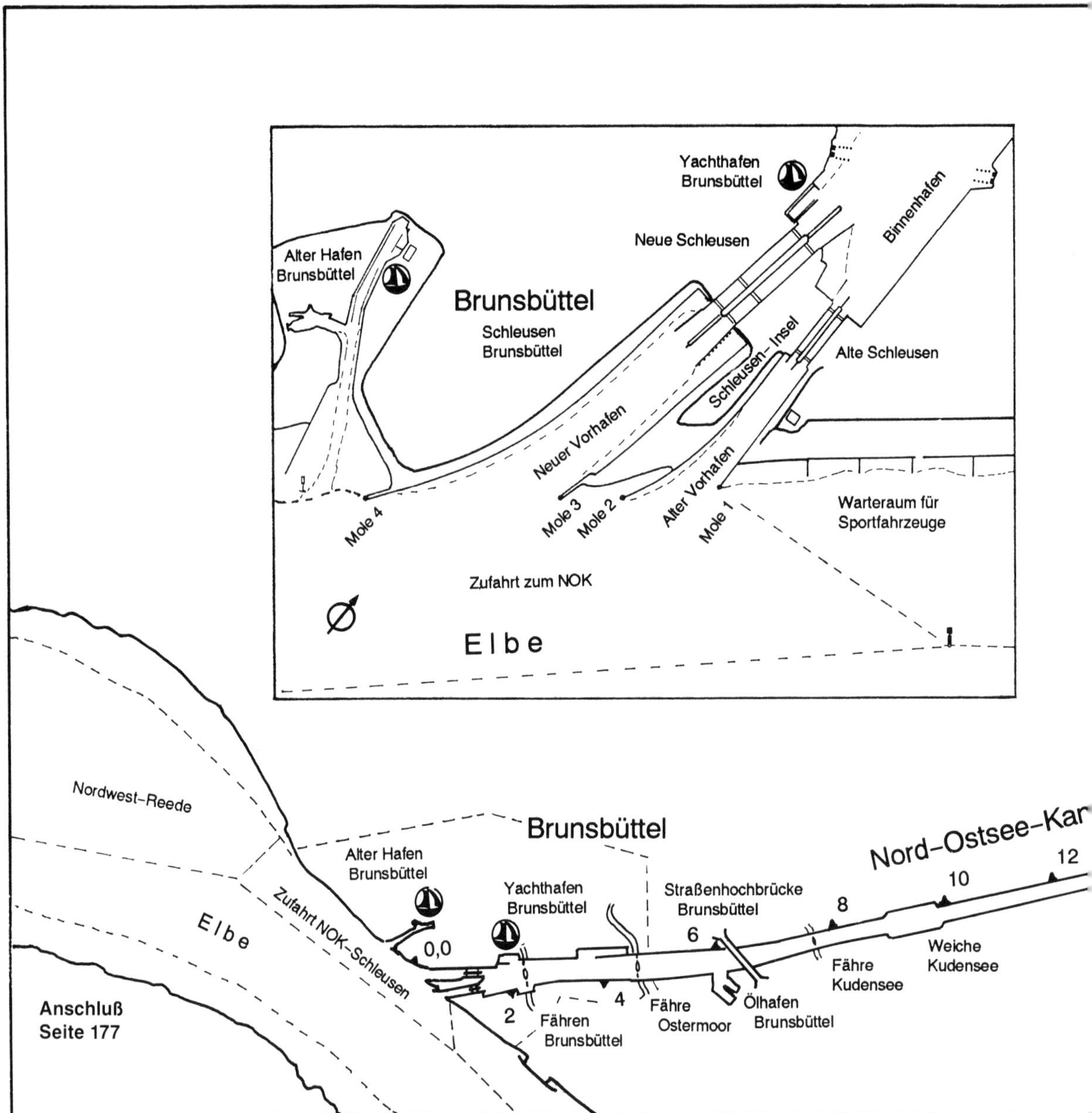

Km 0,0 Beginn des NOK mit der Abzweigung aus der Elbe. **Km 1,40-1,7** alte und neue Schleusen Brunsbüttel. **Km 1,8** Yachthafen Brunsbüttel. Wasser, Strom, WC, Duschen. Sehenswertes NOK-Museum. **Km 1,9-5,2** Binnenhafen Brunsbüttel. **Km 2,10** Fähren Brunsbüttel (2). **Km 2,3** Nord-Ufer, ESSO-Bunkerstation, für Sportboote eingerichtet. Diesel, Wasser und Schmierstoffe, UKW-Kanal 73, Ruf: „Albatros 100“, Geschäftszeit 08.00-18.00.

Km 2,70 Nord-Ufer, Liegestelle Brunsbüttel. **Km 4,36** Fähre Ostermoor (1). **Km 6,1** Straßenhochbrücke Brunsbüttel (B5). **Km 7,40** Fähre Kudensee (1). **Km 8,89-9,68** Weiche Kudensee.

Km 14,84 Fähre Burg (1). **Km 18,77** Eisenbahnhochbrücke Hochdonn, erbaut 1915-1920 aus 14 900 t Stahl. **Km 19,07** Fähren Hochdonn (2). **Km**

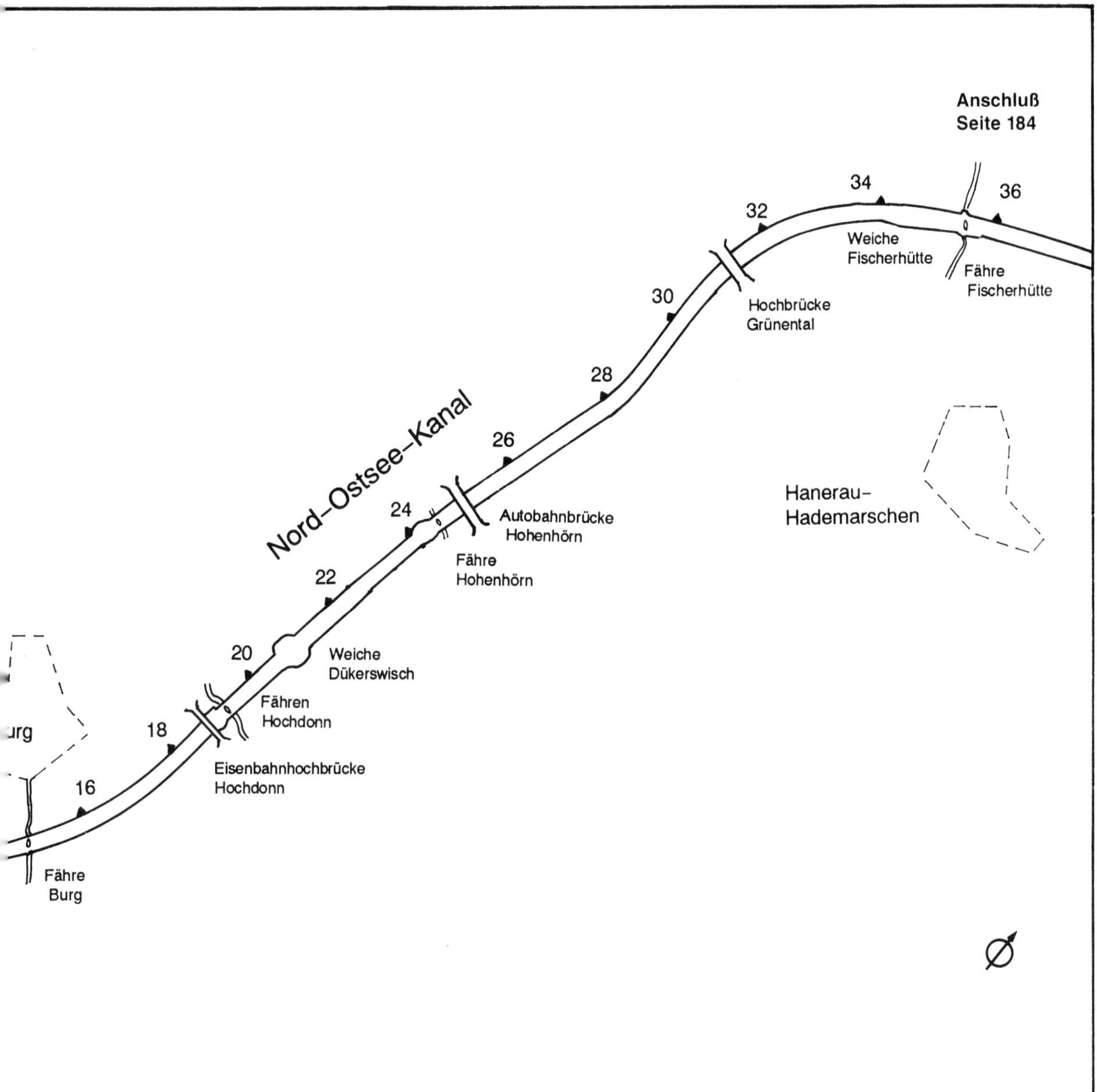

20,76-21,99 Weiche Dükerswisch. Dalbenliegestelle an der Nordseite. Keine speziellen Einrichtungen für Yachten. Nur eine Übernachtung erlaubt.
Km 24,03 Fähre Hohenhörn.
Km 24,9 Straßenbrücke Hohenhörn (A 23).
Km 31,02 Eisenbahn- und Straßenhochbrücke Grünental (B 204). **Km 31,2** Fahrwasserverengung durch Anleger an beiden Ufern.

Km 34,19-35,09 Weiche Fischerhütte. **Km 35,51** Fähre Fischerhütte (1).

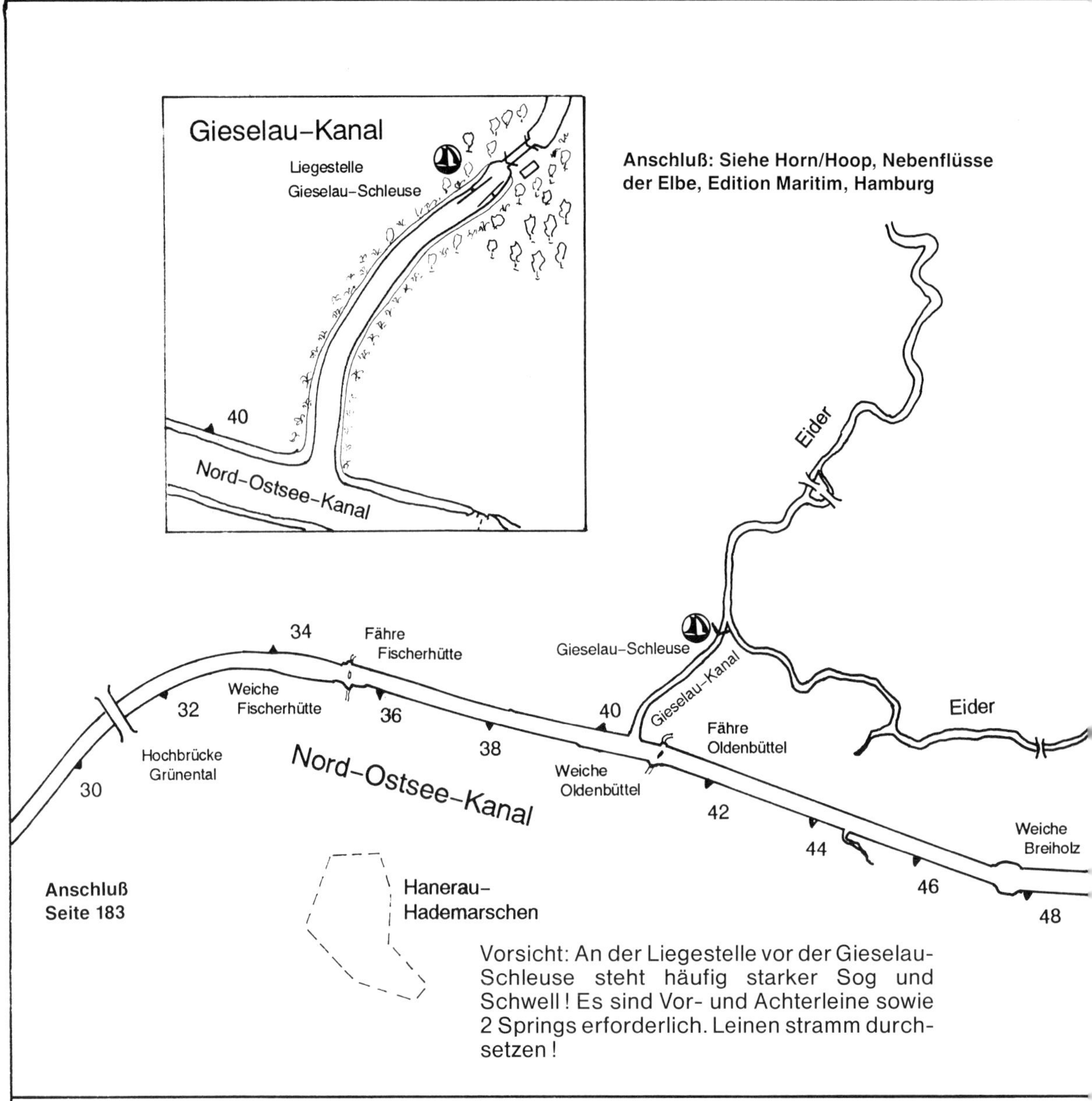

Km 39,97-40,55 Weiche Oldenbüttel. **Km 40,5** Nord-Ufer, Abzweigung des Gieselau-Kanals, der die Zufahrt zur Eider ermöglicht. Die Eider wird in Horn/Hoop, Nebenflüsse der Elbe, Edition Maritim, Hamburg ausführlich beschrieben. An der Liegestelle vor der Schleuse darf man nur einmal übernachten. **Km 41,15** Fähre Oldenbüttel (1).

Km 47,71-48,95 Weiche Breiholz. **Km 49,94** Fähre Breiholz (1). **Km 56,43-57,90** Weiche Schülp. **Km 62,00** Nord-Ufer, Kreishafen Rendsburg. Bunkerstation, alle Sorten, Lebensmittel und Schiffsbedarf. Man liegt an einer Spundwand und ist starkem Schwell ausgesetzt. **Km 62,66** Schwebefähre Rendsburg. Sie hängt an Stahlseilen unter der von 1911-1913 aus 16 700 t Stahl erbauten Eisenbahnhochbrücke Rendsburg und steht unter Denkmalschutz. Sie trägt

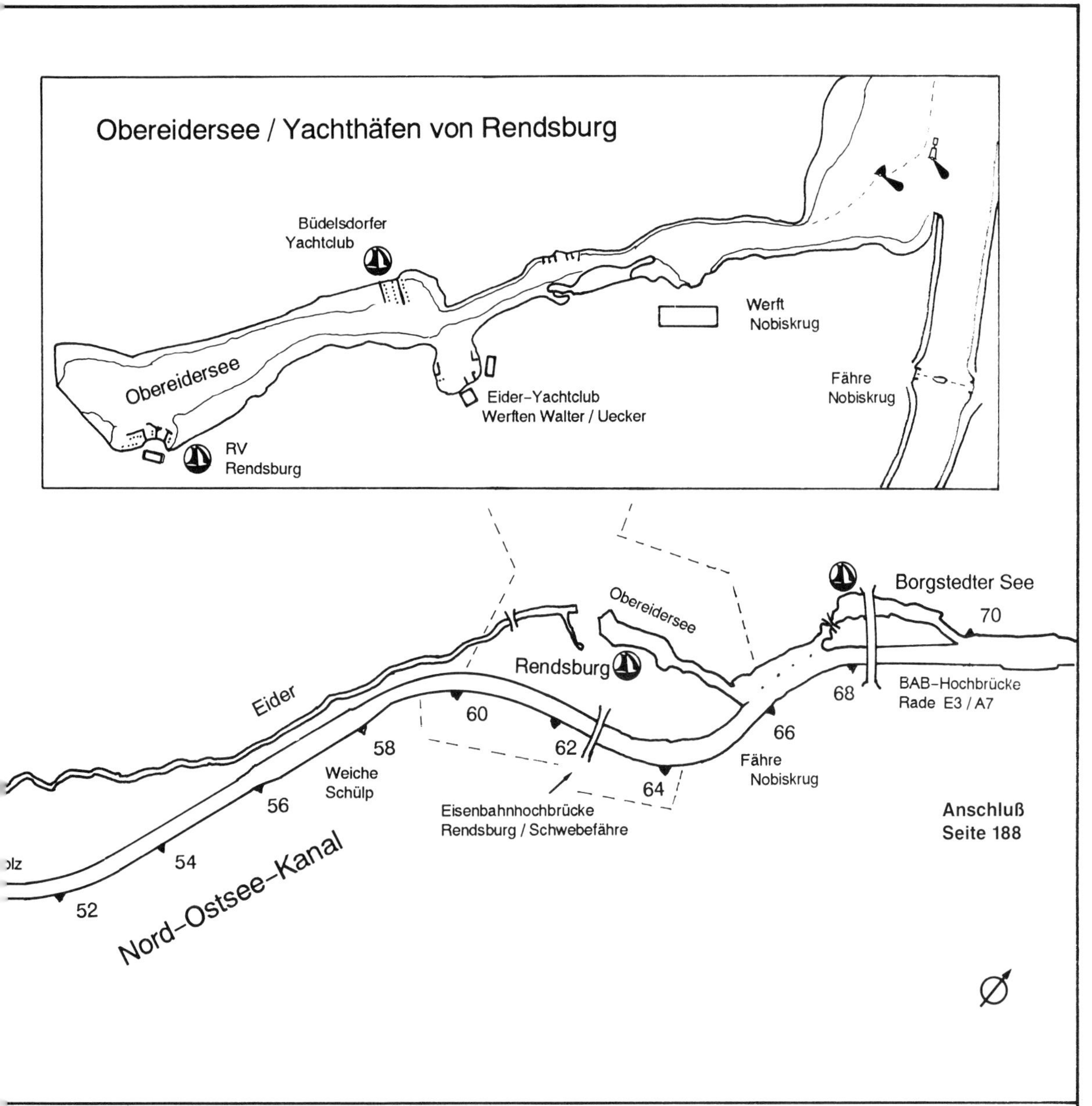

42 t und ist seit 80 Jahren in Betrieb. **Km 65,31** Fähre Nobiskrug.

Km 66,00 Nord-Ufer, Einfahrt in den Obereidersee.

Pos. „A“ Süd-Ufer, in der Bucht liegt der Eider-Yachtclub (nur wenige Gastplätze) sowie die Bootswerften Fa. Walter und Fa. Uecker (alle Reparaturen).

Pos. „B“ Süd-Ufer, Yachthafen des sehr gastfreundlichen Regattavereins Rendsburg in ruhiger Lage, nahe bei der sehenswerten Altstadt (sehr gute Einkaufsmöglichkeiten). Gastplätze, WC, Duschen, Wasser und Strom.

Pos. „C“ Ost-Ufer, Yachthafen des Büdelsdorfer Yachtclubs. WC, Duschen, Wasser, Strom und Fahrräder. Ruhige Lage, jedoch weiter Weg zur Stadt.

Liegestelle bei km 2,7 (o.).
Eisenbahnhochbrücke Hochdonn über den NOK (u.).

Die Schwebefähre in Rendsburg (o.).
Die Schleusenanlagen in Kiel-Holtenau (u.).

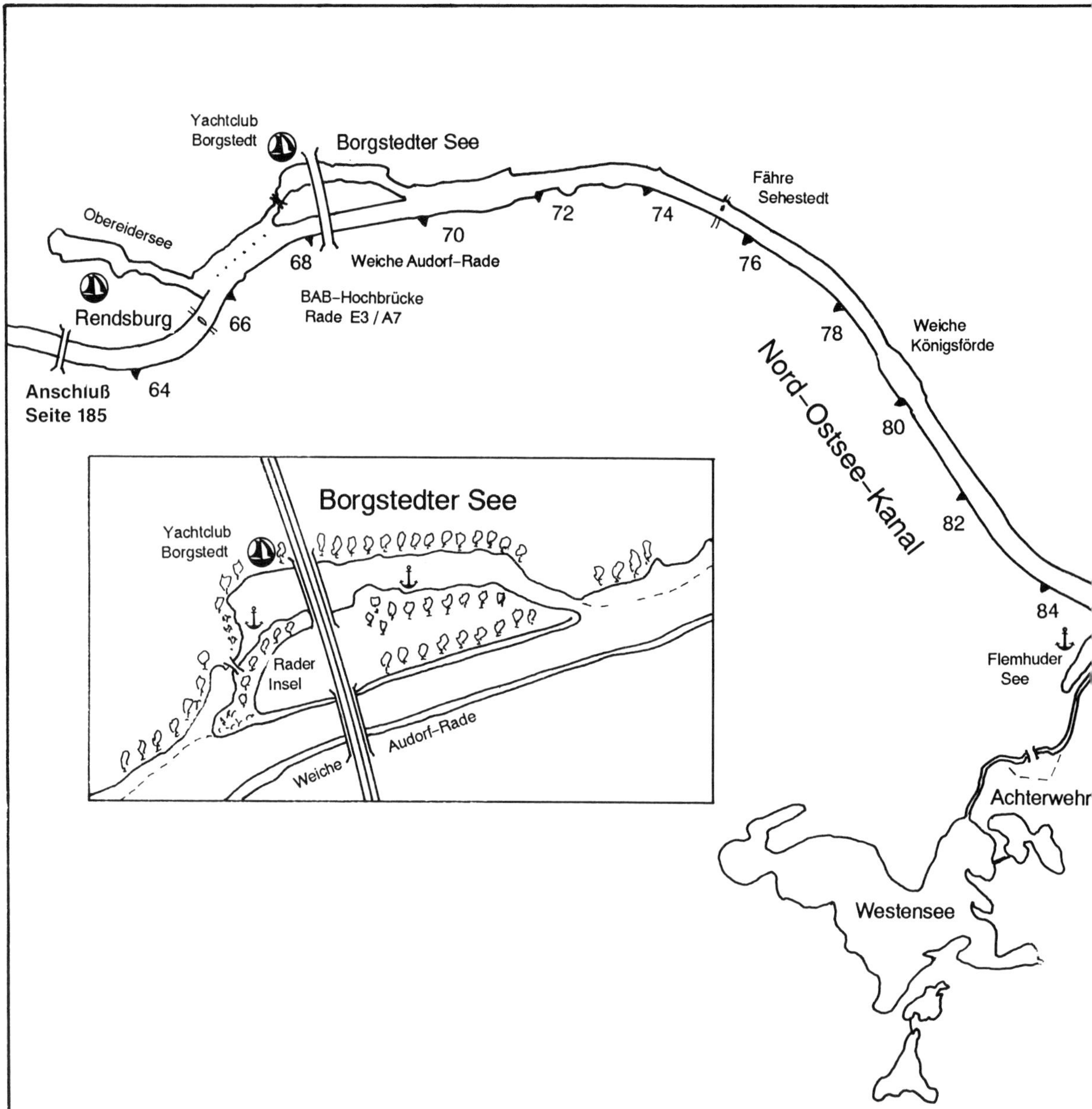

Km 66,06-71,80 Weiche Audorf-Rade. **Km 66,9** Nord-Ufer, westliche Einfahrt in den Borgstedter See. Durchfahrtshöhe unter der Brücke ca. 1,9 m. **Km 68,11** Autobahnhochbrücke Rade (E3 /A7). **Km 70,0** Nord-Ufer, Einfahrt in den Borgstedter See. Gute Ankerplätze, Clubhafen des Yachtclubs Borgstedt mit Gastplätzen, Clubhaus, Wasser, Grillplatz und Slipanlage bis 6 t.

Km 75,33 Fähre Sehestedt. **Km 79,29-79,90** Weiche Königsförde. **Km 84,39-85,68** Weiche Groß-Nordsee. **Km 85,3** Süd-Ufer, Einfahrt in den Flemhuder See. Sehr schöner Ankerplatz zwischen den Reede-Tonnen. Nur für eine Übernachtung zugelassen. **Km 85,60** Süd-Ufer, Schleuse Strohbrück. Zufahrt zum Achterwehrer Ringkanal. Auf 3,15 km befahrbar bis nach Achterwehr. **Km 86,77** Fähre Landwehr.

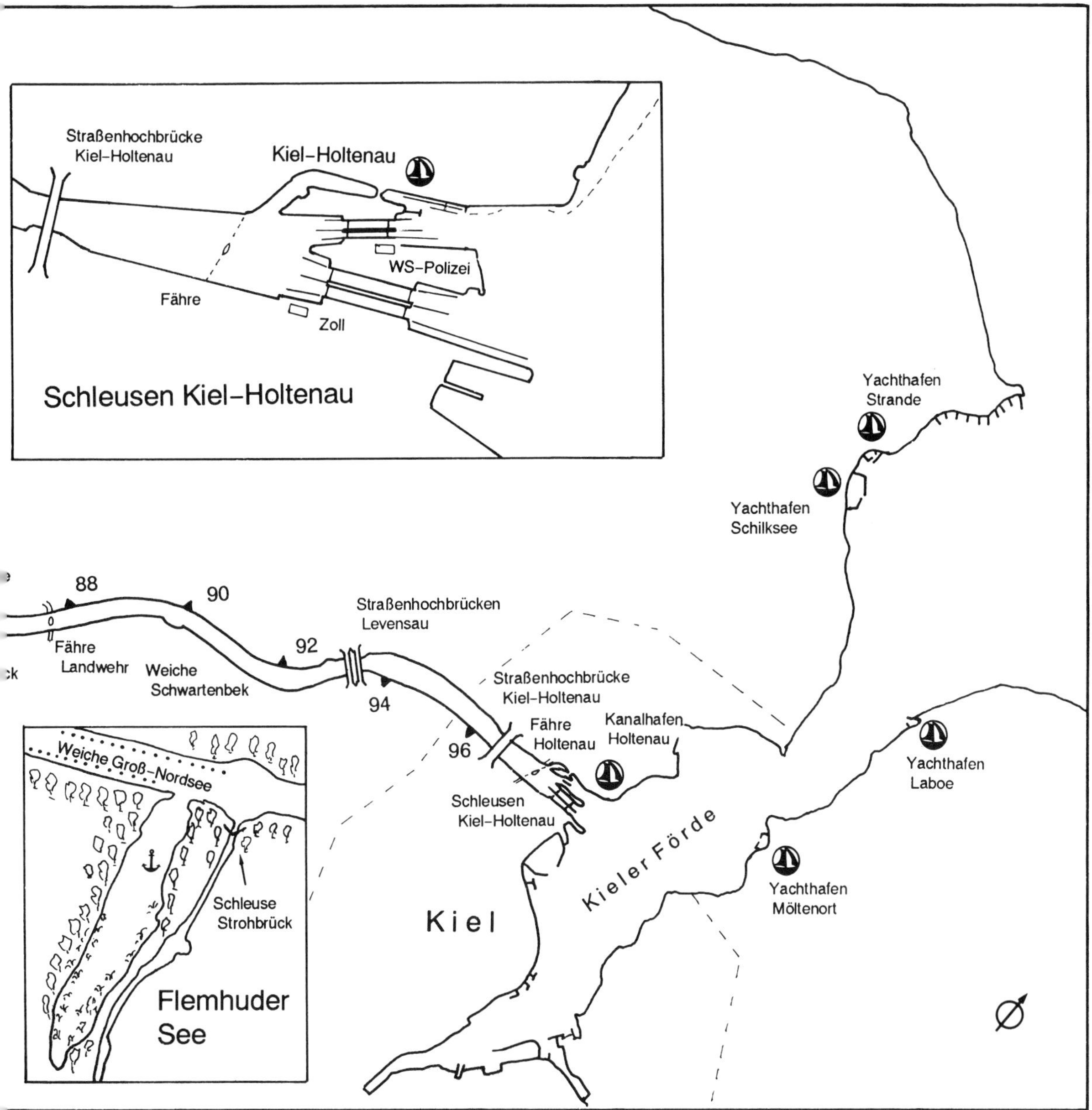

Km 91,83-92,73 Weiche Schwartenbek. **Km 95,16-97,60** Binnenhafen Holtenau. **Km 97,32** Personenfähre Kiel-Holtenau. **Km 98,00** Schleusen Kiel-Holtenau. Signale wie in Brunsbüttel. WS-Polizei auf der Schleuseninsel. Zoll südlich der großen Schleuse.

Km 98,5 Nord-Ufer (außerhalb des NOK), Kanalhafen Kiel-Holtenau. Unruhig durch Schwell. WC, Duschen, Wasser. Nur für Sportboote, die den NOK befahren wollen oder befahren haben. Die Liegezeit ist auf 4 Tage begrenzt.

Vom Rhein zur Ostsee

Mittellandkanal – Elbe-Seitenkanal – Elbe-Lübeck-Kanal

Der logische Weg vom Rhein zur Ostsee, zu den landschaftlich reizvollen Revieren Mecklenburg-Vorpommerns, zu den Märkischen Gewässern um Berlin und zur Oder führt zunächst über den Rhein-Herne-Kanal oder den Datteln-Hamm-Kanal und den Dortmund-Ems-Kanal zum Mittellandkanal. Die Beschreibung der Wasserstraßen vom Rhein bis zum Mittellandkanal finden Sie im Abschnitt „Vom Rhein zur Nordsee", Seite 20 ff.

Von Duisburg bis nach Travemünde, über den Rhein-Herne-Kanal, Dortmund-Ems-Kanal, Mittellandkanal, Elbe-Seitenkanal, Elbe, Elbe-Lübeck-Kanal und die Trave sind 580 Kilometer, 14 Schleusen und 1 Hebewerk zu bewältigen. Für diese Strecke sollte man eine Fahrzeit von 8 bis 10 Tagen einplanen.

Dieses Buch beschreibt die Wasserstraßen vom Rhein über den Rhein-Herne-Kanal, Mittellandkanal, Elbe-Seitenkanal, Elbe, Elbe-Lübeck-Kanal und Trave bis nach Travemünde.

Die nach Osten anschließenden Gewässer werden in dem Band „Binnengewässer zwischen Elbe und Oder", von Bodo Müller/ Jürgen Straßburger, Edition Maritim, Hamburg beschrieben.

Unterwasser der Schachtschleuse in Minden.

Der Mittellandkanal

Die großen schiffbaren Flüsse Rhein, Weser, Elbe und Oder fließen von Süden nach Norden. Sie werden nur durch den Mittellandkanal in Ost-West-Richtung miteinander verbunden.
Er wurde in den Jahren 1906 bis 1938 für 600-t-Schiffe und Schleppzüge gebaut und wird zur Zeit für 2000 t tragende Großmotorgüterschiffe und für Schubschiffverbände mit 3000 t Tragfähigkeit ausgebaut.
Die Querschnitte des Kanals und die Uferbefestigungen sind nicht einheitlich, sondern zeigen alle Arten und Kombinationen des heute Machbaren. Besonders die östlich der Schleuse Anderten vorkommenden „abgesenkten Spundwände" erfordern Aufmerksamkeit. Als Konzession an den Umweltschutz gedacht, verbrauchen sie tatsächlich weniger Land als eine Böschungsbauweise. Sie sind aber bei der Schiffahrt und den Behörden nicht beliebt. Unbeladene Binnenschiffe und Sportboote können durch die unter Wasser liegende Kante der abgesenkten Spundwände aufgerissen werden; und man hat Schwierigkeiten, die unsichtbaren Spundwände zu kontrollieren und instand zu halten. Eine Berührung der abgesenkten Spundwände mit dem Bootsrumpf muß unbedingt vermieden werden! Die abgesenkten Spundwände sind durch Hinweistafeln mit der Aufschrift „Vorsicht Unterwasserspundwand" sowie roten und grünen Baken durchgehend bezeichnet .

Gesetzliche Bestimmungen

Auf dem Mittellandkanal gilt die Binnenschifffahrtsstraßen-Ordnung. Der Kanal darf auf den ausgebauten Strecken von Fahrzeugen bis 100 m Länge, bis 11,4 m Breite und von Schubverbänden bis 185 m Länge und 11,4 m Breite befahren werden. Die zulässige Tauchtiefe beträgt 2,5 m. Die Durchfahrtshöhe unter Brücken, Freileitungen und sonstigen festen Überbauten beträgt bei normalem Wasserstand 4,00 m, auf den ausgebauten Strecken 5,25 m. Sie kann durch Wasserstandsschwankungen, Schleusungswellen und Windstau geringer sein. Kleinfahrzeuge müssen mit mindestens 5 km/h und dürfen in den ausgebauten Strecken bis 15 m^3 Verdrängung 15 km/h, darüber und auf den nicht ausgebauten Strecken nur mit 12 km/h fahren. Sie dürfen bei Tag und Nacht überholen und überholt werden. Die Berufsschiffahrt fährt mit 10 bzw. 12 km/h. Als Bergfahrt gilt die Fahrtrichtung nach Magdeburg. Von Sportbooten werden keine Gebühren erhoben.

Betriebszeiten der Schleusen

Schleuse Anderten: Mo-Sa 06.00-22.00. An Sonn- und Feiertagen 07.00-12.30.
Schachtschleuse Minden: Mo-Sa 06.00-22.00. An Sonn- und Feiertagen 08.00-11.00.
Ostern, 1. Mai und Pfingsten, 25. und 26. 12. so-wie am 1. Januar kein Betrieb. An Werktagen vor diesen Tagen von 06.00-13.50.
Südabstieg Minden: Mo-Fr 07.30-16.00, Sa 08.00-12.00. Sonn- und feiertags geschlossen.

Berufsschiffahrt

Der Mittellandkanal ist für die Berufsschiffahrt als einzige durchgehend befahrbare Wasserstraßenverbindung vom Rhein nach Berlin und weiter zur Oder sowohl für den Regionalverkehr sowie als Durchgangswasserstraße von großer, seit der Wiedervereinigung stark zunehmender Bedeutung.
1993 haben 20 786 Binnenmotorschiffe, 642 Schubschiffverbände, 21 Fahrgastschiffe und 2230 Sportboote, also insgesamt 23 679 Fahrzeuge, die Schleuse Anderten passiert. Im Vergleich zu 1992 ergab sich somit bei der Berufsschiffahrt ein leicher Rückgang (wobei aber die Schiffsgröße zunimmt) und bei Sportbooten eine Zunahme um 15,3%. Im Vergleich zu 1990 ergab sich eine Zunahme von Binnenmotorschiffen um 2%, von Schubschiffverbänden um 68% und von Sportbooten um 12,5 %!

Sportschiffahrt

Der Mittellandkanal stellt sich dem Sportskipper sehr unterschiedlich dar. Es gibt ausgesprochen häßliche Hafenanlagen und „Blechkanalstrecken" mit beidseitigen, zum Teil recht hohen Spundwänden, die in kurzen Abständen mit gelb markierten Leitern, teilweise auch mit abgesenkten Wildausstiegen versehen sind. Daneben gibt es außergewöhnlich schöne, geradezu romantische Waldstrecken mit hohen Bäumen zu beiden Seiten. Die Uferzonen und Randbepflanzungen bestehen nicht aus den uniformen Pappelreihen der früheren Jahre, sondern aus einer erstaunlichen Vielfalt an Bäumen, Büschen und Sträuchern. Der Mittellandkanal dient vielen Sportskippern als Hausrevier und ist durchaus nicht so langweilig und eintönig, wie es auf den ersten Blick erscheinen mag.

Yachthäfen

Yachthäfen finden Sie bei km 30,4 (im Stichkanal nach Osnabrück); km 62,1 MYC Mittelland, Bad Essen; km 70,8 WSV Preußisch Oldendorf; km 80,35 MYC Lübbecke; km 135,5 Idensen; km 149,7 im Stichkanal Hannover-Linden; km 163 Hannover; km 171 im Stichkanal Misburg; km 184,6 MBC Sehnde; km 201,1 WSC Peine; km 213 im Stichkanal Salzgitter; km 127 BMC Braunschweig; km 227,9 Abbesbüttel und bei km 235 YC Hoffmannstadt Fallersleben.

Revierfunk

Die UKW-Kanäle von Schleusen, Bunkerbooten, Polizei usw. finden Sie bei den betreffenden Beschreibungen. Daneben ist auf dem Mittellandkanal und den Stichkanälen der „Nautische Informationsfunk" streckendeckend eingerichtet. Die Zentrale in Minden ist ständig besetzt. Dieser Funkdienst ist zuständig für

Notrufe (Weiterleitung an WSA, Polizei und Feuerwehr) und

Lagemeldungen (Verkehrsstörungen, Wasserstände, Bekanntmachungen der WSV), täglich um 09.00, 13.00 und 17.00 sowie bei besonderen Ereignissen. Der Ruf *„An alle"* wird durch ein Ruftonsignal *(HüA-HüA)* angekündigt.

Bereiche

Mittellandkanal	(MLK)
Stichkanal nach Osnabrück	(SKO)
Stichkanal Hannover-Linden	(SKL)
Stichkanal nach Hildesheim	(SKH)
Stichkanal nach Salzgitter	(SKS)

Funkstellen (Ruf)	UKW-Kanal	km
Minden, Nautische Information		
Bevergern, Nautische Information	20	0-20
Hollage, Schleuse (SKO)	78	7-43
Bad Essen, Nautische Information	79	39-86
Minden, Schachtschleuse	22	82-114
Minden, Obere u. Untere Schleuse	22	82-114
Nienbrügge, Nautische Information	81	103-145
Lohnde, Nautische Information (SKL)	82	133-168
Anderten, Schleuse	18	161-192
Bolzum, Schleuse (SKH)	78	180-205
Wedtlenstedt, Schleuse (SKS)	79	198-236
Sülfeld, Schleuse	20	229-258

Treibstoff

Bootstankstellen finden Sie bei km 108 des DEK (Bergeshövede, alle Sorten), km 149,3 (Bunkerstation), im Stichkanal nach Hannover-Linden bei km 2,36 (alle Sorten).

Bunkerboote (nur Diesel, Wasser und Schmierstoffe) sind bei km 100,6 (Minden) und bei km 219,75 (Hafen Braunschweig) stationiert.

Proviant

Nur in kleineren Geschäften der Ortschaften am Kanal. Einkaufszentrum in der Nähe des Yachthafens Hannover (ca. 1 km entfernt).

Liegemöglichkeit in der Alten Fahrt Hörstel (o.).
Auslaufen in den Mittellandkanal aus der Schachtschleuse Minden (u.).

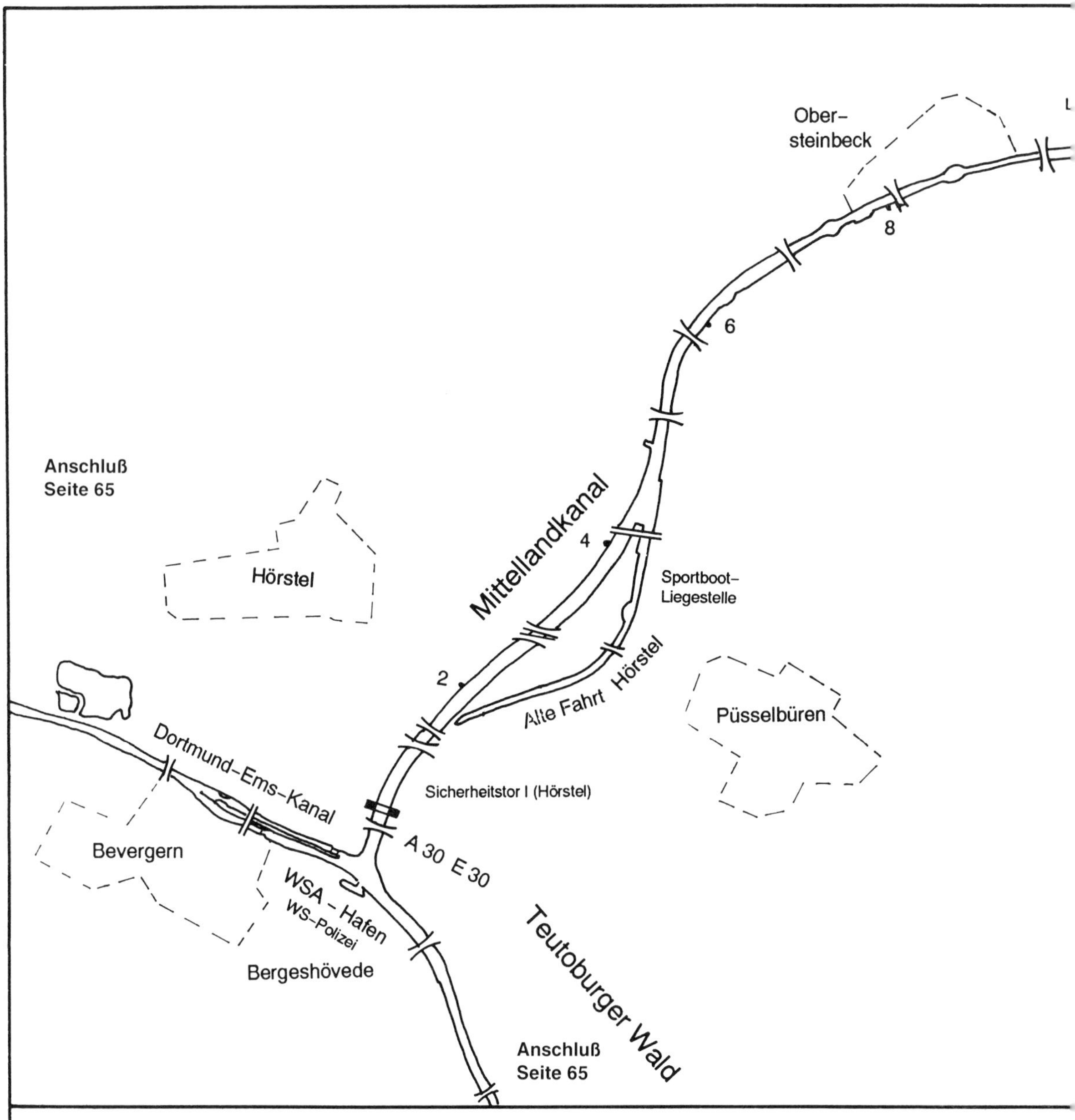

Km 0,0 Beginn des Mittellandkanals mit der Abzweigung aus dem Dortmund-Ems-Kanal (km 108,4). Siehe auch unter Dortmund-Ems-Kanal, Seite 65.

Km 0,63 Sicherheitstor I (Hörstel), steht normalerweise offen.

Km 4,1 Süd-Ufer, Einmündung der Alten Fahrt Hörstel. In der Alten Fahrt befinden sich am West-Ufer ruhige Liegeplätze für Sportboote in schwellfreier Lage an einer niedrigen Spundwand. Die Alte Fahrt Hörstel ist südlich des Wendebeckens gesperrt (Naturschutzgebiet). **Km 4,16–4,63** Süd-Ufer, Hafen Ibbenbüren. **Km 7,37** Nord-Ufer, Wende- und Sportbooteinsetzstelle.

Km 8,75–9,03 Nord-Ufer, Liegehafen Obersteinbeck.

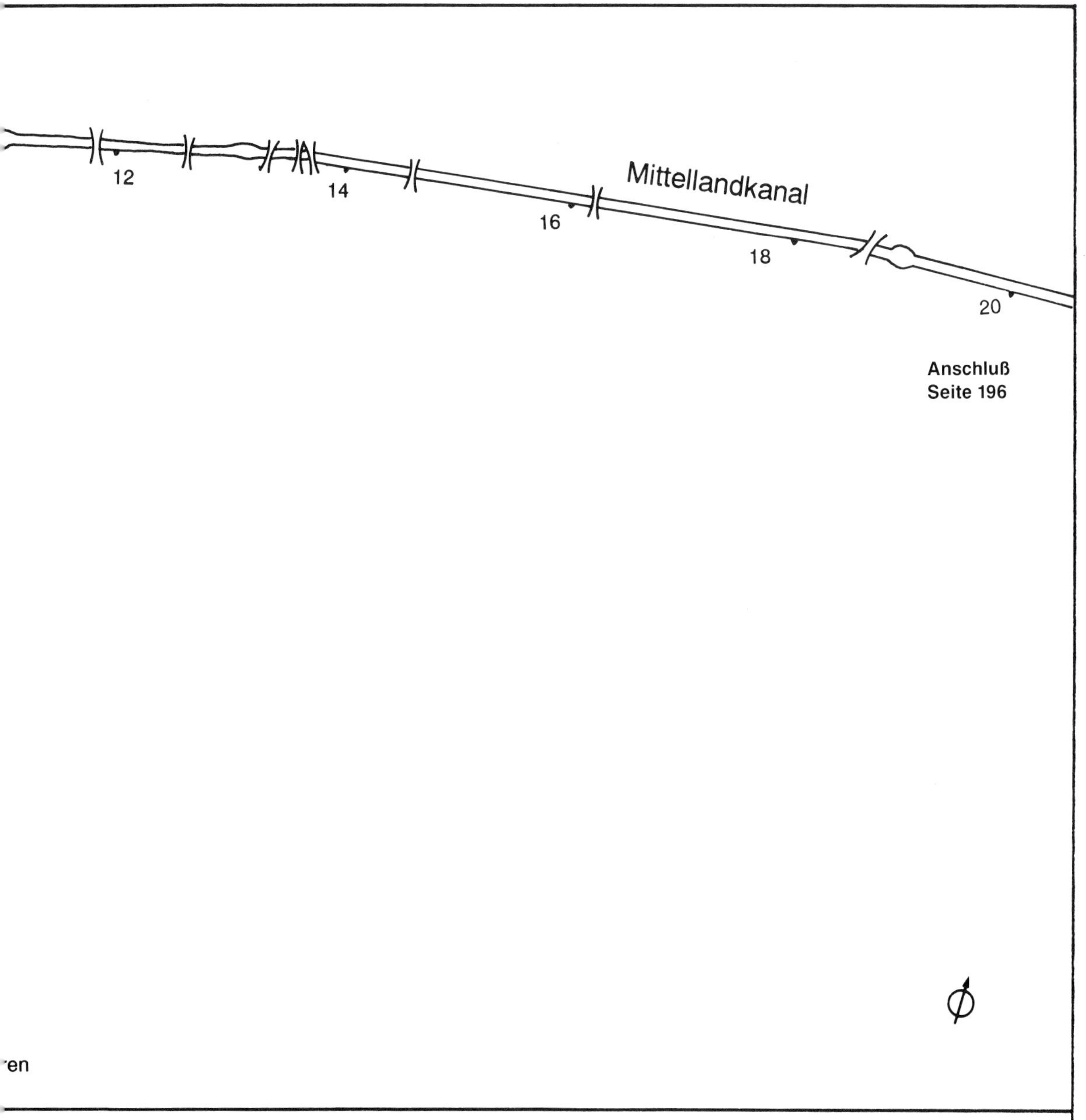

Km 10,55 Nord-Ufer, vor der Brücke Nr. 10, Liegestelle für Sportboote an einer Spundwand. Etwa 100 m lang und durch 2 rote Tonnen zum Fahrwasser abgegrenzt. **Km 13,93–14,5** Süd-Ufer, Liegestelle Recke.

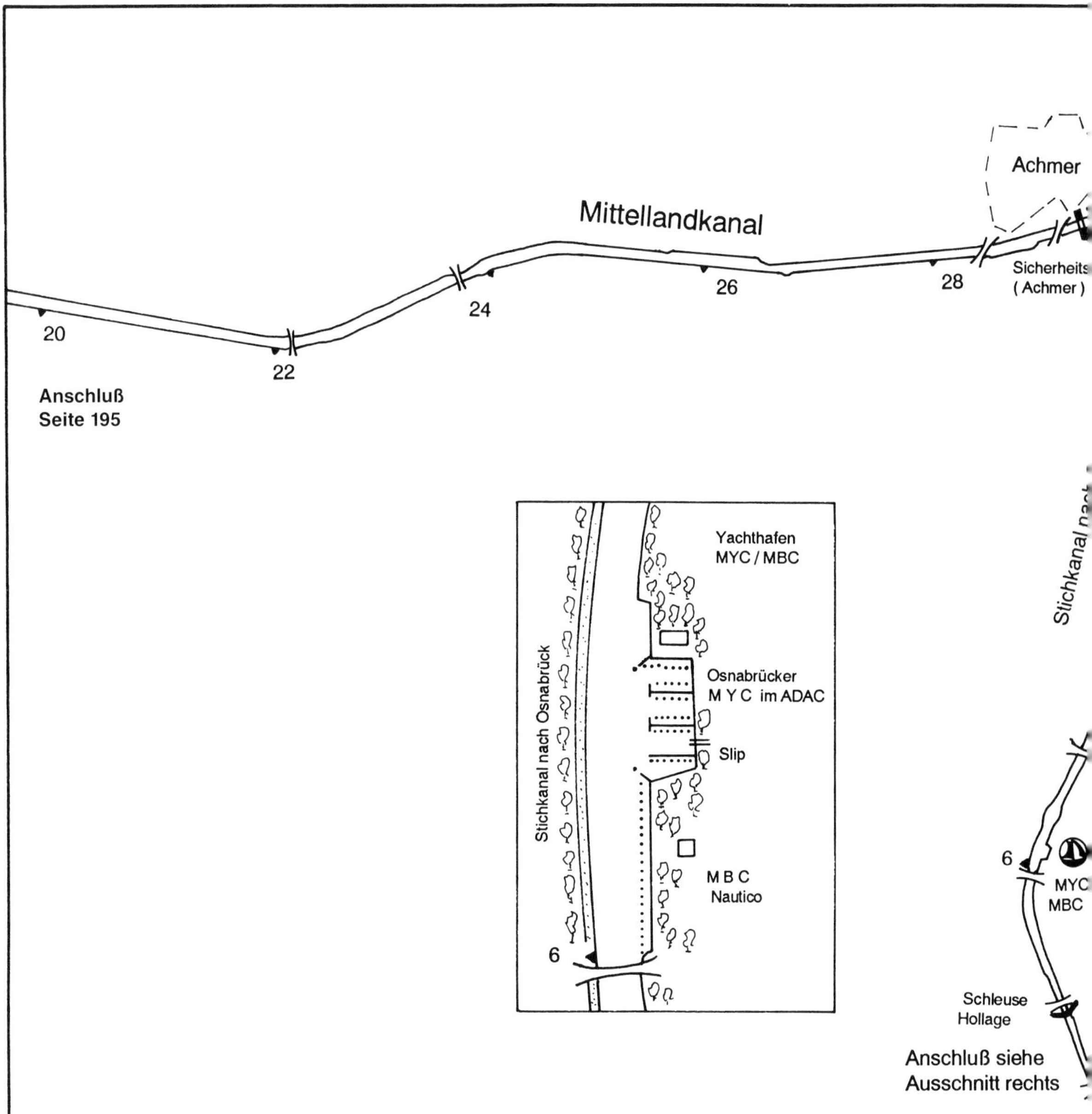

Km 29,3 Sicherheitstor II (Achmer), steht normalerweise offen. **Km 29,9** Nord-Ufer, Liegestelle für Sportboote. **Km 29,8–29,9** Süd-Ufer, Liegestelle Pente (Ost). **Km 30,5–31,3** Nord-Ufer, Liegestelle Pente (Ost). **Km 30,4** Nord-Ufer, Wasserschutzpolizei-Wache Bramsche, Telefon 05461-3110. WS-Boot: UKW-Kanal 10. **Km 30,4** Süd-Ufer, Abzweigung des Stichkanals Osnabrück.

Stichkanal nach Osnabrück

Diesen Kanal wird wohl nur befahren, wer einen ruhigen Yachthafen sucht. Dann aber lohnt sich der Abstecher! **Km 0,0** Abzweigung aus dem Mittellandkanal. Am Westufer bis km 4 teilweise abgesenkte Unterwasser-Spundwände. **Km 5,73–5,95** Yachthafen des Osnabrücker MYC im ADAC (Tel. 05407-4340) und des MBC Nautico (Tel. 05407-

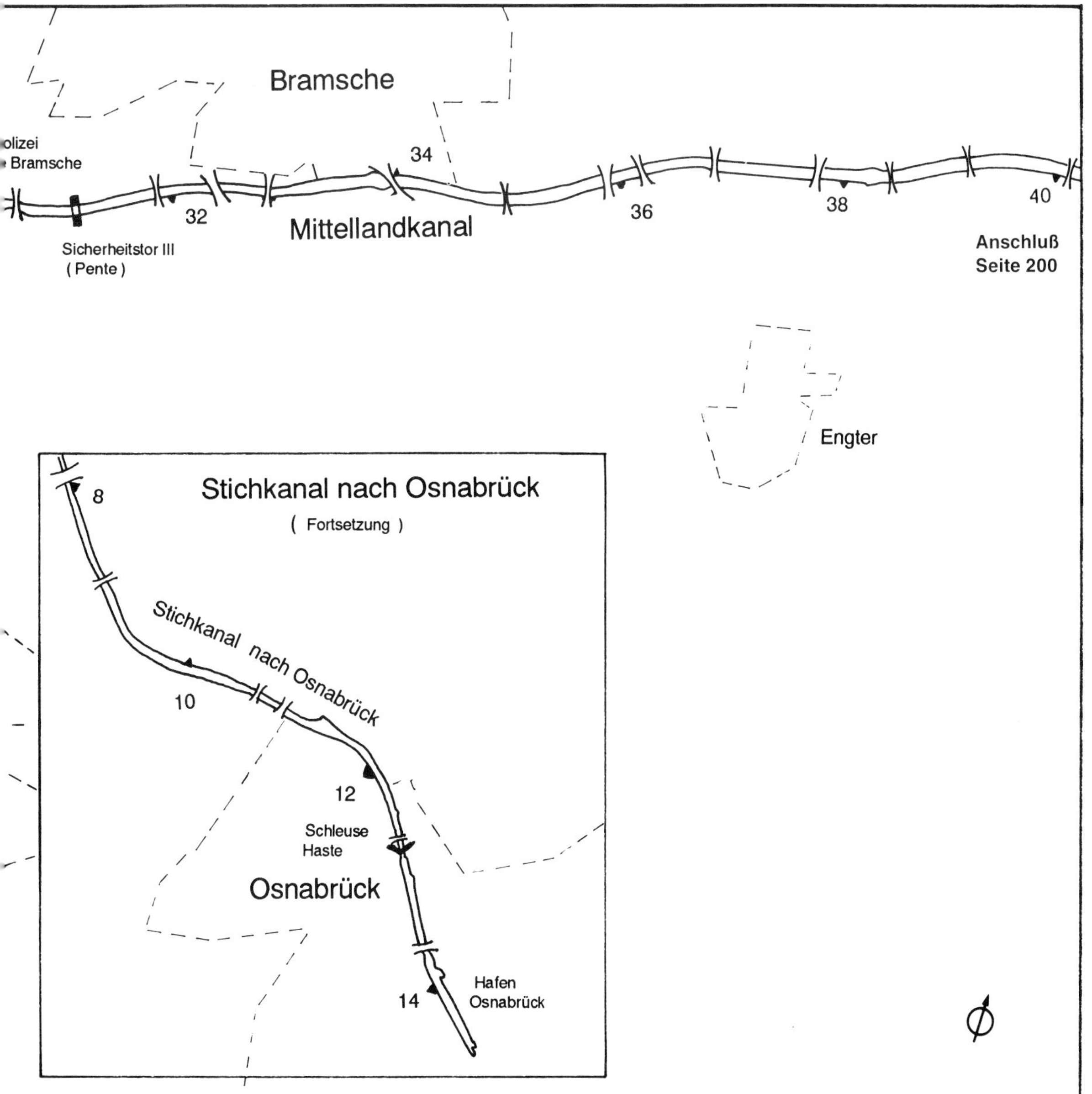

4340). In schöner und ruhiger Lage mit WC, Duschen, Clubhaus (abends bewirtschaftet), Wasser, Strom, Gastplätze, Kran bis 3 t, Slipanlage, Einkauf und Treibstoff in Hollage, ca. 1,5 km. **Km 7,2** Schleuse Hollage, 1 Kammer, 82 x 10 m, Hub 4,8 m, UKW-Kanal 78, Tel. 05407-29 75. **Km 12,7** Schleuse Haste, 1 Kammer, 82 x 10 m, Hub 4,75 m, UKW-Kanal 78, Tel. 0541-6 24 14. Betriebszeiten für beide Schleusen: Mo 05.00–20.00, Di-Fr 06.00–20.00, Sa 06.00–16.00. An Sa, So u. Ftg kein Betrieb, Sa vor Ostern und Pfingsten von 06.00–13.50. **Km 13-14,53** Hafen Osnabrück (Kanalende).

Fortsetzung Mittellandkanal

Km 31,7 Sicherheitstor III (Pente). **Km 32,9-33,5** Nord-Ufer, Liegehafen Bramsche. **Km 33,7** Nord-Ufer, Liegestelle und Sliprampe für Sportboote.

Die Oberschleuse am Südabstieg Minden (o.).
Der Mittellandkanal wird über weite Strecken von Alleen gesäumt (u.).

Der Yachthafen des Osnabrücker MYC am Stichkanal nach Osnabrück (o.).
Ruhige Fahrt auf dem Stichkanal (u.).

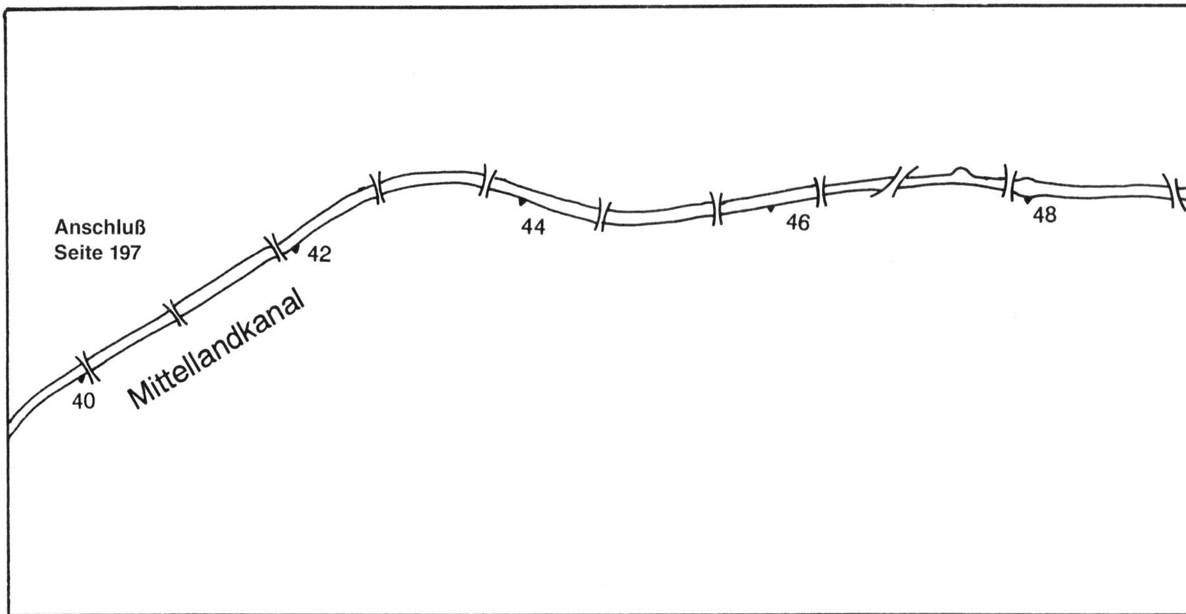

Km 41,3 Nord-Ufer, Anleger mit Grillplatz. Gegenüber, am Süd-Ufer liegt eine Gaststätte. **Km 46,90** Süd-Ufer, Sportbooteinsetzstelle. **Km 54,42** Handelshafen Bohmte. **Km 53,4** Sicherheitstor IIIa (Herringhausen), steht normalerweise offen. **Km 53,80** Nord-Ufer, Sportbootliegestelle Herringhausen an einer niedrigen Spundwand mit kleinen Pollern in kurzen Abständen, Slipbahn, Abfallbehälter. **Km 58,97** Ladestelle und Ortschaft Wehrendorf. **Km 61,6** Wendebecken Bad Essen, Liegemöglichkeit. SB-Tankstelle und Lebensmittelgeschäft am Ufer. Bis zum Ort 300 m. **Km 62,1** Nord-Ufer, Yachthafen des MYC Mittelland Bad Essen e.V. Die Einfahrt ist nur 6,3 m breit und 1,7 m tief. Clubhaus mit san. Anlagen, Wasser, Gastplätze, Kran bis 5 t, Slip. Landtankstelle 500 m. Einkauf im Ort, ca. 1,2 km.

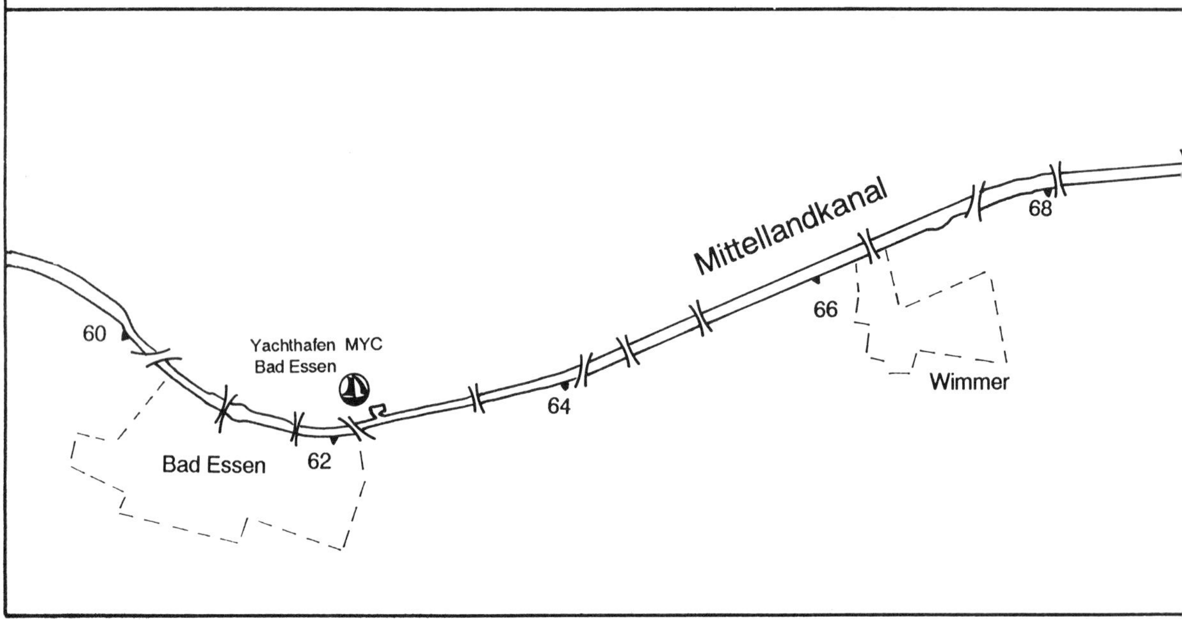

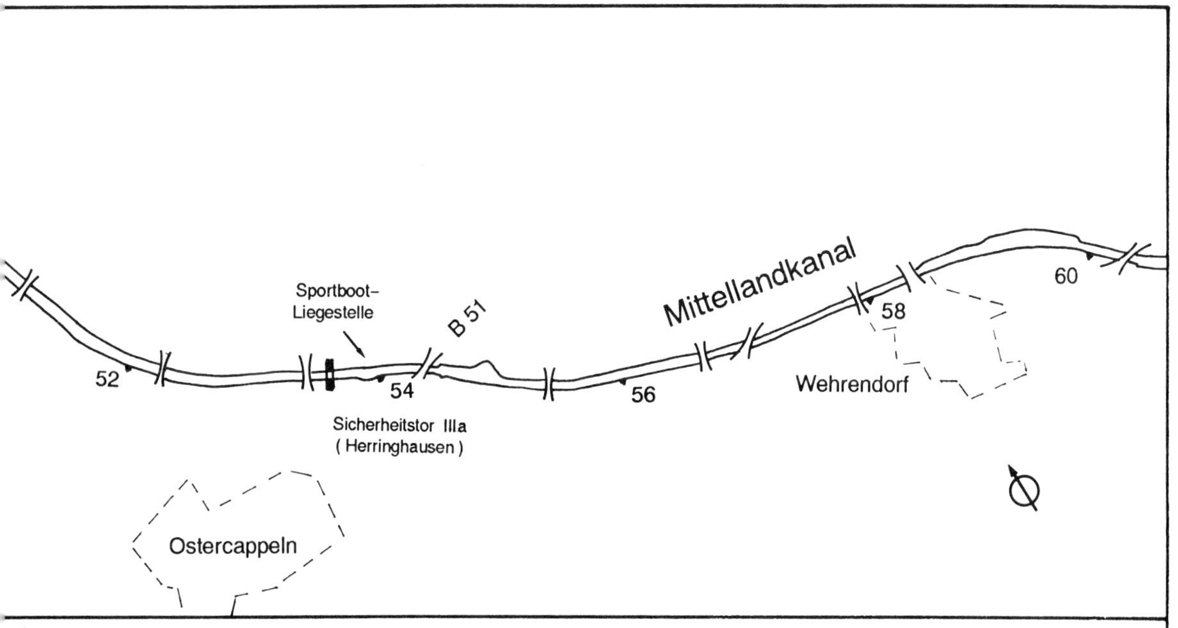

Km 70,6 Süd-Ufer, Yachthafen des WSV Preußisch Oldendorf. WC, Wasser, Strom, Gastplätze. Beim Anlaufen mit rw 180° auf das Clubhaus halten (Untiefen). **Km 71,2** Nord-Ufer, Wendebecken Getmold, Trailer-Slipbahn.

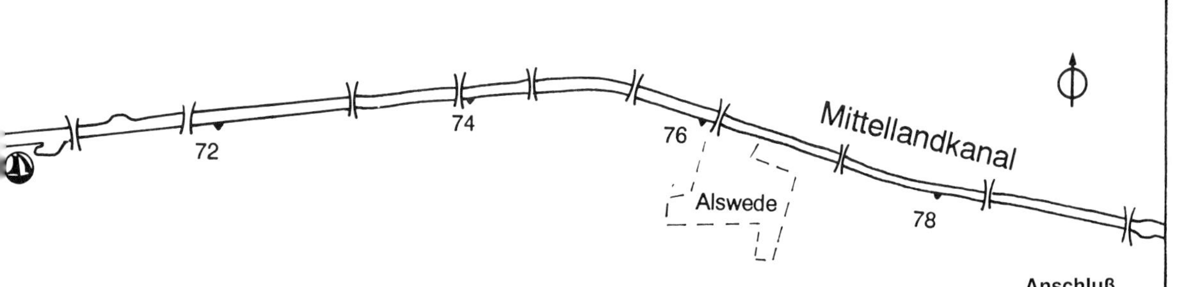

Anschluß
Seite 202

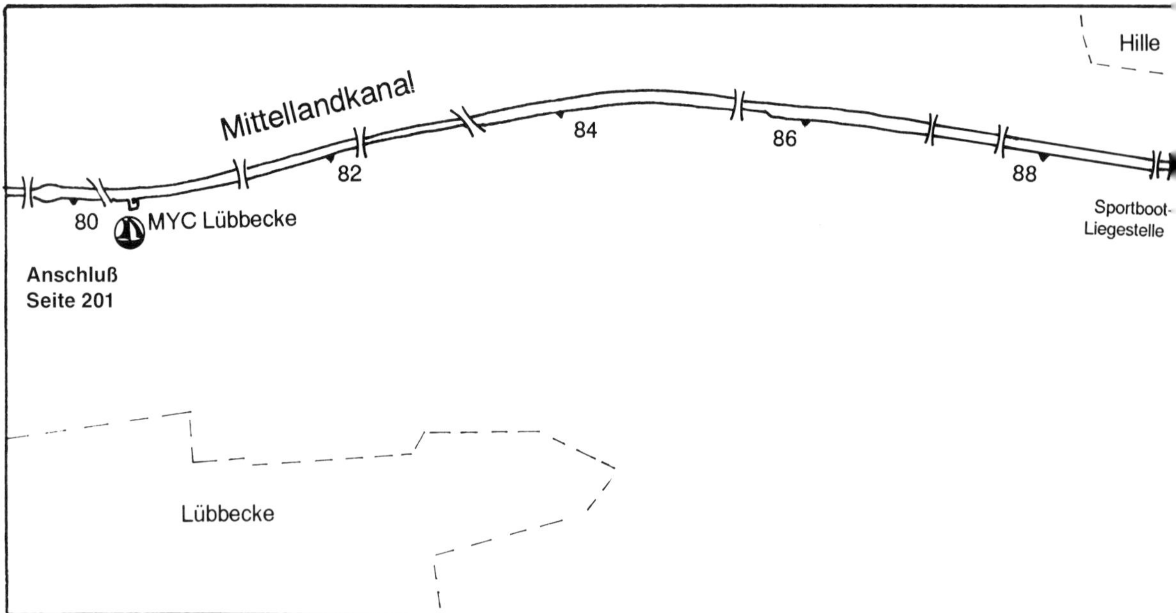

Km 80,35 Süd-Ufer, Yachthafen des MYC Lübbecke e.V. Sehr schöne, gepflegte Anlage mit Clubhaus (abends bewirtschaftet), WC, Duschen, Wasser, Strom, Kran bis 5 t, Slipanlage, Gastplätze. **Km 89,05** Süd-Ufer, Sportbooteinsetzstelle mit Sliprampe. **Km 89,4** Süd-Ufer, Slipbahn für Trailer. **Km 98,09** Sicherheitstor IV (Hahlen). **Km 100** Beginn der Mindener Kanalhäfen.

Km 100,62 Bunkerboote, nur für Diesel, UKW-Kanal 10. **Km 101,4** Süd-Ufer, Sportbootliegestelle, Übergang (ca. 400 m) zum Informationszentrum am Wasserstraßenkreuz Minden. Wasserschutzpolizeistation Minden. Tel. 0571-8 86 63 92. WS-Boot: UKW-Kanal 10. **Km 101,56** Abzweigung zur Weser durch die Schachtschleuse Minden. 1 Kammer, 85 x 10 m, Fall 13,20 m, UKW-Kanal 22, Tel. 0571-

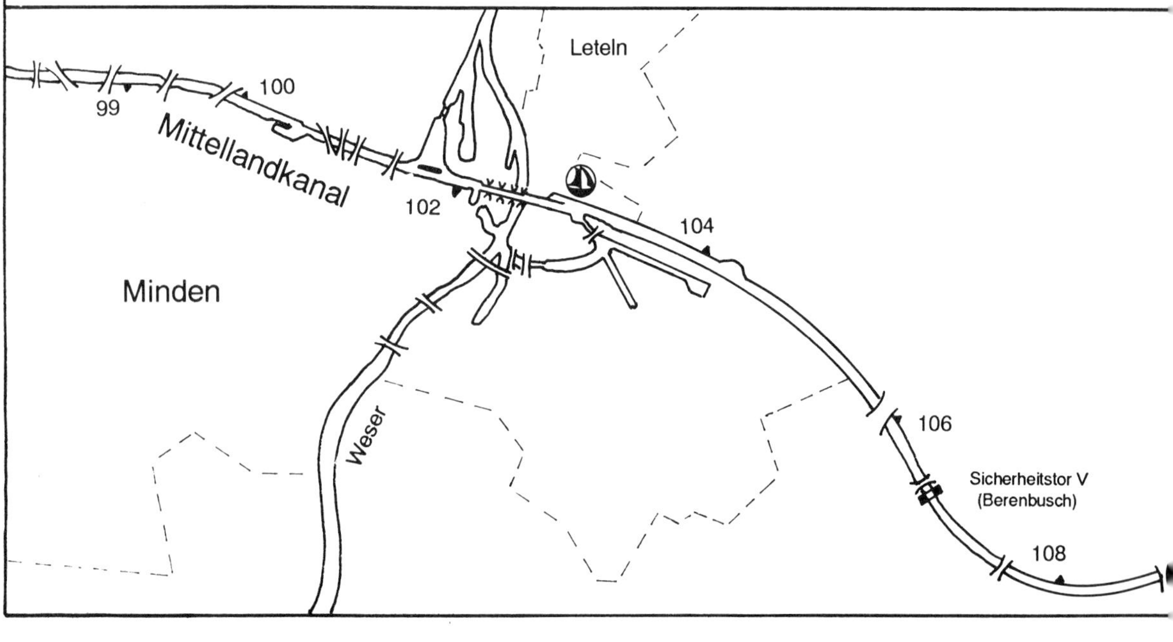

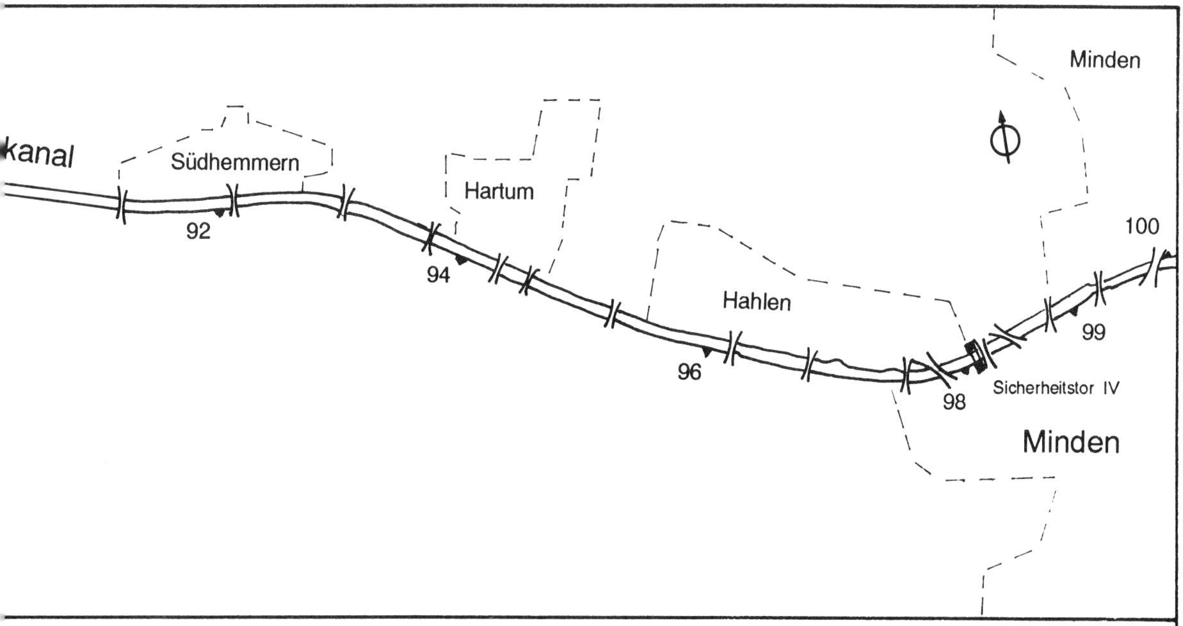

40 23 61. Betriebszeiten werktags von 06.00-22.00, So und an Feiertagen. 08.00-11.00. **Km 102,19–102,51** Kanalbrücken über die Weser. Südliche Brücke nur 24 m breit, nördliche Brücke 40 m breit. **Km 102,9** Abzweigung des Südabstieges zur Weser. Obere Schleuse, 82 x 10 m, 6,3 m Fall, UKW-Kanal 22, Tel. 0571-40 23 62. Untere Schleuse, 82 x 12,5 m, Fall 7,0 m, UKW-Kanal 22, Tel. 0571-40 23 63. **Km 106,9** Sicherheitstor V (Berenbusch), steht normalerweise offen. **Km 111,5** Nord-Ufer, Sportbooteinsetzstelle. **Km 116,5** Süd-Ufer, Anleger der Gaststätte „Bad Hiddenseer Born", nur für Gäste.

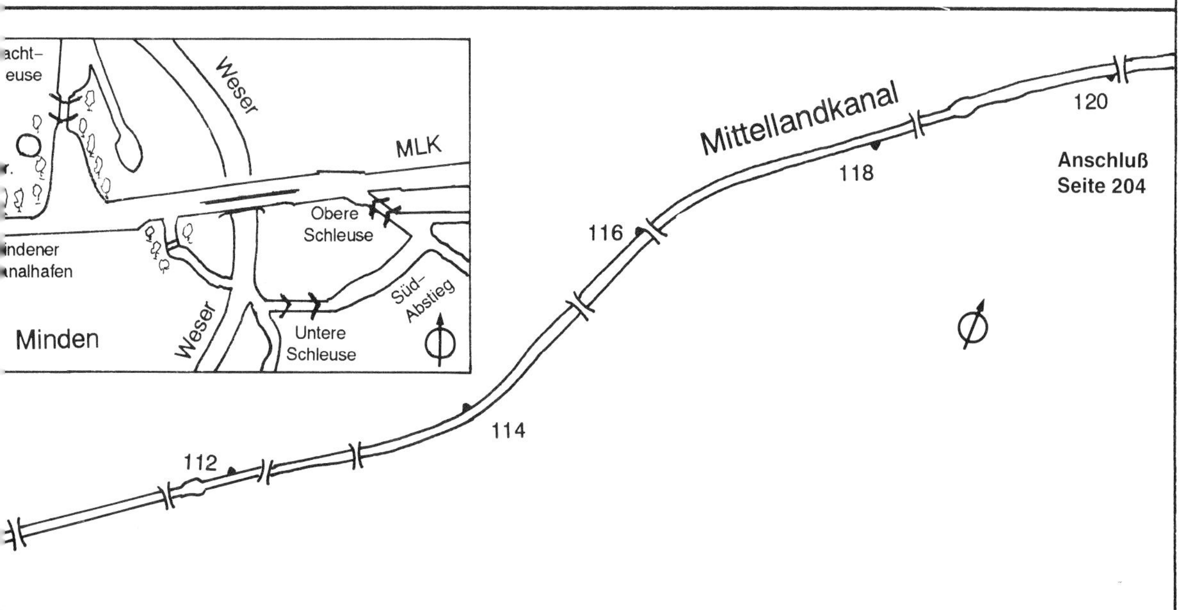

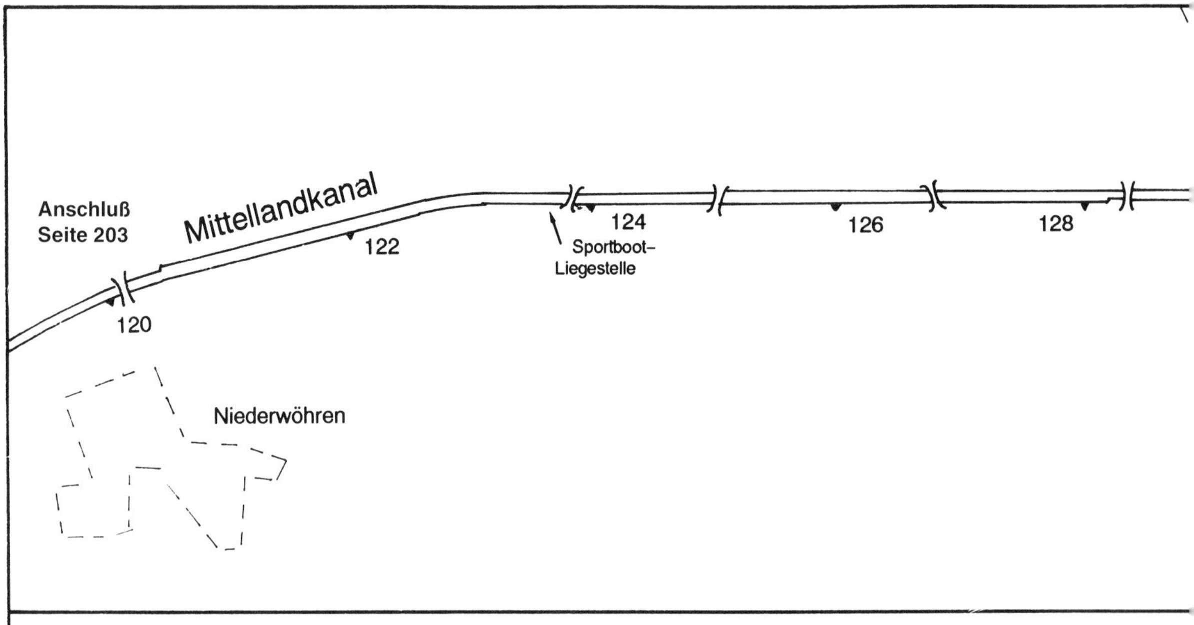

Km 123,28 Süd-Ufer, Sportbooteinsetzstelle. **Km 123,61** Nord-Ufer, Umschlagplatz Pollhagen. **Km 135,5** Nord-Ufer, Yachthafen Idensen. Die Einfahrt zum Hafen ist 7 m breit und 1,7 m tief. WC, Duschen, Strom, Wasser, Gastplätze, Clubhaus (bewirtschaftet), Schwimmbad, ggf. Autokran, Slipanlage, Tel. 05723-8 15 48. **Km 138,41** Brücke zur 1,5 km entfernten Ortschaft Haste. Bahnstation der Strecke Hannover–Minden. **Km 149,3** Süd-Ufer, Bunkerstation, Diesel, Benzin, Wasser. Der Anleger ist starkem Schwell ausgesetzt, Tel. 05137-24 01. Evtl. im Stichkanal Hannover-Linden, km 2,36, bunkern (schwellfrei). **Km 149,7** Sicherheitstor VI (Lohnde). Weiter im MLK siehe Seite 206.

Stichkanal nach Hannover-Linden

Km 149,65 Süd-Ufer, Abzweigung des Stichkanals

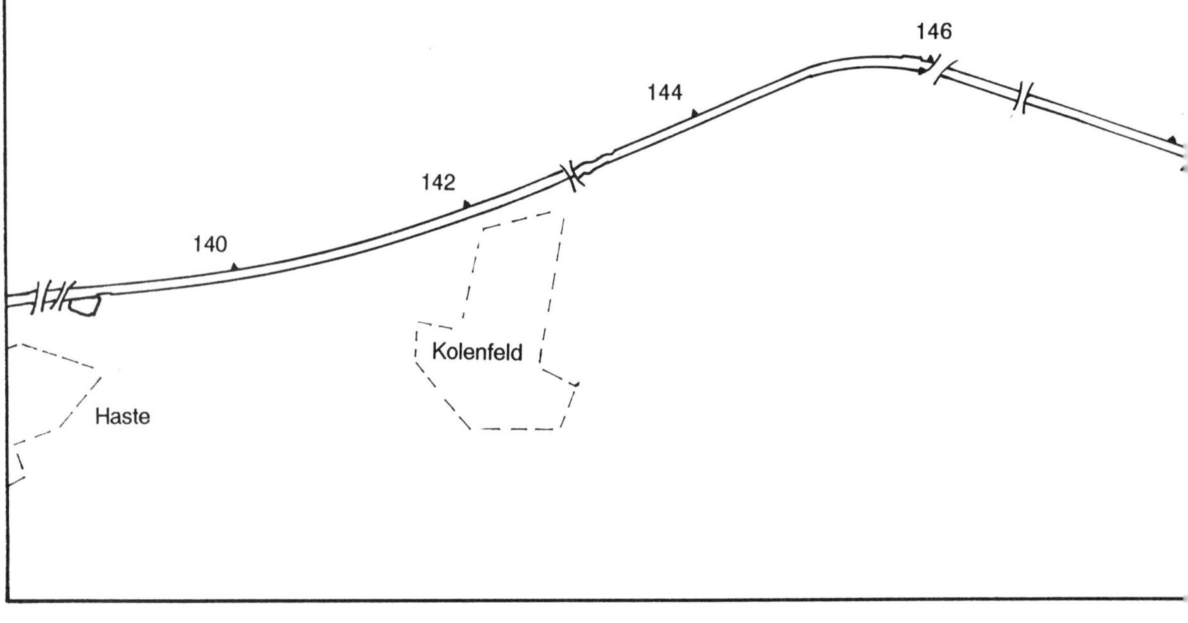

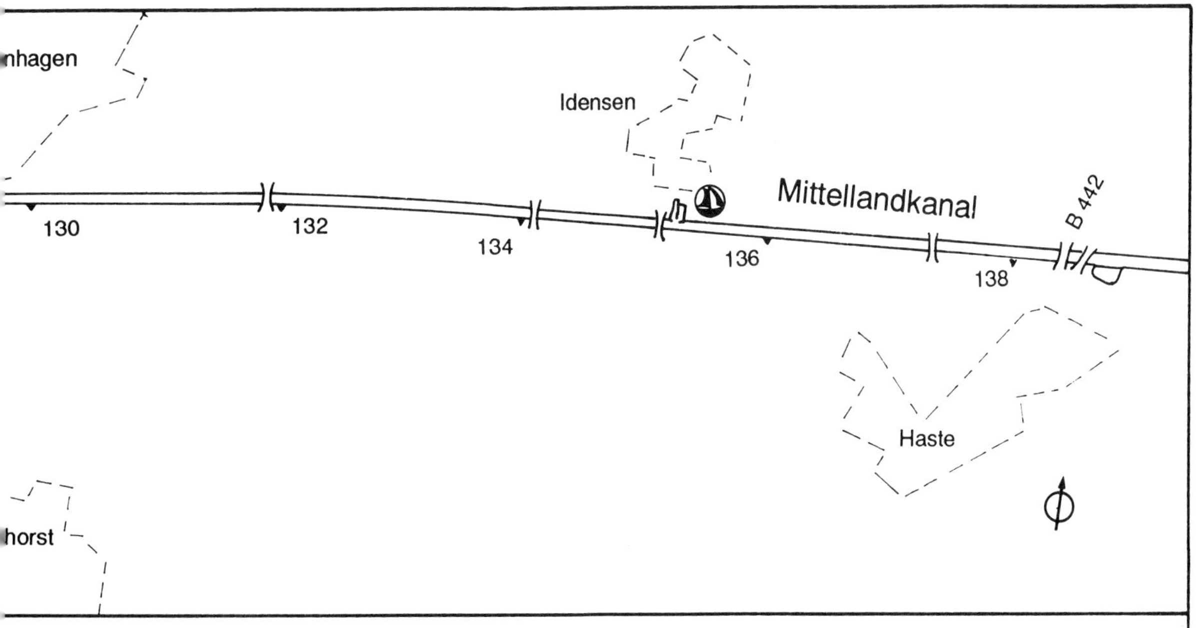

nach Hannover-Linden und zum Leine-Abstiegskanal.
Km 0,39 Nord-Ufer, Fa. Wassersport-Prützel. Alle Reparaturen und Servicearbeiten an Boot, Motoren und Propeller, Kran bis l0 t, Serviceboot für mobile Pannenhilfe, Tel. 05137-24 42, Fax 05137-9 27 92.
Km 0,77 Nord-Ufer, Schiffswerft Rasche.
Km 1,0-1,15 Nord-Ufer, Liegestelle Seelze.

Km 2,36 Nord-Ufer, Yachthafen des MBC Seelze in ruhiger Lage, rundum im Grünen. WC, Duschen, Slipanlage, Wasser und Strom am Steg, bewirtschaftetes Clubhaus mit guter Küche, Bootstankstelle (alle Sorten). Einkauf in Seelze, 1 km vom Hafen. Fortsetzung Seite 206.

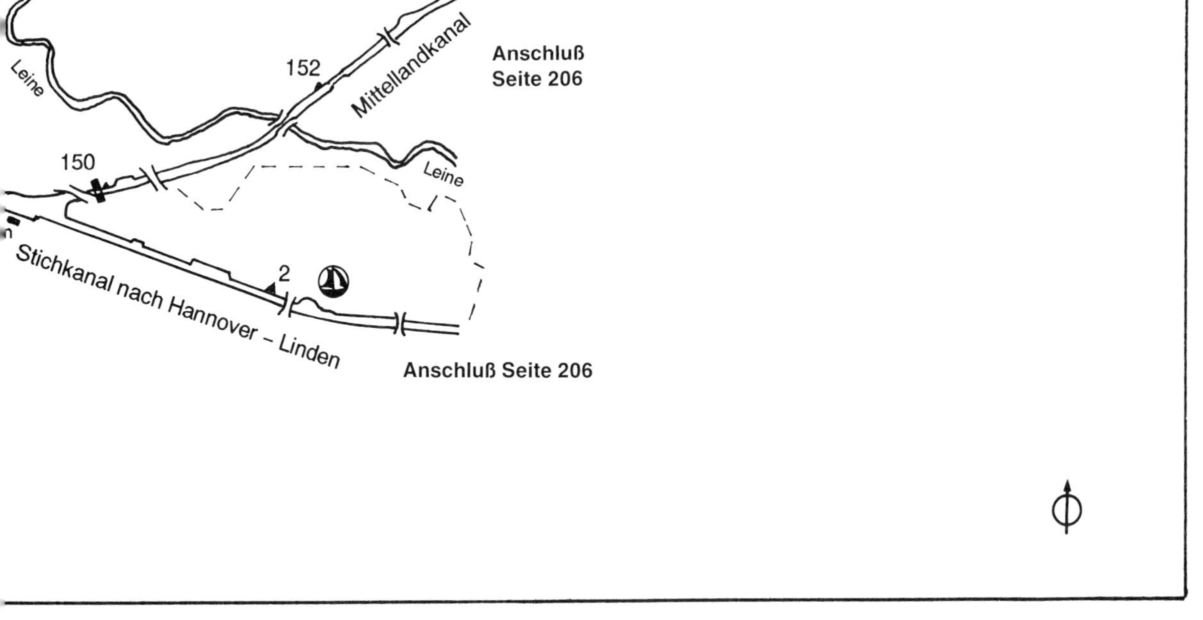

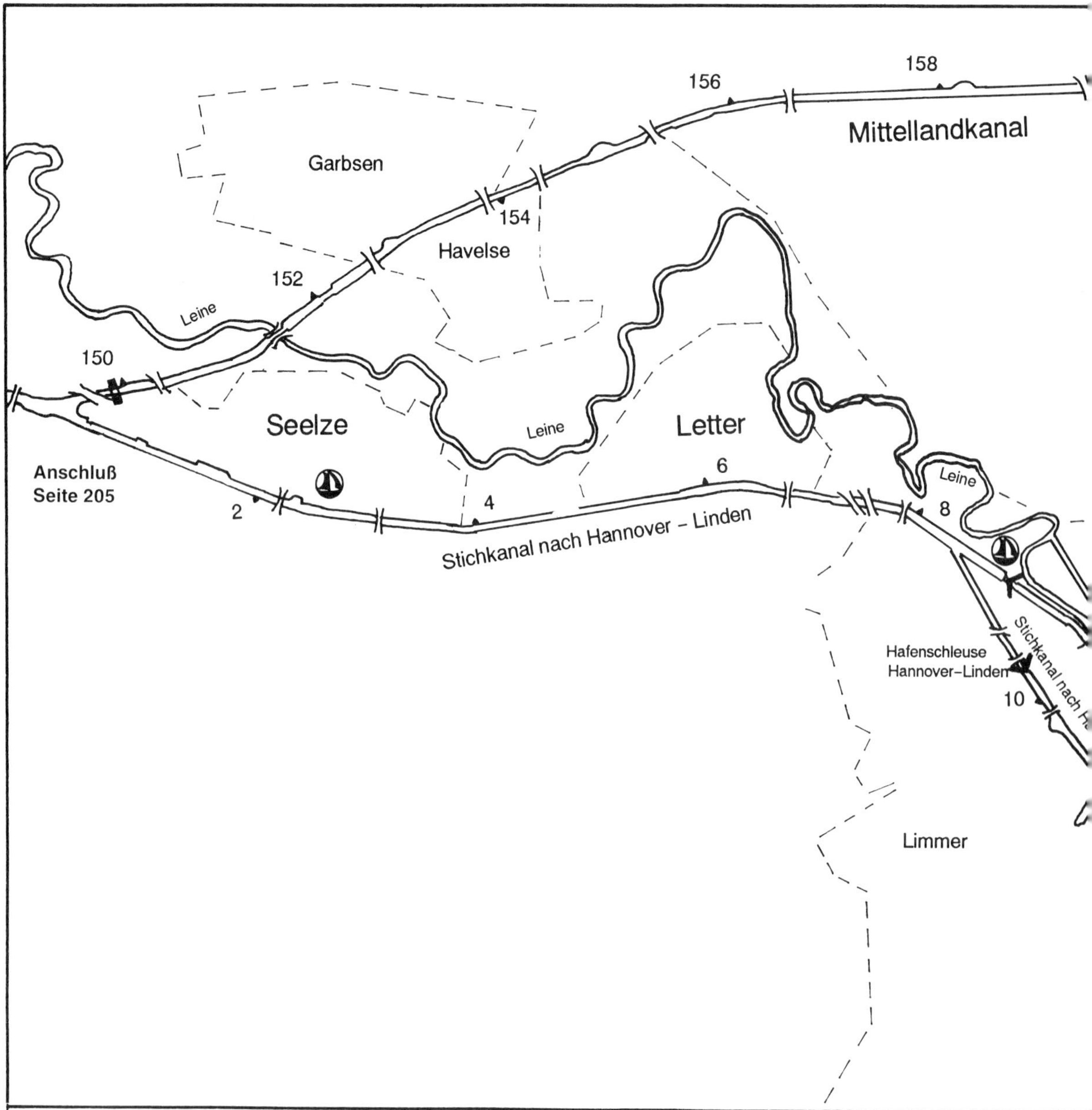

Stichkanal nach Hannover-Linden (Fortsetzung)
Km 8,46 Nach Osten, Abzweigung des Verbindungskanals zur Leine. Die Leine-Abstiegsschleuse bei km 0,7 (30,5 x 5,05 m, Fall 2,0 m) wird nur auf Anforderung bei der Hafenschleuse Hannover-Linden (UKW-Kanal 82) bedient. Durch diese Schleuse gelangt man zur Ihme und zur Leine.
Km 9,52 Hafenschleuse Hannover-Linden, 83 x 10 m, Fall 7,85 m, UKW-Kanal 82. Die Industriehäfen hinter dieser Schleuse sind für Sportboote nicht eingerichtet.

Fortsetzung Mittellandkanal
Km 149,77 Sicherheitstor VI (Lohnde), steht offen.
Km 152,7 Nord-Ufer, öffentliche Sliprampe. Zum Kanal durch rote Stumpftonnen markiert. **Km**

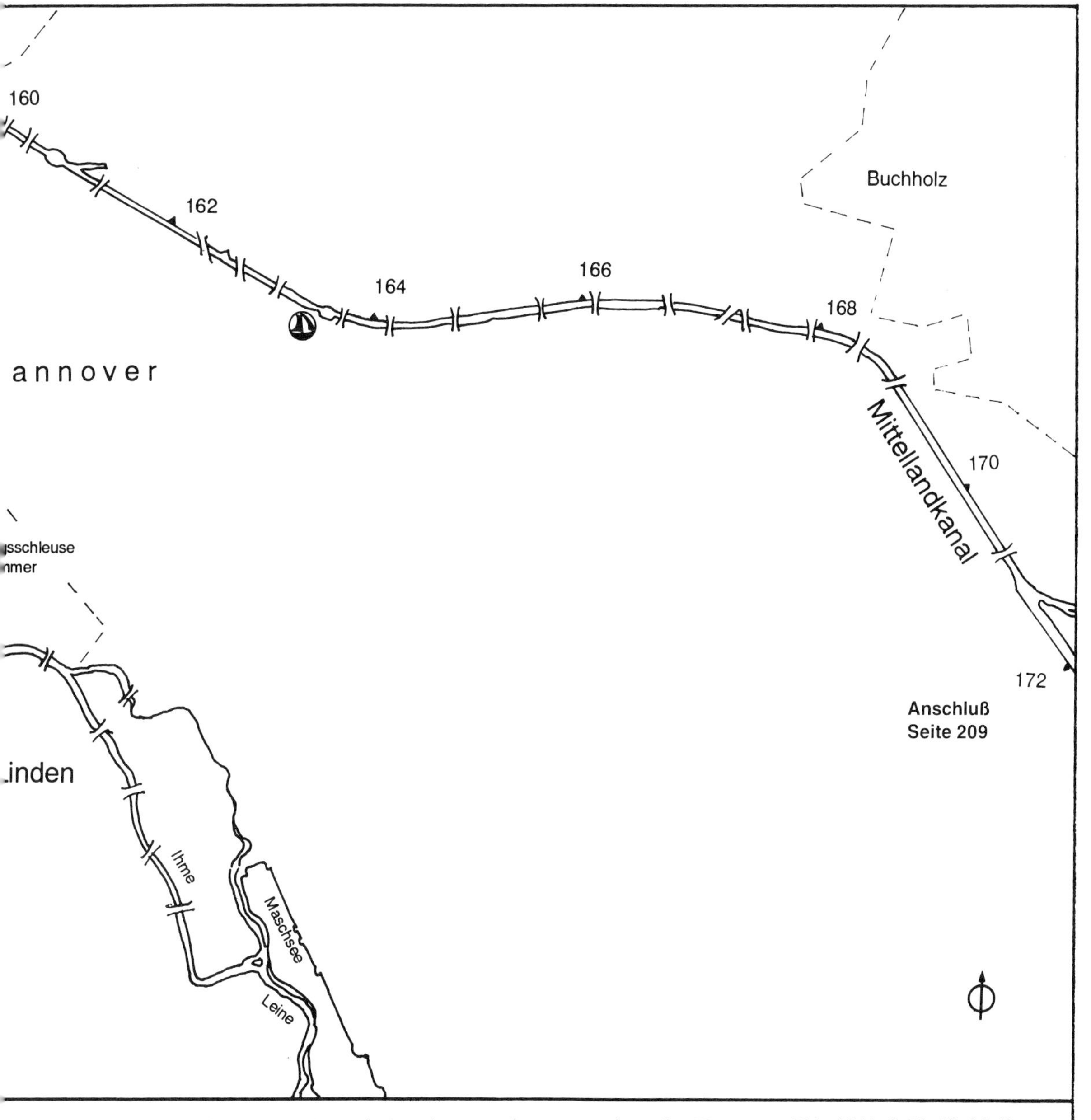

153,64 Sicherheitstor VII (Havelse), steht normalerweise offen. Die Stadtstrecke Hannover, ab km 159, wird zur Zeit ausgebaut. In diesem Bereich werden teilweise abgesenkte Spundwände gerammt. Sie liegen abwechselnd auf 40 Meter Länge 20 cm unter und dann 10 cm über Wasser. Siehe auch Seite 209.
Km 161 Nord-Ufer, Hafen Brink, für Yachten nicht geeignet. **Km 162,8** Süd-Ufer, Wasserschutzpolizei-Revier Hannover, Tel. 0511-6 70 58 28 Boot: UKW-Kanal 10.
Km 163,53 Süd-Ufer, Yachthafen, Hannover. Duschen, WC, Waschräume, Busverbindung zum Zentrum von Hannover (15 Min.). Supermarkt 1000 m entfernt.

Der Yachthafen Hannover (o.).
Die alte Kanalstrecke durch Hannover (u.).

Km 171,15 Ost-Ufer, Stichkanal nach Misburg. Bis km 1,9 Industriehäfen. Bei km 2,8 Clubhafen des Hannoverschen Motorbootclubs, Gastplätze, Strom, Wasser. Ruhige Lage im Grünen.
Km 174,2 Schleusen Anderten. 2 Kammern, 217 x 12 m, glatte Betonwände, Hub 14,7 m, UKW-Kanal 18, Tel. 0511-52 25 72.
Vorsicht: Östlich der Schleuse Anderten liegen ab **km 176** an beiden Ufern unter Wasser abgesenkte Spundwände, deren obere Kanten nicht sichtbar sind und bei einer Berührung schwere Schäden am Bootsrumpf verursachen. Sie sind durch Hinweisschilder und Baken bezeichnet und erfordern beim Begegnen und Überholen einen Seitenabstand von mindestens 2 Metern.
Km 183 Das „Gebirge“ nördlich des Kanals ist eine Abraumhalde des Kaliwerkes Friedrichshall / Sehnde.

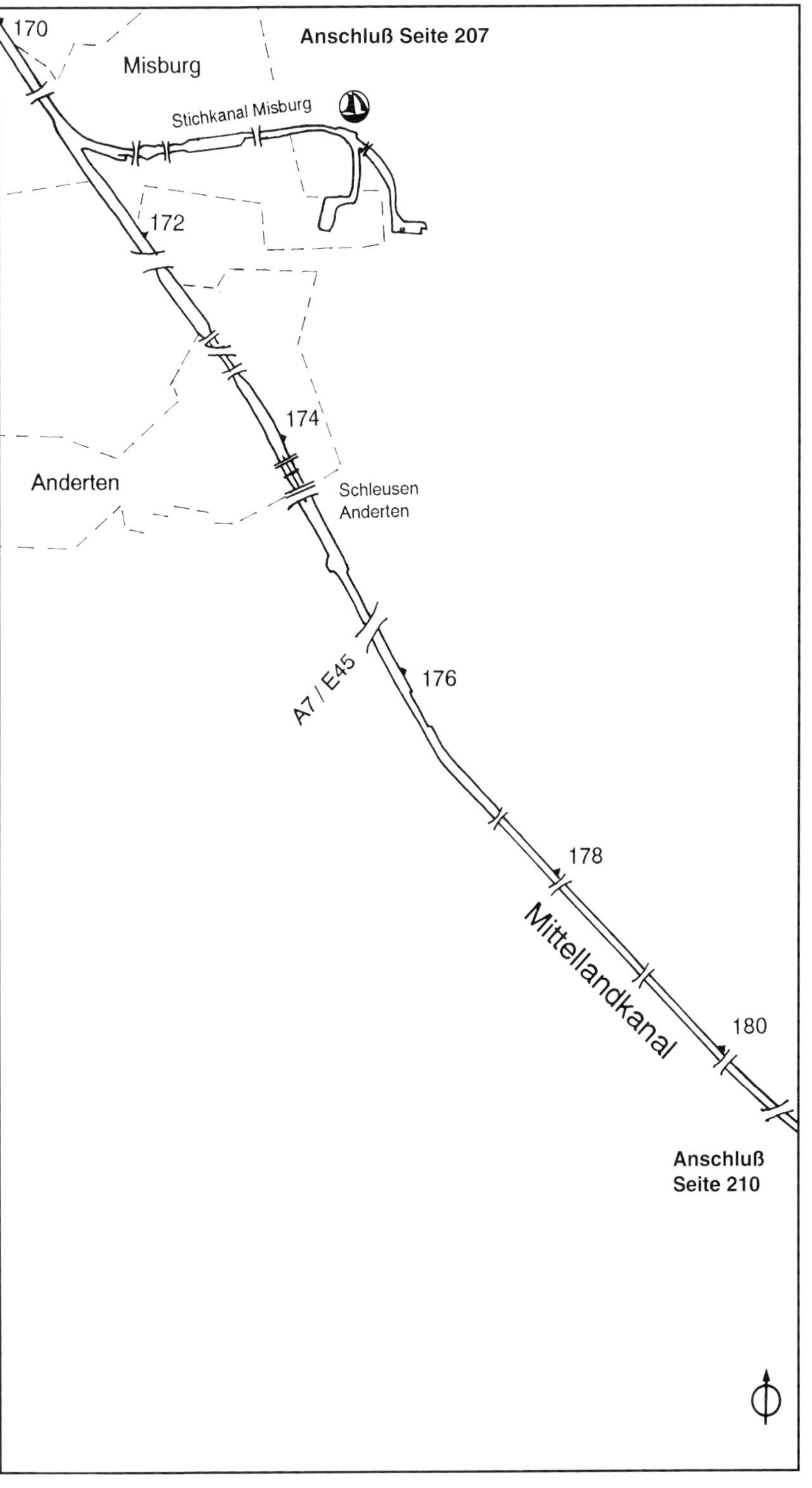

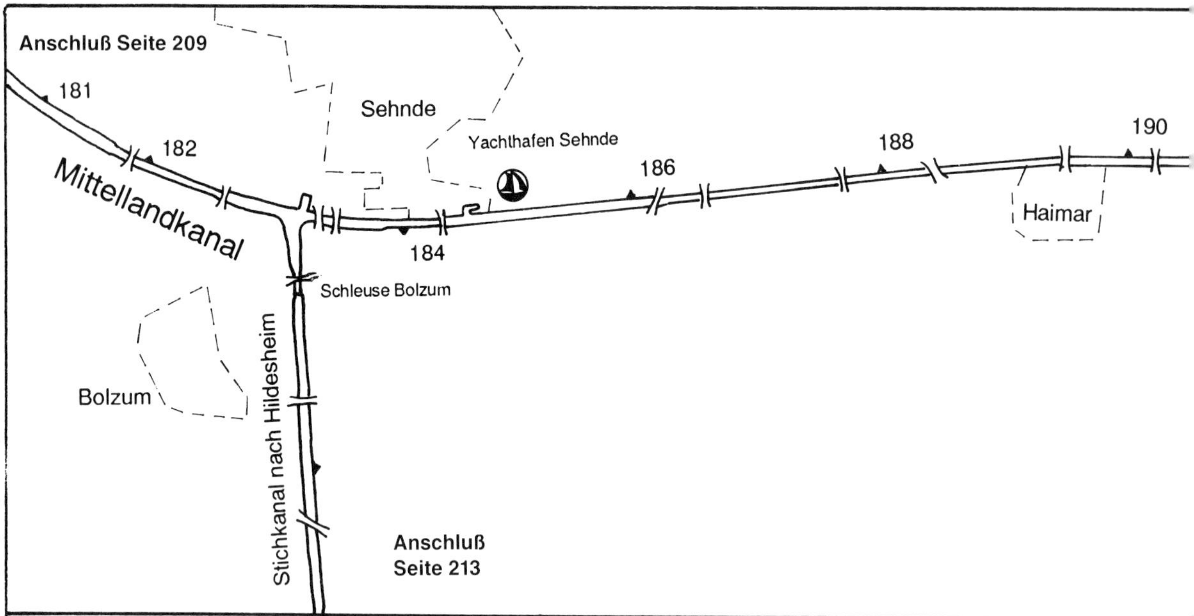

Km 183,24 Süd-Ufer, Abzweigung des Stichkanals nach Hildesheim. **Km 184,6** Nord-Ufer, Yachthafen des MBC Sehnde. Gastplätze im Hafen nur bis 8 m Länge und 1,2 m Tiefgang. Für größere Yachten an der Außenseite der Pier. Wasser, Strom, Sliprampe, Kran bis 1,5 t, zeitweise bewirtschaftetes Clubhaus, WC und Duschen. Tel 05138-32 09. Einkauf und Treibstoff (alle Sorten) in Sehnde, ca. 1 km.

Km 201,1 Nord-Ufer, WSC Peine. Ca. 80 m lange Steganlage, WC, Duschen, Wasser, Strom, Telefon, Clubheim nur zeitweise besetzt, Kran bis 4 t, Tel. 05171-55162. **Km 209,5** Auf 2400 m Unterwasser-Spundwände, die in diesem Bereich nur in größeren Abständen bezeichnet sind. **Km 210,6** Nord-Ufer, Anleger der Waldgaststätte „Sophiental", nur für Gäste. Westlicher Teil nur für Fahrgastschiffe.

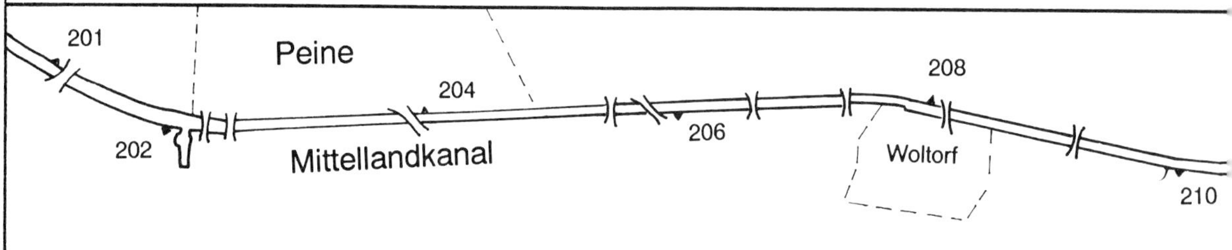

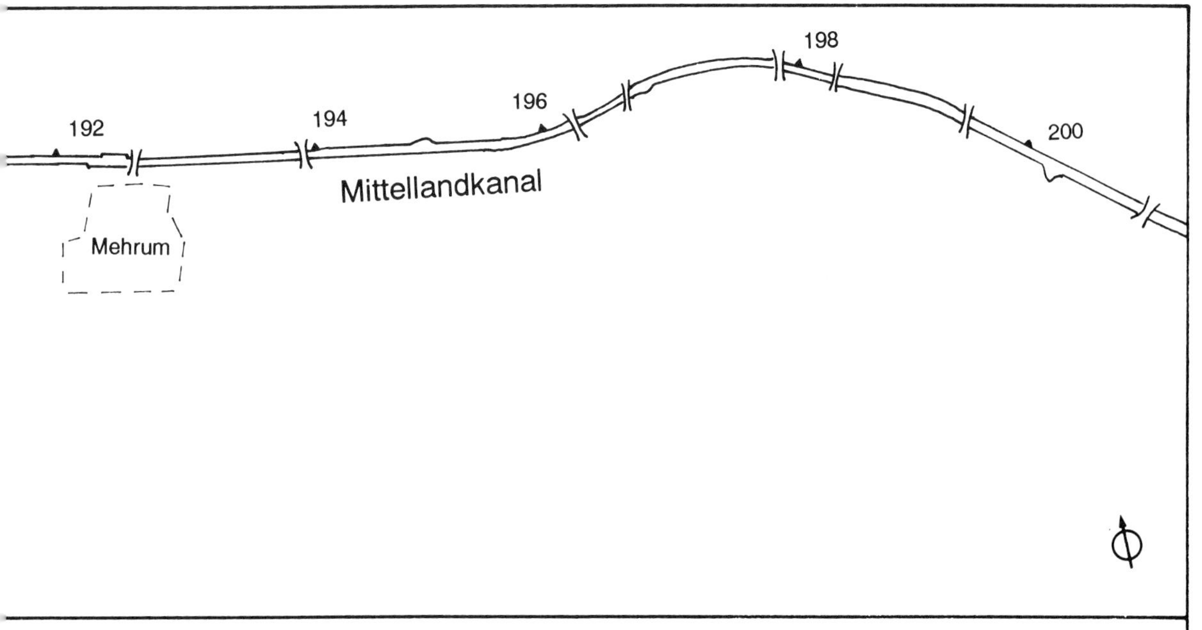

Km 213,5 Nord-Ufer, Slipanlage, Abgeschlossen, Schlüssel bei der Tankstelle in Wendeburg. **Km 213,5** Süd-Ufer, Abzweigung des Stichkanals nach Salzgitter. Siehe Seite 215
Km 217,5 Nord-Ufer, Yachthafen des Braunschweiger Motorbootclub e.V. Die Hafeneinfahrt ist 9 m breit und 1,5 m tief. Sehr gut angelegter Hafen mit Clubheim, WC, Duschen, Strom und Wasser am Steg, Kran bis 1,6 t. Treibstoff und Gaststätten in Watenbüttel, 1 km entfernt.

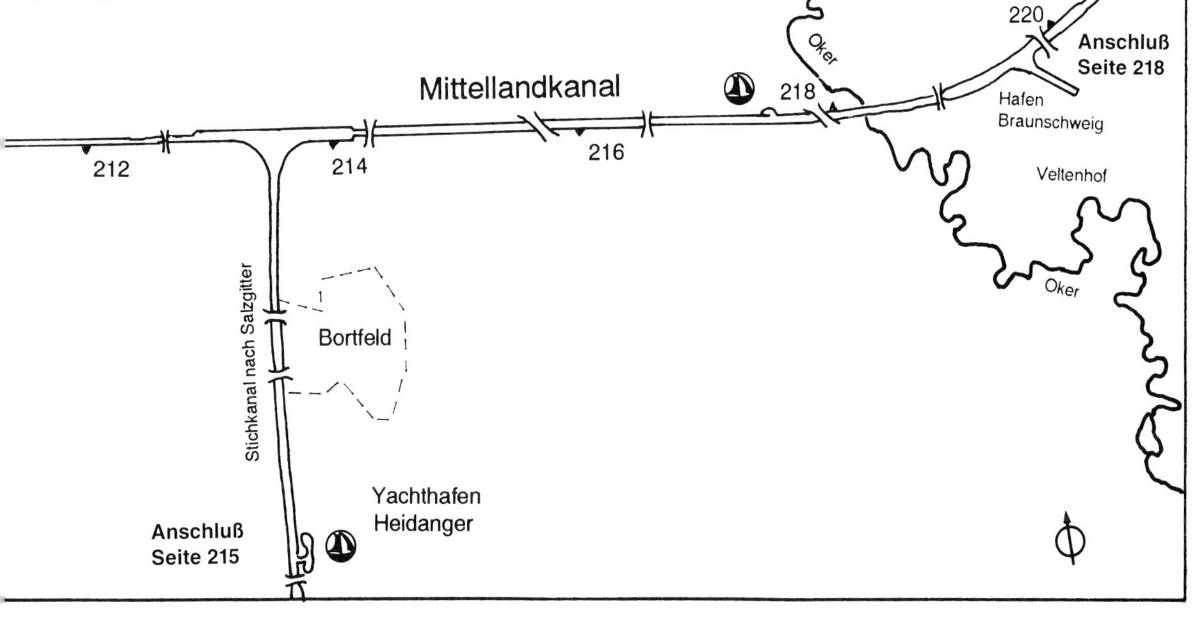

Der Stichkanal nach Hildesheim

Der Stichkanal nach Hildesheim zweigt bei km 183,24 aus dem Mittellandkanal nach Süden ab und beginnt dort mit km 0,0. Er ist 15,2 km lang und verbindet den Hafen von Hildesheim mit dem Mittellandkanal.

Gesetzliche Bestimmungen
Der Kanal darf von Schiffen bis 82 m Länge, bis 9,5 m Breite und bis 2 m Abladetiefe befahren werden. Die Durchfahrtshöhe ist auf 4 m begrenzt. Die Höchstgeschwindigkeit beträgt für Kleinfahrzeuge 12 km/h. Wasserskifahren und Segeln sind verboten. Als Bergfahrt gilt die Richtung nach Hildesheim.

Betriebszeiten der Schleuse Bolzum
Mo-Fr 06.00–20.00, Sa 06.00–16.00.

Berufsschiffahrt
Der Kanal wird fast nur von Binnenmotorschiffen im Ziel- und Quell-Verkehr befahren.

Sportschiffahrt
Es gibt keine entsprechenden Einrichtungen.

Liegemöglichkeiten
Nur an den Liegestellen der Berufsschiffahrt.

Treibstoff
Hildesheim, Fa. BP-Strohmeyer, Tel. 05121-5 32 45, liefert Diesel per Tankwagen.

Proviant
Hafenkantine Hildesheim, am Hafen, Tel. 05121-5 34 41.

Leitstand der Schleuse Anderten bei Hannover.

Km 0,0 Beginn des Stichkanals nach Hildesheim.
Km 0,10-0,46 Unterer Vorhafen der Schleuse Bolzum.
Km 0,52-0,57 Schleuse Bolzum. 82 x 12 m, Hub 8 m, UKW-Kanal 78.
Km 0,67-1,02 Oberer Vorhafen der Schleuse Bolzum.
Km 9,00-9,40 West-Ufer, Ladestelle Siegfried Giesen, Harsum.*
Km 9,39-9,81 Ost-Ufer, Liegestelle Harsum.*
Km 11,76 Ost-Ufer, Sportbooteinsetzstelle.
Km 14,5 West-Ufer, Hildesheimer Ruderclub.*
Km 14,62 Ende der Bundeswasserstraße.*
Km 14,62 Beide Ufer, Hafen Hildesheim, 970 m Kaimauer.
Km 15,12 Kanalende.

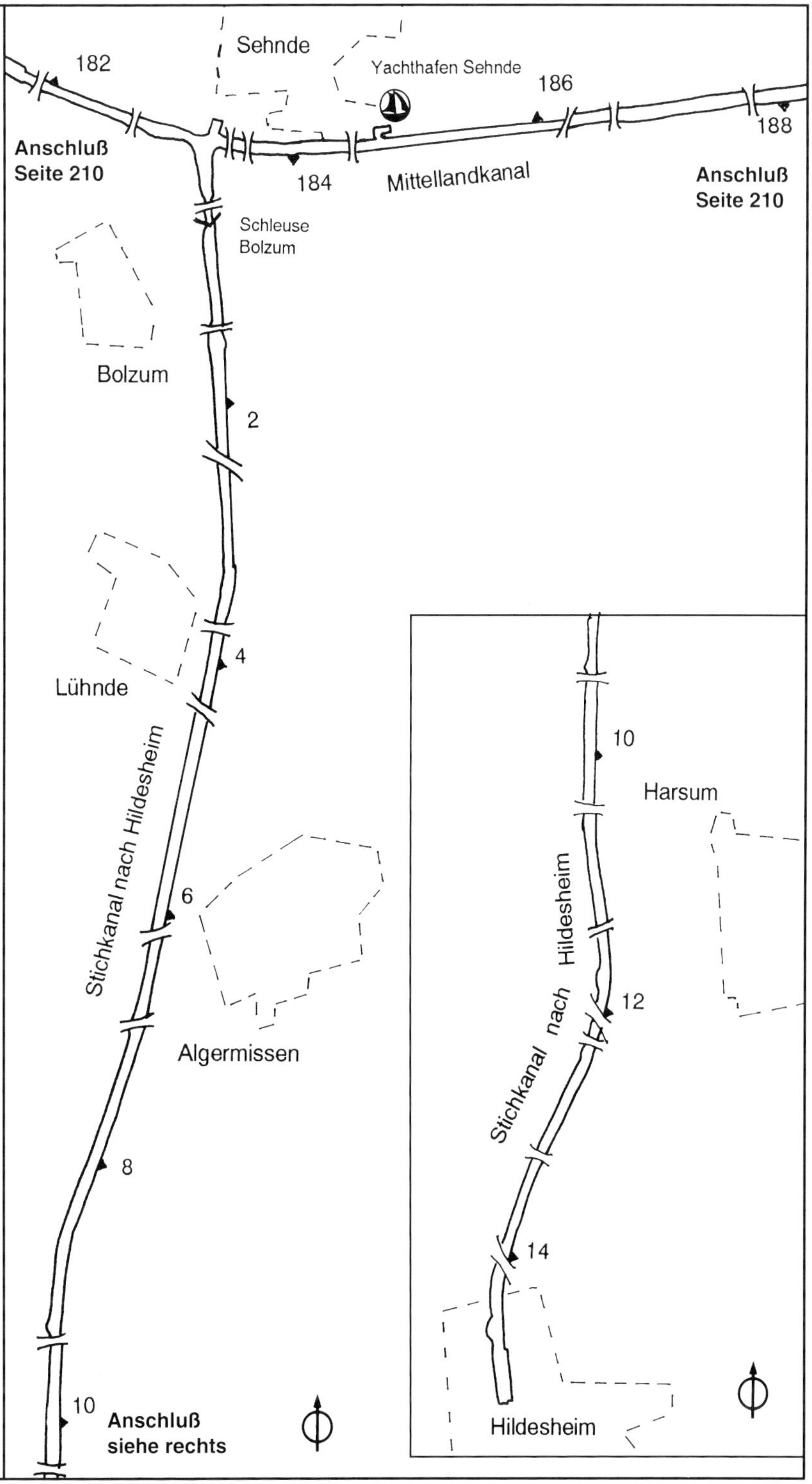

* Diese Liegestellen sind für Sportboote kaum geeignet und sollten nur im Notfall angelaufen werden.

Der Stichkanal nach Salzgitter

Der Stichkanal nach Salzgitter zweigt bei km 213,5 aus dem Mittellandkanal ab. Er ist 17,97 km lang und verbindet das Industriegebiet um Salzgitter mit dem Mittellandkanal.

Gesetzliche Bestimmungen

Der Kanal darf von Schiffen bis 100 m Länge, bis 11,4 m Breite sowie von Schubverbänden bis 185 m Länge, bis 11,4 m Breite und einer Abladetiefe bis 2,7 m befahren werden. Die Durchfahrtshöhe beträgt 5,25 m. Die Höchstgeschwindigkeit ist für Kleinfahrzeuge auf 12 km/h begrenzt, in den Sommermonaten auf 15 km/h. Das Wasserskifahren und Segeln ist verboten. Als Bergfahrt gilt die Richtung nach Salzgitter.

Betriebszeiten der Schleusen

Mo-Fr 06.00-22.00. An Sonn- und Feiertagen kein Betrieb.

Berufsschiffahrt

Auf diesem Kanal muß mit hohem Verkehrsaufkommen von Binnenmotorschiffen und Schubverbänden gerechnet werden.

Sportschiffahrt

Für die Sportschiffahrt ist dieser Kanal eigentlich nur als Zufahrt zum Yachthafen Heidanger interessant.

Treibstoff

Bunkerboot bei km 14,08.

Proviant

In Wedtlenstedt, 1 km südlich vom Yachthafen Heidanger entfernt.

Der Yachthafen Heidanger am Stichkanal nach Salzgitter.

Km 0,0 Beginn des Stichkanals nach Salzgitter.
Km 3,5 Ost-Ufer, Einfahrt zum Sportboothafen Heidanger. Parkartig angelegte, schwellfreie Anlage außerhalb des Kanals in einer ehemaligen Kiesgrube. Gastplätze, WC, Duschen, Wasser und Strom, Slipanlage. Restaurant (Mo geschlossen) Tel. 05302-64 00. Treibstoff besorgt der Hafenmeister, Tel. 0161-4 50 84 60, notfalls per Kanister. Einkauf in Bortfeld, ca. 1,5 km.
Km 3,65-3,80 Ost-Ufer, Liegestelle für Sportboote.
Km 3,66-4,32 Unterer Vorhafen der Schleusen Wedtlenstedt.
Km 4,55 Schleusen Wedtlenstedt. 220 x 12 m, Hub 9,30 m, UKW-Kanal 79. Durchfahrtshöhe: östliche Kammer 5,25 m, westliche Kammer 4,10 m.
Km 4,78-5,57 Oberer Vorhafen der Schleusen Wedtlenstedt.

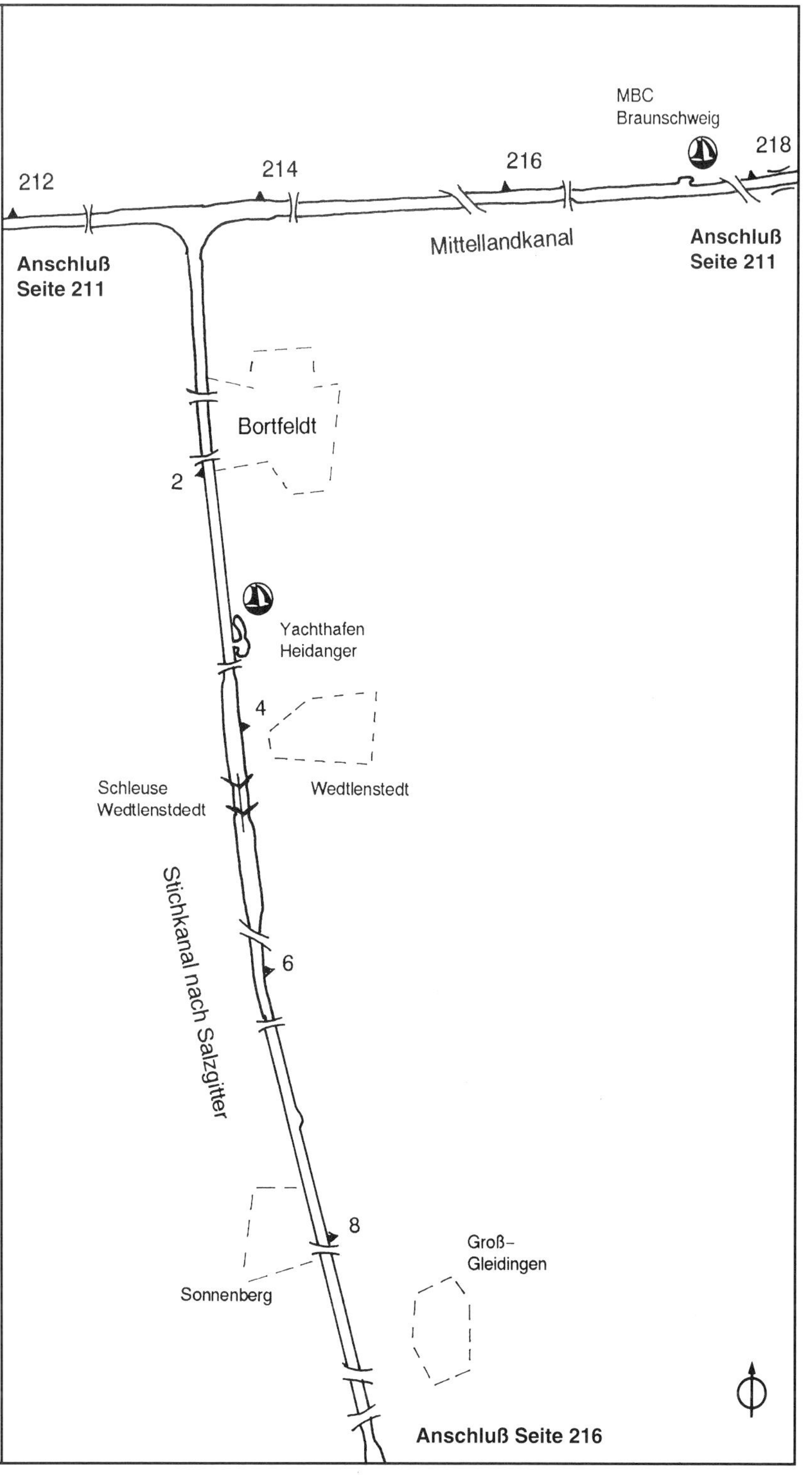

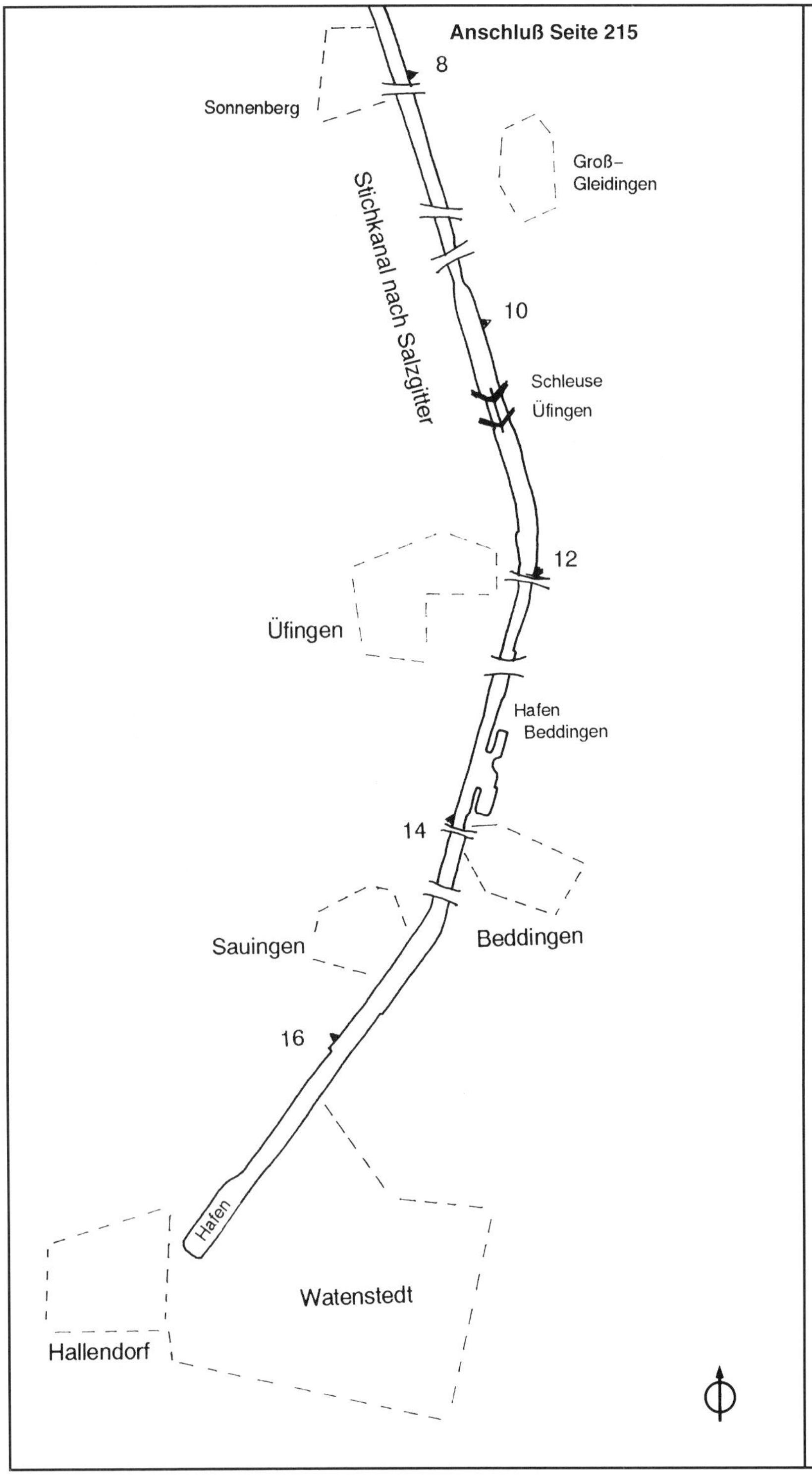

Km 9,70-10,46 Unterer Vorhafen der Schleusen Üfingen.
Km 10,69 Schleusen Üfingen. 220 x 12 m, Hub 9,0 m, UKW-Kanal 79. Durchfahrtshöhe: östliche Kammer 5,25 m, westliche Kammer 3,80 m.
Km 10,92-11,58 Oberer Vorhafen der Schleusen Üfingen.
Km 13,50 Ost-Ufer, Hafen Beddingen.
Km 13,7-13,9 Ost-Ufer, Liegestelle. Nur für Fahrzeuge mit gefährlicher Ladung.
Km 14,00 Ost-Ufer, Wasserschutzpolizei Tel. 05341-2 51 51. WS-Boot: UKW-Kanal 10.
Km 14,08 Ost-Ufer, Liegestelle des ESSO-Bunkerbootes „Nordbunker 10“, Tel. 05341-2 52 81.
Km 14,92 Ost-Ufer, Hafen Salzgitter. 230 m Spundwand und 2750 m Kaimauer. Busverbindungen zur Stadt.
Km 15,09 Hafen Salzgitter-Hallendorf.
Km 17,97 Kanalende.

Yachthafen des BMC Braunschweig (o.).
In der Schleuse Sülfeld am Mittellandkanal (u.).

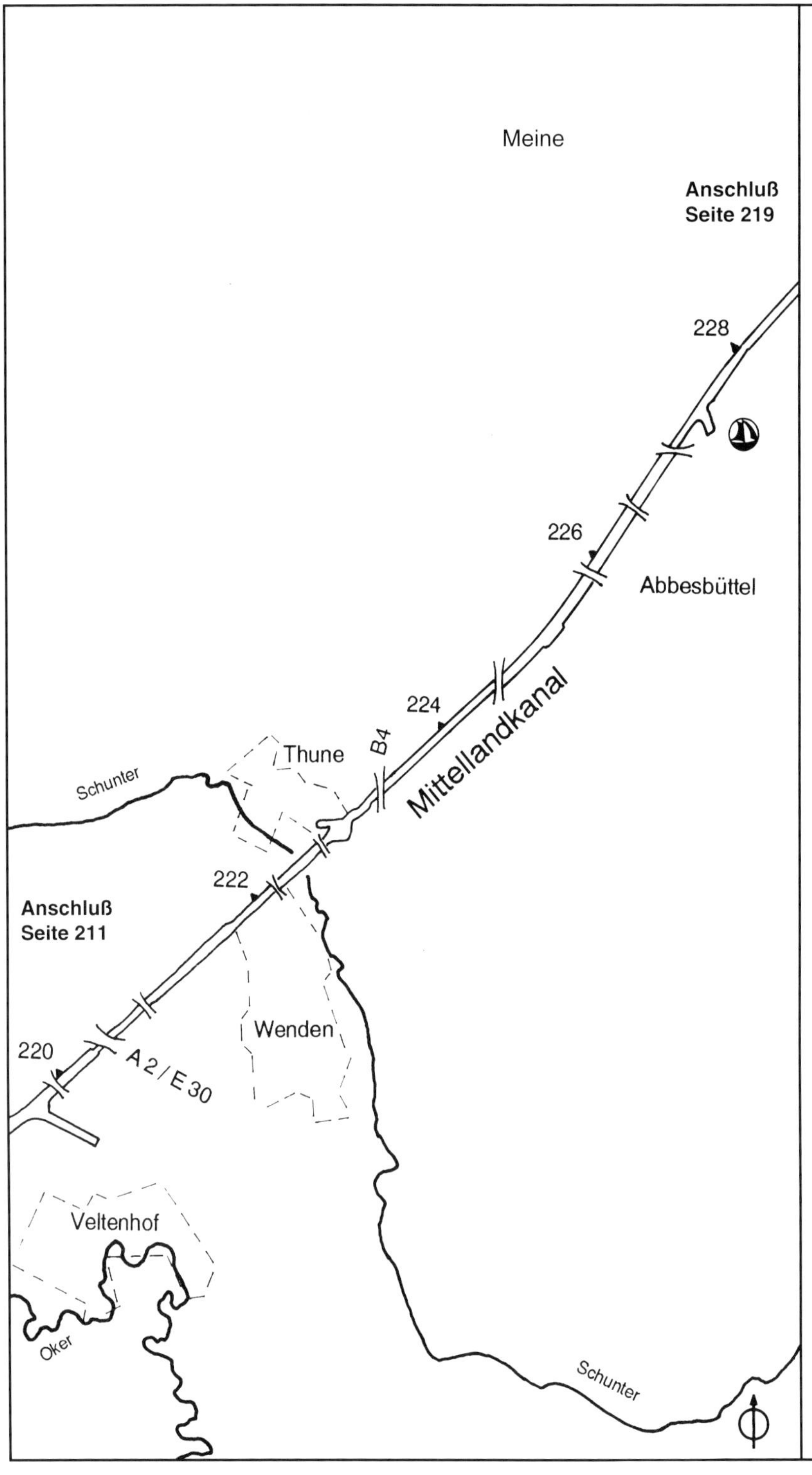

Km 218,96 bis **220,34** Süd-Ufer, Hafen Braunschweig und Industriehafen Braunschweig/Veltenhof.
Altölabgabestelle und Schiffsausrüster.
Das Befahren der Braunschweiger Häfen ist für Sportboote untersagt.
Ausgenommen Reparaturen, Zuwasserlassen und Herausnehmen von Booten.
Km 219,6 Süd-Ufer, WS-Polizei,
Tel. 0531-31 16 40.
Km 219,75 Nord-Seite, ESSO-Bunkerboot „Wintrans", UKW-Kanal 10.
Km 227,3 Clubhafen des Abbesbütteler Motorsportclubs e.V.
Wassertiefe 2,4 m.
Strom und Wasser, Gastplätze, Tel. 0531-4 96 65.

Km 233,65 Nord-Ufer, Abzweigung des Elbe-Seitenkanals. Siehe Seite 220 ff.
Km 235,00 Süd-Ufer, Yachthafen des Yachtclubs Hoffmannstadt Fallersleben e.V., WC, Duschen, zeitweise bewirtschaftetes Clubhaus, Gastplätze, Strom und Wasser am Steg, Slipanlage. Kein Treibstoff! Fortsetzung nach Osten im Band „Binnengewässer zwischen Elbe und Oder“ von Bodo Müller/ Jürgen Straßburger, Edition Maritim, Hamburg.

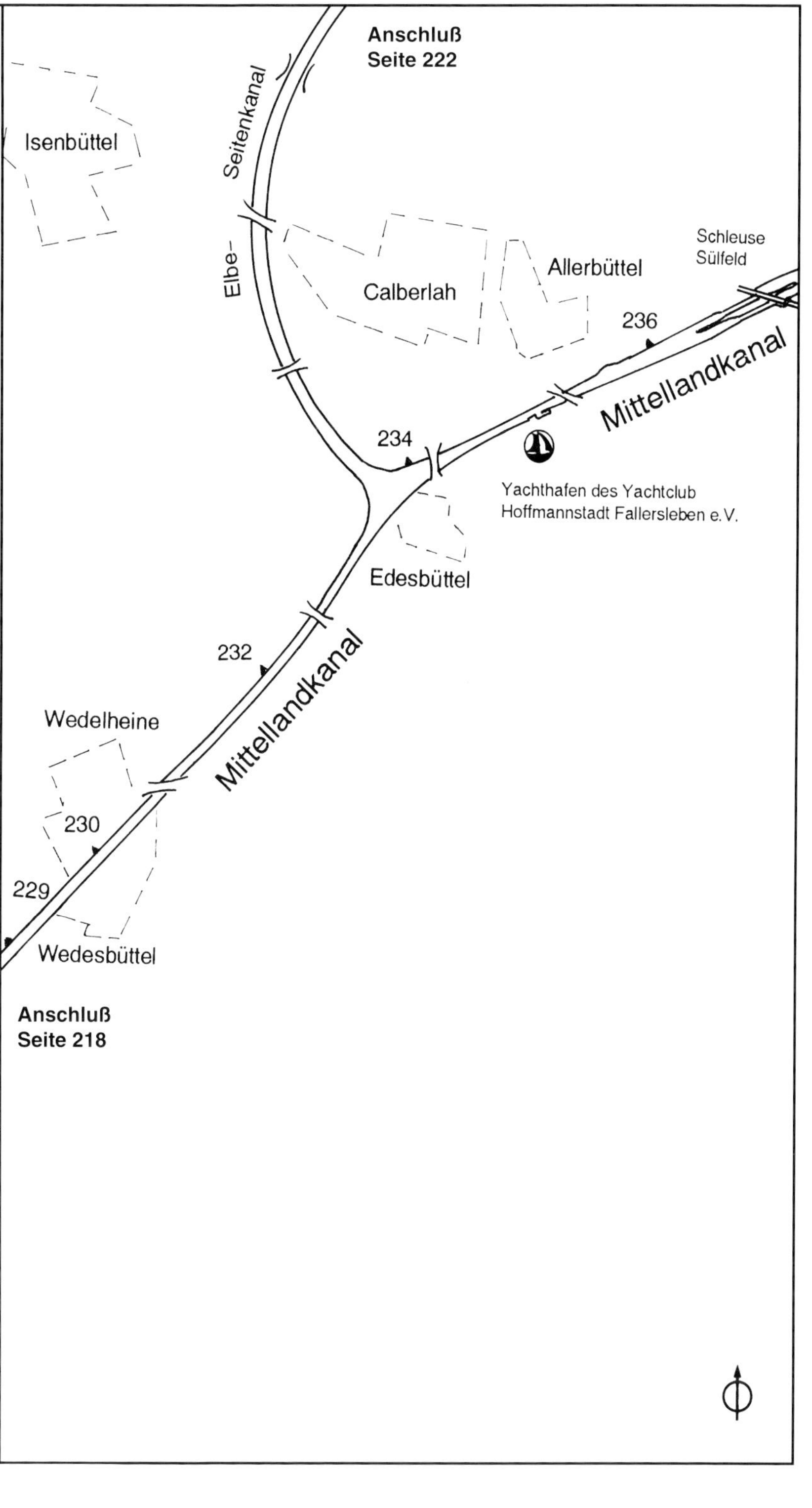

Der Elbe-Seitenkanal

Der Elbe-Seitenkanal (ESK) wurde in den Jahren 1968 bis 1976 für insgesamt 1,7 Mrd. DM gebaut, um Hamburg, den größten deutschen Seehafen, mit dem westdeutschen Binnenwasserstraßennetz zu verbinden. Der Kanal ist 115,2 km lang und verbindet die Elbe von km 573 bei Artlenburg mit dem Mittellandkanal, in den er bei km 233,65, westlich von Wolfsburg, einmündet. Bei einer Wasserspiegelbreite von 53 m steht bei einer Tauchtiefe von 2,5 m eine Fahrwasserbreite von 35 m zur Verfügung. Der Höhenunterschied zwischen der Elbe und dem Mittellandkanal beträgt 61 m und wird mit einem Schiffshebewerk und einer Schleuse überwunden.

Ein großer Teil des Kanals liegt als Dammstrecke höher als das umliegende Gelände und ist mit Asphaltbeton ausgekleidet, um Schäden infolge von Durchsickerungen zu verhindern. Dennoch kam es nur 4 Wochen nach der Freigabe des Kanals bei km 102 zu einem Dammbruch durch eine Sickerstelle. In der Zeit, die man benötigte, das nördlich der Bruchstelle gelegene Sicherheitstor Erbstorf zu schließen und den Kanal südlich der Bruchstelle provisorisch abzudämmen, waren 4 Mio. m^3 Wasser ausgeflossen und hatten eine Fläche von 10 km^2 überflutet. Erst ein Jahr später konnte der Kanal wieder in Betrieb genommen werden. Auf Grund dieser Erfahrungen werden die Sicherheitstore im Notfall ohne direkten Sichtkontakt durch eine Fernbedienung geschlossen. Ein eventuelles Sperrsignal (2mal rot übereinander) muß deshalb **sofort** beachtet werden!

Gesetzliche Bestimmungen

Auf dem Elbe-Seitenkanal gilt die BinSchStrO. Er darf von Schiffen bis 100 m Länge, bis 11,4 m Breite und bis 2,7 m Abladetiefe befahren werden.

Schubverbände dürfen bei gleicher Breite und Tauchtiefe bis 185 m lang sein. Die Durchfahrtshöhe beträgt 5,25 m, kann sich aber durch Windstau und Schleusungswellen verringern. Bis zu einer Abladetiefe von 1,30 m beträgt die zulässige Fahrgeschwindigkeit 12 km/h, darüber nur 10 km/h. Sportboote dürfen höchstens 12 km/h und müssen mindestens 6 km/h fahren. Sie dürfen überholen und überholt werden. Das Ankern, Segeln und Wasserskifahren sind verboten. Als Bergfahrt gilt die Richtung zum Mittellandkanal. Sportboote müssen die für sie eingerichteten Teile der Liegestellen benutzen. Diese liegen grundsätzlich am Anfang der Liegestelle, sind bezeichnet und in kurzen Abständen mit Festmacheringen versehen.

Berufsschiffahrt

Der Elbe-Seitenkanal ist für die Berufsschiffahrt auch nach der Wiedervereinigung von großer und zunehmender Bedeutung, denn der Weg über die Oberelbe zum Mittellandkanal ist 217 km länger und im Sommer häufig nur mit geringeren Tauchtiefen, zeitweise durch Wassermangel auch gar nicht befahrbar. Der ESK wurde 1988 von 12 281 Binnenmotorschiffen, 810 Schubverbänden, 759 Fahrgastschiffen und 2915 Sportbooten befahren. 1991 waren es 13 537 Binnenmotorschiffe, 501 Schubverbände, 2016 Fahrgastschiffe und 2828 Sportboote, insgesamt 13,6% mehr.

Sportschiffahrt

Der Elbe-Seitenkanal stand lange Zeit in dem Ruf, ein „kahler Graben“ zu sein. Doch inzwischen sind die Ufer wieder grün geworden und durch die Abwechslung zwischen den eingeschnittenen Strecken, die oft durch würzig duftende Kiefernwälder führen, und den hochgelegenen Dammstrecken, die interessante Ausblicke auf das tiefer gelegene Land bieten, ist auch dieser Kanal längst nicht mehr so eintönig, wie es zuerst erscheinen mag. Abwechslung bringen auch das Schiffshebewerk und die

Schleuse Uelzen. Der „Heide-Suez" ist für Sportboote sicher und problemlos zu befahren. Man müßte ihn schleunigst bauen, wenn es ihn nicht schon gäbe.

Yachthäfen und Liegestellen

Liegestellen sind bei km 9,8 (Osloß), km 24,18 (Weißes Moor), km 38,7 (Wittingen), km 50,7 (Bodenteich), km 79,2 (Bevensen) und km 91,9 (Wulstorf) eingerichtet. Die für die Berufsschiffahrt eingerichteten Häfen sind für Yachten nicht zu empfehlen.

Der Yachthafen Uelzen, km 65,9, ist dagegen sehr zu empfehlen und vorbildlich eingerichtet.

Revierfunk

Wie im Mittellandkanal ist auch auf dem Elbe-Seitenkanal der „Nautische Informationsfunk" streckendeckend eingerichtet und an die Zentrale in Minden angeschlossen. Betriebsverfahren siehe Seite 192.

Funkstellen (Ruf)	UKW-Kanal	km
Sülfeld Schleuse	20	0,0– 39,0
Uelzen Schleuse	18	97,0– 27,0
Scharnebeck Hebewerk	20	90,0–115,2

Treibstoff

Km 38,5 ESSO-Bunkerstation am Hafen Wittingen (Diesel). Km 65,9 Yachthafen Uelzen, Anlieferung per Kanister von einer Landtankstelle (alle Sorten). Bad Bevensen, km 79,6, Landtankstelle, alle Sorten, ca. 500 m. Km 105,5 Scharnebeck, Landtankstelle, alle Sorten, 1 km vom Hebewerk.

Proviant

Km 50,7 Bodenteich, ca. 500 m von der Liegestelle entfernt. Km 65,9 beim Yachthafen Uelzen.

Ein Schubschiffverband auf dem „Heide-Suez".

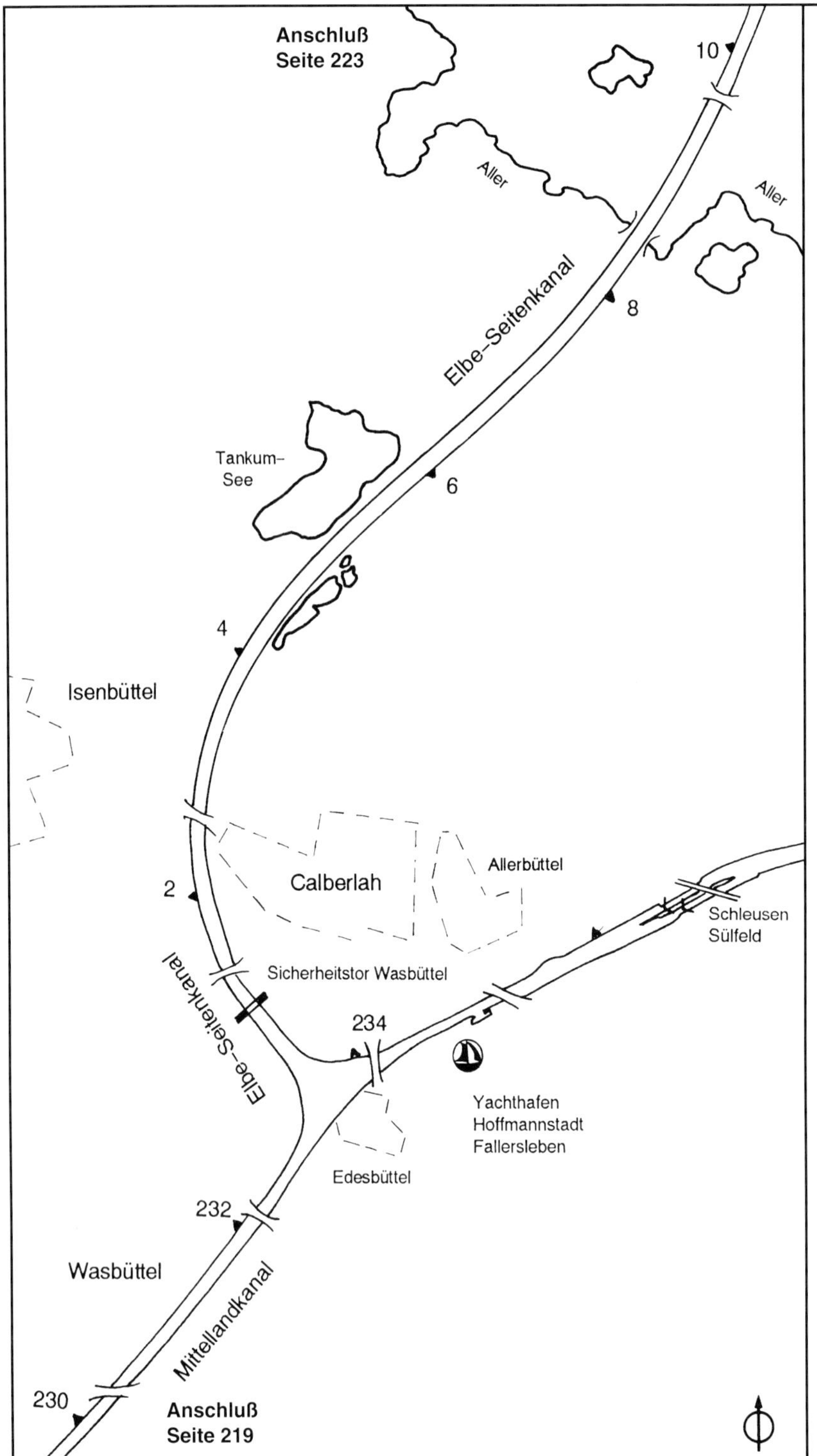

Km 0,0 Beginn des Elbe-Seitenkanals mit der Abzweigung aus dem Mittellandkanal bei MLK-km 233,6.
Km 0,86 West-Ufer, Sportbooteinsetzstelle.
Km 0,95 Sicherheitstor Wasbüttel, steht normalerweise offen.
Km 5,38 West-Ufer, Anleger für Fahrgastschiffe.
Km 5,55 West-Ufer, Sportbooteinsetzstelle.
Km 8,37 West-Ufer, Sportbooteinsetzstelle.
Km 8,4–8,5 Kanalbrücke über die Aller.

Km 8,4–8,5 Kanalbrücke über die Aller.
Km 9,73 Sicherheitstor Osloß, steht normalerweise offen.
Km 9,8–10,9 Ost-Ufer, Liegehafen Osloß mit Liegestelle für Kleinfahrzeuge.
Km 10,2-10,31 Ost-Ufer, Liegestelle, nur für Fahrzeuge mit blauem Kegel!

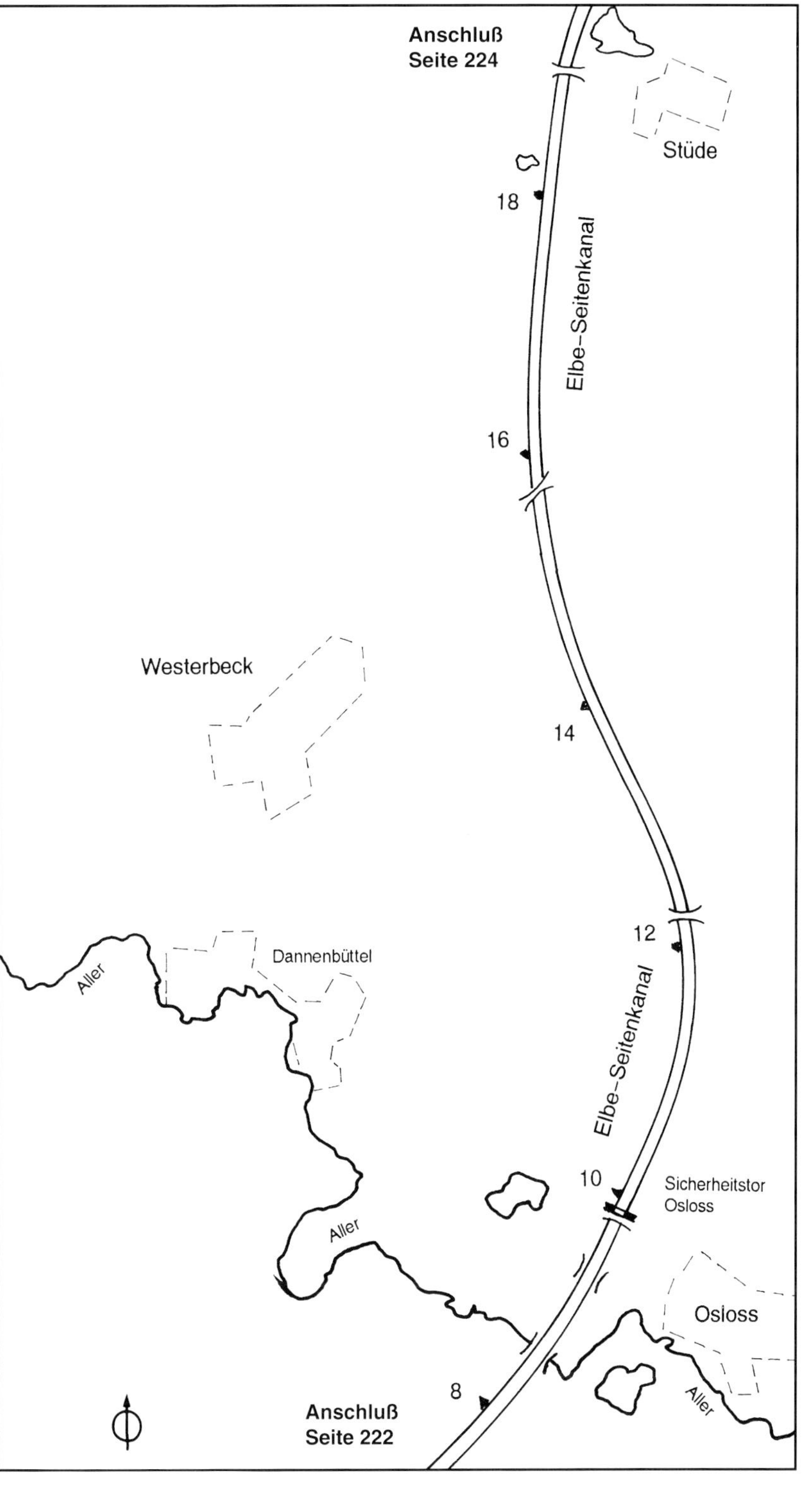

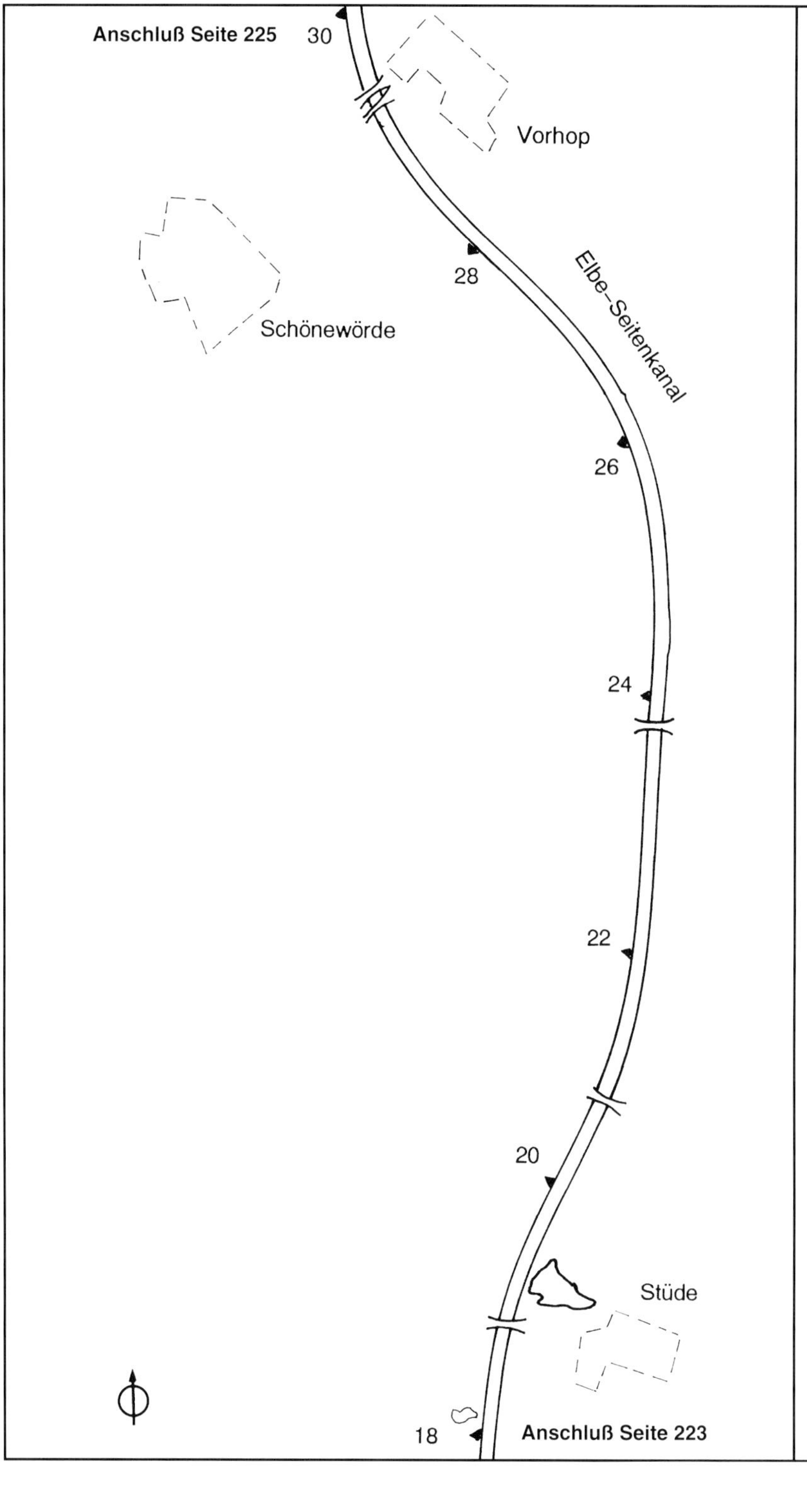

Km 19,65 Ost-Ufer, Anleger für Fahrgastschiffe.
Km 24,19–24,54 Ost-Ufer, Liegehafen. Siedlung Weißes Moor mit Liegestelle, 30 m, für Kleinfahrzeuge.

Km 38,50–38,71 Ost-Ufer, Liegestelle.
Km 38,55 Ost-Ufer, Hafen Wittingen. ESSO-Bunkerstation. Zum Bunkern von Sportbooten eingerichtet (kleine Zapfpistole), Wasser, Diesel und Schmierstoffe, auch in kleinen Mengen, Schiffsbedarf, Yachtausrüstung. Geöffnet Mo-Fr 06.00-16.00.
Tel. 05831-2 92 00, nach Feierabend oder am Wochenende rechtzeitig anmelden. Der Hafen ist derzeit für Yachten noch nicht eingerichtet. Es ist geplant, hier auch Einrichtungen für Yachten zu schaffen.

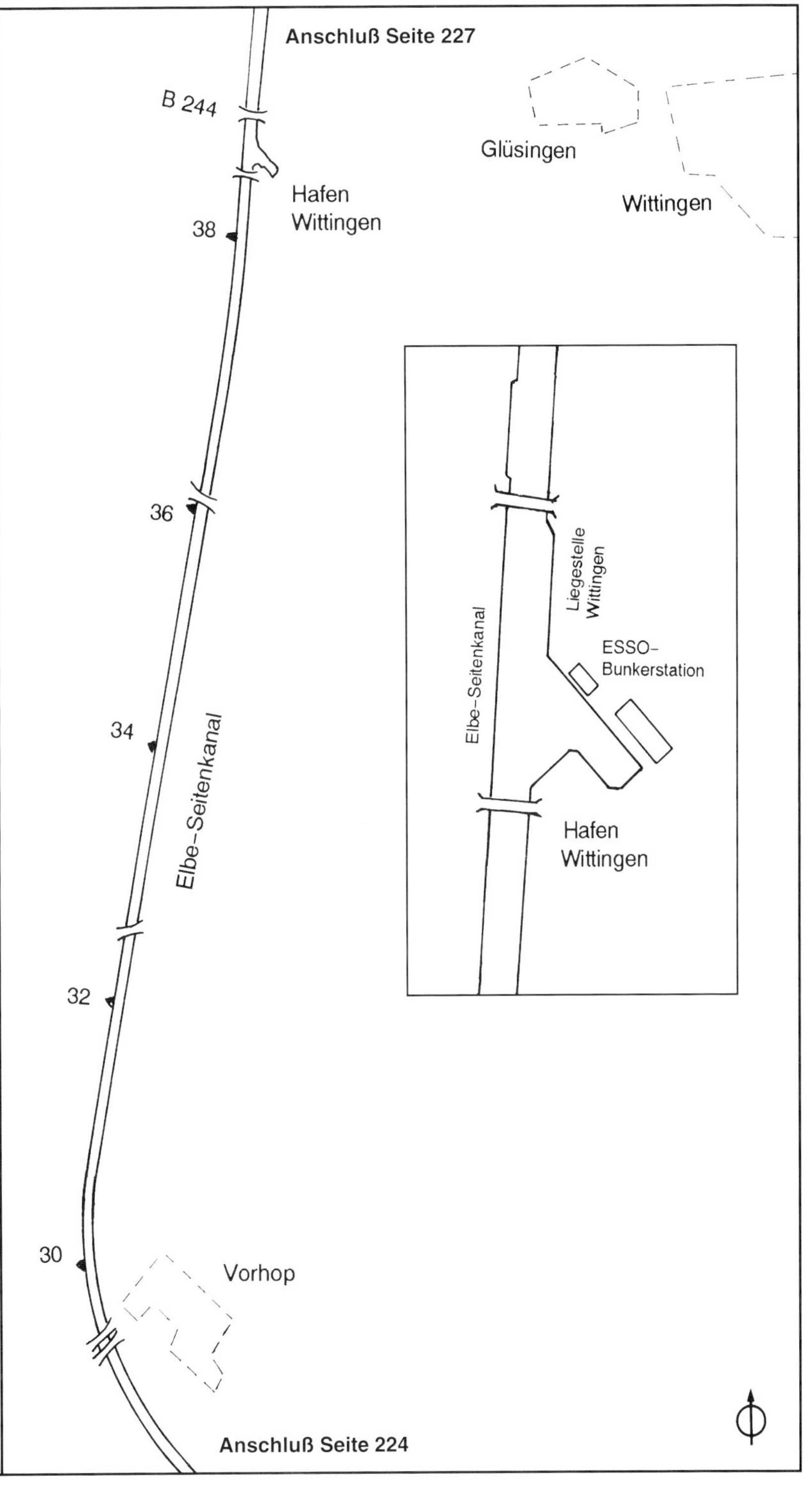

Das Sicherheitstor und die Liegestelle bei Osloß (o.).
Die Einfahrt zum Hafen Wittingen bei km 38,6 (u.).

Km 38,9-39,1 West-Ufer, Bauhafen WSA-Außenbezirk Wittingen mit Liegestelle für Kleinfahrzeuge. **Km 39,21** West-Ufer, Sportbooteinsetzstelle. **Km 39,62** West-Ufer, Sportbootanleger und Sportbooteinsetzstelle.	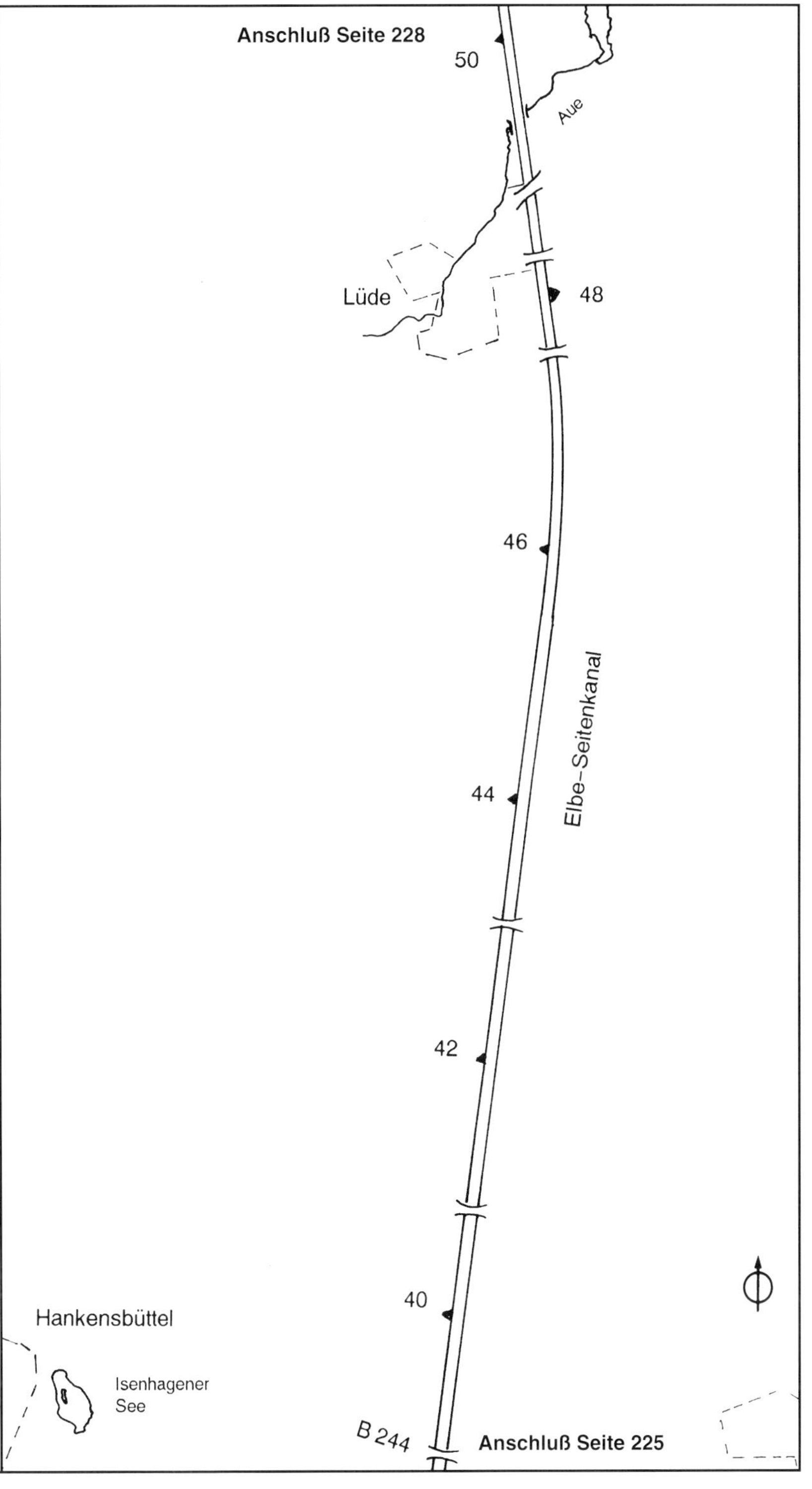

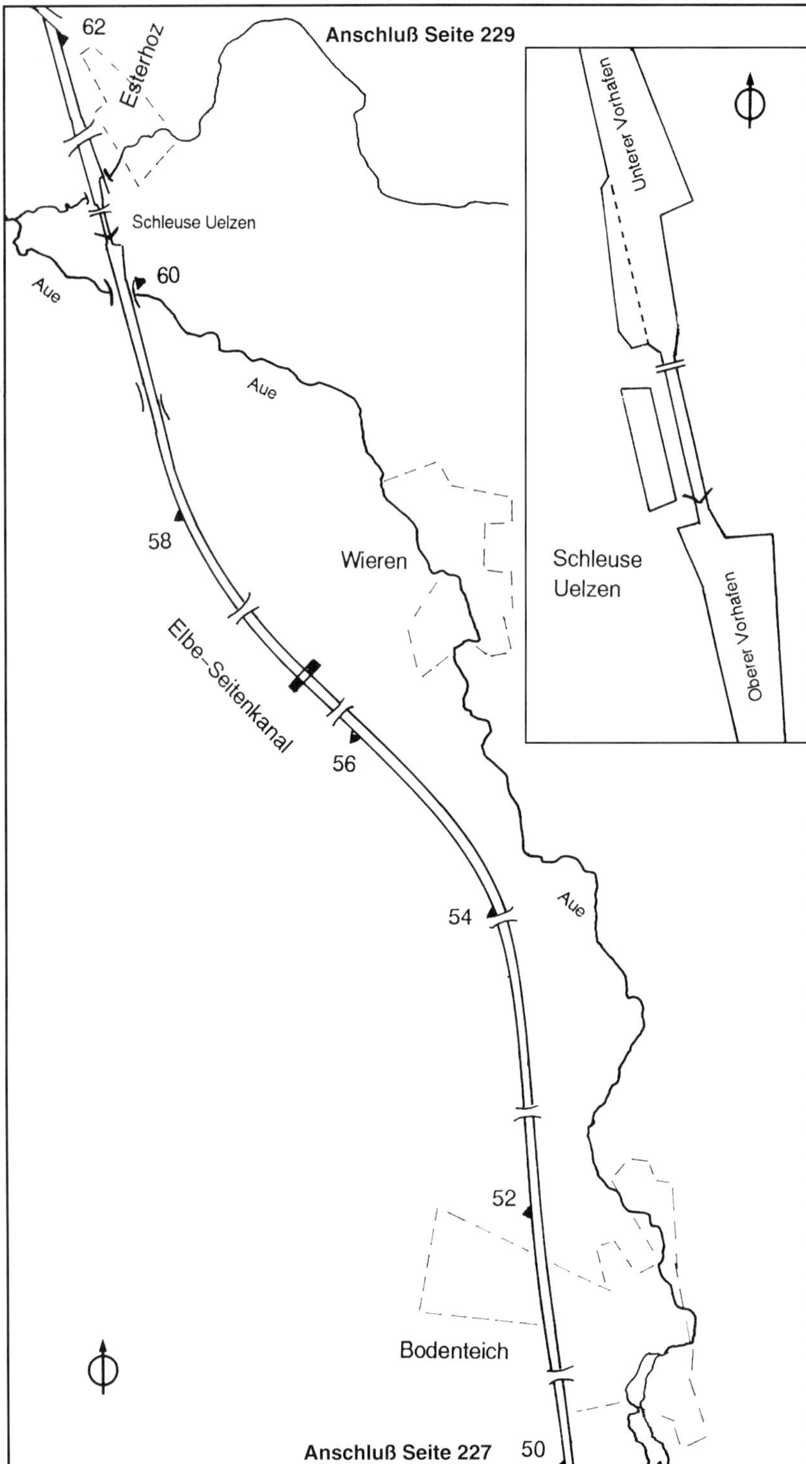

Km 50,0-50,7 Ost-Ufer, Liegehafen Bodenteich. Liegestelle für Kleinfahrzeuge. Tankstelle im Ort, Tel. 05824-23 39. Alle Sorten (Kanister). Taxi: Tel. 05825-82 00. Bodenteich ist anerkannter Kneipp-Kurort und bietet gute Einkaufsmöglichkeiten und ein sehr schönes, beheiztes Waldschwimmbad.

Km 56,32 Sicherheitstor Wieren, steht normalerweise offen.

Km 59,9-60,55 Oberer Vorhafen der Schleuse Uelzen. Ost-Ufer, Liegestelle für Fahrzeuge mit blauem Kegel.

Km 60,55 Schleuse Uelzen. Kammerlänge 190 m, Kammerbreite 12 m, Hub 23 m, glatte Betonwände mit Schwimmpollern in beiden Seitenwänden, die mit kleinen Pollern für die Sportboote (unterhalb der Poller für die Berufsschiffahrt) versehen sind, UKW-Kanal 18, Tel. 05825-3 75. Sportboote ohne UKW-Funk sollen auf Lautsprecher achten. Im Ober- und Unterwasser an der Westseite je eine Sportbooteinsetzstelle.

Km 60,75 Unterer Vorhafen der Schleuse Uelzen. Ost-Ufer, Liegestelle für Fahrzeuge mit blauem Kegel.

Km 65,9 Ost-Ufer, Hafen des Yachtclubs Uelzen e.V. Sehr schöne, parkartig angelegte und gepflegte Anlage in ländlich-ruhiger Umgebung, nahe dem Dorf Groß Liedern. Bis nach Uelzen 3 km. Gastplätze, zeitweise bewirtschaftetes Clubhaus, Tel. 0581-4 32 11, WC, Duschen, Wasser und Strom, Slipanlage, Grillplatz. Einkauf im Dorf. Treibstoff (alle Sorten) wird per Kanister angeliefert, Tel. 0581-7 35 26. Entsorgung für Bilgenwasser und Altöl.
Pegel an der Hafeneinfahrt beachten. Für tiefgehende Yachten stehen Liegeplätze bei km 66,45 zur Verfügung.
Km 66,45 Ost-Ufer, Bauhafen des WSA Uelzen. Liegeplätze für tiefgehende Yachten an der West-Pier. Wasserschutzpolizei, Tel. 0581-4 36 22, nicht ständig besetzt. Ggf. über 0581-80 11 oder Schleuse Uelzen, UKW-Kanal 18, Tel. 05825-3 75. WS-Boot: UKW-Kanal 10.
Km 70,74–71,27 West-Ufer, Hafen Uelzen.
Km 71,25-71,5 West-Ufer, Wendebecken Uelzen.

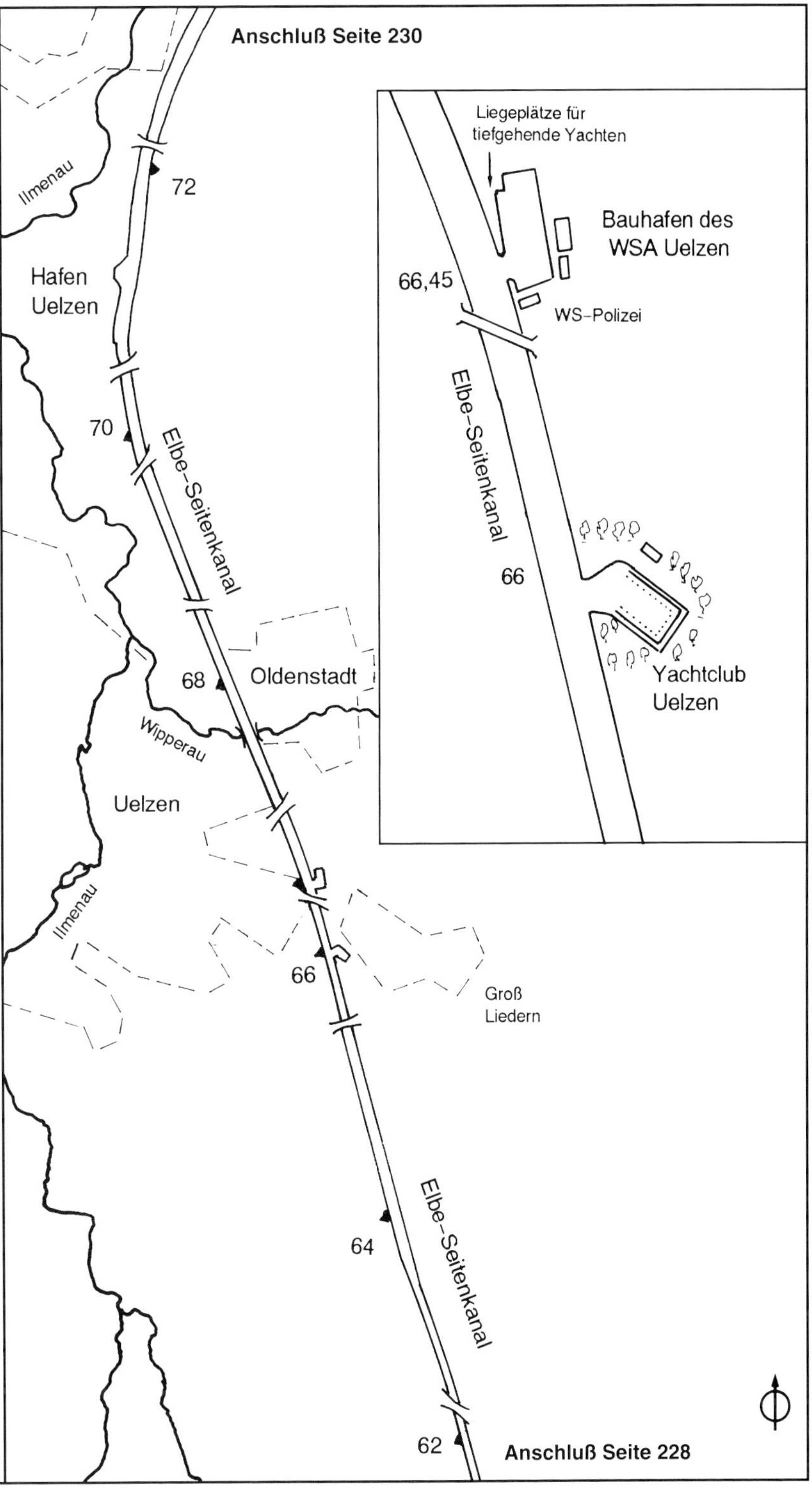

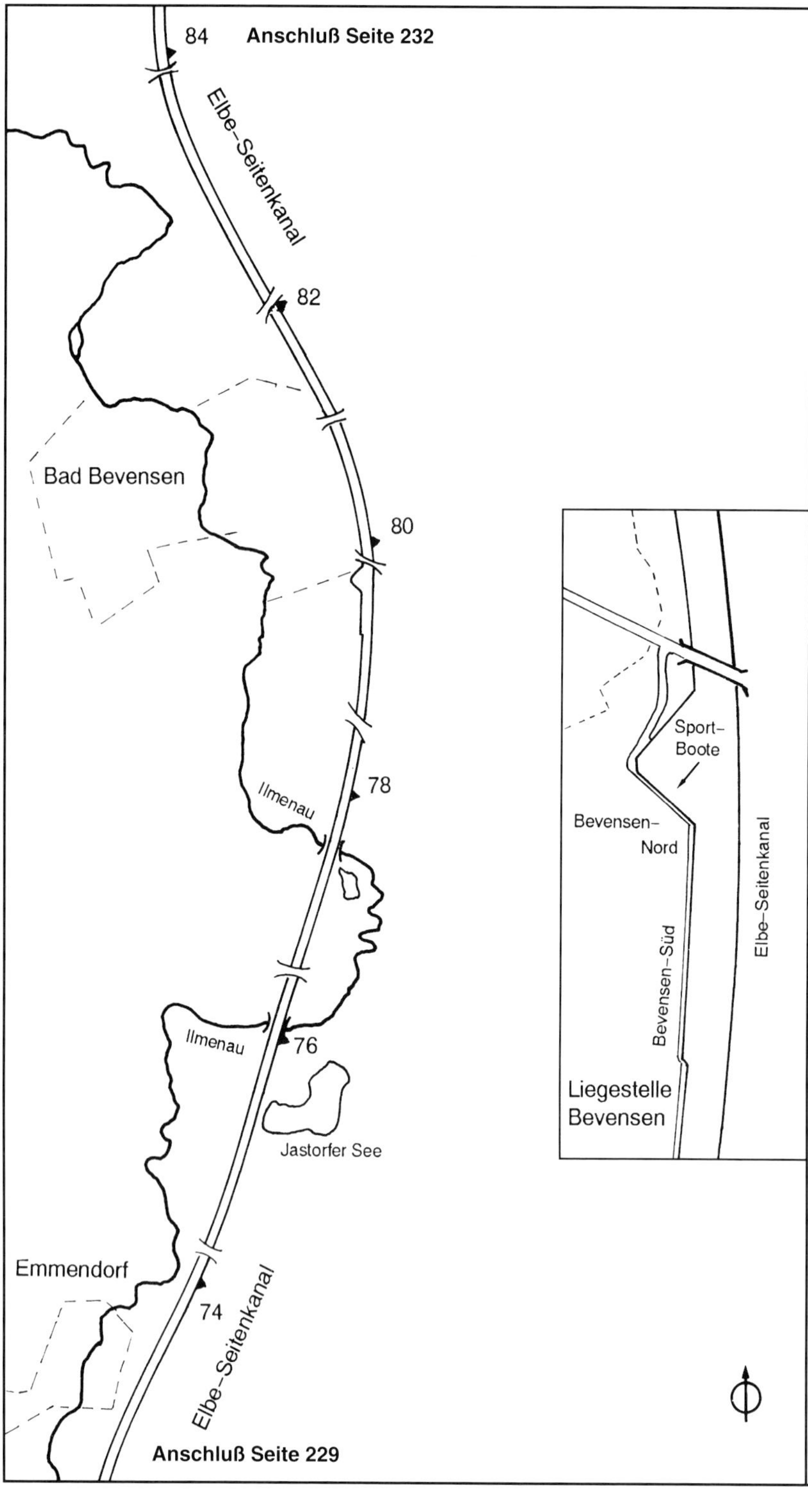

Km 75,2 Ost-Ufer, Sportbooteinsatzstelle.
Km 76,19 Kanalbrücke.
Km 77,6 Kanalbrücke.
Km 79,5–79,8
Bevensen-Nord, auf einer Länge von 110 m für Sportboote eingerichtet.
Bad Bevensen ist anerkannter Kurort und besitzt ein empfehlenswertes Sole-Thermalbad mit mehreren Schwimmbecken in der Halle und im Freien.

Oberhaupt der Schleuse Uelzen (o.).
Der Yachtclub Uelzen mit seinen gepflegten Anlagen (u.).

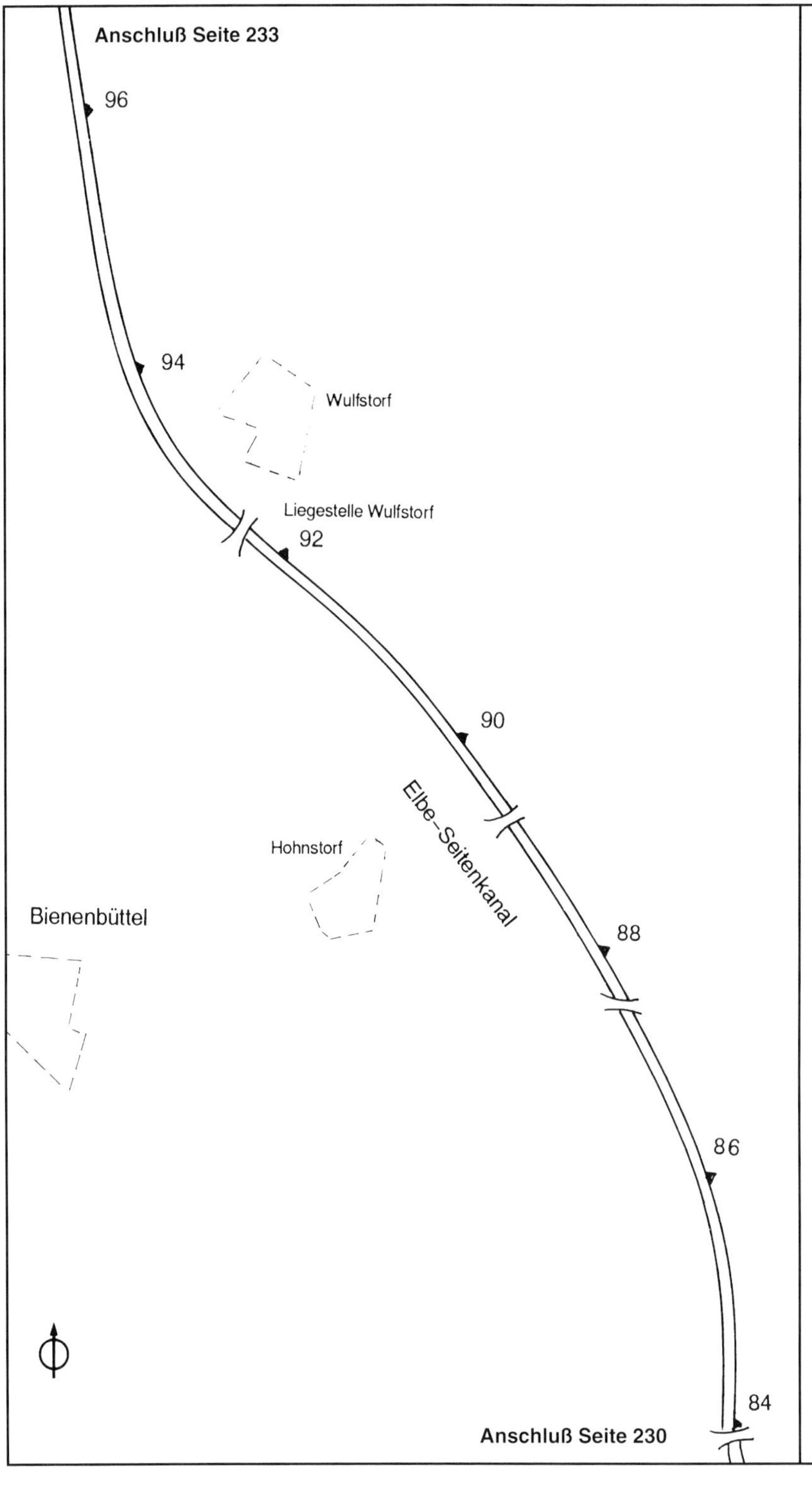

Km 91,9–92,27 Ost-Ufer, Liegehafen Wulfstorf mit Liegestelle (50 m) für Kleinfahrzeuge. Sehr schöner Übernachtungsplatz, unmittelbar am Wald gelegen. Gasthaus ca. 400 m östlich im Wald.

Km 100,23 West-Ufer. Einfahrt zum Hafen Lüneburg. Industriehafen, nicht für Yachten eingerichtet. Bis zur Stadtmitte Lüneburg sind es 4,5 km. Busverbindung nur 2x täglich. Liegemöglichkeiten nur an Spundwänden nach Absprache mit dem Hafenmeister (im Gebäude der WS-Polizei).
Wasserschutzpolizei, Tel. 04131-5 21 10, nicht ständig besetzt. Ggf. Tel. 04131-10 92 15. WS-Boot: UKW-Kanal 10.
Km 103,72 Sicherheitstor Erbstorf, steht normalerweise offen.
Km 105,49 Oberer Vorhafen des Schiffshebewerkes Lüneburg/Scharnebeck. Ost-Ufer, Liegestelle für Fahrzeuge mit blauem Kegel.
Vor dem Hebewerk befinden sich im Ober- und Unterwasser, im Sichtbereich des Hebewerksmeisters, Liegestellen für Sportboote, die mit einer Wechselsprechanlage ausgerüstet sind. Sportboote ohne UKW-Funkgerät müssen sich hier anmelden, auch wenn sie noch nicht bedient werden wollen.
Km 106,1 Schiffshebewerk Lüneburg/Scharnebeck. 2 Tröge mit je 100 x 12 m, Hubhöhe 38 m, UKW-Kanal 20. Dauer eines Hubvorganges ca. 20 Min. Sehr interessante Ausstellung über den Elbe-Seitenkanal und seine Bauwerke. In der nahen Ortschaft finden Sie gute Gaststätten.

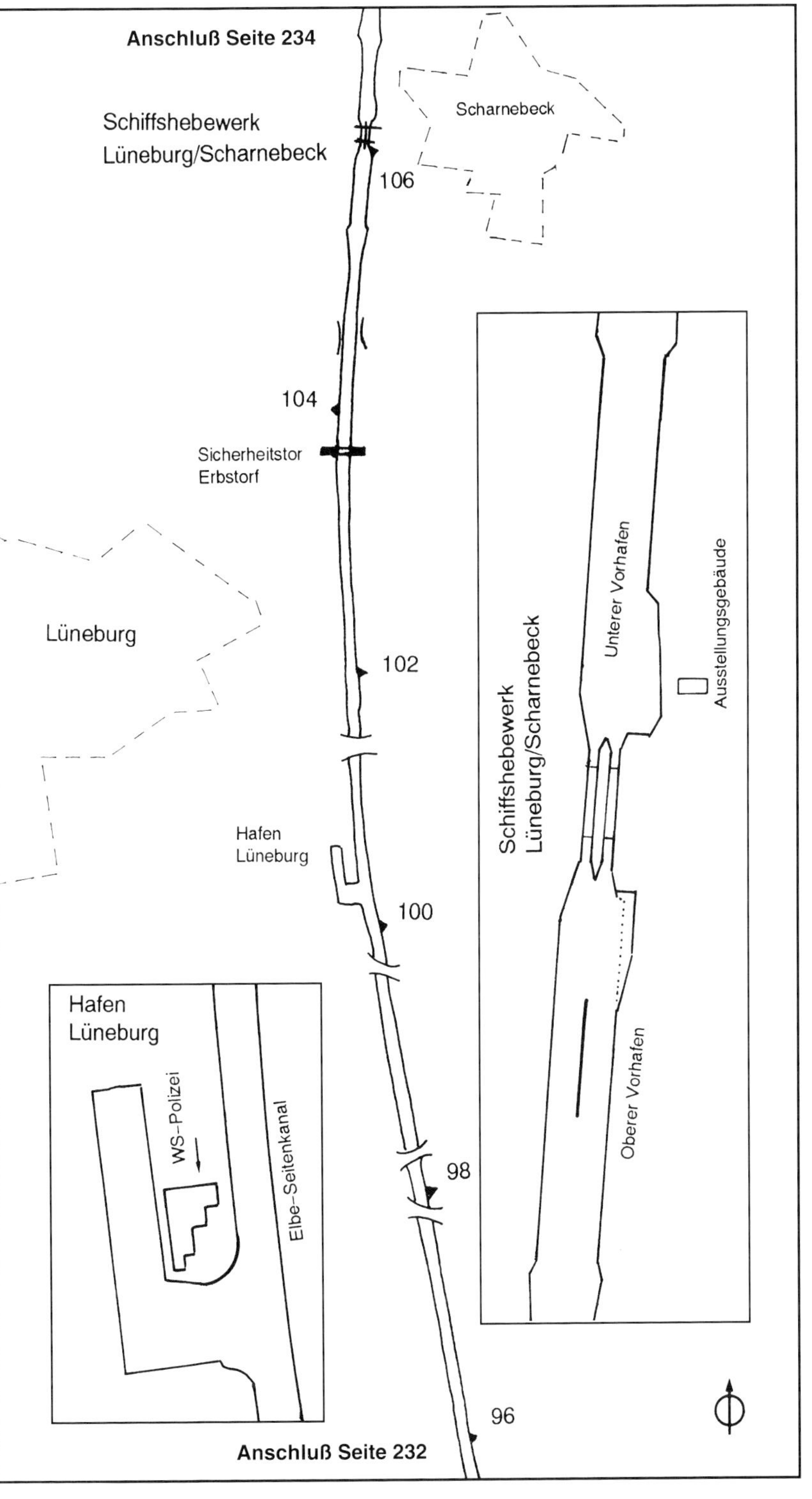

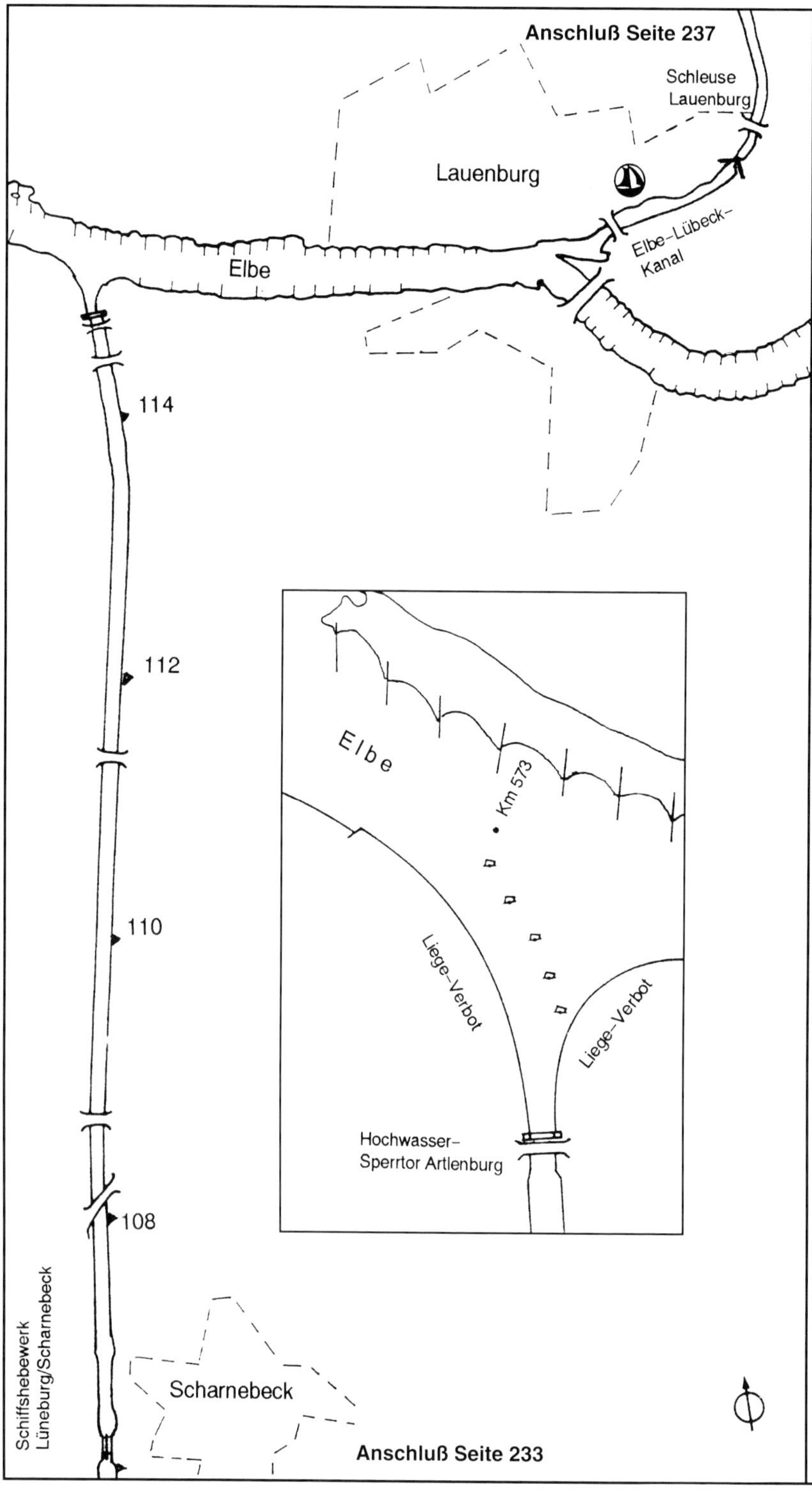

Km 103,1-106,84 Unterer Vorhafen. West-Ufer, Liegestelle für Fahrzeuge mit blauem Kegel.
Km 106,9 West-Ufer, Sportbooteinsetzstelle.
Km 114,75 Hochwasser-Sperrtor Artlenburg.
Km 115,2 Einmündung in die Elbe bei Elbe-km 573. Im Bereich der Einmündung ist das Anlegen auch bei verminderter Sicht oder Nebel verboten! (Gefahr durch Binnenschiffe, die hier nur eingeschränkt manövrieren können und bei Nebel vor der Spundwand liegende Sportboote auf dem Radar nicht erkennen.)
Bis nach Lauenburg, zur Einfahrt in den Elbe-Lübeck-Kanal, sind es nur 4,7 km. Auf diesem Teil der Elbe gilt die BinSchStrO. Zu beachten sind der Strom (bis 5 km/h) und die zahlreichen Buhnen an beiden Ufern.
Die nächste Marina befindet sich in Lauenburg, im Elbe-Lübeck-Kanal, bei km 60,3, der Yachthafen des WSC Lauenburg bei km 60,53, beide noch vor der Schleuse Lauenburg.

Schiffshebewerk Lüneburg/Scharnebeck: Oben steht der Trog auf halber Höhe. Das Foto unten zeigt den linken Trog oben, den rechten Trog unten.

Der Elbe-Lübeck-Kanal

Der Elbe-Lübeck-Kanal besteht in seiner heutigen Form seit dem Jahre 1900. Er befindet sich mit all seinen Bauwerken noch im Originalzustand. Die alten Anlagen funktionieren noch so gut, daß es keinen Grund gibt, sie zu modernisieren.
Der gesamte Weg von der Elbe bis nach Travemünde ist 94,20 Kilometer lang. Davon entfallen auf den Elbe-Lübeck-Kanal 61,6 km, auf die Kanaltrave 5,6 km und auf die Trave 27 km. Die Uferbefestigung besteht aus hölzernen Pfahlwänden, deren Oberkante etwa 20 cm unter der Wasseroberfläche liegt.

Gesetzliche Bestimmungen
Auf dem Elbe-Lübeck-Kanal und der Kanal-Trave gilt bis nach Lübeck, km 5,6, die BinSchStrO. Der Kanal ist im Wasserspiegel 32 m, in der Sohle 22 m breit und darf von Schiffen bis 80 m Länge, 9,5 m Breite und 2,0 m Tauchtiefe befahren werden. Die Durchfahrtshöhe beträgt 4,4 m. Als Bergfahrt gilt die Richtung zur Elbe. Segeln und Wasserskifahren sind verboten. Die Fahrgeschwindigkeit ist auf 10 km/h, von der Schleuse Lauenburg bis zur Elbe auf 4 km/h begrenzt und wird mit Hilfe der Mindest-Fahrzeiten kontrolliert. Diese sind

von Büssau bis Krummesse	31 Minuten
von Krummesse bis Berkenthin	29 Minuten
von Berkenthin bis Behlendorf	19 Minuten
von Behlendorf bis Donnerschleuse	25 Minuten
von Donnerschleuse bis Witzeeze	3 Minuten
von Witzeeze bis Lauenburg	57 Minuten

Fahrtunterbrechungen sollten vorher mit dem Schleusenmeister abgesprochen werden, damit man an der nächsten Schleuse nicht unnötig wartet.

Berufsschiffahrt
1990 haben 2870 Binnenschiffe den Kanal befahren. 1991 waren es 3148 – 9,69 % mehr!

Sportschiffahrt
Für Sportboote ist der Elbe-Lübeck-Kanal mehr als nur ein Wasserweg, denn er ist sehr geruhsam, dabei interessant zu befahren und führt fernab jeglicher Industrie durch eine von moderner Technik verschont gebliebene, friedliche Landschaft. An den Ufern bestimmen Wälder, kleine Dörfer und lange, außergewöhnlich schöne Pappelalleen das Bild. Im Jahre 1990 haben 6115 Sportboote den Kanal befahren. 1991 waren es 6119.

Betriebszeiten der Schleusen
Vom 1. 4. bis 1. 10.: Mo-Fr 06.00-21.00, Sa 06.00-18.00. Vom 1.10.-31.3.: Mo-Fr 06.00-21.00, Sa 06.00-17.00. An Sonn- und Feiertagen kein Betrieb. Am 24. und 31.12. von 06.00-14.00, wenn diese Tage Werktage sind.

Liegestellen und Yachthäfen
Die Liegestellen oberhalb und unterhalb der Schleusen dürfen nach Betriebsschluß zum Übernachten genutzt werden. Yachthäfen finden Sie in Lauenburg, km 1,6; im Prüss-See, km 37,3; im Möllner See, km 26,5 und in Lübeck.

Treibstoff
Km 1,6 Lauenburg, Landtankstelle, alle Sorten, ca. 1 km vom Yachthafen. Km 26,6 Mölln, Landtankstelle am Hafen, alle Sorten.

Proviant
Einkaufsmöglichkleiten bestehen in Lauenburg, Mölln, Lübeck (Hansahafen) und in Travemünde.

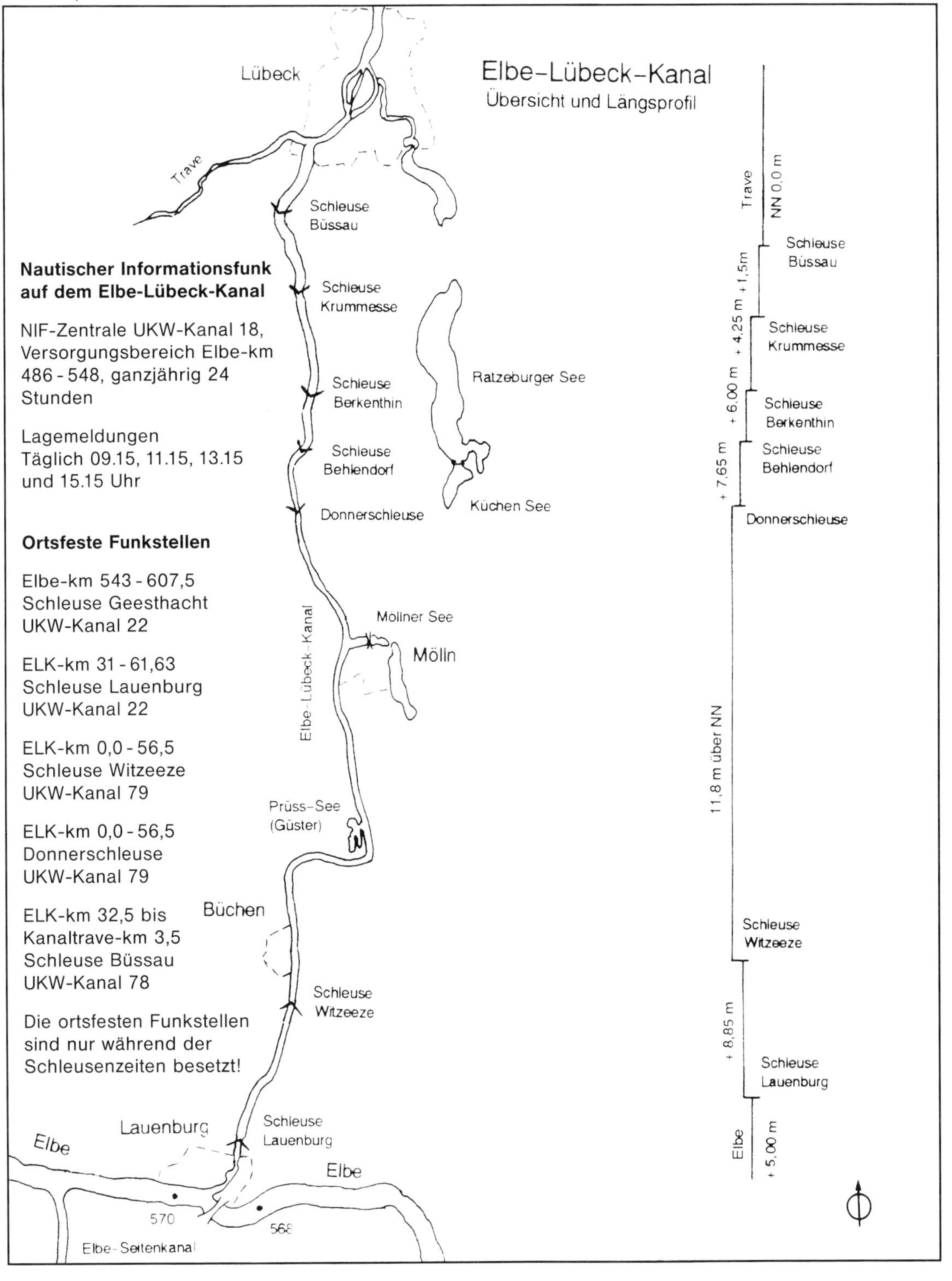

Nautischer Informationsfunk auf dem Elbe-Lübeck-Kanal

NIF-Zentrale UKW-Kanal 18, Versorgungsbereich Elbe-km 486 - 548, ganzjährig 24 Stunden

Lagemeldungen
Täglich 09.15, 11.15, 13.15 und 15.15 Uhr

Ortsfeste Funkstellen

Elbe-km 543 - 607,5
Schleuse Geesthacht
UKW-Kanal 22

ELK-km 31 - 61,63
Schleuse Lauenburg
UKW-Kanal 22

ELK-km 0,0 - 56,5
Schleuse Witzeeze
UKW-Kanal 79

ELK-km 0,0 - 56,5
Donnerschleuse
UKW-Kanal 79

ELK-km 32,5 bis
Kanaltrave-km 3,5
Schleuse Büssau
UKW-Kanal 78

Die ortsfesten Funkstellen sind nur während der Schleusenzeiten besetzt!

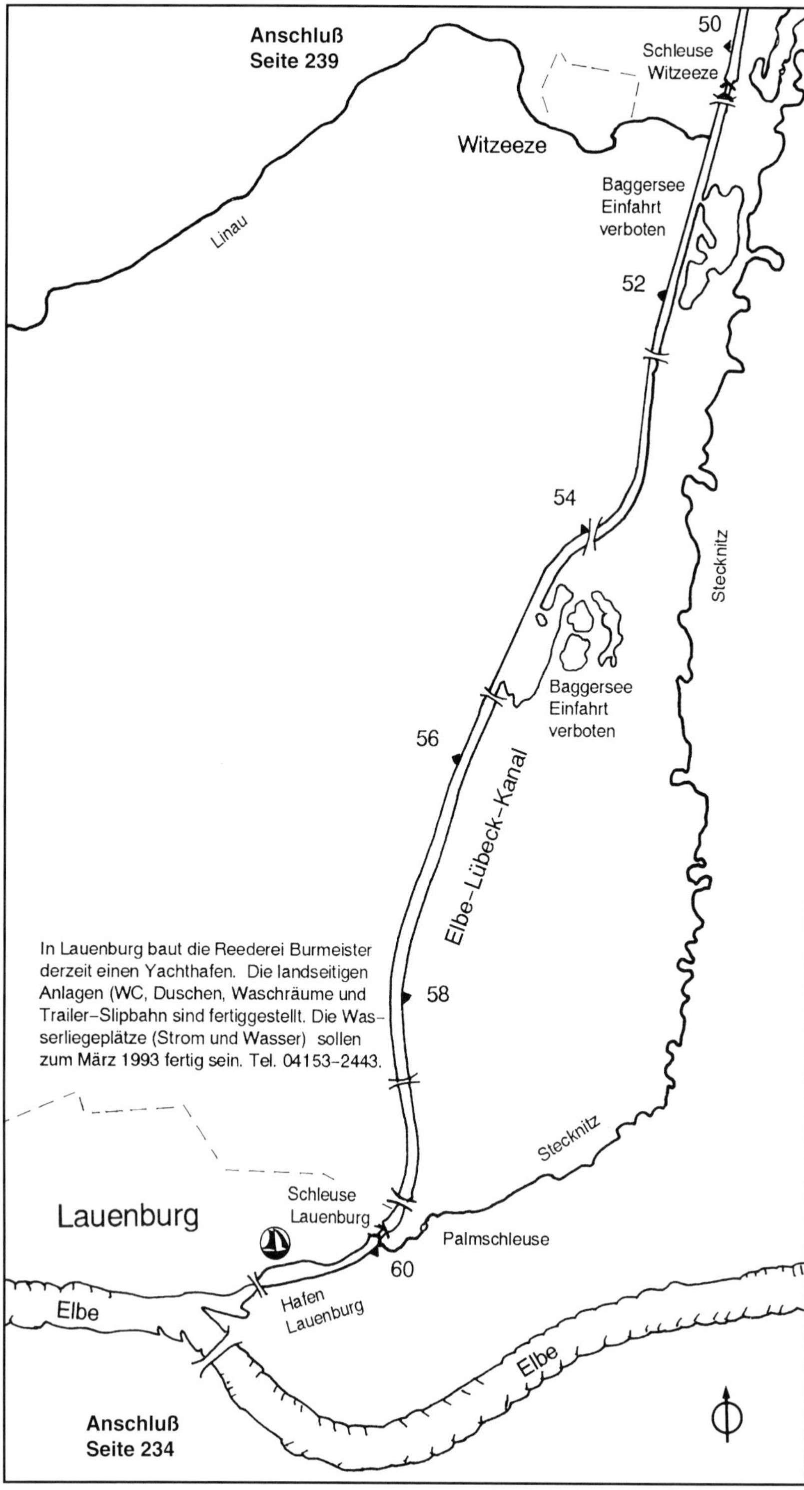

Km 61,63 Beginn des Elbe-Lübeck-Kanals mit der Abzweigung aus der Elbe und der Einfahrt in den Hafen Lauenburg. Bis zur Schleuse Lauenburg sind nur 4 km/h erlaubt.
Km 60,3 West-Ufer, Marina Lauenburg, WC, Duschen, Wasser, Strom, Schwimmstege, Slipanlage, Entsorgung von Abfall, Altöl, Abwasser- und Fäkalientanks., Tel. 04153-5 34 43.
Km 60,53 West-Ufer, Yachthafen des WSC Lauenburg. Gastliegeplätze, WC, Duschen, Wasser und Strom, Slipanlage.
Einen Rundgang durch die verwinkelten Gassen der alten, malerischen Schifferstadt Lauenburg sollte man nicht versäumen. Sehenswert sind der alte Schloßturm, die Lauenburger Mühle (Mühlenmuseum mit einer gepflegten, rustikalen Gastronomie), die Maria-Magdalena-Kirche und „Kaiser Wilhelm", der einzige in Westdeutschland noch fahrende, kohlenbefeuerte Schaufelraddampfer.
Km 59,92 Schleuse Lauenburg. 1 Kammer, 80 x 17 m, Torbreite 12 m, Hub 4,8 m, Klinkerwände, UKW-Kanal 22.
Km 55,2 Ost-Ufer, Baggersee, befahren verboten.
Km 52,9 Ost-Ufer, Baggersee, befahren verboten.

Km 50,45 Schleuse Witzeeze. 1 Kammer mit 80 x 17 m, Torbreite 12 m, Hub 3,3 m, Klinkerwände.
Km 43,65 Seilfähre Siebeneichen. Im Betrieb spannt sich das Zugseil der Fähre etwa 1 m über der Wasseroberfläche!
Km 36,77-35,77 Ost-Ufer, Feierabendliegestelle Güster.
Km 37,3 West-Ufer, Einfahrt zum Yachthafen Prüss-See bei Güster, der in einem waldreichen, verzweigten Seengebiet liegt. Campingplatz mit Badestränden, Badeinseln und einem integrierten Yachthafen. Durchfahrtshöhe 3,8 m. Motorbetriebene Boote dürfen nur zum Vorhafen fahren oder zum Yachthafen verholen. WC, Duschen, Strom und Wasser, Restaurant. Die Benutzung des Bord-WCs und der Bilgenpumpe sind verboten. Teile der Seen dürfen mit Ruder- und Paddelbooten befahren werden.

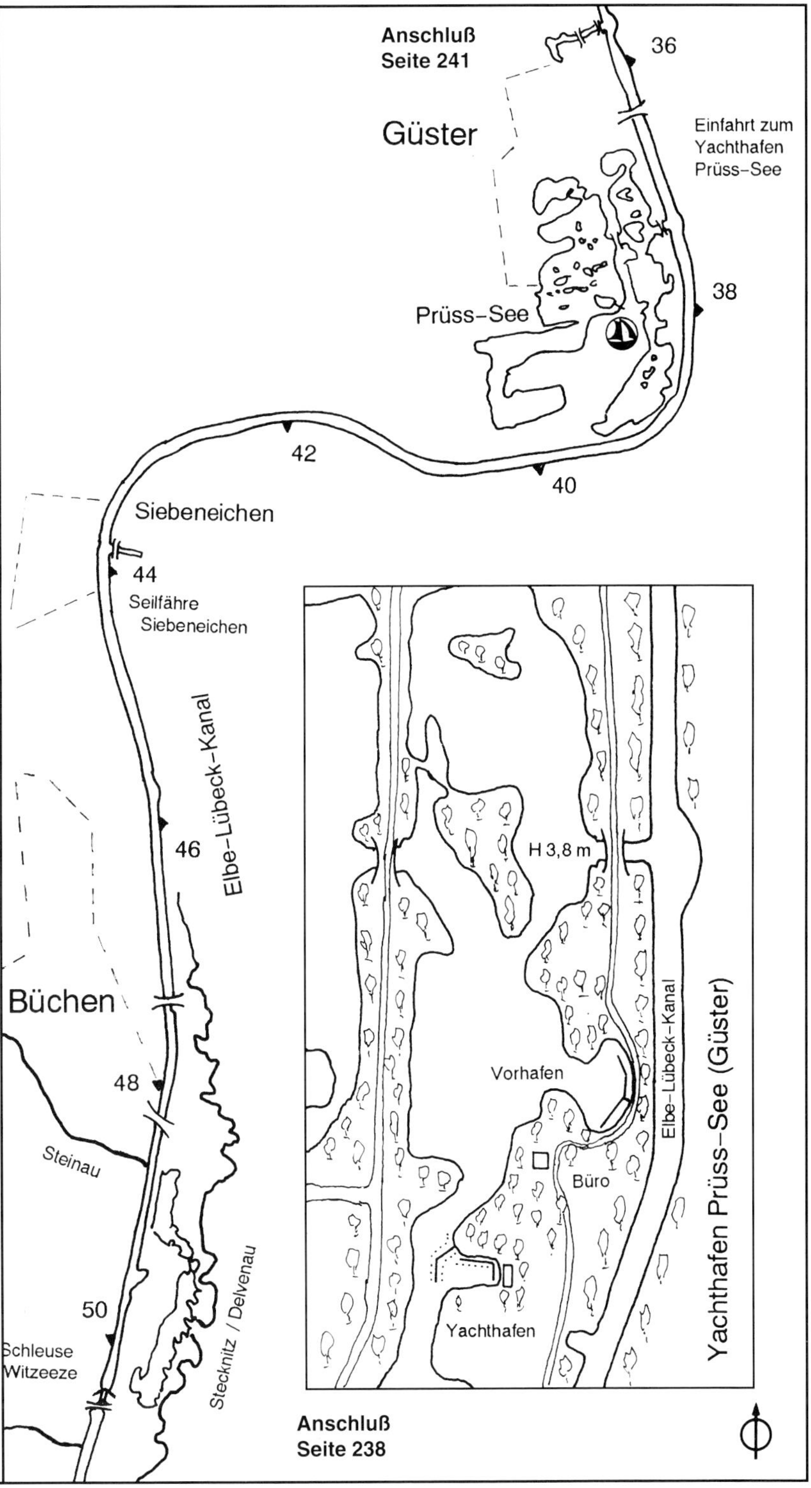

Unterhaupt der Schleuse Lauenburg (o.).
Die Palmschleuse von 1393 ist die älteste Schleuse Europas (u.).

Km 26,93 Wasserschutz-Polizei-Mölln, Tel. 04542-7001. WS-Boot: UKW-Kanal 10.
Km 26,65–26,25 Ost-Ufer, Hafen Mölln und Einfahrt in den Möllner See. Landtankstelle (alle Sorten) hinter den Silos. Am Süd-Ufer des Möllner Sees liegt der Yachthafen des WSV Mölln v. 1925 in einer idyllischen Bucht, nahe der Altstadt. Gastplätze, WC, Duschen, Wasser und Strom am Steg, Tel. 04542-1466.
Nord-Ufer, Yachthafen des MMC in sehr ruhiger Lage am Wald. WC, Duschen, Telefonzelle, Grillplatz, Wasser und Strom, Tel. 04542-5296. Der Möllner See darf östlich der Brücke nur mit Sondererlaubnis befahren werden.

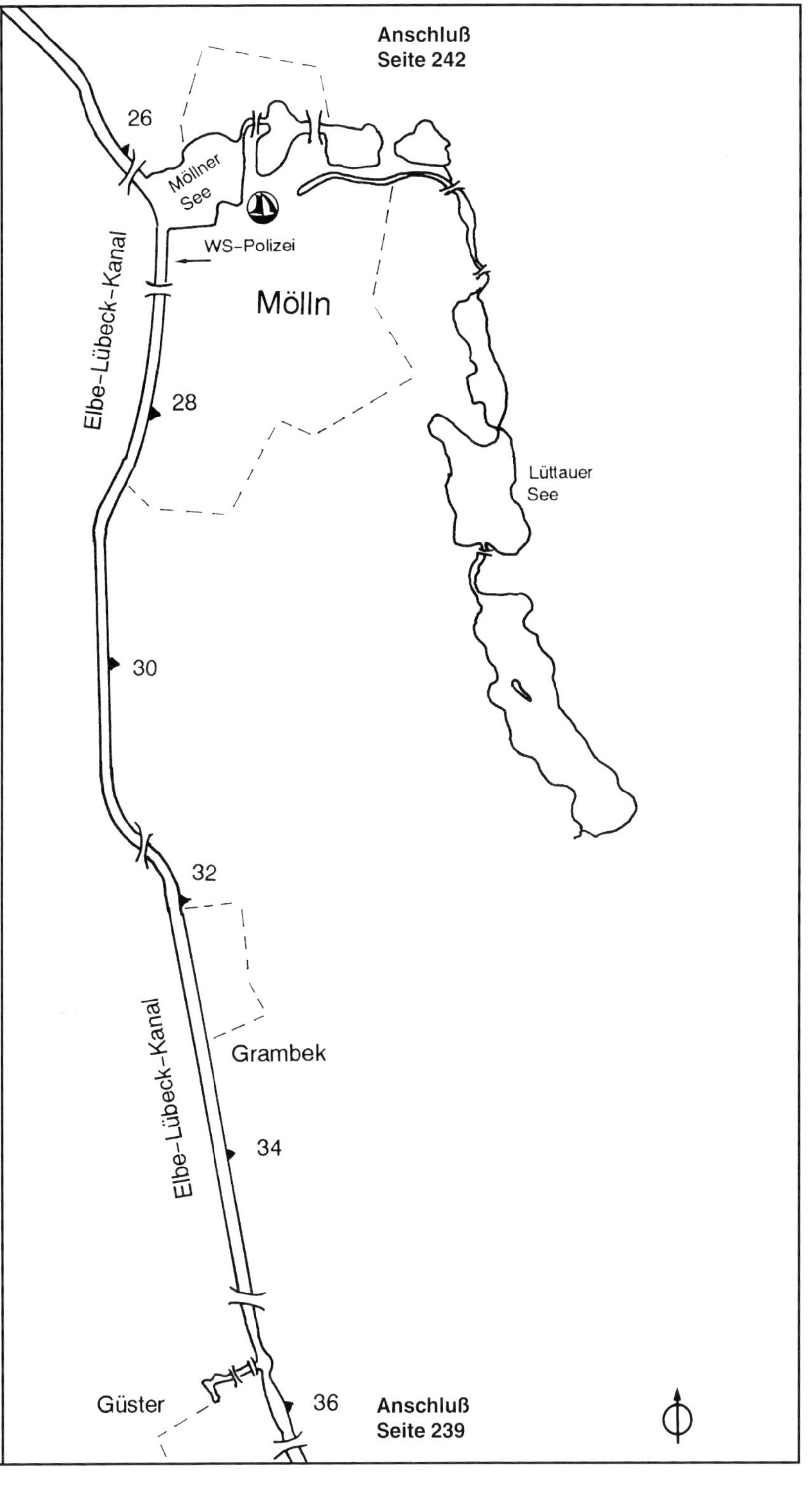

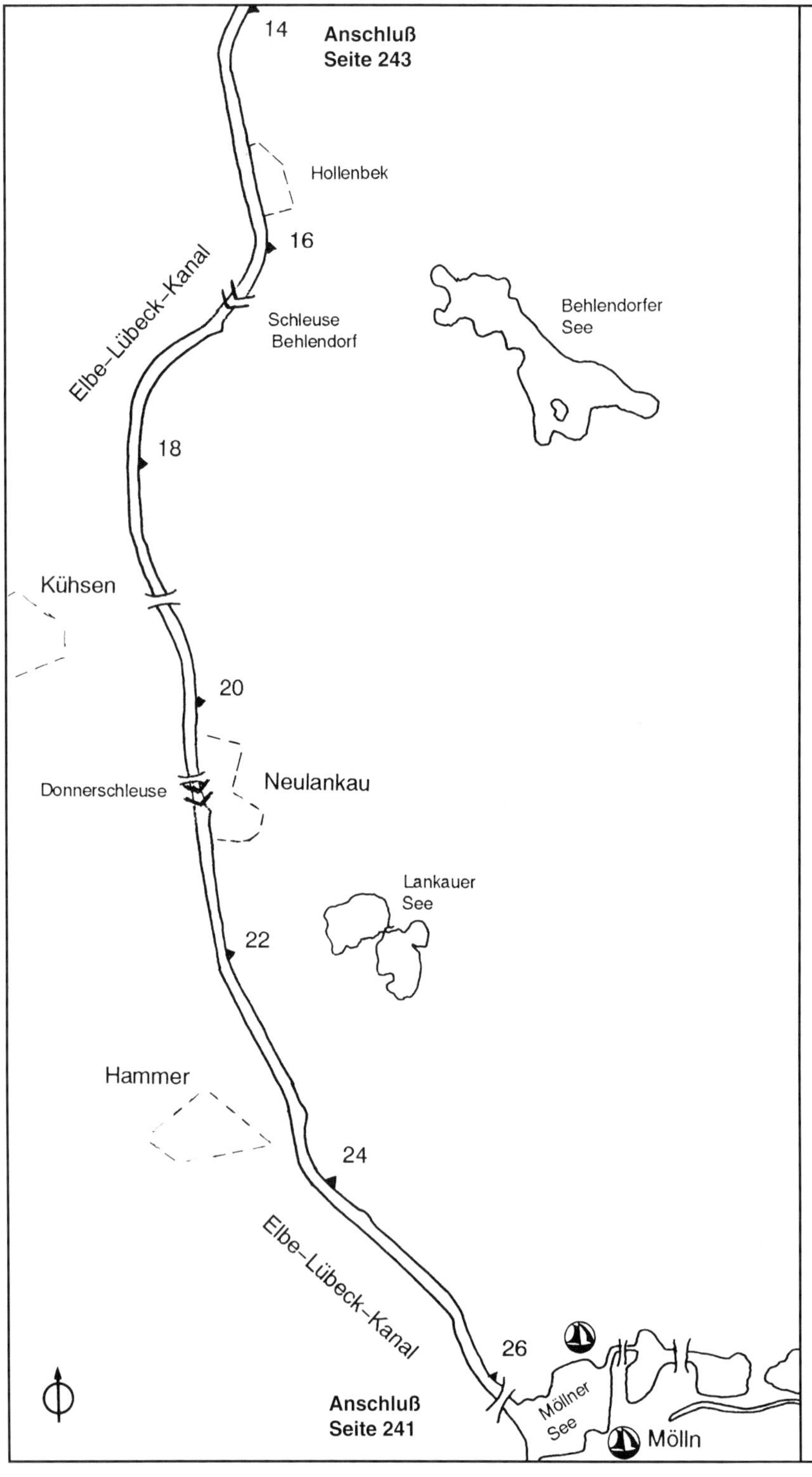

Km 20,62 Schleuse Donnerschleuse. 1 Kammer mit 80 x 17 m, Torbreite 12 m, Hub 4,2 m, Klinkerwände. Bei der Schleuse liegt am Ost-Ufer die Ortschaft Neulankau.

Km 16,52 Schleuse Behlendorf. 1 Kammer mit 80 x 17 m, Torbreite 12 m, Hub 1,7 m, Klinkerwände.

Km 13,33 Schleuse Berkenthin. 1 Kammer mit 80 x 17 m, Torbreite 12 m, Hub 1,75 m, Klinkerwände. Bei der Schleuse liegt die Ortschaft Berkenthin. Bäcker und Kaufmann im Ort.

Km 8,55 Schleuse Krummesse. 1 Kammer mit 80 x 17 m, Torbreite 12 m, Hub 2,75 m, Klinkerwände. Bei der Schleuse liegt die Ortschaft Krummesse mit einigen kleineren Geschäften.

Km 3,43 Schleuse Büssau. 1 Kammer mit 80 x 17 m, Torbreite 12 m, Hub 1,5 m, Klinkerwände.

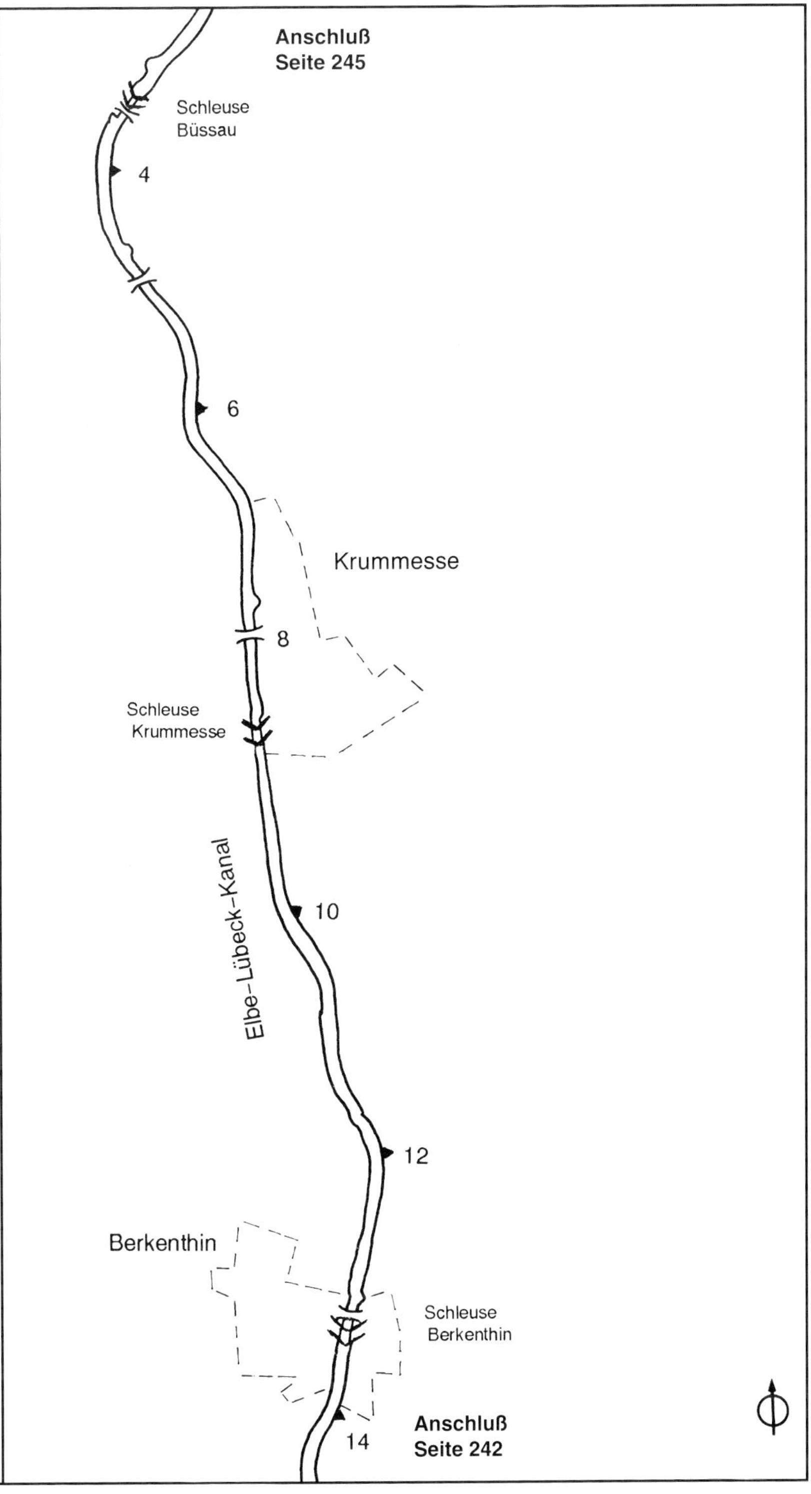

Auf dem Elbe-Lübeck-Kanal bei Siebeneichen (o.).
Auf der Stadttrave vor der historischen Kulisse der Lübecker Altstadt (u.).

Km 0,0 Genin, Ende der Kanalstrecke, Übergang in die Kanaltrave.
Km 0,45 West-Ufer, Einmündung der Trave.
Km 2,19 West-Ufer, Abzweigung der Alten Trave (Lachswehrarm).
Km 2,65 West-Ufer, Abzweigung des Stadtgrabens. Yachthafen des LMC.

Die Wege durch Lübeck und die Liegemöglichkeiten in Lübeck werden auf den folgenden Seiten beschrieben.

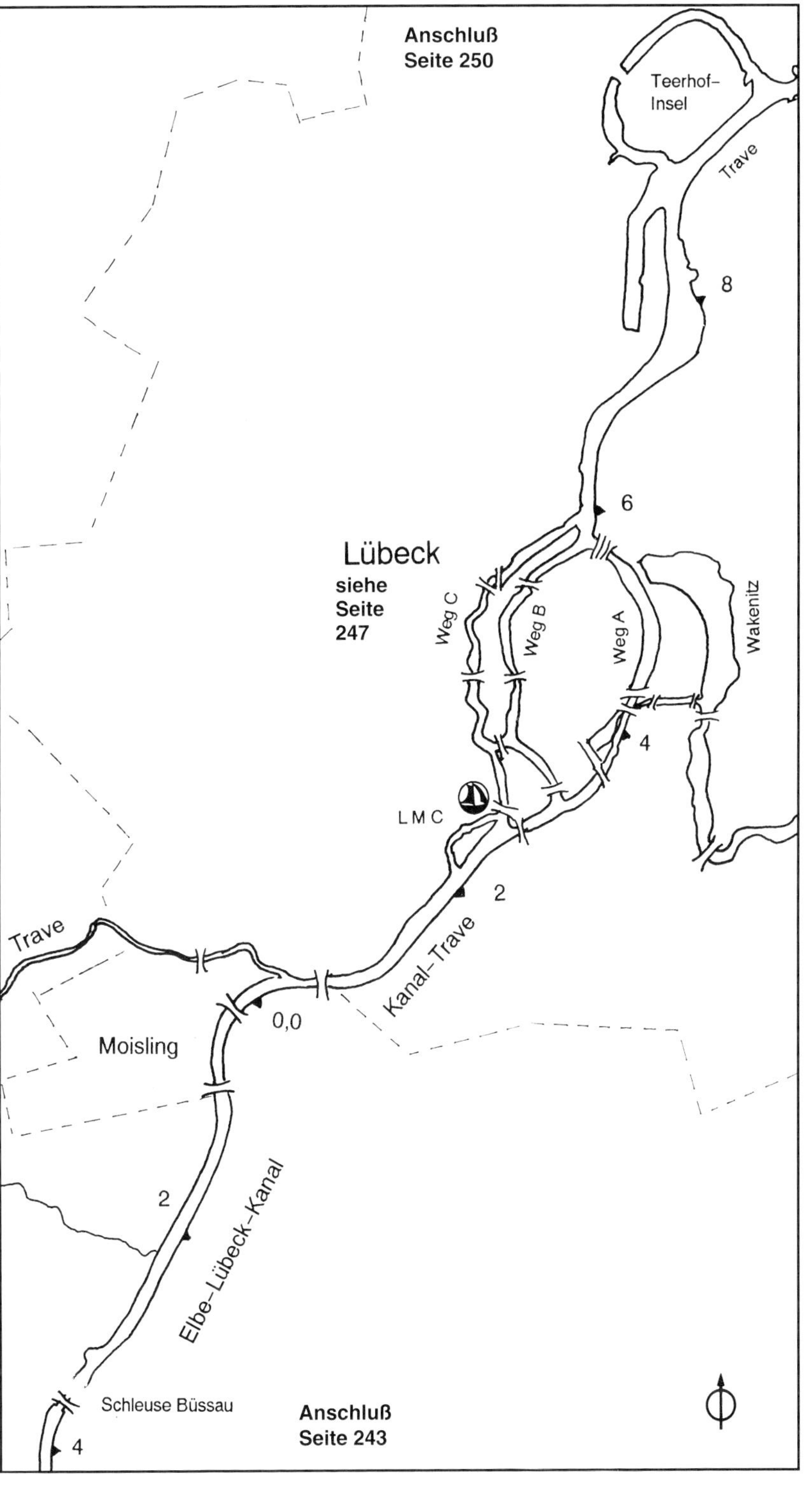

Lübeck

Wasserwege vom Elbe-Lübeck-Kanal zur Trave

Lübeck ist wohl die schönste mittelalterliche Stadt in Norddeutschland. Eine Stadt, die eigentlich kaum zu beschreiben ist, an der man einfach nicht vorbeifahren darf. Die Altstadt von Lübeck ist ein einzigartiges Museum und doch voller Leben. Sie sollten wenigstens 2–3 Tage einplanen und die Stadt am autofreien Wochenende genießen.

Liegemöglichkeiten

An der Kanaltrave bei km 2,65 unterhält der Lübecker Motorboot-Club einen Yachthafen, der mit seinen gepflegten Einrichtungen alles bietet, was für einen angenehmen Aufenthalt erforderlich ist. Der Hafen liegt ruhig, wird gut geführt und ist landseitig abgeschlossen. Tel. 0451-8 36 16. WC, Duschen, Strom und Wasser am Steg, Clubheim und Restaurant. Zur Altstadt bestehen bequeme Busverbindungen. Wer lieber am Rande der Altstadt liegen möchte, findet Platz im Hansahafen und in der Stadttrave, allerdings ohne spezielle Einrichtungen für Yachten und nicht sehr ruhig.

Vom Elbe-Lübeck-Kanal zur Trave

Vom Elbe-Lübeck-Kanal führen drei Wege durch die Stadt zur Trave:

Weg A: Vom Elbe-Lübeck-Kanal über die Kanaltrave zum Klughafen, durch die Burgtorbrücken zum Burgtorhafen und zur Trave. Auf diesem Wege ist man jedoch auf die Öffnung der niedrigen Eisenbahnbrücke und der Burgtor-Hubbrücke angewiesen, die für Sportboote Mo-Sa von 06.00-20.30, an Sonn- und Feiertagen von 07.00-09.00 und nur dann gehoben werden, wenn wenigstens 3 Boote warten und ein einzelnes mindestens eine Stunde gewartet hat.

1. 1., 1. 5., Ostern, Pfingsten und Weihnachten kein Betrieb. 24. und 31. 12. von 06.00-14.00, wenn diese Tage Werktage sind. Öffnung über UKW-Kanal 18 bzw. durch Schallsignal.

Weg B: Vom Elbe-Lübeck-Kanal über die Kanaltrave bis km 2,65. Dort biegt man nach Norden ab und fährt auf dem Stadtgraben bis in den Wallhafen. Diese Strecke ist problemlos mit 2 m Tiefgang und einer Durchfahrtshöhe von 4,10 m zu befahren.

Wer in der Nähe der Altstadt anlegen möchte, biegt am Ende des Wallhafens nach Stb. ein in den Hansahafen. Dort liegt man an einer Backsteinpier, zwar ohne spezielle Einrichtungen, doch nahe bei der Altstadt.

Weg C: Vom Elbe-Lübeck-Kanal über die Kanaltrave bis km 2,65 und dort nach Norden in den Stadtgraben einbiegen. Nach 500 m nach Stb. unter der 3,15 m hohen Wipperbrücke hindurch in die Stadttrave, durch die Holstentorbrücke zum Holstenhafen und durch die Drehbrücke in den Hansahafen und zur Trave. Diese Strecke, die bis 2, 9 m Durchfahrtshöhe befahrbar ist und bei über 2,5 m Höhe die Öffnung der Drehbrücke erfordert (Anforderung über die Hafenbehörde, Tel. 0451-12 28 61), bietet die schönsten Ausblicke auf die Altstadt von Lübeck.

Liegeplätze, allerdings nicht sehr ruhig und ohne besondere Einrichtungen, bieten sich an der glatten Backsteinpier am Ost-Ufer in der Stadttrave.

Bitte beachten: Seewärts der Burgtor-Hubbrücke, Holstentorbrücke und der Marienbrücke gilt jeweils die SeeSchStrO!

Einkaufsmöglichkeiten

Lübeck ist ein wahres Einkaufsparadies, das alles bietet, was man sich nur wünschen mag. An der Untertrave (Hansahafen) haben sich mehrere gut sortierte Yachtausrüster etabliert.

Treibstoff

Nur von Landtankstellen per Kanister (Hansahafen) und Stadttrave.

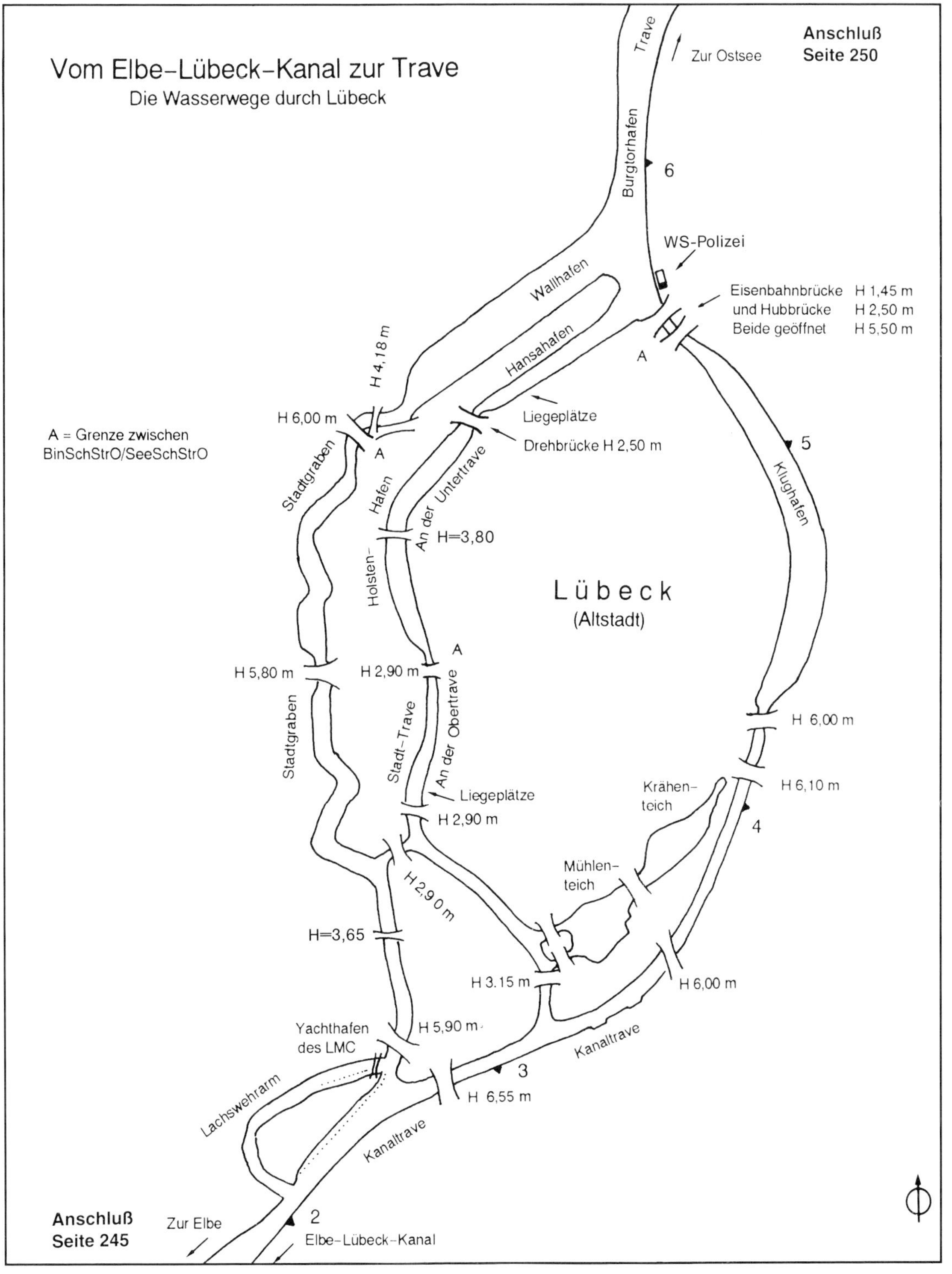
Vom Elbe-Lübeck-Kanal zur Trave
Die Wasserwege durch Lübeck
Anschluß
Seite 250
Trave
Zur Ostsee
Burgtorhafen
6
WS-Polizei
Eisenbahnbrücke H 1,45 m
und Hubbrücke H 2,50 m
Beide geöffnet H 5,50 m
Wallhafen
Hansahafen
A
H 4,18 m
H 6,00 m
Liegeplätze
Drehbrücke H 2,50 m
A = Grenze zwischen
BinSchStrO/SeeSchStrO
Stadtgraben
Holsten-
Hafen
An der Untertrave
H=3,80
5
Klughafen
Lübeck
(Altstadt)
H 5,80 m
H 2,90 m
Stadt-Trave
An der Obertrave
H 6,00 m
Liegeplätze
H 2,90 m
Krähen-
teich
H 6,10 m
4
Mühlen-
teich
H 2,90 m
H=3,65
H 3.15 m
H 6,00 m
Yachthafen
des LMC
H 5,90 m
Kanaltrave
3
H 6,55 m
Lachswehrarm
Kanaltrave
Anschluß
Seite 245
Zur Elbe
2
Elbe-Lübeck-Kanal

Die Trave von Lübeck bis Travemünde

Die Trave unterhalb Lübecks ist genaugenommen ein Gezeitenrevier. Doch der Tidenhub beträgt nur 7 cm. In der Praxis treten durch den „Badewannen-Effekt" in den Engstellen Strömungen bis 3,5 kn in beiden Richtungen auf, die oft nicht mit der Windrichtung übereinstimmen. Wenn anhaltende Westwinde das Wasser aus der Lübecker Bucht auf die Ostsee hinausdrücken, so wird es beim Nachlassen des Windes wieder zurückschwappen und in der Trave mit kräftigem Strom den Wasserstand ansteigen lassen – auch wenn noch oder schon wieder der Westwind weht.
Es gelten die SeeSchStrO und die KVR. Im Lübecker Hafengebiet zusätzlich die Schleswig-Holsteinische Hafen-Ordnung und die Lübecker Hafen-Ordnung. Das UKW-Funkgerät muß zum UKW-Seefunk zugelassen sein, und es ist der Sportbootführerschein See oder der Sportseeschifferschein erforderlich.
Die Höchstgeschwindigkeit beträgt in der Stadttrave, im Stadtgraben und Holstenhafen 6 km/h, im Hafengebiet 10 km/h, bis km 8,7 10 km/h, bis zum Leuchtpfahl 20 bei km 19,2: 12 km/h. Vom Leuchtpfahl 20 bis Leuchtpfahl 8 bei km 23,8: 15 km/h. Vom Leuchtpfahl 8 bis zur Linie zwischen den Leuchttonnen 3 und 4 für Sportboote 12 km/h. In diesem Bereich dürfen die großen Schiffe bis 15 km/h laufen, um manövrierfähig zu bleiben. Der Dassower See ist Naturschutzgebiet. Das Befahren ist für Sportboote ganzjährig verboten. Die Pötenitzer Wiek ist in der Zeit vom 15. 2. bis 15. 6. gesperrt. Ausgenommen ist der Zeitraum von Freitag 11.00 bis Montag 09.00. Zusätzlich besteht ein ganzjähriges Ankerverbot. Ausgenommen sind die u.a. in den Seekarten des BSH eingezeichnete Reede für Sportboote und der Zeitraum von Freitag 11.00 bis Montag 09.00, wobei jedoch ein Mindestabstand von 100 m vom Ufer einzuhalten ist. Das Wasserskifahren ist verboten. Ausgenommen ist das u.a. in den Seekarten des BSH eingezeichnete und durch Tonnen bezeichnete Gebiet in der Großen Holzwiek.
Im Lübecker Hafengebiet ist das Anlegen generell nicht verboten. Es besteht jedoch eine Meldepflicht (telefonisch unter 0451-1 22 86 11).

Berufsschiffahrt
Die Trave wird jährlich von etwa 17 000 Seeschiffen befahren, die auf das mit 60 bis 100 m Sohlenbreite sehr schmale Fahrwasser angewiesen sind und nicht ausweichen können. Sportbooten wird deshalb empfohlen, außerhalb der Fahrwassersohle zu bleiben, zumal die Wassertiefe dafür ausreichend ist.

Sportschiffahrt
Die Trave ist mit ihren zahlreichen Buchten, den Wieken, und den großen Wasserflächen außerhalb des Fahrwassers ein ideales Wassersportrevier, das auch bei starken Winden für alle Arten des Wassersportes Raum bietet.

Yachthäfen und Ankerplätze
Yachthäfen gibt es bei Bad Schwartau, im Bereich der Herrenbrücke, in Schlutup und Travemünde. Ankerplätze findet man in den Wieken und in der Pötenitzer Wiek.

Treibstoff
Bootstankstelle in Travemünde bei km 25,8.

Revierfunk
Die Revierzentrale Travemünde, Trave Traffic über UKW-Kanal 13, ist der Ansprechpartner für alle mit dem Schiffsverkehr zusammenhängenden Anliegen. Zukünftig sind 2–3mal täglich Lagemeldungen geplant.

Im idyllischen Fischerhafen Gothmund (o.).
Im Passathafen am Priwall vor Travemünde (u.).

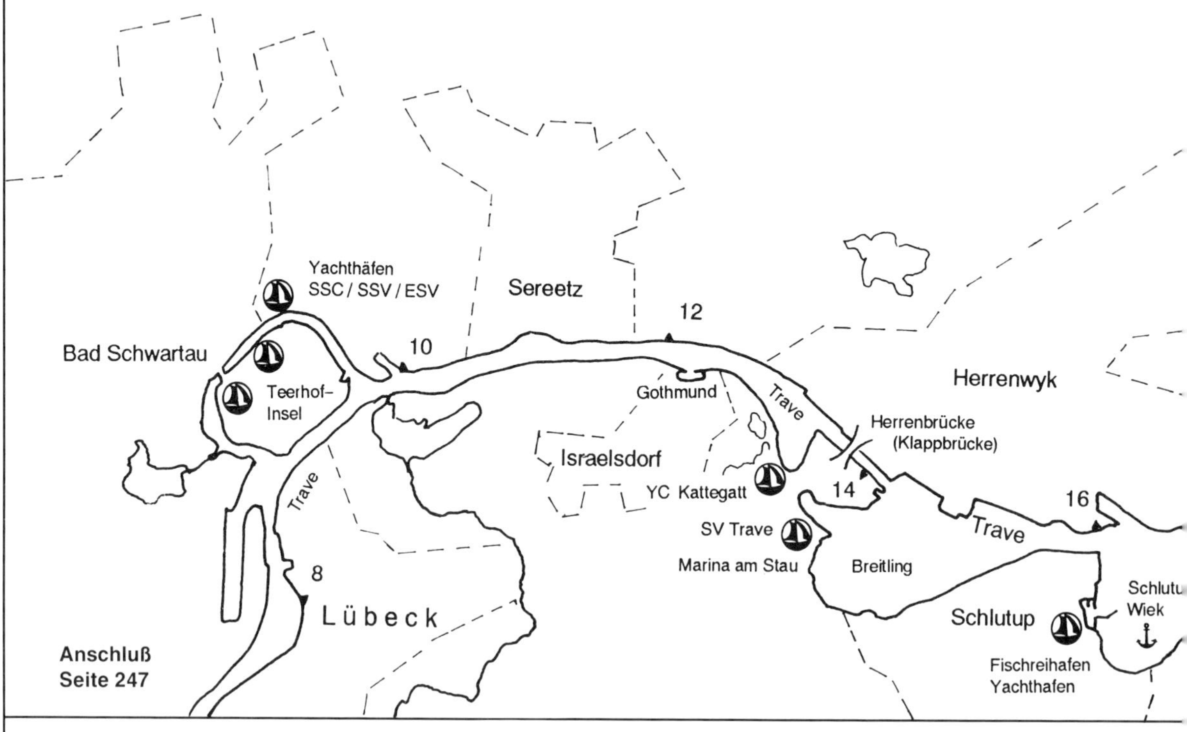

Km 8,45 West-Ufer, Vorwerker Hafen. **Km 8,50** West-Ufer, Petroleum-Hafen. Im hinteren Teil liegt die Nord-Ost-Marina (Service-Betrieb).

Km 9,8 West-Ufer, Trave-Altarm. Einfahrt zu den Yachthäfen des Schwartauer S.V., Stettiner S.C. und des Eisenbahner S.V. Die Häfen liegen sehr ruhig im Grünen und sind gut eingerichtet. **Km 12,3** Süd-Ufer, Fischerhafen Gothmund. Kaum Platz für Yachten. Keine Einrichtungen. **Km 13,4** Süd-Ufer in der Bucht, Yachtclub Kattegatt, Clubheim, WC, Duschen, Wasser, Strom und Grillplatz. **Km 13,74** Herrenbrücke, Klappbrücke, lichte Höhe 25 m. Öffnung über „Trave-Bridge", UKW-Kanal 13. **Km 14,2** Süd-Ufer, Marina am Stau, SV Trave, beide ruhig gelegen und gut eingerichtet.

Km 16,0 Süd-Ufer, Schlutuper Wiek. Ankerplätze,

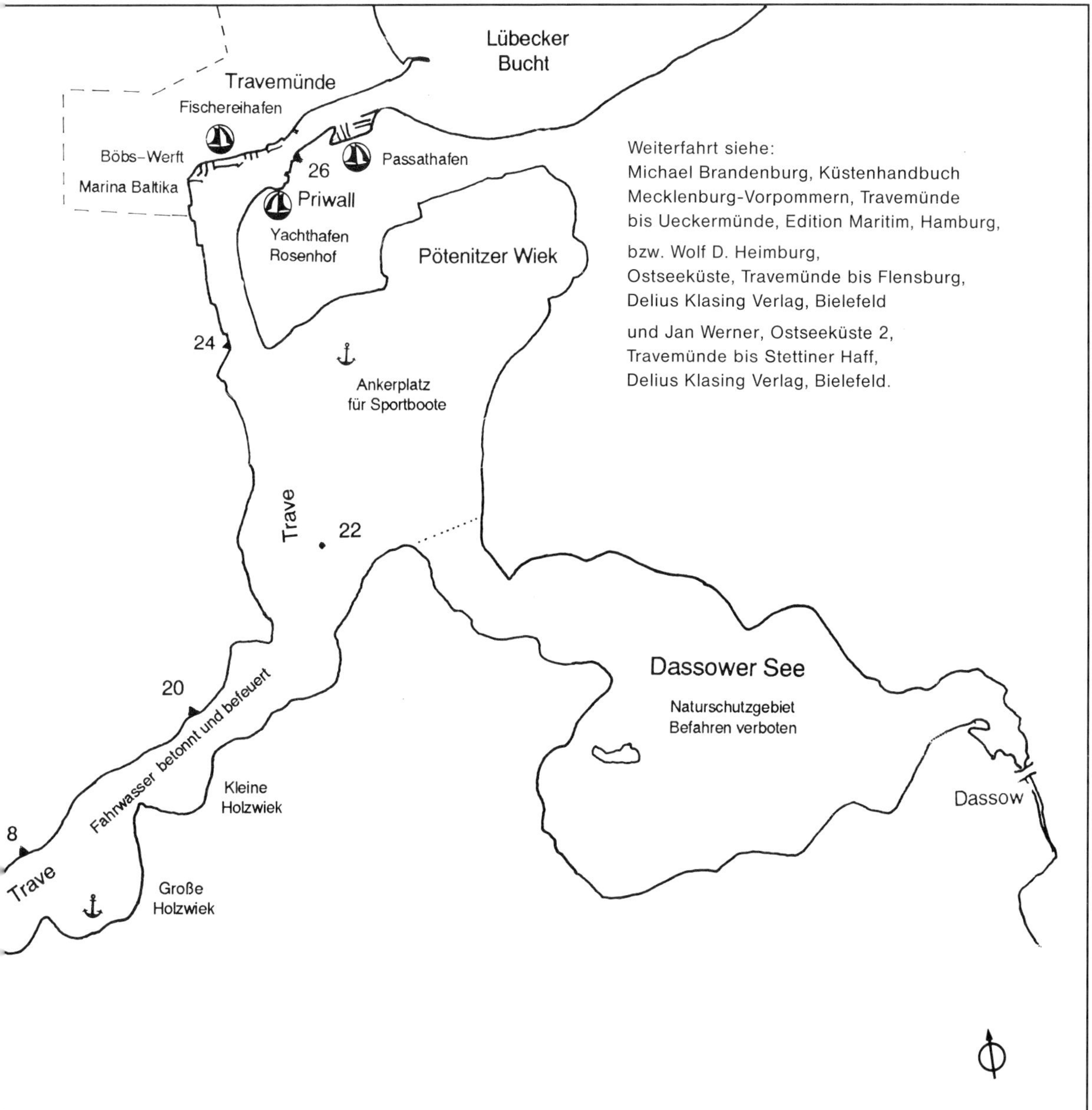

Fischereihafen und Sportboothafen Schlutup. **Km 17,2** Süd-Ufer, Ankerplätze. **Km 18-19** Süd-Ufer, Große Holzwiek, Wasserski-Gebiet (betonnt), landseitig davon Ankerplätze. **Km 19,2-20** Süd-Ufer, Kleine Holzwiek, Ankerplätze. **Km 21,0** West-Ufer, Ankerplatz südlich der Stülper Huk. **Km 22** Ost-Ufer, Dassower See (gesperrt). Anschließend Pötenitzer Wiek (siehe Seite 248). Ab km 23,5 am West-Ufer mehrere Fährschiff-Anleger. **Km 25,2** Nord-Ufer, Marina Baltika und Böbs-Werft, Travemünde. **Km 25,7** Fischereihafen, Gastplätze für Yachten. **Km 25,4** Yachthafen Rosenhof, Tel. 04502-7 71 45/86 03 15. WC, Duschen, Wasser, Strom, Sliprampe und Restaurant. **Km 25,8** Süd-Ufer, Bootstankstelle, alle Sorten. **Km 25,9** Süd-Ufer, Passathafen. Sehr gut eingerichtet.

Es wurden nur diejenigen Orte aufgeführt, die auch in den Streckenbeschreibungen genannt sind (S = Schleuse).

Autor und Verlag übernehmen für Irrtümer, Fehler oder Weglassungen keinerlei Gewährleistung oder Haftung. Die Pläne dienen zur Orientierung und nicht zur Navigation; sie ersetzen also keineswegs offizielle Karten.

Impressum

Die Deutsche Bibliothek – CIP-Einheitsaufnahme

Fenzl, Manfred:
Vom Rhein zur Nord- und Ostsee / Manfred Fenzl. –
Hamburg : Ed. Maritim, 1992
(Deutsche Binnengewässer)
ISBN 3-89225-249-1

Stubbenhuk 10, D-20459 Hamburg

Umschlag: Buchholz/Hinsch/Hensinger,
Hamburg
Satz: Grafisches Zentrum Hess GmbH, Hamburg
Lithografie: O.R.T., Hamburg
Druck: W. Kohlhammer, Stuttgart
Bindearbeiten: Kubb Großbuchbinderei Klemme,
Bielefeld

Pläne und Fotos: Manfred Fenzl, Hamburg
Titelfoto: Der Elbe-Lübeck-Kanal bei Siebeneichen
Rückseitenfoto: Auf dem Westabschnitt des
Ems-Jade-Kanals

Printed in Germany 1995
2. Auflage
ISBN 3-89225-249-1